Vanessa Wolf

As long as we care

D1703113

Vanessa Wolf

AS LONG AS WE

ROMAN

VAJONA

As long as we care

© 2024 VAJONA Verlag GmbH
Originalausgabe bei VAJONA Verlag GmbH

Druck und Verarbeitung:
FINIDR, s.r.o.
Lípová 1965
737 01 Český Těšín
Czech republic

Lektorat: Madlen Müller
Korrektorat: Lara Späth
Umschlaggestaltung: VAJONA Verlag GmbH unter
Verwendung von Motiven von rawpixel
Satz: VAJONA Verlag, Oelsnitz

VAJONA Verlag GmbH
Carl-Wilhelm-Koch-Str. 3
08606 Oelsnitz

ISBN: 978-3-98718-286-0

Für meinen Papa,
der dieses Buch leider nie
in den Händen halten wird.
Manchmal ist das Leben wirklich unfair.

Und für Alle,
die bedingungslos an die
Liebe glauben,
egal, wie schwer es manchmal ist.

Hinweis

In diesem Roman werden Themen wie Krankheiten (Morbus Parkinson, Amyotrophe Lateralsklerose, Schlaganfall), Tod und der Verlust eines Familienangehörigen behandelt.

Prolog

Isla

Ich wusste es von diesem Moment an, als ich ihn zum ersten Mal sah. Es war nur ein Gefühl, aber es breitete sich so rasant in mir aus, dass ich eine Gänsehaut bekam.

Es gibt diese Momente, in denen man etwas mit absoluter Sicherheit sagen kann.

Momente absoluter Erkenntnis.

Bisher hatte ich davon noch keinen in meinem Leben. Aber irgendwann ist ja bekanntlich immer das erste Mal.

So auch heute.

In dem Moment, als ich Ethan Bailey das erste Mal sah, durchflutete mich eben diese Art von absoluter Erkenntnis.

Er würde entweder alles für mich sein oder mich als ein gebrochenes Häufchen Nichts zurücklassen.

Die Chance auf Liebesglück oder Liebeskummer.

Alles oder Nichts.

Es würde kein Dazwischen geben.

So, wie ich mich kannte, tippte ich auf letzteres.

Absolutes Liebesglück kannte ich bisher nicht. Und ich glaubte auch nicht daran. An eine Liebe, die stärker war als alles andere. Dass man erst mit einer anderen Person an seiner Seite wirklich vollständig war.

Nein, dieser romantische Kitsch war nichts für mich.

Nicht, dass ich nicht schon verliebt gewesen war oder Beziehungen hatte. An der Uni gab es da Patrik, einen meiner Kommilitonen aus einem höheren Semester. Ich war wirklich verknallt in ihn und wir hatten wunderbare drei Monate.

Bis es eben nicht mehr wunderbar war. Aber das war okay. Alles ist schließlich vergänglich im Leben. Wieso also nicht auch die Liebe? Wenn eine Liebe endet, öffnet sich doch automatisch die Tür für jemand neuen.

Ich hatte also einen ziemlich realistischen Blick auf Liebe und Beziehungen. Und dementsprechend häufig wechselnde Partner. Was absolut in Ordnung war. Mir gefiel es so und mir fehlte nichts.

Aber als ich Ethan Bailey sah, wusste ich, dass dieser Abschnitt meines Lebens nun ein Ende hatte. Auf die ein oder andere Weise.

Ich hatte dieses seltsame Gefühl, dass er mich völlig aus der Bahn werfen würde. Raus aus meiner Komfortzone, rein in das Chaos.

Alles oder Nichts.

Ich betete für Ersteres, aber ahnte schon, dass es die zweite Möglichkeit sein würde.

Alles.

Oder nichts.

Kapitel 1

Isla

Meine Lunge brennt und mein Herz rast so schnell, dass es mich fast wundert, dass es nicht aus meiner Brust springt. Nichtsdestotrotz ignoriere ich es und erhöhe abermals die Geschwindigkeit des Laufbands. Die Blicke der anderen Leute neben mir prallen ebenfalls an mir ab. An anderen Tagen wäre ich sicherlich rücksichtsvoller, hätte die Geschwindigkeit reduziert und so trainiert, dass nicht das ganze Studio von meinem schweren Atem erfüllt wird.

Aber heute? Heute ist mir das alles scheißegal. Ich konzentriere mich allein darauf, einen Fuß vor den anderen zu setzen.

Schneller und schneller.

Aus meinen Kopfhörern dröhnt mit voller Lautstärke das Album von *Breaking Benjamin* und die harten Klänge beruhigen meine aufgewühlten Gedanken ein kleinwenig.

Schweißperlen laufen mir über die Stirn und mein ganzes Gesicht. Mit einer unwirschen Bewegung wische ich mir mit dem Handrücken über mein Gesicht. Ist das wirklich Schweiß oder sind das Tränen? Ich weiß es nicht. Und es ist mir auch egal. Ich renne einfach weiter, immer weiter.

Ich blicke erst auf, als mich jemand an der Schulter anstupst. Gezwungenermaßen reduziere ich die Geschwindigkeit, bis ich nur noch flott gehe. Dann sehe ich auf und mache den Störenfried aus.

Es ist Tim und er sieht mich mit einem undefinierbaren Blick an. Ich sehe, dass sich seine Lippen bewegen, aber ich verstehe nicht, was er sagt. Seine Miene verändert sich und ich sehe ihm an, dass er genervt ist. Ich nehme meine Kopfhörer ab und stoppe das Laufband. Meine Atmung geht rasend schnell.

»Was ist?«, keuche ich.

»Das wollte ich dich fragen!« Sein anklagender Unterton entgeht mir nicht.

»Was soll schon sein?«, entgegne ich achselzuckend und will mir schon wieder die Kopfhörer aufsetzen, als Tim sie mir aus der Hand zerrt. Ich seufze und stütze mich auf meine Knie ab.

Tim und ich haben uns hier im Fitnessstudio kennengelernt, nachdem wir wochenlang immer an denselben Tagen zur gleichen Uhrzeit hier waren. Wir verstehen uns gut und uns verbindet seitdem das, was man mittlerweile als Freundschaft plus betitelt. Unverbindlich, spontan, genau nach meinem Geschmack.

»Du rennst wie eine Verrückte! Als wäre der Teufel höchstpersönlich hinter dir her!« Tim sieht mich mit einer Mischung aus Vorwurf und Sorge an und ich kann nicht ausmachen, was davon überwiegt.

Ich seufze.

Tim weiß gar nicht, wie Recht er mit seinen Worten hat. Doch egal, wie schnell ich renne, er würde mich einholen. Egal, wie weit ich renne, ich würde auf ihn treffen. Kein Weg führt daran vorbei. Die Erkenntnis trifft mich wie ein Schlag ins Gesicht und für den Bruchteil einer Sekunde wird mir schwarz vor Augen.

»Isla?« Tim berührt mich sanft an der Schulter. »Geht's dir nicht gut?«

Ich schließe die Augen und atme tief durch, einmal, zweimal, dreimal. Langsam normalisiert sich meine Atmung, mein Herz schlägt in einem halbwegs gesunden Tempo. Ich muss mich zusammenreißen.

Ich strecke mich und lockere die Beine, dann sehe ich Tim an. Groß, durchtrainiert, blonde Strähnen, die ihm in die Stirn fallen. Wie immer trägt er ein weit geschnittenes Muscle-Shirt und Shorts. Seine grünen Augen mustern mich, wandern an meinem

Körper auf und ab und bleiben eine Sekunde zu lang an der nackten Haut kleben, auf die man dank meines bauchfreien Tops freie Sicht hat. Ich schnaube leise. Als würde er nicht ganz genau wissen, was sich unter meinen Klamotten befindet.

»Mir geht's gut, Tim«, antworte ich und steige vom Laufband. Meine Beine zittern und es fühlt sich an, als würde ich auf einem Fließband laufen. Bei jedem Schritt verkrampfen sich die Muskeln in meinen Waden und ich verziehe leicht das Gesicht. Tim entgeht das natürlich nicht.

»Du hast es wohl etwas übertrieben«, stellt er überflüssigerweise fest.

»Habe ich nicht«, erkläre ich stur, obwohl ich weiß, dass er Recht hat. Ich schlage den Weg zur Umkleide ein und Tim folgt mir.

»Ich habe dich lange nicht gesehen.«

»Ich hatte zu tun«, entgegne ich. »Da blieb nicht so viel Zeit fürs Fitnessstudio.«

»Auch privat, meine ich«, fügt Tim hinzu und hält mich am Oberarm fest. Widerwillig bleibe ich stehen und drehe mich zu ihm um.

»Es würde mich freuen, wenn wir uns bald mal wieder treffen, Isla!«

Ich schnaube. »Ja, das weiß ich, Tim«, grinse ich und er legt den Kopf schief. Verschmitzt grinst er mich an.

»Lass uns etwas essen gehen. Du machst den Eindruck, als könntest du etwas Ablenkung gebrauchen«, schlägt er vor und in seinen Augen funkelt es verdächtig.

»Du lässt nicht locker, was?«

Tim schüttelt bestimmt den Kopf. »Nein.«

Ich seufze und gebe mich geschlagen. Ich weiß zwar, was er unter *Essen* versteht, aber wieso nicht? Schließlich habe ich bereits öfters mit ihm geschlafen, also woher kommt meine Scham auf einmal? Vielleicht kann er mir helfen, zu vergessen.

Dass *er* wiederkommt.

Dass ich *ihn* wieder jeden Tag sehen muss.

»Gönn mir zehn Minuten in der Sauna und eine Dusche, dann gehöre ich ganz dir, okay?«, frage ich.

Tim grinst triumphierend. »Ich freue mich drauf!« Tim klatscht mir zwinkernd auf den Po und ich boxe ihn als Antwort auf den Oberarm. Dann setze ich kopfschüttelnd meinen Weg zur Umkleide fort.

Vor meinem Spind schäle ich mich aus meinen Sportklamotten, die mittlerweile wie eine zweite Haut an mir kleben. Ich schnappe mir ein Handtuch, schmeiße meine Klamotten achtlos in den Spind und gehe zur Sauna. Glücklicherweise bin ich die Einzige, die sich gerade eine Portion Wärme holen muss. Ich lege mich auf die mittlere Stufe und schließe die Augen. Erschöpfung breitet sich in mir aus und ich spüre jeden einzelnen Muskel in meinem Körper. Ich liebe dieses Gefühl. Es vertreibt alle anderen Gefühle.

Nach dem Saunagang dusche ich ausgiebig und ziehe meine Alltagsklamotten an, ehe ich vor den Spiegel trete, um meine nassen Haare zu föhnen. Kurz betrachte ich mich nachdenklich. Ich sehe mir selbst an, wie k.o ich bin. Graue Augen blicken müde aus dem Spiegel zurück. Ich ziehe die Nase kraus. Meine Mum sagt immer, ich hätte ein Puppengesicht, wie das einer Prinzessin. Ich habe es schon als Kind gehasst, wenn sie das gesagt hat und jetzt, mit achtundzwanzig, geht es mir immer noch so. Ich schnappe mir die Bürste und kämme mir meine dunkelblonden Haare. Sie fallen mir bis über die Schulterblätter und auch in nassem Zustand kann man die vielen hellblonden Strähnen sehen. Ich föhne meine Haare nur kurz an und schlüpfe dann in meine Jeans und das weiße T-Shirt. Meine Jacke werfe ich mir über den Arm, dann packe ich meine Sportklamotten in die Tasche und verlasse die Umkleide.

Tim erwartet mich bereits vor dem Eingang des Studios. Er lächelt mich breit an und legt einen Arm um meine Schulter.

»Ich hoffe, du hast Hunger«, sagt er grinsend.

Tim ist ein wahnsinnig guter Koch und eigentlich perfektes Boy-friend-Material. Zumindest für alle anderen Frauen. Nicht für mich.

Während er also in seiner kleinen Küche etwas zaubert, was jetzt schon fantastisch riecht, sitze ich keine drei Meter von ihm entfernt auf dem Sofa und nippe an meinem Bier, während ich durch Netflix scrolle auf der Suche nach einem Film.

Nachdem Tim das Essen hübsch angerichtet hat – ein Gemü-securry mit Basmatireis –, essen wir schweigend und lassen uns von *Venom* unterhalten. Ich liebe diesen Film und muss gestehen, dass ich mir manchmal selber einen Venom wünsche, der mir unermessliche Kraft verleiht. Mit dem ich mich unbesiegbar fühle. Und der auf mich aufpasst.

Nach dem Essen legt Tim den Arm um mich und zieht mich an sich.

»Schön, dass du da bist«, raunt er in mein Ohr. »Möchtest du mir jetzt erzählen, was vorhin mit dir los war?«

Ich zögere, denn eigentlich will ich nicht darüber reden. Aber er würde nicht lockerlassen. »Ein bisschen Ärger auf der Arbeit, sonst nichts«, entgegne ich ausweichend. Tim scheint mir zu glauben und ehe ich noch etwas hinzufügen kann, liegen seine Lippen auf meinem Mund. Sie sind warm und voll, er schmeckt nach Bier und etwas Salzigem. Seine Hände gehen an meinem Körper auf Wanderschaft, während seine Zunge in meinen Mund eindringt.

In der Hoffnung auf etwas süße Ablenkung, erlaube ich ihm, mich auszuziehen, mit mir zu schlafen. Während mein Körper vollends von Tim eingenommen wird, schweifen meine Gedanken ab und ich kann sie nicht wieder einfangen. Sie ver-selbstständigen sich einfach und ich habe keine Kontrolle darü-ber. Und mir wird in diesem Moment klar, dass mir genau das in letzter Zeit jedes Mal passiert, wenn ich mit einem Mann schlafe. Ich bin zwar körperlich anwesend, aber mein Kopf ist ganz woanders. Mein Kopf und meine Gedanken sind bei Ethan.

Es hat so lange gedauert, bis ich ihn erfolgreich aus meinen Gedanken vertrieben habe. Es hat mich fast umgebracht, aber irgendwie habe ich es doch geschafft. Und es hat so lange so gut geklappt. Ich habe mich frei gefühlt. Wieder lebendig. Wieder wie ich selbst. Bis zu dem Augenblick, an dem ich erfahren habe, dass er zurückkommt. Und einfach so, beherrscht er meine Gedanken wieder.

Und das sollte nicht sein. Das darf nicht sein.

Vor anderthalb Jahren

Isla

Keuchend rolle ich mich von Ethan herunter und lasse mich neben ihn in das Bett fallen. Mein Atem geht stoßweise und ich schwitze. Und gleichzeitig fühle ich mich so gut wie nur selten.

»Das war unglaublich«, bringe ich hervor und sehe zu Ethan.

Er grinst mich selbstsicher an und legt einen Arm unter den Kopf. »Ist es das nicht jedes Mal?«

Wo er Recht hat. Ich nicke nur und drehe mich auf den Bauch.

»Das wird mir fehlen«, sagt Ethan seufzend, während er an die Decke starrt.

Ich halte inne und stutze. »Wieso fehlen?«

Er dreht sich auf die Seite und sieht mich an. Eine Hand fährt sanft durch meine Haare.

»Ich gehe nach Miami.«

Ein ungläubiges Lachen bricht aus mir hervor. »Haha, genau.«

Ethan sieht mich ernst an. »Ich mache keinen Scherz, Isla-Mäuschen.«

Ich blicke ihm fest in die Augen, suche nach einem Anzeichen dafür, dass er lediglich einen sehr schlechten Scherz macht. Aber ich finde keines. Und ich weiß in diesem Moment, dass er die Wahrheit sagt. In meiner Brust zieht sich schmerzlich etwas zusammen. Entsetzt reiße ich die Augen auf und schlucke den Kloß im Hals hinunter.

»Morgen früh geht mein Flug.«

»Bitte was?« Meine Stimme zittert und ich setze mich mit

einem Ruck auf, halte dabei die Decke schützend vor meinen nackten Körper. Unsinnig, ich weiß.

»Ich wiederhole mich nur ungerne«, erwidert Ethan mit leicht genervtem Unterton. Er dreht sich von mir weg und setzt sich an den Rand des großen Bettes.

»Aber ... wieso?«, frage ich ihn fassungslos.

»Man hat mir eine Stelle angeboten, befristet auf ein Jahr, aber besser als nichts.«

»Ich ... wusste nicht einmal, dass du ... dass du überhaupt weg wolltest«, sage ich leise und krame in meinen Erinnerungen nach irgendwelchen Anzeichen dafür, dass Ethan einen Umzug ins Ausland plante. Aber ich finde nichts. Vielleicht liegt es daran, dass wir die Zeit, die wir gemeinsam verbringen, meistens nackt im Bett liegen und nicht sonderlich viel reden.

»Na ja, jetzt weißt du es!« Er zwinkert mir zu und greift nach seinen Klamotten, die am Boden verstreut liegen.

Mir wird schwindelig. Ich kann es nicht fassen, dass Ethan ab morgen nicht mehr da sein wird. Es fällt mir schwer zu atmen.

»Aber ...«, beginne ich leise und kämpfe verzweifelt gegen die Tränen an, die in meinen Augen brennen. »Aber ... was wird dann ... aus uns?«

»Uns?« Ein Lachen entfährt ihm, aber es klingt nicht fröhlich, sondern spöttisch. »Oh, Isla-Mäuschen, es gibt kein Uns! Das hat es nie und wird es nie. Das wusstest du von Anfang an, also ersparen wir uns dieses unnötige Gespräch doch einfach!«

Seine Worte sind wie ein Schlag ins Gesicht und brechen den Damm, der meine Tränen mühsam zurückgehalten hat. Ich wusste, worauf ich mich einlasse, als das hier angefangen hat. Ich wusste, Ethan will keine Beziehung. Ich wusste, dass es nur eine Affäre ist.

Aber ich hatte gehofft, dass sich in den sieben Monaten, in denen das hier nun schon läuft, etwas geändert hat. Wie dumm und naiv bin ich eigentlich?

»Du kannst nicht gehen!« Meine Stimme klingt weinerlich

und ich hasse mich für meine Schwäche. Es widert mich an, aber ich kann nicht anders.

Ethan zieht eine Augenbraue nach oben. »Ach ja? Wäre mir neu! Verrätst du mir, warum ich das nicht tun kann?« Er macht sich über mich lustig, das höre ich ihm an. Er nimmt mich nicht ernst.

Ich will ihm den Grund nicht sagen, weil ich weiß, dass es nichts ändern wird. Aber die Worte brechen aus mir heraus.

»Weil ich mich in dich verliebt habe!«

Ethan lacht trocken auf. »Verliebt? Oh, Isla! Das ist noch ein Grund mehr für mich, zu gehen. Und zwar so schnell wie nur möglich.«

»Wie kannst du das sagen?« Ich schniefe und wische mir mit dem Handrücken über die Augen.

»Du als Sprachtherapeutin solltest die Grundlagen des Sprechens und wie das funktioniert doch kennen.« Der Spott trieft aus seiner Stimme.

»Hast du denn keine Gefühle für mich? Nach all der Zeit?« Ich sehe ihn direkt an, doch ich erkenne keine Emotionen in seinen Augen.

»Isla«, sagt er und beugt sich zu mir. »Ich habe wirklich gerne Sex mit dir, das weißt du, aber das war es auch schon. Mehr habe ich nie von dir gewollt, mehr will ich jetzt nicht und mehr werde ich nie von dir wollen!«

Es fühlt sich an, als würde er mir ein Messer in die Brust rammen. Ich schlucke schwer.

Ethan drückt mir einen Kuss auf die Stirn. Die kurze Berührung seiner Lippen brennt sich in meine Haut und setzt mich von dort ausgehend Zentimeter für Zentimeter in Flammen. Dieses Mal nicht auf angenehme Weise.

Dann dreht er sich von mir weg, schnappt sich sein Hemd und geht zu Tür.

»Ich muss noch was erledigen. Wenn ich wiederkomme, solltest du weg sein!«

»Ethan!« Mittlerweile laufen mir die Tränen in Strömen übers Gesicht.

»Mach's gut, Isla-Mäuschen!«

Und mit diesen Worten fällt die Tür zu seinem Schlafzimmer hinter ihm ins Schloss.

Bei diesen letzten Worten bricht mein Herz.

Kapitel 2

Ethan

Wenn ich eines an London definitiv nicht vermisst habe, dann ist es dieser beschissene Regen. Ich hasse ihn.

Es schüttet wie aus Eimern, als ich aus dem Flughafengebäude trete und nach einem Taxi winke. Ich fluche leise, als einige Taxis an mir vorbeifahren und mich keines Blickes würdigen. Mittlerweile ist meine Jacke nass und meine Haare kleben mir feucht an der Stirn. Selber Schuld, wenn man seinen Schirm vergisst. Wie kann man so blöd sein und in London einen Regenschirm vergessen?

Endlich hält ein Taxi vor mir an und ich springe – immer noch fluchend – in den Wagen. Meine Tasche schmeiße ich achtlos neben mich auf den Sitz. Ich reise immer mit leichtem Gepäck, ich hasse es, Koffer zu schleppen.

»Wohin?«, fragt der Fahrer mit leicht genervtem Unterton.

Ich gebe ihm die Adresse meiner Wohnung und wir fahren schweigend durch das verregnete London. Ich starre aus dem Fenster und suche nach Veränderungen. Es ist schließlich über ein Jahr her, dass ich hier war. Aber es scheint alles beim Alten zu sein. Die Menschen, die durch die Straßen hetzen, die vielen Autos, die die Straßen so dermaßen verstopfen, dass man nur noch im Schritttempo von A nach B kommt. Ich bin nicht überrascht darüber, dass sich nichts verändert hat. Menschen tun sich im Allgemeinen schwer damit, sich oder ihre Umgebung zu verändern, das habe ich schon früh gelernt. Und ich bin auch froh, dass alles genauso ist wie damals, als ich von hier weggegangen bin.

Vor meinem Wohnhaus angekommen, drücke ich dem Taxifahrer achtlos einige Scheine in die Hand. Mit meiner Tasche in der Hand renne ich über den Fußgängerweg und versuche dabei, den tiefen Pfützen auszuweichen, die sich gebildet haben. Es gelingt mir natürlich nicht und als ich schließlich das Haus betrete, ist nicht nur meine Jacke völlig durchnässt, sondern auch meine Schuhe. Meine Laune sinkt auf den Tiefpunkt.

Mit schnellen Schritten durchquere ich die Eingangshalle und ignoriere die höfliche Begrüßung des Portiers. Ich stoße einige Flüche aus, während ich auf den Fahrstuhl warte, der mich in die oberste Etage bringen soll.

Auch meine Wohnung ist genauso, wie ich sie verlassen habe. Nun ja, vielleicht etwas ordentlicher, da meine Putzfrau Katinka vor meiner Ankunft noch Ordnung gemacht hat. Ich mache mir eine mentale Notiz, dass ich dringend ihr Gehalt erhöhen muss.

Meine Jacke, die Schuhe und die Tasche werfe ich achtlos auf einen Stuhl im Flur, dann gehe ich in die Küche und hole mir ein Bier aus dem Kühlschrank. Doch ehe ich es mir auf dem Sofa gemütlich machen kann, klingelt mein Handy. Meine Miene verfinstert sich, als ich sehe, wer mich anruft. Ich zögere nicht lange und drücke den Anruf meiner Mutter weg. Keine Minute später läutet das blöde Telefon schon wieder, doch ich ignoriere es und schalte stattdessen den TV an.

Irgendwann klingelt mein Handy wieder und dieses Mal reißt mir der Geduldsfaden.

»Was?«, belle ich in das Telefon.

»Ethan, hier ist Tom!«

Ich stutze für einen Moment. Wieso ruft mein Chef an einem Sonntagabend bei mir an? Dann schlage ich einen freundlicheren Ton an. »Oh, Tom, hallo«, sage ich. »Mit dir habe ich nicht gerechnet, entschuldige.«

»Ist schon in Ordnung.« Seine Stimme klingt amüsiert. »Wie war dein Flug?«

»Lang«, entgegne ich und trinke einen Schluck Bier.

Tom lacht am anderen Ende der Leitung. »Ethan, ich würde gerne gleich früh mit dir sprechen. Deswegen rufe ich an. Kannst du schon um sieben Uhr da sein?«

Ich verziehe das Gesicht und reibe mir die Stirn. Das ist nicht meine Uhrzeit und Tom weiß das eigentlich besser als jeder andere. Also scheint es wohl wichtig zu sein. »Natürlich, Tom, kein Problem«, sage ich schließlich.

»Sehr schön!«, antwortet er. Kurzes Schweigen breitet sich aus, ehe Tom fortfährt. »Es ist schön, dass du wieder da bist, Ethan!«

»Danke«, erwidere ich. »Ich freue mich auch!«

Überraschenderweise stelle ich fest, dass das die Wahrheit ist. So sehr ich das Jahr in Miami genossen habe, ich freue mich wirklich zurück in London zu sein und vor allem am Wilson Wates Hospital. Dass Tom mir direkt meine alte Stelle als Oberarzt angeboten hat, ist natürlich der absolute Hauptgewinn für mich.

Mein Handy kündigt eine neue Nachricht an. Wenn das schon wieder meine Mutter ist, dann kann ich für nichts garantieren. Aber es ist nicht meine Mum, sondern Susan.

Ich habe gehört, du bist wieder in der Stadt.

Meine Mundwinkel zucken. Irgendwie war es abzusehen, dass Susan es als Erste mitbekommt. Wir kennen uns seit mehreren Jahren. Allerdings wäre es zu weit hergeholt, uns als Freunde zu bezeichnen. Wir gehen gelegentlich miteinander ins Bett, mehr nicht. Mit Susan ist es unkompliziert und unverfänglich. Genau wie ich, will sie nur etwas Spaß haben. Wieso also nicht auch heute? Ich würde sowieso nicht schlafen können, dem Jetlag sei Dank, dann kann ich also auch getrost meine Zeit mit Susan und ein bisschen Sex verbringen.

Ich warte schon auf dich.

Am nächsten Morgen um kurz vor sieben Uhr betrete ich müde die neurologische Station des Wilson Wates Hospitals. Ich fühle mich ein bisschen verkatert, obwohl ich nichts weiter getrunken habe, außer dem einen Bier nach meiner Ankunft gestern. Zwei Stunden Schlaf haben aber scheinbar die gleiche Wirkung wie größere Mengen Alkohol.

Auf Station ist es noch ruhig und ich bleibe kurz stehen, um mich umzusehen. Ein Lächeln breitet sich auf meinem Gesicht aus, als ich feststelle, dass sich auch hier nichts verändert hat. Alles sieht genauso aus, es riecht sogar genauso wie immer. Nach Desinfektionsmittel und ein wenig nach Blumen.

»Ethan!«

Ich drehe mich um und entdecke die Person, zu der die Stimme gehört. Summer kommt mit ausgebreiteten Armen auf mich zu, ein strahlendes Lächeln auf den Lippen. Ihr Pferdeschwanz wippt bei jedem Schritt.

»Es ist so schön, dich zu sehen!« Summer schließt mich in eine Umarmung und ich erwidere diese lächelnd.

»Ich freue mich auch, dich zu sehen«, antworte ich, nachdem ich mich aus der Umarmung gelöst habe. »Wie geht es dir?«

»Sehr gut!« Sie strahlt mich weiterhin an und ich habe das Gefühl, etwas verpasst zu haben. Ich mustere sie von oben bis unten. Wie ich von Tom bereits erfahren habe, ist sie mittlerweile die Stationsleitung und das steht ihr wirklich gut.

»Du bist sogar noch schöner geworden, Summer«, sage ich mit einem verschmitzten Grinsen.

Summer boxt mich scherzhaft auf den Oberarm. »Und du hast dich nicht verändert, wie ich sehe!«

Ich lache laut auf. »Wieso sollte ich?« Summer ist eine der wenigen Frauen, die mir und meinem Charme tatsächlich widerstehen kann, und das seit wir uns kennen. Ich bewundere sie fast schon ein wenig dafür, gleichzeitig ist es wahnsinnig traurig, dass ich nie erfahren werde, wie sie ihr freches Mundwerk im Bett so einsetzen kann. Aber na ja.

Summer schüttelt lachend den Kopf. »Wir sehen uns später.« Dann lässt sie mich stehen und eilt in ein Patientenzimmer. Ich setze meinen Weg fort und klopfe an Toms Büro.

»Herein!«, ertönt es von innen und ich trete ein. Toms Büro ist riesig und für einen Chefarzt fast ein wenig zu chaotisch. Überall auf den dunklen Holzmöbeln stapeln sich Unterlagen und Bücher.

Tom sitzt am Schreibtisch und blickt auf, als er mich sieht. Auch er hat sich kein Stück verändert. Bis auf ein, zwei graue Haare mehr, die sich in seinen dunklen Haaren abzeichnen.

»Ethan! Guten Morgen!«, begrüßt er mich freundlich und deutet auf den freien Stuhl ihm gegenüber. »Kaffee?«

Ich schüttele den Kopf und setze mich. »Nein danke, zu früh!«

Tom lacht. »Wie fühlt es sich an, wieder hier zu sein?«

»Gut«, antworte ich ehrlich. »Ich bin wirklich froh, dass ich wieder hier sein darf!«

»Du hast immer einen Platz hier bei uns, das weißt du«, entgegnet Tom. »Wie war es in Miami?«

»Sehr interessant, aber auch sehr anstrengend«, erwidere ich und beginne, ihm ausführlich von meinem Jahr in einer auf Parkinson spezialisierten Klinik zu erzählen. Dort war ich in einer Forschungsgruppe zu seltenen Formen von dieser Krankheit tätig und habe viel gelernt. Allerdings habe ich auch kaum geschlafen. Das lag nicht nur an der Arbeit, das gebe ich zu. Der größte Vorteil von Miami ist der andauernde Sommer, weshalb die Frauen dort sehr leicht bekleidet waren. Und nicht nur in Bezug auf die Klamottenwahl waren sie sehr offenherzig. Das erwähne ich in meinen Erzählungen Tom gegenüber nicht.

»Das klingt großartig, Ethan!«, meint Tom, als ich geendet habe. »Und das bringt mich gleich zu meinem Anliegen.« Er räuspert sich, während ich ihn abwartend ansehe. »Ich möchte gerne die Behandlung unserer Parkinsonpatienten anpassen und einen konkreten Plan ausarbeiten, welche Diagnostik und Therapie stattfindet.«

»Das klingt sehr gut«, sage ich.

»Dazu stelle ich eine Projektgruppe zusammen, die aus einem Arzt und je einem Therapeuten aus den Bereichen Logopädie, Physio- und Ergotherapie bestehen soll. Ich hätte gerne, dass du der verantwortliche Arzt bist.«

Damit habe ich nicht gerechnet. »Sehr gerne, Tom!«

»Insbesondere die Diagnostik und Therapie der Logopädie soll verändert werden und an die aktuellen wissenschaftlichen Erkenntnisse angepasst werden. Du hast ja vor deinen Weggang bereits eng mit den Logopädinnen zusammengearbeitet, daher möchte ich, dass du neben einem Gesamtplan auch einen speziellen Plan für den Fachbereich Logopädie ausarbeitest«, fährt Tom fort und ich nicke gedankenverloren. »Ms Fields hat bereits öfters angemerkt, dass sie gerne einiges verändern würde. Das ist die perfekte Gelegenheit.«

»Isla Fields?«, hake ich nach.

»Ja«, gibt Tom zurück. »Du erinnerst dich doch an sie?«

Besser, als er denkt, Ich runzle die Stirn und nicke. »Und sie war einverstanden damit, dass sie das mit mir ausarbeiten soll?«

»Ich habe dich noch nicht als Verantwortlichen vorgestellt, da ich nicht wusste, ob du überhaupt Interesse hast«, erwidert Tom. »Aber das sollte doch kein Problem darstellen.« Ich höre das Fragezeichen am Ende, gehe jedoch nicht darauf ein.

Ich würde so ziemlich alles darauf verwetten, dass es für Isla durchaus ein Problem sein würde, wenn sie erfährt, dass sie mit mir in dieser Projektgruppe arbeiten wird. Ich würde sogar so weit gehen und sagen, dass sie sich lieber vor einen fahrenden Zug werfen würde. Oder mich. Und ich kann es ihr auch nicht verdenken. Aber ich kann mir diese Chance nicht entgehen lassen. Und vor allem kann ich Tom nicht enttäuschen und vor den Kopf stoßen. Das mit Isla würde ich schon irgendwie regeln.

»Ich freue mich darauf«, sage ich lächelnd. »Wann geht's los?«

Kapitel 3

Isla

Mir ist schon die ganze Nacht schlecht gewesen und als mein Wecker um sechs Uhr endlich klingelt, überlege ich immer noch, ob ich mich übergeben muss oder nicht. Ich entscheide mich dagegen und schäle mich aus dem Bett. Mit einem mulmigen Gefühl im Magen schlurfe ich ins Bad und mache mich fertig für diesen ganz besonders dunklen Montag.

Aber es führt kein Weg daran vorbei. Gestern habe ich überlegt, ob ich mich krankmelden soll, aber den Gedanken schnell wieder verworfen. Erstens würde ich Ethan nicht diese Genugtuung geben, und zweitens kann ich mich schließlich nicht mein restliches Arbeitsleben über krankmelden, nur weil er wieder da ist.

Nein, ich würde ihm hocherhobenen Hauptes entgegentreten und mir nichts anmerken lassen, absolut nichts. Ich würde ihn einfach ignorieren. Das sollte wohl machbar sein. Es ist über ein Jahr her und ich bin stärker geworden. Ich kann das schaffen.

Ich muss das einfach schaffen.

Anders als sonst treffe ich heute nicht meine beste Freundin Summer am Haupteingang der Klinik, was daran liegt, dass ich deutlich später dran bin als sonst. Heute gehe ich auch nicht direkt auf Station, sondern erst einmal in das Logopädie-Büro, nachdem ich mich umgezogen habe. Ich bin natürlich die Erste und genieße die Ruhe im Büro.

Während der PC hochfährt, lasse ich mir einen Kaffee aus der Maschine und schalte mein Arbeitstelefon ein. Kurz darauf klingelt es auch schon.

»Guten Morgen, Summer«, begrüße ich sie lächelnd. Wir kennen uns, seit ich ihm Wilson Wates Hospital als Sprachtherapeutin angefangen habe und sind schnell gute Freundinnen geworden.

»Isla, wo bist du denn? Ich habe dich schon gesucht!« Ein leichter Vorwurf liegt in ihrer Stimme.

»Ich bin unten im Büro«, erkläre ich. »Ich habe noch ein paar Dinge zu erledigen, bevor ich auf Station komme.« Ethan aus dem Weg zu gehen, zum Beispiel, aber das sage ich ihr nicht.

»Ach so«, sagt Summer. »Ich dachte, du kommst direkt hoch und begrüßt Ethan mit mir. Er hat heute seinen ersten Tag«, fügt sie erklärend hinzu. Als ob das nötig gewesen wäre. Seit Wochen kreisen meine Gedanken um diesen Tag. Aber das konnte Summer schließlich nicht wissen.

»Ach, ist das heute?«, frage ich und hoffe, dass mein ahnungsloser Tonfall überzeugend klingt. Um mich abzulenken, rühre ich meinen Kaffee um.

»Ja!« Summer lacht. »Egal, dann eben später.«

»Genau.« Meine Stimme klingt schwach und mir wird wieder übel.

»Wir sehen uns dann! Beeil dich!«, weist Summer mich an und legt dann auf.

Ich atme hörbar aus und lasse kurz den Kopf hängen. Mit geschlossenen Augen versuche ich mich auf meine Atmung zu konzentrieren. Dann blicke ich auf und sehe auf die Uhr. Eine Weile würde ich mich noch hier im Büro verstecken können, aber über kurz oder lang muss ich auf Station. Und mich dem Teufel stellen.

Mein Telefon klingelt wieder. Diesmal ist es meine Chefin, Silvia.

»Guten Morgen«, begrüße ich sie freundlich.

»Guten Morgen, Isla. Gut, dass du schon da bist.« Ich runzle die Stirn. Ich bin schließlich jeden Tag so früh da. Aber natürlich sieht Silvia das nicht, natürlich nicht.

»Tom hat um ein kurzes Treffen heute um elf Uhr gebeten«, fährt sie fort.

»Ach so? Worum geht es?«

»Er möchte einen Plan für die Behandlung der Parkinsonpatienten ausarbeiten und alles wohl etwas evidenzbasierter angehen«, erklärt Silvia und ich höre ihr ihren Widerwillen deutlich an. Es ist immer das Gleiche. Für Silvia zählen nur Zahlen und ob wir Überstunden machen oder nicht. Ob wir die Patienten nach neuesten wissenschaftlichen Erkenntnissen behandeln oder einfach nur Bespaßungstherapie machen, ist für sie zweitrangig.

»Das klingt doch gut«, sage ich vorsichtig.

»Ich möchte, dass du dich mit deinen Vorschlägen zurückhältst, Isla. Was Tom sich vorstellt – und was du dir vielleicht vorstellst – halte ich für nicht umsetzbar, angesichts unserer Personalsituation.«

Autsch, das hat gesessen. Ich ziehe die Stirn in Falten und überlege für einen Moment, ob ich das sagen soll, was ich denke, oder das, was ich sagen sollte. Da mir aber heute schlicht und einfach die Kraft fehlt, mit Silvia zu diskutieren – und es sowieso keinen Sinn macht – sage ich lediglich: »Okay.«

»Wunderbar. Wir sehen uns um elf in Toms Büro.« Dann legt sie auf.

Ich stöhne. Es ist noch nicht einmal acht Uhr morgens und ich bin schon wieder bis zum Anschlag genervt. Konnte der Tag noch schlimmer werden?

Um Viertel vor elf sitze ich mit Summer in ihrem Büro auf der neurologischen Station und nippe an meinem dritten Kaffee. Kaum zu glauben, aber bisher habe ich es tatsächlich geschafft, Ethan nicht zu treffen, und in mir wächst die Hoffnung, dass ich ihn heute vielleicht gar nicht sehen muss. Meine Anspannung hat sich etwas aufgelöst und meine Übelkeit ist verschwunden. Zum Glück.

Ich erzähle Summer gerade von Silvias Anruf und sie sieht mich kopfschüttelnd an.

»Ich weiß nicht, was ich sagen soll«, seufzt sie.

Ich zucke resigniert mit den Schultern. »Nichts, einfach nichts. Was soll man da noch sagen? Es hat sowieso keinen Sinn.«

Summer sieht mich für einige Sekunden mit einer hochgezogenen Augenbraue an, dann sieht sie auf die Uhr. »Wir sollten los.«

Ich stelle meine Tasse auf dem Schreibtisch ab und folge Summer aus ihrem Büro. Wir betreten das Chefarzt-Büro, das neben Summers liegt, aber es ist noch keiner da. Kurz darauf betritt Tom das Büro. Seine Miene hellt sich auf, als er Summer und mich sieht.

»Guten Morgen, die Damen!«

»Guten Morgen«, erwidern Summer und ich gleichzeitig. Langsam lehne ich mich gegen die warme Heizung, Summer tut es mir gleich, während Tom sich an seinen Schreibtisch setzt und auf seinem PC etwas tippt. Schweigen breitet sich aus und ich beobachte das langsame Ticken der Uhr an der Wand. Nur noch vier Stunden, die ich überstehen muss, das sollte doch machbar sein. Ich habe nur noch zwei Patienten hier auf Station, danach steht nur noch Bürokram an, den ich nicht auf Station erledigen muss. Die Chancen stehen also sehr gut, dass heute nicht der Tag ist, an dem ich ihn wiedersehen muss.

Da öffnet sich die Tür. Ich sehe auf und …

Sämtliche Hoffnung erlischt schlagartig.

Mein Herz hört auf zu schlagen. Meine Atmung setzt aus. Mein Magen zieht sich schmerzhaft zusammen. Es fühlt sich an, als hätte mir jemand mit der Faust in die Magengrube gestoßen. Mir läuft es kalt den Rücken hinunter und ich merke, dass meine Handflächen feucht werden.

Ethan betritt den Raum, ein neckisches Lächeln auf seinen Lippen. Er sieht genauso aus, wie ich ihn in Erinnerung hatte.

Nein, das ist gelogen. Er sieht sogar noch besser aus, gestehe ich mir widerwillig ein.

Dunkle Haare, die er gekonnt lässig gestylt hat. Stechend blaue Augen, die mich durchdringen und mir den Atem rauben. Ein ordentlich gestutzter Drei-Tage-Bart, der seine perfekt geschwungenen Lippen nur noch mehr betont. Er trägt ein weißes Hemd, dessen oberster Knopf offensteht und einen Vorgeschmack auf das bietet, was sich darunter befindet. Und ich erinnere mich nur zu gut daran. Ich beiße mir auf die Innenseite meiner Wangen und schlucke schwer.

Ethans Blick wandert nur für ein, zwei Sekunden zu mir, dann sieht er zu Summer und Tom, ehe er auf dem freien Stuhl Platz nimmt. Sein neckisches Lächeln wird weicher, sanfter.

»Guten Morgen«, sagt er in die Runde und beim Klang seiner Stimme drohen meine Beine nachzugeben. Ich lege die Hände hinter mich an die Heizung, um Halt zu finden. Mein Hals ist trocken und die Worte, die ich auf seine Begrüßung erwidern wollte, bleiben stecken. Ein Stich in meiner Brust macht sich bemerkbar und ich realisiere, dass ich tatsächlich die ganze Zeit über die Luft angehalten habe.

Seine Haltung wirkt, als würde es ihn auf keine Art und Weise kümmern, mich nach all der Zeit und unserer Vergangenheit jetzt wiederzusehen. Und das ist es, was am meisten wehtut.

Seine Gleichgültigkeit.

Ich nehme kaum wahr, wie nach Ethan auch Silvia eintritt, gefolgt von Lena, der Ergotherapeutin, und dem Physiotherapeuten Sam. Mit aller Gewalt reiße ich meine Gedanken und meinen Blick von Ethan los und wende mich Tom zu, der mittlerweile das Wort ergriffen hat und von der Projektgruppe zur Behandlungsoptimierung der Parkinsonpatienten erzählt.

»Das klingt großartig«, sagt Summer begeistert und auch alle anderen stimmen zu. Ich nicke nur und bemühe mich um ein Lächeln. Ich muss mich jetzt konzentrieren. So lange habe ich schon versucht, hier etwas zu verändern und die Therapie effektiver für die Patienten zu gestalten. Immer war ich auf taube Ohren gestoßen. Bis jetzt.

»Wenn es für euch alle in Ordnung ist, würde ich euch gerne alle in die Projektgruppe einplanen«, erklärt Tom. An Silvia gewandt, fügt er hinzu: »Ich weiß, dass dein Zeitplan das nicht zulässt, Silvia. Aber du sollst dennoch involviert sein.«

Silvia schenkt ihm ein Lächeln, das so unauffällig gekünstelt wirkt, dass es sicherlich keiner erkennt. Ich allerdings schon. »Das ist sehr nett, Tom. Ich vertraue meinen Therapeuten vollends und stehe natürlich jederzeit gerne für Rat und Tat zur Seite.«

Tom nickt wohlwollend. »Sehr schön. Dann ist das so weit geklärt. Ich schicke eine Rundmail mit allen weiteren Details. Vielen Dank euch allen für eure Zeit!«

Summer wendet sich zum Gehen und auch ich will mich gerade zum Gehen wenden – ein instinktiver Fluchtinstinkt –, als Tom hinter mir meinen Namen ruft.

»Isla! Hättest du noch eine Minute?« Ich stocke in meiner Bewegung und sehe zu Summer, die mich anlächelt und dann aus dem Raum verschwindet. Alle sind gegangen und ich bleibe zurück mit Tom und … Ethan, der sich mittlerweile erhoben hat und neben mir steht.

Nein, nein, nein, nein, nein. Das geht nicht. Ich halte es keine weitere Sekunde in einem Raum mit ihm aus.

Ich atme zittrig ein und der Duft seines Aftershaves erreicht meine Nase. Er riecht auch genauso wie damals. Mir wird schwindelig und die Übelkeit von heute Morgen steigt wieder in mir auf.

»Isla«, unterbricht Tom mein Gedankenchaos. »Du hast ja bereits einige Verbesserungsvorschläge gemacht.« Ich nicke nur. Ethan räuspert sich neben mir.

»Ich würde dich bitten, gemeinsam mit Ethan einen Plan zur Diagnostik und Therapie für den Bereich Logopädie auszuarbeiten mit besonderem Fokus auf Schluckstörungen. Das hatten wir schon einmal besprochen. Ich würde gerne die instrumentelle Diagnostik als Standard etablieren.« Er sieht mich erwartungsvoll an.

Sag etwas, schreit eine Stimme in mir.

»Ja«, krächze ich und ich spüre Ethans Grinsen auf mir. Dieser Arsch! Ich strecke den Rücken durch und sage mit etwas festerer Stimme: »Sehr gerne!«

Tom lächelt. »Das müsste aber unabhängig von der Projektgruppe erfolgen. Ich hoffe sehr, dass du so viel Zeit erübrigen kannst, Isla.«

Jeder Muskel meines Körpers spannt sich zum Zerreißen an. *Was?* Schlimm genug, dass ich Ethan von nun an wieder jeden Tag auf Arbeit sehen muss und mit ihm in dieser Projektgruppe arbeiten soll. Aber zusätzlich auch noch mit ihm allein an einem separaten Projekt? Das kann ich nicht. Niemals. Mir wird heiß und kalt, ich spüre die Übelkeit stärker in mir aufsteigen. Ich schlucke hart.

Auch wenn sich alles in mir dagegen sträubt, ich kann meine Gefühle nicht meine Arbeit bestimmen lassen, also nicke ich und sage: »Natürlich, das sollte machbar sein.« Da wittere ich ein Schlupfloch. »Aber ich will Dr. Bailey nicht zu sehr einspannen, ich kann das auch …«

Weiter komme ich nicht, da Ethan mich unterbricht: »Keine Sorge, Isla.« Seine Stimme ist dunkel und rau. Die Art, wie er meinen Namen sagt, brennt sich in meinen Kopf und ich glaube, jede Sekunde weinen zu müssen. Wie armselig bin ich denn?

»Ethan ist einverstanden, wir haben heute Morgen bereits darüber gesprochen«, erklärt Tom. »Vielen Dank euch beiden!«

Und damit ist die Sache für ihn erledigt. Er nickt uns noch einmal freundlich zu, ehe er sich wieder seiner Arbeit am PC widmet, ein unmissverständliches Zeichen, dass dieses Gespräch beendet ist und wir entlassen sind. Aber ich kann mich nicht rühren. Ich schlucke und wage es, vorsichtig zu Ethan zu blicken. Er hat davon gewusst? Und zugestimmt? Konnte er sich nicht denken, dass es so ziemlich das Letzte ist, das ich tun möchte?

Kapitel 4

Ethan

Islas Reaktion ist genauso, wie ich es erwartet habe. Sie versucht sich zusammenzureißen, aber ich sehe ihr an, wie schwer es ihr fällt. Sie tut mir beinahe schon leid. Trotzdem bleibt sie relativ ruhig und für alle anderen muss es normal gewirkt haben. Aber nicht für mich. Denn ich kenne sie besser.

Als wir Toms Büro verlassen haben, wendet sie rasch den Blick ab und will gerade mit gesenktem Kopf davoneilen, als ich sie zurückhalte.

»Isla, hast du eine Minute für mich?«

Sie stoppt abrupt und ihr Blick zuckt zu mir. Ich erkenne Wut in ihren Augen und ihre Miene verfinstert sich zunehmend, bis sie mich schließlich wutentbrannt anfunkelt.

»Nein, habe ich nicht«, zischt sie leise.

»Wir sollten über das Projekt sprechen«, entgegne ich und berühre sie am Ellenbogen. Sofort zieht sie ihren Arm zurück, als hätte sie sich verbrannt. Doch ehe sie etwas erwidern kann, treten einige Kollegen aus dem Pausenraum zu uns in den Flur. Lachen hallt durch die Gänge und keiner scheint die Spannung zwischen Isla und mir wahrzunehmen. Ich nicke einigen Kollegen freundlich zu.

Das ist meine Gelegenheit.

»Ms Fields«, sage ich und erhebe die Stimme. Wenn sie nicht freiwillig mit mir reden will, dann muss ich eben den Vorgesetzten raushängen lassen. Sie würde niemals vor anderen Leuten meine Bitte ablehnen. Ihre Augen weiten sich leicht, als sie erkennt, was ich vorhabe.

»Ich würde Sie gerne kurz in meinem Büro sprechen!«

Für einen Moment erwarte ich, dass sie sich weigert. Sie starrt mich für einige Sekunden aus ihren hübschen grauen Augen an und ich lese eine Vielzahl an Emotionen darin. Ich sehe ihr an, wie sie mit sich ringt. Doch schließlich lässt sie die Schultern sinken und nickt knapp, fast schon widerstrebend. Ich muss mir ein Grinsen verkneifen. Irgendwie süß, wie sie so mit sich hadert, obwohl sie doch weiß, dass ich letztlich gewinnen werde.

Schweigend gehen wir in mein Büro. Erst als die Tür ins Schloss gefallen ist, dreht Isla sich mit einem Ruck zu mir.

»Was soll das?«, herrscht sie mich an, während sie wütend ihren Zeigefinger auf mich richtet. Ihre Stimme bebt.

»Du wolltest ja nicht freiwillig mitkommen«, verteidige ich mich und muss mich wirklich anstrengen, um mir das Grinsen zu verkneifen. Isla funkelt mich weiterhin an. Sie sieht so süß aus, wenn sie wütend ist.

»Hast du mich vermisst?«, frage ich sie und verziehe die Lippen zu einem schiefen Grinsen.

»Warst du weg?«, entgegnet Isla kühl.

Ich lache auf. »Gut gekontert, Isla-Mäuschen.« Mein Blick bleibt an ihr hängen. Sie wirkt erwachsener als vor einem Jahr. Und dennoch ist mir alles an ihr so verdammt vertraut. Die hübschen grauen Augen, die mich jetzt kühl und scheinbar emotionslos anstarren. Ihre vollen geschwungenen Lippen, ihr zartes Gesicht, das sie wie eine Prinzessin wirken lässt. Ihre Haare sind zu einem hohen Pferdeschwanz gebunden und einige Strähnen fallen ihr locker über die Schultern.

»Was willst du von mir, Ethan?«

Oh, am allerliebsten würde ich sie gleich hier auf meinem Schreibtisch um den Verstand vögeln, solange, bis der distanzierte Ausdruck auf ihrem Gesicht verschwindet und sie meinen Namen stöhnt. Das sage ich ihr aber natürlich nicht, denn sie würde es falsch verstehen.

»Mit dir über das Projekt reden«, erkläre ich.

»Wie kannst du damit einverstanden sein?«, regt sie sich weiter lauthals auf.

Ich hebe beschwichtigend die Hände. »Es ist eine super Sache. Und in deinem Interesse, dachte ich.« Ich lege den Kopf schief und warte ihre Antwort ab.

Isla zögert. »Ja, schon … Aber nicht mit … dir!«

»Autsch.« Ich lege eine Hand an mein Herz und tue so, als hätte sie mich zutiefst verletzt. Aber Isla lacht nicht.

»Wir sind ein gutes Team«, füge ich hinzu.

»Wir waren ein gutes Team. Vergangenheit«, korrigiert sie mich.

»Das kann wieder so werden.« Meine Stimme ist wie von selbst tiefer geworden und ich halte ihren Blick fest.

»Nein, Ethan.« Sie spuckt mir die Worte förmlich entgegen. Erst in diesem Moment kommt mir der Gedanke, dass ich wohl mehr in ihr zerstört haben könnte, als ich bisher angenommen habe.

»Isla, wir müssen das wohl oder übel durchziehen, ob es dir nun gefällt oder nicht. Und du weißt, dass ich dir am besten dabei helfen kann!«

Isla wendet den Blick ab und starrt auf den Boden. Als sie mich wieder ansieht, ist ihr Blick weicher, etwas sanfter. Einsichtiger. Sie nickt kaum merklich.

»Ich weiß«, sagt sie leise und mit hörbarem Widerwillen in der Stimme.

»Das wird super, du wirst schon sehen.« In der Tat finde ich den Gedanken, viel Zeit mit Isla zu verbringen – allein –, sehr reizvoll.

»Wie in guten alten Zeiten«, füge ich hinzu.

Schlagartig verdüstert sich Islas Blick wieder und sie sieht aus, als würde sie mir nur allzu gerne den Hals umdrehen.

»Wie kann man nur so unfassbar arrogant und selbstverliebt sein?«, fährt sie mich an.

»Nun ja, das hat mich schon einiges an Übung gekostet«, gebe ich scherzhaft zurück und grinse sie an.

»Was erwartest du eigentlich?« Ihr Gesicht färbt sich rötlich vor Wut und ich weiß, dass ich es ein kleines bisschen zu weit getrieben habe. Ihre Unterlippe zittert leicht.

Bevor ich etwas erwidern kann, schneidet sie mir mit einer bestimmenden Geste das Wort ab.

»Du hast mir mein verdammtes Herz herausgerissen und bist darauf herumgetrampelt, Ethan!«, zischt sie gefährlich leise. »Dann bist du einfach abgehauen. Und ein Jahr später tauchst du hier auf und tust so, als wäre nichts passiert, absolut gar nichts? Mag sein, dass du alles vergessen hast, ich kann das aber nicht. Und ich werde es auch nicht!«

Ruckartig dreht sie sich um und stürmt aus meinem Büro. Sie ist nicht mehr da, aber ihre Worte sind es. Schweben wie dichter Nebel durch mein Büro.

Berühmte letzte Worte.

Kapitel 5

Isla

Wutentbrannt verlasse ich Ethans Büro und laufe direkt Summer in die Arme. Sie sieht mich erstaunt an und hebt eine Augenbraue.

»Was ist denn mit dir los?«, hakt sie vorsichtig nach.

Ich schnaube nur.

»Nichts!«, gebe ich im Vorbeigehen zurück und verlasse die Station so schnell wie möglich. Hauptsache weg von Ethan.

Ich kann nicht fassen, was gerade passiert ist. Mir dröhnt der Schädel, als hätte ich die ganze Nacht durchgefeiert und getrunken. Hastig reiße ich die Tür zu meiner Umkleide auf und schließe mich auf der Toilette ein. Erst hier wage ich es, tief durchzuatmen. Meine Atmung ist zittrig und ich habe das Gefühl, dass die Luft nicht in meinen Lungen ankommt.

Ethan ist wieder da.

Schlimmer noch. Ich würde mit ihm arbeiten müssen. Nur wir beide. Ich stoße einen frustrierten Seufzer aus und lehne mich gegen die Tür. Dann schließe ich die Augen und versuche, meine tosenden Gedanken zu bremsen, sodass ich irgendeinen von ihnen fassen kann. Doch ich scheitere kläglich daran. Zu sehr hat mich die Begegnung mit ihm aufgewühlt, hat alte Gefühle wieder hervorgebracht, die ich eigentlich erfolgreich beseitigt habe.

Erinnerungen an unsere gemeinsame Zeit durchströmen mich, sie laufen vor meinem inneren Auge wie ein schlechter Film ab und ich kann es nicht stoppen.

Wochenlang wusste ich, dass er wiederkommen wird.

Wochenlang konnte ich mich darauf einstellen. Wieso drehe ich dann jetzt komplett durch? Warum …?

Ein Schluchzer bricht aus meiner Kehle hervor.

Okay, stopp. Ich stoße die Luft hörbar aus und schüttele den Kopf, als könnte ich so all die Fragen, die darin umherschwirren, verstummen lassen.

Ich habe damit abgeschlossen, mit ihm abgeschlossen. Was ist also los mit mir?

Ich ärgere mich über mich selbst, über meine Schwäche. Mein Plan war es, ihn zu ignorieren, ihm nicht zu zeigen, wie sehr es wehtut, ihn jetzt wiederzusehen. Stattdessen bin ich beinahe vor ihm zusammengebrochen. Ich hasse es, dass er immer noch diese Macht über mich hat, diese Wirkung auf mich und meinen Körper.

Ich würde nicht zulassen, dass er mich erneut bricht. Also straffe ich die Schultern, atme ein paar Mal tief durch, spritze mir etwas kaltes Wasser ins Gesicht und verlasse die Umkleide. Ethan hat es nicht verdient, dass ich seinetwegen so außer mir bin.

Als ich aus der Tür trete, stoße ich mit jemandem zusammen. Was ist heute nur los, dass ich dauernd in Leute hineinlaufe? Ich stöhne genervt und schnalze mit der Zunge.

»Entschuldigung!«, sage ich, unfreundlicher als beabsichtigt. Als ich aufblicke, sehe ich, dass es Ryan ist.

Er grinst mich an. »Na, schlechter Tag?«

Ich verdrehe die Augen. »Schlimmster Tag!«

Ryan lacht laut auf. Dann nickt er den Flur entlang.

»Komm mit mir raus, ein bisschen frische Luft tut dir bestimmt ganz gut.«

Kurz wäge ich meine Optionen ab. Im Büro kann ich mich nicht die restlichen Stunden verkriechen, genauso wenig wie auf Station. Da ich keine Ahnung habe, was ich tun soll, nicke ich und begleite Ryan nach draußen in den kleinen Klinikgarten. Er sagt nichts und ich bin ihm unfassbar dankbar dafür. Die Luft ist angenehm kühl, klar und es riecht nach Regen. Ich nehme ein paar tiefe Atemzüge und die Anspannung fällt ein wenig von mir ab.

Ryan mustert mich aus dem Augenwinkel, während er sich eine Zigarette anzündet. Wir haben damals zeitgleich hier angefangen und uns bei den Einführungstagen kennengelernt. In der Klinik sehen wir uns allerdings seitdem relativ selten, da Ryan als Physiotherapeut hauptsächlich auf den chirurgischen Stationen arbeitet. Aber privat verbringen wir häufiger Zeit miteinander. Ryan ist einer der wenigen Männer, mit denen mich von Beginn an nur eine rein platonische Freundschaft verbindet und nicht mehr. Okay, wir hatten ein Date und haben uns an diesem Abend einmal geküsst. Aber wir haben beide gemerkt, dass es absolut nicht passt. Ich genieße die freundschaftliche Beziehung sehr.

Abgesehen davon, ist Ryan auch der einzige Mensch, der von meiner Vergangenheit mit Ethan weiß. Ich habe es ihm erzählt, als Ethan London verlassen hat. Ryan hat nicht über mich geurteilt, und er hat auch nicht versucht, mir irgendwelche Ratschläge zu geben. Stattdessen hat er mir Raum für meine Emotionen gelassen – für meine Wut, meine Enttäuschung, meine Trauer.

»Ich habe gehört, dein Doc ist wieder da.«, bricht er schließlich das Schweigen und nimmt einen tiefen Zug von seiner Zigarette.

Ich seufze und lege den Kopf in den Nacken. Ein, zwei Atemzüge lang beobachte ich die Wolken, die über mir am Himmel vorbeiziehen. Ich wünschte, ich wäre eine von ihnen.

»Ja, da hast du richtig gehört«, entgegne ich knapp, ohne ihn dabei anzusehen.

»Wie geht es dir damit?«, fragt er und stößt hörbar den Zigarettenrauch aus.

Ich lache trocken. »Blendend natürlich, was denkst du denn?« Meine Stimme trieft vor Sarkasmus. Auch, wenn ich Ryan nicht ansehe, spüre ich das Grinsen, das auf seinen Lippen liegt.

»Vorschlag: Ich bin um halb acht bei dir und bringe noch sechs Freunde mit«, sagt Ryan und zwinkert mir zu.

»Klingt nach einem soliden Plan«, grinse ich. Dann boxt Ryan mir spielerisch auf den Oberarm, ehe er wieder zurück ins Gebäude geht. Ich nehme noch zwei tiefe Atemzüge und gehe dann auch wieder hinein.

Die Mittagspause lasse ich heute ausfallen und arbeite durch, sodass ich bereits um kurz vor fünfzehn Uhr die Klinik verlassen kann. Auf dem Heimweg mache ich einen Stopp beim Asiaten um die Ecke und nehme mir mein Lieblingsessen – gebratene Nudeln mit Gemüse – mit nach Hause. Das kann ich nach diesem Tag gut gebrauchen.

Pünktlich um halb acht klingelt es. Vor der Tür steht Ryan und hält mir einen Sixpack Bier entgegen.

»Hallo, Bier! Schön, dass du endlich da bist«, sage ich mit übertrieben dramatischer Betonung. »Ich hatte solche Sehnsucht nach dir!«

Ryan lacht und streckt mir die Zunge raus. »Der Lieferant ist hoffentlich auch willkommen.«

»Ausnahmsweise!« Ich mache eine Kopfbewegung, mit der ich ihn hineinbitte. »Komm rein.«

Ich schließe die Tür hinter ihm und folge ihm dann ins Wohnzimmer. Das Bier stellt er auf dem Couchtisch ab, dann lässt er sich auf das Sofa fallen.

Wie ich trägt auch Ryan bequeme Kleidung. Die graue Jogginghose sitzt ihm tief auf den Hüften, dazu trägt er ein schwarzes T-Shirt, das seinen durchtrainierten Oberkörper betont. Feine schwarze Linien ziehen sich über seine muskulösen Arme bis hoch zu den Ärmeln und verschwinden unter dem Stoff. In diesem Moment fällt mir auf, dass ich ihn nie nach den Bedeutungen seiner Tattoos gefragt habe.

Ryan sieht mich auffordernd an, während er seinen Man-Bun

löst und die halblangen dunklen Haare dann wieder zu einem Zopf zusammenfasst.

Ich setze mich neben ihn und Ryan öffnet uns zwei Flaschen Bier, während ich die nächste Folge von *The Boys* abspielen lasse. Ryan reicht mir eine Flasche.

»Cheers!« Ich stoße mit ihm an und nehme einen großen Schluck aus der Flasche. Kühl rinnt das Bier meine Kehle hinunter und ich schließe genüsslich die Augen. Aus einem Bier werden erst zwei und dann drei, bis Ryan irgendwann die Flasche Tequila aus meiner Küche holt.

Es ist eine Wohltat und ich merke, wie der Alkohol all meine Gedanken langsam verstummen lässt.

»Unter der Woche?«, frage ich mit hochgezogenen Augenbrauen.

Er zwinkert mir zu. »Besondere Umstände erfordern besondere Maßnahmen.«

»Du klingst wie ein weiser alter Lehrer!«, lache ich.

»Das bin ich ja auch«, entgegnet er ernst, während er zwei Schnapsgläser mit Tequila füllt. »Also weise, nicht alt.«

Ryan reicht mir eines der Gläser.

»Auf das Vergessen!«, sage ich und erhebe feierlich mein Glas.

»Auf das Vergessen!«

Der Schnaps brennt in meinem Hals und ich muss husten.

»Da ist aber jemand aus der Übung!«, zieht Ryan mich auf und schenkt uns beiden nach.

Auch der zweite Schnaps brennt sich den Weg meine Kehle hinunter bis in meinen Magen, in dem sich ein warmes Gefühl breitmacht.

Nach dem dritten Schnaps dreht sich Ryan zu mir und sieht mich ernst an. »Und nun erzähl mir endlich, wie es war!«

»Wie was war?« Fragend sehe ich ihn an.

»Na, Ethan wiederzusehen!«

Ich verziehe das Gesicht. »Dafür brauche ich noch einen

Tequila«, entgegne ich und schiebe die Unterlippe vor. Ryan schenkt mir grinsend ein weiteres Glas ein.

Dann beginne ich von meinem Treffen mit Ethan zu erzählen.

»Ist es zu fassen, dass wir zusammen an diesem Projekt arbeiten sollen?«, ende ich und sehe Ryan fassungslos an.

»Das ist schon scheiße, ja.« Ich höre das unausgesprochene *Aber* am Ende und lege den Kopf schief, während ich darauf warte, dass er weiterspricht. Als er das nicht tut, stöhne ich genervt.

»Ryan! Nun sag schon, was du sagen willst!«

Er zögert. »Na ja. Ihr habt doch immer gut zusammengearbeitet und er war in deinem Bereich super engagiert. Also ist es irgendwie naheliegend, dass er das mit dir machen soll.«

Ich kräusele die Lippen und verschränke die Arme vor der Brust. Auf Ryans markantem Gesicht bildet sich ein Lächeln.

»Der Art deiner Reaktion entnehme ich, dass du das sehr wohl weißt.«

»Du bist nicht hier, um mir die Wahrheit zu sagen, Idiot!«, blaffe ich ihn an, doch ich muss ein Grinsen unterdrücken.

»Einen Schnaps auf die Wahrheit!«, ruft Ryan.

Irgendwann merke ich, dass sich die Welt leicht um mich zu drehen begonnen hat. Alles wirkt etwas leichter, ich fühle mich leichter. Meine Gedanken kreisen zwar nach wie vor, aber langsamer und Ethans Gesicht verschwimmt vor meinem inneren Auge. Wir lachen ausgelassen, während im Hintergrund eine Folge *The Boys* nach der anderen läuft, wovon wir allerdings kaum etwas mitbekommen.

»Ich sollte langsam gehen«, sagt Ryan einige Zeit später, seine Worte gehen fließend ineinander über und ich starre ihn fragend an. Er deutet auf die Tür.

Ich schüttele heftig den Kopf, was ich sogleich bereue, da es schmerzhaft hinter meiner Schläfe pocht.

»Du gehst nirgendwohin, so voll wie du bist!«

»Pyjamaparty it is!«, grölt Ryan und lacht.

»Das haben wir viel zu lange nicht mehr gemacht«, stelle ich fest. Tatsächlich schläft Ryan regelmäßig bei mir nach einem unserer Filmabende, vielleicht, weil es doch öfters etwas eskaliert mit dem Alkohol. Heute bin ich froh, dass er da ist, damit ich nicht allein bin. Seine Anwesenheit beruhigt mich.

»Wirst du dich eigentlich jemals von deinem Man-Bun trennen?«, frage ich ihn, als wir in meinem riesigen Boxspringbett liegen.

»Niemals!«, erwidert er empört.

Ich lache leise. Der Man-Bun ist Ryans Markenzeichen, genauso wie die vielen Tattoos, die seinen Körper schmücken. Es verleiht ihm den typischen Bad-Boy-Look, der so gut zu ihm passt, obwohl er der netteste Kerl ist, den ich je kennengelernt habe.

»Weißt du eigentlich, dass du beim Lachen grunzt, wenn du betrunken bist?«, will er wissen.

Ich greife nach einem der Kissen und schlage es ihm ins Gesicht. Er lacht nur, trotz des bösen Blickes, den ich ihm zuwerfe.

»Ich sage nur die Wahrheit«, verteidigt er sich glucksend.

»Genug Wahrheiten für heute, gute Nacht«

Damit mache ich das Licht aus und Dunkelheit erfüllt den Raum. Ich schließe die Augen und versuche ruhig zu atmen, während sich weiter unablässig alles in mir und um mich herum dreht und dreht und dreht.

Vor anderthalb Jahren

Isla

Ich eile durch die Gänge der Klinik, so schnell ich kann. Dabei gleitet mein Blick immer wieder auf mein Diensttelefon, dessen Uhr mir anzeigt, dass ich schon zehn Minuten zu spät für die Besprechung bin.

Verdammt. Ich hasse Unpünktlichkeit.

Außer Atem stoppe ich vor der Tür des Besprechungszimmers, klopfe und trete schließlich ein.

»Entschuldigung«, murmele ich leise und lasse mich auf den nächstbesten Stuhl sinken

»Isla, schön, dass du da bist.« Tom lächelt mich freundlich an und rügt mich glücklicherweise nicht wegen meiner Unpünktlichkeit.

»Darf ich dir unseren neuen Oberarzt vorstellen?« Er deutet auf einen Mann, den ich noch gar nicht bemerkt hatte, da er versteckt hinter Tom sitzt.

Und dann blicke ich in die unfassbar schönsten Augen, die ich jemals gesehen habe. Stechend blau, so tief wie das Meer und so einnehmend, dass ich für einige Augenblick nur noch ihn sehe und alles andere um mich herum ausblende.

Sein linker Mundwinkel zieht sich leicht nach oben zu einem schiefen Grinsen, während seine Augen mich weiter mustern.

»Ethan, das ist Isla, unsere Logopädin«, stellt Tom uns einander vor, aber ich registriere es nur am Rande.

»Freut mich sehr«, erwidert Ethan schließlich und seine Stimme bereitet mir eine Gänsehaut.

Himmel noch mal! Alles an diesem Typ scheint so unver-

schämt perfekt zu sein. Er bereitet mir fast körperliche Schmer-
zen.

»Gleichfalls«, bringe ich hervor und ich scheitere bei dem Ver-
such, dabei möglichst entspannt und unbeeindruckt zu wirken,
natürlich kläglich. Hastig überschlage ich die Beine und rutsche
etwas tiefer in meinen Stuhl, um meine Nervosität zu überspie-
len. Hoffentlich bemerkt er es nicht.

Aber auch dieser Wunsch wird mir nicht erfüllt. Dem Fun-
keln in seinen Augen lese ich klar ab, dass ihm seine Wirkung
auf mich nicht entgangen ist.

Verdammt, verdammt, verdammt. Wie soll ich in seiner
Nähe konzentriert arbeiten können? Geschweige denn, mit ihm
zusammenarbeiten?

Tom fährt damit fort, die einzelnen Patienten vorzustellen,
aber ich höre nicht zu. Alle meine Sinne sind auf Ethan gerich-
tet, der aufmerksam Tom zuhört.

Unauffällig lasse ich meinen Blick auf ihm ruhen und mus-
tere ihn. Auf seiner Stirn hat sich eine kleine Falte gebildet,
offenbar ist er hochkonzentriert. Eine Strähne seines dunklen
Haares fällt ihm in die Stirn und er streicht sie mit einer kleinen
Handbewegung aus seinem Gesicht. Aufmerksam, wie ich nun
einmal bin, entdecke ich keinen Ring an seinem Finger.

Viel zu schnell ist die Besprechung vorbei und ich habe keine
Ahnung, worum es ging. Ein schlechtes Gewissen macht sich in
mir breit und ich schimpfe innerlich mit mir, dass ein Typ mich
so dermaßen von der Arbeit ablenkt.

Als ich den Raum verlassen möchte, hält Summer mich
zurück und sieht mich mit hochgezogenen Augenbrauen an.

»Was war das denn bitte?«, fragt sie.

»Was meinst du?«

»Komm schon, Isla. Du hast Ethan nicht sehr unauffällig
angeschmachtet.«

Mist!

Ich zucke betont lässig die Schultern. »Habe ich nicht.«

»Hast du wohl«, widerspricht Summer. »Und als deine beste Freundin ist es mein Job, dir einen Rat zu geben: Lass die Finger von ihm.«

Irritiert sehe ich sie an.

»Ernsthaft, Isla«, fährt sie nun in einem etwas sanfteren Ton fort. »Ich habe einiges über ihn gehört.«

Ich schnaube. »Und das wäre?«

»Er lässt wohl nichts anbrennen und wechselt seine Bettpartnerinnen ungefähr so häufig wie seine Unterwäsche!«

»Woher willst du wissen, dass er seine Unterwäsche überhaupt wechselt?«, frage ich gespielt ernst.

Summer verkneift sich ein Grinsen und sieht mich weiterhin eindringlich an. »Ich meine es ernst, Isla.«

»Ich habe die Frage auch ernst gemeint.«

Summer seufzt und runzelt die Stirn. »In seiner alten Arbeitsstelle hat er mit mehreren Kolleginnen was gehabt!«

»Was ist schon dabei? Er ist ja nicht verheiratet, oder so!« Die Worte haben meinen Mund schneller verlassen, als ich sie hätte aufhalten können.

Summer sieht mich verwundert an, spart sich aber die offensichtliche Frage. »Nein, ist er nicht.« Sie macht eine kurze Pause, ehe sie fortfährt. »Halt dich einfach fern von ihm, okay? Bitte. Affären in der Arbeit nehmen meistens kein gutes Ende. Er hat sicherlich nicht ohne Grund das Krankenhaus gewechselt.«

Kapitel 6

Ethan

»Du hast getrunken!«

Wütend drehe ich mich zu ihr um. Es ist neun Uhr am Morgen und Isla riecht wie eine Schnapsfabrik. Ganz zu schweigen davon, dass sie richtig fertig aussieht. Als hätte sie die verdammte Nacht durchgemacht, was sie vermutlich auch getan hat.

Isla verzieht schmerzhaft das Gesicht und fasst sich mit einer Hand an den Kopf.

»Nicht so laut«, nuschelt sie leise und lehnt sich mit dem Rücken gegen die Wand.

Eigentlich hatten wir vereinbart, dass wir uns heute Morgen kurz besprechen, wie wir mit dem Projekt verfahren sollen. Und die Arbeit so aufteilen zu können, dass wir so wenig wie möglich miteinander zu tun haben, wenn es nach Isla geht.

Tja, das hat sich nun erledigt, denn sie ist kaum fähig, aufrecht zu stehen. Wieso hat sie sich nicht einfach krankgemeldet?

Ich greife ihr Kinn und drehe ihren Kopf zu mir, sodass sie gezwungen ist, mich anzusehen. Doch sie wendet rasch den Blick ab, starrt stattdessen mit müden Augen auf meinen Hemdkragen.

»Sieh mich an«, knurre ich. Isla schließt die Augen, öffnet sie jedoch kurz darauf wieder und sieht mich an.

»Du hast getrunken«, wiederhole ich leise.

Trotz regt sich in ihren Augen. »Ja. Was dagegen?«

Und ob ich etwas dagegen habe! Tosende Wut keimt in mir auf und es kostet mich alle Kraft, sie im Zaum zu halten.

Ich mache einen kleinen Schritt auf sie zu und stehe nun so

dicht vor ihr, dass ich merke, wie sich ihr Brustkorb schneller hebt und senkt. Ihre Lippen öffnen sich leicht und es wäre eine Kleinigkeit für mich, den winzigen Abstand zwischen uns zu überbrücken und sie zu küssen. Aber das wäre falsch. Zu früh. Stattdessen berühre ich mit meinen Lippen leicht ihr Ohr, was sie zum Zittern bringt.

»Du weißt, dass ich etwas dagegen habe, Isla«, wispere ich ihr mit tiefer Stimme ins Ohr. »Das hat sich nicht geändert!«

Sie antwortet nicht. Die einzige Reaktion auf meine Worte ist ihr Atem, der sich beschleunigt.

»Ich möchte nicht, dass du dich betrinkst, Isla.« Wieder antwortet sie nicht. »Hast du das verstanden?«, füge ich hinzu.

Isla nickt leicht. »Ja«, haucht sie.

Ich weiche von ihr zurück und lasse sie los.

»Dann hätten wir das ja geklärt.« Ich drehe mich um und setze mich an meinen Schreibtisch. Isla verharrt an Ort und Stelle.

»Setz dich«, weise ich sie an und zeige auf den freien Stuhl. »Lass uns anfangen.«

»Okay!«

Ich verkneife mir mein zufriedenes Lächeln und beobachte sie. Es ist gut, dass sie genauso auf mich reagiert wie damals. Manches ändert sich eben nie. Einige Dinge sollen sich auch nie ändern.

»Also, Isla. Was hast du dir denn bisher überlegt, das du gern verändern möchtest?«, frage ich und lasse den Kugelschreiber durch meine Finger gleiten. Ich sehe ihr an, wie sie mit sich kämpft, wie sie verzweifelt versucht, einen klaren Kopf zu bekommen.

Sie räuspert sich und beginnt mit leiser und krächzender Stimme von ihren Vorschlägen zu erzählen. Ihr Blick ruht auf dem Papier vor ihr. Sie wagt es nicht zu mir zu sehen. Auch wenn sie sich Mühe gibt, es zu verbergen, spüre ich ihre Nervosität. Ich genieße es fast schon, sie so zu sehen.

»Das sehe ich ganz genauso«, stimme ich ihr zu, als sie fertig gesprochen hat. In kurzen Worten berichte ich ihr anschließend von der Forschung, an der ich in Miami mitgewirkt habe.

»Das klingt sehr spannend«, erwidert Isla und ich glaube, in ihren Augen ein Funkeln aufblitzen zu sehen.

Ich lächle schief. »Das war es auch.«

»Wieso bist du dann wieder hier?«, fragt sie leise.

Ich seufze und male Kreise auf meinen Block.

»Tja, sagen wir, ich hatte Heimweh«, entgegne ich ausweichend und mustere sie mit leicht gerunzelter Stirn. Ihr Blick schnellt kurz zu mir und sofort wieder zurück auf ihre Unterlagen. Ich spüre, dass sie mehr Fragen hat, mehr sagen will, doch sie bleibt still.

»Ich bezweifle allerdings, dass wir das eins zu eins so übernehmen und im Wilson Wates anwenden können«, bemerke ich. Isla nickt zustimmend und wirkt für eine Sekunde beinahe resigniert.

»Ich weiß«, erwidert sie leise. »Silvia hat gestern bereits gesagt, dass sie das von der Therapeutenseite aus nicht stemmen kann und will. Da wir unterbesetzt sind.«

Ich nicke langsam, während meine Augen an ihr auf und ab fahren und versuchen, sich jeden Millimeter von ihr einzuprägen.

»Okay, beenden wir das für heute, ja?«, sage ich, um das ohrenbetäubende Schweigen zwischen uns zu durchbrechen.

Isla nickt langsam. »Fangen wir ab sofort an, die neuen Standards umzusetzen?«

»Ja, das sollten wir«, antworte ich. Wieder nickt sie und verzieht die Lippen zu einem schmalen Lächeln, ehe sie sich erhebt und Richtung Tür geht.

»Bis dann«, flüstert Isla und verlässt mein Büro.

»Trink genug!«, rufe ich ihr hinterher. »Damit meine ich Wasser, keinen Alkohol!«

Als die Tür hinter ihr zufällt, stoße ich die Luft aus und fahre mir seufzend mit der Hand über mein Gesicht. Das ist doch einigermaßen gut gelaufen, überlege ich. Immerhin ist sie mir nicht an die Kehle gesprungen und wir haben fast schon ein erwachsenes Gespräch unter Kollegen geführt. Aber vermutlich lag das nur daran, dass sie so verkatert war. Sonst hätte sie mir sicherlich ein paar harte Worte an den Kopf geknallt. Berechtigterweise, wie ich widerwillig zugeben muss.

Aber wieso musste sie ausgerechnet fragen, warum ich wieder hier bin? Hat sie wirklich gedacht, ich würde ihr darauf eine Antwort geben, geschweige denn die Wahrheit sagen?

Wie sollte ich ihr den wahren Grund sagen, wenn ich ihn mir selbst gegenüber nicht einmal eingestehen kann?

Kapitel 7

Isla

Einen Scheiß würde ich tun. Seine Tipps und Ratschläge kann er sich sonst wo hinstecken. Als wüsste ich nicht selbst, dass ich genug Wasser trinken sollte! Das ist schließlich nicht mein erster Kater.

Ich schnaube. Mein Kopf dröhnt so sehr und mir ist immer noch übel. Blöder Tequila. Dieses Mal habe ich es wirklich etwas übertrieben. Das ist alles Ryans Schuld, denke ich grimmig. So schnell ich kann, eile ich über die Station hinunter ins Büro. Ein bisschen Papierkram würde mich hoffentlich etwas ablenken. Wie gut, dass es heute auf der Station ruhig ist und ich nur wenige Patienten habe.

Im Büro trinke ich einen sehr starken Kaffee, der zwar für Unruhe in meinem Magen sorgt, aber sicherlich dabei helfen wird, dass ich den Kater besser verkrafte, und widme mich meinen Unterlagen. Ich lege ein neues Word-Dokument an und vermerke dort alles, was Ethan und ich vorhin besprochen haben.

Mein Herz schlägt dabei ein kleines bisschen schneller. Nicht wegen Ethan, nein. Sondern weil es endlich Veränderungen geben wird.

Okay, vielleicht auch ein kleines bisschen wegen Ethan. Aber das ignoriere ich.

Ich trinke meinen Kaffee aus und mein Blick fällt auf mein Frühstück, das ich noch nicht angerührt habe. Mein Magen krampft sich zusammen. Nein, lieber noch nichts essen. Ein Kaffee würde schon reichen fürs Erste.

Als mein Telefon klingelt, zucke ich erschrocken zusammen. Ich nehme es und werfe zuerst einen Blick auf das Display, um zu sehen, wer mich anruft. Es ist die Station.

»Ja?«, melde ich mich.

»Isla, Liebes, hier ist Conny«, ertönt eine freundliche Stimme am anderen Ende der Leitung. »Mr Griffin ist in den Rollstuhl mobilisiert und du könntest jetzt schauen, wie es mit dem Essen bei ihm klappt. Ich habe sein Frühstück noch aufgehoben.«

»Natürlich, ich bin gleich da«, erwidere ich.

»Vielen Dank!«

Ich sperre den PC und mache mich mit noch pochenden Kopfschmerzen und leichtem Herzrasen, welches wahrscheinlich auf das viele Koffein zurückzuführen ist, auf den Weg auf Station. Hoffentlich würde das Koffein auch bald die Kopfschmerzen vertreiben.

Die Visite läuft gerade und ich sehe Tom, Ethan und Nate, Assistenzarzt und Summers Freund, diskutierend im Gang stehen. Ansonsten ist niemand auf Station. Um Ethan aus dem Weg zu gehen, wähle ich den anderen Weg zum Zimmer des Patienten und klopfe, ehe ich eintrete.

»Guten Morgen«, begrüße ich Mr Griffin fröhlicher, als ich es eigentlich bin.

Der ältere Herr, der vor mir im Rollstuhl sitzt, reagiert nicht, sieht mich nicht einmal an. Ich trete näher zu ihm und lege ihm vorsichtig eine Hand auf die Schulter, um ihn nicht zu erschrecken, ehe ich ihn erneut – dieses Mal etwas lauter – anspreche.

Wieder keine Reaktion. Ich schnappe mir seine Akte, die am unteren Ende des Bettes hängt, und überfliege die wichtigsten Diagnosen.

Morbus Parkinson, vor vier Jahren festgestellt. Aktuell kann Mr Griffin nichts mehr selbstständig tun, er ist im Moment ein kompletter Pflegefall. Der Akte entnehme ich auch einen recht aktuellen Logopädiebefund, in dem ein Kollege schildert, dass die Therapie in letzter Zeit kaum den Status quo erhalten konnte, sondern sich der Zustand des Patienten immer weiter verschlechtert hat. Deutlich erschwerte Kommunikation sowie Gewichtsverlust in den letzten drei Monaten.

Mr Griffin röchelt leise und hustet dann kraftlos. Ich lege ihm wieder eine Hand auf den Rücken und versuche, seinen Oberkörper etwas nach vorne zu beugen. Allerdings gelingt es mir nicht, da Mr Griffins Muskeln aufgrund der Erkrankung steif sind und ich nicht die nötige Kraft aufbringen kann.

Ich lege die Akte beiseite und greife nach einem Becher Wasser, den Conny mir netterweise schon bereitgestellt hat. Ich ziehe mir einen Stuhl neben Mr Griffin und setze mich.

»Mr Griffin«, spreche ich den Patienten laut an und er hebt tatsächlich den Kopf und sieht mich an. Ich meine, ein leichtes Lächeln auf seinen Lippen entdecken zu können.

»Wie geht es ihnen heute, Mr Griffin?«

Ich sehe, wie er langsam die Lippen bewegt, aber kein Laut verlässt seine Kehle. Ich nicke nur und lächle ihn freundlich an. Das Wichtigste in meinem Beruf ist es, den Patienten zuzuhören, ihnen Zeit zu geben, auch wenn es gefühlt Jahre dauert, bis man eine Antwort erhält.

Nach einer Weile bildet Mr Griffin leise und unverständliche Worte. Mit meinem geschulten Ohr glaube ich aber dennoch, das Wort *Gut* rauszuhören.

»Mr Griffin, ich habe etwas Wasser für Sie. Möchten Sie einen Schluck trinken?«

Der Patient nickt mit langsamen, abgehackten Bewegungen und hebt zitternd seinen rechten Arm. Ich weiß jetzt schon, dass Mr Griffin den Becher niemals selbst wird halten können, geschweige denn, ihn zum Mund zu bewegen.

»Wissen Sie was«, sage ich. »Ich leihe Ihnen meine Hand, in Ordnung?«

Ich lege Mr Griffins Hand an den Becher und meine darüber, dann bewege ich zwei Hände und den Becher langsam nach oben. Mr Griffin nimmt nur einen kleinen Schluck, hustet dann aber so sehr, dass ich den Versuch abbreche. Ohne eine bildgebende Schluckdiagnostik würde ich hier nicht weitermachen, um keine Aspiration – also ein Eindringen von Nahrung und Flüssigkeit in die Lunge – und damit eine Lungenentzündung zu riskieren. Unauffällig öffne ich Mr Griffins Hand, die noch um den Becher liegt und stelle diesen auf den Beistelltisch. Dann verabschiede ich mich von dem Patienten und verspreche ihm, später noch einmal vorbeizukommen. In Gedanken plane ich bereits die nächsten Schritte. Ob Ethan heute noch Zeit für eine Untersuchung hat?

Ich erhebe mich und greife kurz an die Wand neben mir, da mir etwas schwarz vor Augen wird. Ich schließe die Augen und atme ein paar Mal tief durch. Es wird nicht besser. Im Gegenteil. In diesem Moment verfluche ich mich dafür, den Kaffee auf leeren und angeschlagenen Magen getrunken zu haben.

In meinen Ohren beginnt es zu rauschen und ich habe das Gefühl, alles um mich herum nur noch aus der Ferne wahrzunehmen.

Scheiße. Ich hätte etwas essen sollen. Ich kenne meinen Körper gut genug, um zu wissen, dass mein Kreislauf zusammenzubrechen droht, daher versuche ich so gut es geht einen Schritt nach dem anderen zu machen und mir den Weg in Summers Büro zu bahnen, das nur zwei Türen neben Mr Griffins Zimmer liegt. Mein Kopf dröhnt und pocht, in meinen Ohren rauscht und klingelt es und ich spüre mein Herz in meinem Brustkorb rasen. Übelkeit steigt in mir auf und mir wird heiß und kalt zugleich.

Wie durch einen Schleier nehme ich wahr, wie in diesem Moment die Tür aufgeht und jemand das Zimmer betritt. Ich höre, wie jemand meinen Namen sagt, aber ich erkenne die Stimme nicht. Hände greifen nach mir, genau in dem Moment, in dem meine Knie drohen, nachzugeben. Ich merke, wie meine Beine sich wie von selbst bewegen, als würden sie ein Eigenleben führen. Mehr nehme ich nicht mehr wahr. Nur ein tiefes Schwarz, das mich umgibt, mich auffängt, mich mit sich in die Tiefe zieht.

Kapitel 8

Ethan

Isla sackt in genau dem Moment zusammen, als ich meine Arme um sie gelegt habe. Was für ein Timing.

Tom und Nate sind bereits ein Zimmer weiter auf Visite, Mr Griffin wollte ich allein besuchen, was eine gute Entscheidung war, denn Isla wäre es sicherlich peinlich gewesen, vor dem Chefarzt zusammenzubrechen.

Halb bewusstlos liegt sie in meinen Armen, während ich sie in mein Büro bringe. Gut, dass die Station leer ist und uns demnach keiner sieht.

In meinem Büro lege ich sie auf die Untersuchungsliege, ehe ich meinen Kopf durch die Tür nach draußen strecke und nach Summer rufe.

»Ich brauche bitte das Viggo-Set und eine Infusion Jonosteril!«

Ohne zu fragen, eilt Summer davon und drückt mir nur Sekunden später alles in die Hand.

»Ich möchte bis auf weiteres nicht gestört werden, ja? Falls Tom fragt, sag ihm, ich hätte ein wichtiges Telefonat«, sage ich und Summer nickt erneut. Genau deswegen ist sie meine liebste Pflegekraft hier, sie fragt nicht, sie macht.

Ich schlüpfe in ein paar Handschuhe, lege Isla den Stauschlauch um den Unterarm und desinfiziere ihren Handrücken. Sie zuckt kurz, als ich die Nadel ansetze und vorsichtig in ihrer Vene versenke. Als die Kanüle sitzt, ziehe ich die Nadel zurück und fixiere sie mit einem Klebeband, ehe ich die Infusion anhänge.

»Oh, Isla, meine Süße. Was machst du nur für Sachen?«, sage ich leise, weil ich weiß, dass sie mich nicht hört. Ich ziehe mir einen Stuhl heran, kontrolliere nochmals, ob die Infusion läuft, und beobachte sie dann einfach nur.

Ihre Lippen sind geöffnet, ihre Augen fest geschlossen und ihre Brust hebt und senkt sich in langsamen, regelmäßigen Abständen. Es sieht aus, als würde sie schlafen. Ich seufze leise.

Sie ist so wunderschön. Ich habe in Miami fast vergessen, wie schön sie ist. Sie raubt mir den Atem, wieder und wieder. Meine Finger greifen nach einer ihrer Haarsträhnen und spielen mit ihr. Ein Hauch von blumigem Parfüm trifft auf meine Nase. Wenn Heimat einen Duft hätte, dann wäre es dieser hier.

In diesem Moment bewegt Isla sich und stöhnt.

»Mach langsam, Isla«, sage ich leise und lege ihr eine Hand auf den Unterarm.

Sie dreht den Kopf und blinzelt mich einige Male an. Ein verwirrter Ausdruck macht sich auf ihrem Gesicht breit und ich lächle sie an.

»Was …«, setzt sie an, doch ich unterbreche sie.

»Dein Kreislauf hat die Biege gemacht. Ich habe dir eine Infusion angehängt, es sollte dir also gleich besser gehen«, erkläre ich mit so sanfter Stimme, dass ich mich kurz frage, ob es wirklich meine ist.

Isla blickt zur Decke und kneift dann die Augen zusammen.

»Tut mir leid«, sagt sie gequält. »Das ist so peinlich!«

»Ich sage ja, Alkohol ist scheiße.« Einen Hauch von Genugtuung kann ich mir beim besten Willen nicht verkneifen.

»Hier«, sage ich und reiche ihr einen Müsliriegel. »Iss!«

»Aber …«, widerspricht sie, aber ich unterbreche sie.

»Iss!«

»Kann ich … mich hinsetzen?« Ihre Stimme klingt noch schwach, aber ihr Blick wird von Sekunde zu Sekunde wacher.

»Mach langsam«, sage ich streng und stütze sie, während sie

sich aufsetzt und die Beine über die Kante der Liege baumeln lässt. »Wenn dir schwindelig wird, legst du dich wieder hin!«

»Schon gut, ich weiß.« Ich höre einen leicht genervten Unterton in ihrer Stimme und meine Mundwinkel zucken. Es scheint ihr schon besser zu gehen, wenn ihr wieder eingefallen ist, wie sehr ich ihr auf die Nerven gehe.

Ich öffne das Papier des Müsliriegels und halte ihn ihr unter die Nase. Widerwillig greift sie danach und beißt einen kleinen Bissen davon ab.

»Fühlst du dich schon besser?«

Isla nickt langsam. »Ja … Danke … schätze ich.«

»Stets zu Diensten.« Nun kann ich mir mein breites Grinsen nicht verkneifen. Isla hebt den Kopf und sieht mir direkt in die Augen.

»Du weißt, ich muss nicht gerettet werden«, sagt sie.

Natürlich muss sie das nicht, niemand weiß das schließlich besser als ich. Sie ist stark und selbstbewusst, sie braucht keinen Mann, der sie rettet, sie kann sich selbst retten.

»Ich weiß, ich weiß«, erwidere ich. »Ich habe es trotzdem getan!«

»Danke«, wiederholt sie, ihre Stimme ist diesmal nur ein leises Flüstern. Sie wirft mir einen vorsichtigen Blick zu. Ich fange ihn auf und lasse ihn nicht wieder los. Sekunden werden zu Minuten, in denen wir hier sitzen, die Blicke ineinander verwoben. Keiner von uns ist bereit, wegzusehen.

Schließlich wende ich den Blick ab, als ich diese Spannung nicht mehr ertragen kann und räuspere mich.

»Du solltest nach Hause gehen und dich ausruhen.« Ich weiß, dass Isla widersprechen will, daher füge ich hinzu: »Das ist eine ärztliche Anordnung und nicht verhandelbar, Ms Fields!«

Kaum merklich gleitet ein Lächeln über ihre Lippen.

»Ich bestelle dir ein Taxi«, sage ich bestimmt und öffne bereits die Taxi-App auf meinem Handy. »Ist in fünfzehn Minuten da. Ruh dich so lange aus!«

Schweigend isst Isla den Müsliriegel auf und lehnt sich an die Wand. Als auf meinem Handy die Nachricht aufploppt, dass das Taxi da ist, stelle ich die Infusion ab, entferne ihr die Viggo und versorge die Einstichstelle mit einem Pflaster. Langsam steht Isla auf, ich will sie stützen, doch sie wehrt ab.

»Ich kann das schon, danke!«, sagt sie scharf.

»Nun stell dich doch nicht so an!« Verärgert sehe ich sie an. »Ich bringe dich nach unten.«

Für einen Moment erwarte ich, dass Isla protestiert, von mir begleitet zu werden. Doch sie schweigt und nickt.

»Meine Sachen …?«

»Wir können deine Tasche aus deinem Spind holen, den Rest aus dem Büro kann ich dir danach vorbeibringen, wenn du möchtest.« Ein irrsinniges Angebot, das sie natürlich niemals annehmen würde, aber ich konnte es mir nicht verkneifen. Zu verlockend ist die Aussicht darauf, Isla zu Hause zu besuchen. Sie nicht nur auf Arbeit zu sehen.

»Schon gut. Kann ich morgen holen«, entgegnet Isla kurz angebunden.

Wir verlassen die Station, wobei ich Isla einen Schritt Vorsprung lasse. Nach einem kurzen Stopp in der Umkleide, wo Isla ihre Jacke und ihre Tasche holt, gehen wir gemeinsam durch die Klinik, durch das Foyer bis hinaus vor den Haupteingang. Es weht ein frischer Wind, aber immerhin regnet es nicht.

Das Taxi steht bereits dort, der Fahrer lehnt an der Beifahrertür und raucht eine Zigarette. Als er uns sieht, wirft er diese schnell auf den Boden, tritt sie aus und begrüßt uns mit einem Nicken. Er öffnet die Rückfahrertür und Isla steuert darauf zu.

»Danke«, sagt sie erneut und hält an der Autotür inne. Sie sieht mich nicht an und ich spüre, dass sie sich für ihren Kreislaufzusammenbruch schämt.

»Nicht dafür«, erwidere ich leise. Ihre grauen Augen mustern mich eindringlich und ich kann den Blick nicht abwenden. Schließlich räuspere ich mich und sehe zu Boden.

»Das ist mein Job«, füge ich hinzu, wohl wissend, dass dieser Satz sie mehr treffen wird als jeder andere. Genauso gut hätte ich ihr auch ins Gesicht sagen können, dass sie mir egal ist. Aber ich muss die Distanz zwischen uns wieder aufbauen, den Abstand zu ihr wahren. Um ihretwillen. Und um meinetwillen.

»Melde dich bitte, wenn du zu Hause bist.«

Isla zieht eine Augenbraue nach oben und sieht mich fragend an.

»Bei Summer oder irgendjemandem, nicht zwangsläufig bei mir«, ergänze ich.

Sie nickt schließlich und steigt in den Wagen.

»Ich sage deiner Chefin Bescheid!«

»Danke, Ethan.«

Ich schließe die Autotür und wende mich dem Taxifahrer zu.

»Bringen Sie sie gut nach Hause, bitte!«

Der Fahrer nickt zur Antwort und steigt dann ebenfalls in den Wagen. Ich blicke dem Taxi nach, während es von dem Klinikgelände auf die Straße abbiegt und hinter der nächsten Kurve verschwindet.

Ich seufze, atme einmal tief durch und gehe wieder in mein Büro, in dem immer noch ein Hauch von Islas Parfüm liegt. Das wird ein langer Tag werden, denke ich bitter.

Dann wähle ich die Nummer der Therapieleiterin.

»Silvia, hier ist Ethan Bailey.«

»Hallo, Dr. Bailey«, erwidert sie. »Was kann ich für Sie tun?« Sie klingt so betont freundlich, dass es mich schon wütend macht. Silvia und ich haben uns nie sonderlich gut verstanden, was hauptsächlich daran liegt, dass sie eine unsympathische und hinterhältige Ziege ist. Und ich ihr das eventuell mit anderen Worten auch schon gesagt habe.

»Ich wollte Sie nur darüber informieren, dass ich Isla soeben nach Hause geschickt habe, sie hat sich nicht gut gefühlt.«

Schweigen.

»Was fehlt ihr denn?«, fragt Silvia dann und ich höre ihr an, dass es ihr gegen den Strich geht, dass ich ihr Bescheid gebe und nicht Isla.

»Das, fürchte ich, fällt unter meine ärztliche Schweigepflicht, Silvia, das solltest du wissen«, erkläre ich ruhig, aber bestimmt. »Und es hat die Vorgesetzten auch nicht zu interessieren.«

»Natürlich nicht, Dr. Bailey. Ich bin nur besorgt um meine Therapeuten.« Das ist natürlich eine glatte Lüge und Silvia weiß, dass ich das auch weiß.

»Wie läuft denn das Projekt zur Parkinsontherapie? Ich habe erfahren, dass Sie und Isla gemeinsam die logopädischen Standards entwickeln und überarbeiten sollen«, erkundigt sich Silvia dann und ich verdrehe dabei die Augen. Als könnte ich ihr nicht einmal vierundzwanzig Stunden, nachdem Tom uns mit dieser Arbeit betraut hat, etwas erzählen.

In knappen Worten erzähle ich ihr, was Isla und ich heute Morgen kurz besprochen haben.

»Ich hatte Isla gebeten, sich mit ihren Ideen etwas zurückzuhalten, Dr. Bailey, ich hoffe sehr, sie schießt nicht übers Ziel hinaus!« Silvia lacht künstlich und ich verziehe das Gesicht. Es widert mich an, mit dieser Frau zu sprechen, aber einfach aufzulegen wäre unhöflich gewesen und leider kann ich meine Manieren nicht ignorieren. Abgesehen davon ärgert es mich, wie sie über Isla spricht. Und bevor ich auch nur darüber nachdenken kann, verlassen die Worte auch schon meinen Mund.

»Ms Fields hat wunderbare Ideen und Verbesserungsvorschläge, die wir so gut es geht, umsetzen wollen und werden. Sie sollten dankbar sein, eine Mitarbeiterin wie Isla zu haben«, gebe ich kühl zurück und betone jedes meiner Worte.

Mit einem Mal habe ich das drängende Bedürfnis, Isla zu beschützen und Silvia ordentlich die Meinung zu sagen. Ich kann den Ursprung dieses Gefühls nicht richtig einordnen, aber es ist da und wächst immer mehr.

Ich drücke auf den roten Hörer und beende das Telefonat, bevor ich die Kontrolle über meine Worte noch vollends verliere.

Kapitel 9

Isla

Zuhause angekommen, lasse ich mich mit einem lauten Stöhnen aufs Sofa fallen und vergrabe das Gesicht in den Kissen.

Das ist der mit Abstand schlimmste Tag meines ganzen Lebens.

Nicht nur, dass ich mit einem Kater zur Arbeit gehen musste, ich unfassbare Kopfschmerzen hatte und mir speiübel war. Nein, das reichte natürlich nicht. Ich musste natürlich umkippen, weil ich zu blöd war, etwas zu essen.

Wie dumm bist du eigentlich?

Und natürlich konnte mein dämlicher Kreislauf nicht einfach dann den Geist aufgeben, wenn ich im Büro sitze. Nein! Natürlich musste ich umkippen, als Ethan in der Nähe war. Natürlich musste er sich um mich kümmern, mir eine Infusion legen, mich aufpäppeln. Mich nach Hause schicken. Ehrlich, mein Leben hat einen ganz beschissenen Humor und langsam reicht es mir.

Ich lasse mir eine heiße Badewanne ein und koche mir eine große Tasse Fencheltee, während ich darauf warte, dass die Wanne vollläuft. Das Wasser ist etwas zu heiß und für ein paar Atemzüge brennt meine Haut, doch danach fühlt es sich gut an. Beruhigend. Das Wasser umhüllt mich und ich lasse mich tiefer in die Wanne sinken, bis ich untertauche und den Atem für einige Sekunden anhalte. Meine Augen sind geschlossen und ich genieße die absolute Ruhe, die hier unter Wasser herrscht. Stille. Keine Gedanken. Keine Peinlichkeiten. Ich habe das Gefühl, endlich zur Ruhe zu kommen.

Viel zu früh schmerzt meine Lunge bedenklich und ich muss

wieder auftauchen. Ich genieße noch eine Weile die Wärme und Entspannung, so lange, bis meine Haut an den Fingern ganz runzelig ist.

Als ich wenig später die nassen Haare in ein Handtuch gewickelt habe, kuschele ich mich mit meiner Tasse Tee auf das Sofa und greife nach meinem Handy. Also ich auf den Bildschirm schaue, runzle ich irritiert sie Stirn.

Zwei verpasste Anrufe und 5 Nachrichten.

Ich stutze, als ich sehe, von wem sie sind.

Ethan.

Bist du zu Hause angekommen?

Isla!

Isla, antworte mir. Bist du zu Hause?

Ich meine es ernst!

Wenn du mir nicht bald antwortest, dann komme ich vorbei!

Meine Augen schauen auf die Uhrzeit, zu der die Nachricht gesendet wurde. Vor etwas über einer halben Stunde.

Ein Teil von mir ist wütend, auf ihn, auf seine Nachrichten. Doch da ist auch ein kleiner Teil in mir, der sich geschmeichelt fühlt, der dankbar ist, dass er sich um mich kümmert und sich sorgt. Und dieser kleine Teil ist schuld daran, dass sich eine Welle von Wärme, von meinem Magen ausgehend, in meinem ganzen Körper ausbreitet und ich lächeln muss.

Noch während ich eine Nachricht an Ethan tippe, klingelt mein Handy und ein Anruf erscheint auf dem Bildschirm. Ich zögere kurz, dann gehe ich ran.

»Isla! Wieso zum Teufel antwortest du nicht?« Erschrocken halte ich das Handy etwas weiter vom Ohr weg, weil Ethan so laut schreit. »Ich habe dich zig Mal angerufen und dir geschrieben, verdammte Scheiße!«

»Ich war in der Badewanne«, entschuldige ich mich.

Ethan schnaubt und schweigt kurz. »Wie geht es dir?«, fragt er dann, sein Ton ist diesmal weicher.

»Ich bin etwas k.o., aber sonst geht es mir einigermaßen gut.«

»Iss und trink was!«, weist er mich an.

Ich verdrehe die Augen. Gut, dass er das nicht sieht, sonst wäre er richtig sauer geworden.

»Der Fencheltee steht schon neben mir, keine Sorge, Herr Doktor.« Den leichten Touch Ironie kann ich mir nicht verkneifen.

»Gut.« Schweigen. »Soll ich dir deine Sachen vorbeibringen?«

Ja, schreit eine Stimme in mir.

Nein, ruft eine andere.

»Nein, das kann Summer machen.«

»Sie schafft es nicht, ich habe sie schon gefragt.«

Verdammt. Auf gar keinen Fall kann Ethan hier vorbeikommen.

»Dann frage ich eben Ryan«, erwidere ich.

»Wer ist Ryan?«, fragt Ethan etwas zu schnell und mit einem zu wachsamen Unterton.

Für einen Moment überlege ich, ihm die Wahrheit zu sagen, dass Ryan ein Freund und Kollege ist. Aber dann entscheide ich mich anders.

»Das geht dich nichts an, Ethan«, antworte ich betont ruhig.

Er schnaubt.

»Sonst noch was, Ethan?«

»Nein«, entgegnet er langsam. »Ich will dich morgen nicht in der Klinik sehen, ja? Ruh dich aus!« Mit diesen Worten legt er auf und ich komme nicht dazu, etwas zu erwidern.

Langsam lasse ich das Handy sinken. Was ist da gerade passiert?

Ethan sorgt sich um mich. Und es gefällt mir. Sehr sogar. Zu sehr.

Das darf nicht sein.

Kapitel 10

Ethan

Tags darauf ist Isla nicht in der Klinik. Braves Mädchen.

Ich bin eigentlich davon ausgegangen, dass sie dennoch auf der Arbeit erscheint. Allein schon aus dem Grund, um mir zu zeigen, dass sie nicht auf mich hört. Doch dieses Mal scheint sie sich für das Richtige entschieden zu haben: zu Hause zu bleiben und sich auszuruhen.

Mehrmals am Tag ertappe ich mich dabei, wie meine Gedanken zu ihr abdriften und der Drang, ihr zu schreiben oder sie anzurufen, wächst beinahe ins Unermessliche. Doch ich widerstehe.

Aufgrund von Islas Fehlen verschiebt sich unser Treffen, daher packe ich um kurz nach zwei Uhr am Nachmittag meine Sachen und verlasse das Wilson Wates Krankenhaus.

Doch als ich aus dem Fahrstuhl in meine Wohnung trete, bereue ich es sofort, nicht einfach in der Klinik geblieben zu sein.

»Was machst du hier?«, frage ich meine Schwester kühl und kneife die Augen leicht zusammen.

Caroline sitzt auf dem Sofa im Wohnzimmer, ein Glas Whiskey in ihrer Hand, die Beine überschlagen. Sie lächelt mir entgegen. Ich sollte dringend den Fahrstuhlcode ändern lassen, mit dem man Zugang zu meiner Wohnung hat.

»Wir haben uns ein Jahr nicht gesehen«, antwortet sie.

»Darf ich nicht meinen großen Bruder besuchen?«

Sie sieht gut aus, wie ich feststelle. Ihre dunklen Haare fallen ihr mittlerweile bis über die Schulter. Sie trägt wieder eine Brille, was ihr einen intellektuellen Touch verleiht. In Kombination mit dem beigen Hosenanzug sieht sie wahnsinnig kultiviert aus. Meine kleine Schwester ist also erwachsen geworden. Ein Grinsen will sich auf meine Lippen schleichen und ich kann es gerade so noch verhindern.

»Manche Leute rufen vorher an!«

»Manche Leute gehen an ihr verdammtes Handy, wenn es klingelt«, entgegnet sie schnippisch und sieht mich scharf an.

Ich lege meine Jacke und meine Tasche auf einen Stuhl und hole mir eine Cola aus dem Kühlschrank. Nachdem ich einen kleinen Schluck getrunken habe, wende ich mich wieder Caroline zu.

»Vielleicht wollen manche Leute einfach ihre Ruhe.«

Caroline steht auf. »Du hättest dich melden können, seit du wieder hier bist.« In ihrer Stimme schwingt ein Hauch Vorwurf mit, genauso wie Schmerz.

»Das hätte ich schon noch getan, Caroline!«

Das ist typisch meine Schwester. Sie konnte noch nie akzeptieren, dass ich manchmal einfach andere Prioritäten setze.

»Ethan!«, fährt sie mich an. Ihre Wangen haben sich rötlich gefärbt und sie sieht mich wütend an.

»Caroline!«, entgegne ich in genau dem gleichen Ton. Für ein, zwei Herzschläge sehen wir uns wütend an, dann wird ihre Mimik weicher.

»Wie geht es dir?«, fragt sie und schenkt sich Whiskey nach. Ich beobachte sie mit hochgezogenen Augenbrauen. Als sie meinen Blick bemerkt, grinst sie und streckt mir die Zunge raus.

Ich beschließe, nicht weiter auf ihren Alkoholkonsum einzugehen, sondern antworte auf ihre Frage.

»Mir geht es gut.«

Sie schweigt und wartet darauf, dass ich weiterspreche, also füge ich hinzu: »Und dir?«

Caroline sieht mich nachdenklich an.

»Ganz okay, schätze ich.« Sie nimmt erneut Platz. »Mum hat dich angerufen.«

»Ich weiß«, erwidere ich nur. Es hätte keinen Sinn gehabt, es zu leugnen oder so zu tun, als hätte ich die Anrufe nicht bekommen.

»Wieso willst du nicht mit ihr sprechen?«, fragt Caroline und klopft mit der freien Hand neben sich. Widerwillig setze ich mich neben sie.

»Du weißt, wieso.«

»Oh, Ethan«, seufzt sie. »Wieso können wir nicht endlich die Vergangenheit ruhen lassen?«

Ich sehe sie vielsagend an. Das ist Antwort genug. Es gibt Dinge, die man gut nach einigen Jahren ruhen lassen kann, so, wie Caroline das gerne hätte. Mit diesen Dingen kann man abschließen. Aber genauso gut gibt es eben Dinge, die man niemals einfach so vergessen kann, egal, wie viel Zeit vergeht. Caroline weiß, dass sie Unmögliches von mir verlangt.

»Mum und Dad würden sich freuen, dich zu sehen«, sagt sie leise. »Wieso kommst du nicht nächste Woche zum Essen vorbei?«

Ich lache trocken auf.

»Zum Essen? Und dann tun wir auf heile Bilderbuchfamilie, oder was ist der Plan?«

»Was ist dein verdammtes Problem, Ethan?«

Ich knalle die Colaflasche auf den Couchtisch und stehe ruckartig auf. »Was mein Problem ist? Als wüsstest du das nicht genau, Car!«

»Dad hat ihr verziehen, wieso kannst du es nicht?«, ruft meine Schwester laut.

»Weil ich jahrelang mit angesehen habe, wie er seinen scheiß Kummer wegen ihr im Alkohol ertränkt hat!« Wut tobt in mir wie ein Orkan, der droht, mich mit sich zu reißen. Ich fasse es nicht, dass Caroline sich auf die Seite unserer Mum stellt. Wie kann sie nur?

»Aber das ist doch schon ewig her!«

»Manche Wunden heilen nicht, Caroline«, sage ich bitter.

»Du findest allein hinaus!« Damit drehe ich mich um, gehe ins Schlafzimmer und lasse Caroline einfach stehen.

Kapitel 11

Isla

Mein freier Tag vergeht wie im Flug und ich gestehe mir widerwillig ein, dass ich diesen Tag wirklich gebraucht habe, um mich auszuruhen. Das würde ich Ethan aber sicherlich nicht sagen. Ich schlafe lange, lese endlich mein Buch weiter und schaue so viel Netflix wie schon lange nicht mehr. Am Nachmittag telefoniere ich kurz mit Summer, die sich tausend Mal dafür entschuldigt, dass sie nicht vorbeikommen und mir meine Sachen bringen konnte.

»Nates Eltern haben uns eingeladen und ich konnte es leider nicht verschieben!« Das schlechte Gewissen spricht aus ihr und ich muss lächeln.

»Das ist nicht schlimm«, erwidere ich. »Ryan hat mir alles vorbeigebracht.«

»Tut mir leid!«

Seit Summer mit Nate zusammen ist, hat sie tatsächlich deutlich weniger Zeit für ihre Freundinnen. Aber ich bin ihr nicht böse. Im Gegenteil, ich freue mich sehr für die beiden.

»Geht es dir denn besser?«, hakt sie nach.

»Ja, ich bin wieder voll einsatzbereit«, antworte ich.

»Ethan war den restlichen Tag ganz schön durch den Wind.«

Ich zögere kurz und überlege, was ich antworten soll. »Das wollte ich nicht«, sage ich dann.

»Wenn ich es nicht besser wüsste, würde ich sagen, dass er sich Sorgen um dich gemacht hat«, entgegnet Summer und kichert.

Ich lache ebenfalls und bete inständig, dass Summer

nicht hört, wie gezwungen mein Lachen klingt. »Sicherlich nicht!«

»Was machst du heute noch?«, will sie dann wissen.

Ich strecke mich auf meinem Sofa aus.

»Nichts Besonderes. Später kommt Daniel vielleicht noch vorbei.«

»Uuuhhh«, macht Summer. »Dann wünsche ich viel Spaß!«

»Haha«, entgegne ich trocken.

Daniel ist ein guter Freund von Nate und wir haben uns an einem Abend im *Pulse* kennengelernt, einer der angesagten Clubs in London. Seither treffen wir uns gelegentlich. Wir haben eine unverbindliche Affäre und auch eine Art Freundschaft hat sich entwickelt. Daniel ist ein unkomplizierter Typ, mit dem ich tatsächlich viel Spaß habe, und er hat mir geholfen, über Ethan hinwegzukommen. Die ganze Geschichte habe ich Daniel aber natürlich nicht erzählt. Er wusste, dass mir jemand das Herz gebrochen hat, mehr aber auch nicht. Mehr muss er auch gar nicht wissen.

Daniel erscheint pünktlich um sechs Uhr abends bei mir, in der Hand eine große Pizzaschachtel. Ich habe bereits Teller, Besteck und Getränke auf meinem Couchtisch bereitgestellt und *The Avengers* gestartet. Wie auch ich, liebt Daniel Superheldenfilme.

Er drückt mir einen Kuss auf den Mund und stellt die Pizza auf dem Tisch ab.

»Wie war dein Tag?«, fragt er.

»Gut. Ich war zu Hause.«

Fragend sieht Daniel mich an. »Bist du krank?«

Ich zögere, doch dann erzähle ich ihm vom gestrigen Tag und meinem Kreislaufzusammenbruch.

»Oh, oh. In deinem Alter sollte man mit dem Alkohol auch etwas langsam machen«, grinst er und ich boxe ihn auf den Oberarm. Nicht, dass ihm das wehtun würde. Daniel ist ziemlich muskulös und durchtrainiert, was mir besonders gut an ihm gefällt. Er grinst mich an und fährt sich mit der Hand durch sein blondes zerzaustes Haar.

»Seit wann betrinkst du dich unter der Woche?«, fragt er nach einer Weile mit vollem Mund.

Ich verharre in meiner Bewegung und lasse mein Stück Pizza langsam wieder auf den Teller sinken. Daniel zieht eine Augenbraue nach oben und sieht mich forschend an.

»Du musst es mir nicht erzählen, wenn du nicht willst. Aber du kannst, jederzeit«, bietet er an und ich schenke ihm ein kleines Lächeln dafür. Ich seufze.

»Du erinnerst dich an diesen Typ von damals?«, beginne ich und Daniel nickt. »Der ist wieder da und ich muss mit ihm arbeiten.«

»Oha. Das ist scheiße.«

Ich lache laut los und verschlucke mich, sodass ich heftig husten muss. Daniel klopft mir auf den Rücken.

»Das hast du gut zusammengefasst«, sage ich, als ich nicht mehr husten muss.

»Muss ein ziemlicher Idiot sein«, sagt Daniel dann.

Ich stutze. »Wie meinst du das?«

Daniels linker Mundwinkel wandert nach oben zu einem schiefen Grinsen. Einige Sekunden lang sieht er mich von der Seite an, dann beugt er sich zu mir, zieht den Ärmel meines Shirts etwas herunter und küsst mich auf die Schulter.

»Er verpasst was«, raunt er, während er von meiner Schulter ausgehend eine Spur Küsse nach oben auf meinen Hals platziert. Ich schließe die Augen und beuge den Nacken, um es ihm leichter zu machen. Daniels Lippen finden meine und er küsst mich hart und leidenschaftlich. Ich erwidere seinen Kuss und lasse eine Hand in seine Haare gleiten. Daniel beugt sich weiter zu mir vor und drückt mich mit seinem Körper in das Sofa. Der Kuss wird tiefer, inniger. Verlangender.

Schließlich erhebt Daniel sich, packt mich an der Hüfte und

hebt mich hoch. Mir entfährt ein Kichern, das er sofort mit einem Kuss erstickt. Er trägt mich in mein Schlafzimmer und lässt mich auf das Bett fallen, eher er sich seiner Klamotten entledigt.

Daniel ist ein wunderbarer Küsser und einfühlsamer Liebhaber, der genau weiß, was er tun muss, um mich um dem Verstand zu bringen. Doch heute klappt das nicht, mein Verstand behält die Oberhand.

Daniel küsst mich – und ich spüre Ethans Lippen auf meinen.

Er lässt seine Finger in mich gleiten – und ich stelle mir vor, es wären Ethans.

Er dringt mit all seiner Größe in mich ein – und ich wünschte, es wäre Ethan.

Kapitel 12

Isla

»Wie geht es dir?«, begrüßt Ethan mich am nächsten Morgen auf Station, während ich am Stützpunkt gerade die Patientenliste durchgehe und in Gedanken meinen Tag plane. Ich spüre eine Hand auf meiner Schulter und drehe mich um.

Ethan steht neben mir, sieht mich fragend an und ich blicke zu ihm auf. Erinnerungen von letzter Nacht strömen durch meinen Kopf. Oh mein Gott, ich habe an Ethan gedacht, während ich mit einem anderen Mann geschlafen habe. Schlimmer noch, ich habe mir *gewünscht*, dass es Ethan wäre, der mit mir schläft.

Schnell wende ich den Blick ab, um zu verbergen, wie mir die Hitze ins Gesicht schießt, und konzentriere mich wieder auf die Patientenliste.

»Gut, danke«, antworte ich knapp.

Ich spüre Ethans Blick auf mir und versuche mit aller Kraft, ihn zu ignorieren. Mein ganzer Körper spannt sich bis zum Zerreißen an und mein Herz beginnt zu rasen. Innerlich flehe ich ihn an, einfach zu verschwinden. Er kommt meiner stummen Bitte nach und verlässt den Stationsstützpunkt. Als seine Bürotür hinter ihm mit einem Krachen ins Schloss fällt, zucke ich leicht zusammen. Ich atme hörbar aus, stütze mich mit den Ellbogen auf dem Tisch ab und lege meinen Kopf in die Hände. Dann atme ich tief durch.

»Was ist denn mit dir los?«

Ich schrecke hoch, als ich Summers Stimme neben mir höre. Ein Lächeln auf ihrem Gesicht, als sie sich neben mich setzt.

»Nichts, ich bin nur etwas müde«, lüge ich.

»Hat der unglaublich heiße Daniel dich etwa nicht schlafen lassen?«, feixt Summer und stößt scherzhaft mit ihrer Schulter gegen meine.

»Summer!«, zische ich. »Nicht so laut! Muss ja nicht gleich jeder wissen!«

»Zu spät«, ertönt eine tiefe Stimme hinter uns. »Wenn ihr tratschen wollt, dann sucht euch doch eine etwas privatere Umgebung, Mädels!«

Ethan tritt neben mich und greift nach einem Stapel Patientenakten. Obwohl ich mich abwende, spüre ich seinen durchdringenden Blick auf mir. Er geht mir durch Mark und Bein und bereitet mir eine Gänsehaut.

»Du magst unseren Klatsch und Tratsch doch sonst auch, Ethan«, erwidert Summer grinsend.

»Den meisten schon, aber nicht alles«, entgegnet er ausweichend.

Summer kichert, während ich versuche, mich auf dem Stuhl so kleinzumachen, dass ich faktisch unsichtbar bin. Ob Ethan gehört hat, was Summer über Daniel gesagt hat? Ich beantworte mir die Frage selbst, noch bevor ich sie richtig zu Ende gedacht habe. Natürlich hat er es gehört. Ich weiß nicht, wieso es mich stört. Soll er doch wissen, dass ich mich mit anderen Männern treffe. Schließlich geht es ihn nichts an. Und dennoch passt es mir nicht, dass er das weiß.

»Wenn ihr fertig seid, dann bräuchte ich dich vor der Visite noch einen Moment, Summer«, sagt Ethan und verschwindet mit den Akten in seinem Büro.

»Was ist denn mit ihm heute los?«, fragt Summer leise und runzelt die Stirn. »Sonst tratscht er immer mit.«

»Keine Ahnung!« Meine Stimme klingt etwas zu hoch, aber Summer fällt es zum Glück nicht auf.

»Bestimmt hat ihn eines seiner Betthäschen gestern Abend versetzt«, flüstert Summer und unterdrückt ein Lachen. Dann steht sie auf und folgt Ethan in sein Büro.

In diesem Moment fällt mir wieder ein, dass ich Ethan wegen einer Schluckdiagnostik für Mr Griffin fragen wollte. Verdammter Mist.

Ich überlege kurz, ob ich stattdessen Tom oder Nate fragen soll, weiß aber, dass das sinnlos wäre, weil mich beide an Ethan verweisen würden.

Als Summer aus Ethans Büro kommt, stehe ich auf und gehe widerwillig darauf zu. Ich klopfe zaghaft an, ehe ich eintrete.

Ethan sitzt hinter seinem Schreibtisch und hat den weißen Kittel ausgezogen, sodass er jetzt nur noch ein rosafarbenes Hemd trägt, das ihm leider verboten gut steht. Ich stöhne innerlich auf und will am liebsten auf dem Absatz kehrt machen, ehe er mich sieht, aber da liegen seine Augen auch schon auf mir und sehen mich abwartend an.

»Es geht um Mr Griffin in Zimmer sieben«, beginne ich ohne Begrüßung. Ich will das hier schnell hinter mich bringen.

»Ich habe ihn am Montag gesehen und er zeigt leider starke Aspirationszeichen, deswegen habe ich die klinische Untersuchung abgebrochen. Vielleicht könnten wir heute noch eine bildgebende Diagnostik …«

»Ist gestern schon gelaufen«, unterbricht Ethan mich. »Den Befund habe ich noch nicht geschrieben, da ich das vorher mit dir besprechen wollte.«

Ich stocke, weiß nicht, ob ich mich freuen soll, dass Ethan mir meine Arbeit abgenommen hat, oder ob ich beleidigt sein soll, weil er sie ohne mich gemacht hat. Er scheint mir anzusehen, was ich denke, denn ein kleines schelmisches Grinsen breitet sich auf seinen Lippen aus.

»Wenn du kurz Zeit hast, können wir uns das Video der Untersuchung gerne ansehen«, schlägt Ethan vor.

»Es sei denn …« Er macht eine kurze Pause, kneift die Augen leicht zusammen und sieht mich eindringlich an.

»Es sei denn, du bist zu k.o. dafür, wegen letzter Nacht und so.«

Hitze steigt mir ins Gesicht und ich merke, wie ich tomatenrot anlaufe. Ich beiße die Zähne so fest zusammen, dass meine Kiefermuskeln schmerzen.

Ich räuspere mich.

»Nein, jetzt passt gut.« Ich lobe mich selbst für meine Coolness und setze mich neben Ethan, der auf seinem PC bereits die Videodatei der Untersuchung geöffnet hat. Er dreht den Bildschirm etwas, sodass ich gut sehen kann. Zugegeben, ich hätte auch einfach etwas näher neben ihn rutschen können, aber das wollte ich schlichtweg nicht.

Schweigend schauen wir das Video, das meinen Verdacht von Montag leider bestätigt. Die blau angefärbte Flüssigkeit im Video fließt leider nicht nur in die Speiseröhre, sondern auch in kleinen Mengen in die Trachea, die Luftröhre. Ein gesunder Mensch würde nun Husten und die Flüssigkeit so aus der Luftröhre entfernen. Mr Griffin reagiert leider nicht darauf.

Erst als das Video vorbei ist, wird mir bewusst, wie nah Ethan mir ist. So nah, dass ich die Wärme seines Körpers spüren kann. So nah, dass mir sein Duft in die Nase steigt und mir meine Sinne vernebelt. Er benutzt immer noch das gleiche Parfüm. Paco Rabannes *One Million.*

Ein Kribbeln durchfährt meinen Körper und Hitze steigt wieder in mir auf. Diesmal sammelt sie sich jedoch nicht in meinem Gesicht, sondern in meiner Mitte.

Ich halte unbewusst den Atem an. Mein Herz schlägt einen Takt schneller und ich muss schlucken.

Wieso hat er immer noch diese Wirkung auf mich? Was hat er nur an sich, dass ich kaum noch klar denken kann, wenn er in meiner Nähe ist? Ich hasse das. So sehr. Und gleichzeitig berauscht mich dieses Gefühl. Berauscht *er* mich.

Ein Klopfen an der Tür reißt mich aus meinen Gedanken und die Blase um uns herum zerplatzt, sodass ich wieder in der Realität lande.

Und die sieht leider so aus, dass Ethan mir das Herz gebrochen hat. Dass ich so lange gebraucht habe, um zu heilen. Es darf also nicht sein, dass ich mich immer noch zu ihm hingezogen fühle.

Mit einer ruckartigen Bewegung erhebe ich mich. Überraschung flackert kurz in Ethans Blick auf, dann scheint er zu verstehen, warum ich es so eilig habe, von ihm wegzukommen.

»Ich schreibe den Befund gleich«, sage ich und gehe bereits zur Tür seines Büros.

»Danke.«

Und ehe er etwas erwidern kann, bin ich schon aus der Tür gehastet und kann endlich wieder frei atmen.

Die kommenden Wochen versuche ich so gut es geht, Ethan aus dem Weg zu gehen. Während der Besprechungen für unser Projekt halte ich mich kurz, sage nur das Nötigste, um die Zeit, die er und ich alleine in einem viel zu kleinen Raum sind, möglichst gering zu halten. Während mein Kopf sagt, dass ich genau das Richtige tue, zerreißt es mir jedes Mal beinahe das Herz.

Jede seiner Bewegungen, jedes Lächeln, jedes Augenzwinkern lassen mich erschaudern und brennen sich in meinen Kopf. Sobald ich die Augen auch nur für eine Sekunde schließe, sehe ich Ethan vor mir. Es frisst mich innerlich fast auf.

So lange habe ich gebraucht, um über ihn hinweg zu kommen, nur um jetzt festzustellen, dass alles eine Lüge war.

Ich war nie über ihn hinweg.

Das wird mir nun schmerzlich bewusst.

Zu schnell hat er sich nach seiner Rückkehr wieder in mein Herz und meine Gedanken gestohlen. Zu heftig sind die Gefühle zurückgekehrt, von denen ich eigentlich geglaubt habe, dass sie Vergangenheit sind. Wenn ich wirklich über ihn hinweg wäre, dann würde ich jetzt nicht so fühlen. Und jetzt weiß ich nicht, wie ich mit diesen Gefühlen umgehen soll. Ich kann sie nicht ignorieren, aber zulassen kann ich sie auch nicht.

Niemals wieder.

Summer ist nach der Arbeit die meiste Zeit mit Nate und seinen Eltern beschäftigt. Sarah, die dritte in unserem Mädelsgespann, ist zurzeit sehr in die Stiftung ihrer Eltern eingespannt und hat daher auch kaum Zeit, um sich mit mir zu treffen. Ich bin den beiden nicht böse, es ist einfach nur schlechtes Timing.

Um mich abzulenken, verbringe ich die meisten Abende mit Ryan, der mir glücklicherweise keine Fragen stellt und mir wortlos Tequila nachschenkt, wenn ich ihn darum bitte. An den Abenden, an denen Ryan keine Zeit hat, verabrede ich mich mit Daniel oder Tim. Anfangs wundern sie sich darüber, dass ich so viel Zeit mit ihnen verbringen will, aber auch sie stellen keine Fragen, sondern akzeptieren es einfach. Schließlich kommen sie dabei auch auf ihre Kosten.

Es entbehrt jedweder Logik, aber ich hoffe, dass entweder der Alkohol oder der Sex, oder vielleicht eine Kombination aus beidem, meine Gefühle für Ethan zum Schweigen bringen.

Meine Tage bestehen aus Arbeit, meine Abende abwechselnd aus zu viel Alkohol und bedeutungslosem Sex.

Doch nichts von alldem schafft es, meine Gefühle für Ethan zurück in die winzige Kiste zu sperren, aus der sie gekommen sind.

Mit der Zeit hinterlässt das jedoch Spuren und ich bin tagsüber zunehmend erschöpfter. Ich bin unkonzentriert, fahrig und habe dauerhaft Kopfschmerzen. Irgendwann lassen sich meine Augenringe nicht mehr verbergen, sodass Summer mich schließlich darauf anspricht.

»Isla, du siehst fix und fertig aus. Was ist los mit dir?« Sie sieht mich mit hochgezogenen Augenbrauen an. Wir sitzen im Aufenthaltsraum der neurologischen Station, wo wir meistens die Pause zusammen verbringen.

Ich nippe an meinem Kaffee und weiche ihrem Blick aus.

»Nichts, es ist alles in Ordnung«, sage ich knapp.

»Das glaube ich dir nicht.«

»Ich habe nur schlecht geschlafen, das ist alles«, entgegne ich, diesmal etwas energischer.

»Süße, das geht seit Wochen so!«, erwidert Summer und sieht mich eindringlich an.

»Glaubst du, mir ist das nicht aufgefallen?« Sie sieht mich mit diesem typischen Mir-kannst-du-nichts-vormachen-Blick an.

»Ich weiß, dass ich in den letzten Tagen und Wochen wenig Zeit nach der Arbeit hatte. Es tut mir leid, wenn ich dir eine schlechte Freundin war und du das Gefühl hattest, mir nicht alles erzählen zu können, was bei dir los ist.«

Ihre Worte rühren mich sehr.

»Du musst dich nicht entschuldigen«, entgegne ich und lege meine Hand auf ihren Arm. »Ich weiß, dass du viel um die Ohren hattest, und ich bin dir absolut nicht böse, dass momentan Nate an erster Stelle steht und nicht Sarah oder ich.«

Sie verzieht das Gesicht. »Ehrlich nicht?«

»Ehrlich!«, sage ich vehement. »Ich freue mich, dass du glücklich mit Nate bist.«

Sie lächelt und in ihre Augen tritt dieser verklärte Glanz, wie jedes Mal, wenn es um ihn geht.»Aber was ist bei dir los, Isla?«

Verdammt, ich hatte gehofft, sie lässt das Thema einfach fallen.

Ich seufze. »Summer, ich weiß nicht, was ich dir sagen soll. Was willst du von mir hören?«

»Wie wäre es mit der Wahrheit?«, fragt sie und legt den Kopf schief.

Ich schnaube. Genau die kann ich ihr nicht sagen. Da mir auf die Schnelle keine plausible Notlüge einfällt, schweige ich und rühre gedankenverloren weiter meinen Kaffee um.

»Okay, hör zu«, unterbricht Summer meine Gedanken. »Du brauchst dringend einen Mädelsabend. Morgen Abend bei mir. Ich sage Sarah Bescheid!«

Gerade als ich protestieren will, fährt Summer mir über den Mund.

»Keine Widerrede!«, sagt sie streng. »Wir bestellen Pizza, schauen eine Serie und quatschen mal wieder ausgiebig. Das haben wir alle drei bitter nötig!«

Ich lächle und weiß, dass jeder Widerspruch zwecklos ist. Abgesehen davon, so ein Mädelsabend klingt tatsächlich sehr gut und es ist wirklich lange her, dass wir etwas zu dritt unternommen haben.

»Okay«, sage ich schließlich und nicke lächelnd.

Kapitel 13

Ethan

Isla zieht sich mehr und mehr von mir zurück und ich kann es ihr nicht verdenken. Sie hat jedes Recht dazu und wenn ich ehrlich bin, würde ich es an ihrer Stelle nicht anders machen. Und dennoch stört es mich irgendwie.

Noch mehr stört mich allerdings die Tatsache, dass Isla scheinbar was mit einem anderen Kerl am Laufen hat. Sie ist mir gegenüber zu nichts verpflichtet, ich weiß das. Und dennoch ergreift dieses irrationale Gefühl von mir Besitz und wird mit jedem Atemzug stärker.

Ich glaube, das ist Eifersucht. Und ja, ich weiß auch, dass mir das nicht zusteht. Und auch überhaupt nicht zu mir passt. Aber trotz allem, was zwischen Isla und mir passiert ist, will ich sie beschützen, vor allem vor anderen Kerlen, die vielleicht noch schlimmer sind, als ich es bin.

Ich habe gehofft, dass wir uns durch unser gemeinsames Projekt wieder etwas annähern können, aber da lag ich anscheinend falsch. Isla ist wortkarg und hält unsere Treffen so kurz wie nur möglich. Auch in den großen Besprechungen mit den anderen Therapeuten hält sie sich weitestgehend zurück und sagt nur etwas, wenn es wirklich nötig ist. Was zum Teufel kann ich machen, damit sie anfängt, mir wieder etwas zu vertrauen?

Ich lache trocken auf. Die Antwort auf diese Frage ist einfach.

Nichts.

Ich habe es gehörig versaut.

Daran lässt sich nun nichts mehr ändern.

Ich schlage die Patientenakte zu, die auf meinem Schreibtisch ausgebreitet vor mir liegt und die ich eigentlich überarbeiten sollte. Draußen regnet es in Strömen, so laut, dass ich es durch das geschlossene Fenster hinter mir hören kann. Meine Laune an diesem Tag ist ähnlich mies.

Was ist nur los mit mir? Noch nie ist mir eine Frau nicht aus dem Kopf gegangen. Noch nie habe ich Eifersucht verspürt. Das ist nicht meine Art. Sobald eine Frau meine Wohnung verlassen hat – oder ich ihre –, verschwindet sie auch aus meinen Gedanken. Und das ist auch gut so. Genau so möchte ich es, nicht anders. Aber irgendwie hat Isla einen Nerv bei mir getroffen und die Tatsache, dass ich ihr offensichtlich ebenfalls unter die Haut gehe, macht es nicht besser.

Mein Diensttelefon schrillt und reißt mich aus meinen Gedanken. Ich sehe auf die Anzeige und Toms Namen.

»Hallo, Tom«, begrüße ich ihn.

»Hallo, Ethan. Hättest du eine Minute Zeit für mich?«

Ich runzle die Stirn. »Natürlich. Ich bin schon auf dem Weg.«

»Sehr gut. Bis gleich.«

Bevor ich noch etwas erwidern kann, ertönt das Freizeichen. Tom hat einfach aufgelegt. Das ist sonst nicht seine Art.

Seufzend erhebe ich mich von meinem Stuhl und gehe schnellen Schrittes über die Station zu seinem Büro. Ich klopfe kurz an und trete dann ein. Der Raum wirkt so wohnlich, kaum zu glauben, dass man sich hier immer noch in einem Krankenhaus befindet. Chaotisch, ja, aber auf charmante Art und Weise.

»Ethan, danke für deine Zeit«, sagt Tom, der hinter seinem Schreibtisch sitzt und von seinem Buch aufblickt. Er deutet auf den Stuhl gegenüber.

»Bitte setz dich.«

Ich sehe Tom mit hochgezogenen Augenbrauen an.

»Was kann ich für dich tun?«

»Wie läuft es mit Ms Fields und eurem Projekt?«

»Gut. Ich denke, wir haben bereits einige gute Ansätze gefunden, die sich in unserem klinischen Alltag als durchaus praktikabel erweisen werden«, erläutere ich. Die Anspannung fällt etwas von mir ab.

»Kommt ihr gut miteinander klar?«, hakt Tom nach.

Ich stutze. »Nun ja, ja, ich denke schon.« Langsam ist mir dieses Gespräch nicht mehr ganz geheuer. Seit wann erkundigt sich Tom, ob ich mit Arbeitskollegen klarkomme? Er setzt das als Chef irgendwie voraus und ich bin der Meinung, dass man als Erwachsener durchaus auf einer beruflichen professionellen Ebene klarkommen kann, auch wenn es privat nicht so ist.

Tom sieht mich eindringlich an. »Ethan, ich bin nicht blind. Und ich kenne dich schon sehr lange. Und Ms Fields kenne ich ebenfalls bereits einige Zeit. Also bitte, erzähl mir, was los ist.«

Ich zögere und suche nach einer passenden Antwort. Doch ich kann keine finden, als weiche ich aus: »Ich kann dir ehrlich gesagt gerade nicht ganz folgen. Was willst du von mir hören, Tom?«

»Ich will von dir hören, was zwischen dir und Ms Fields vorgefallen ist«, erklärt Tom und faltet die Hände ineinander. Sein Blick ruht weiterhin auf mir. Er sieht mich nicht zornig oder wütend an, ganz im Gegenteil. Sein offener, fast schon erwartungsvoller Blick fordert mich dazu heraus, ihm alles zu erzählen, was zwischen Isla und mir passiert ist. Das ist allerdings keine Option. Ich möchte meinem Chef, egal wie gut wir uns verstehen, sicherlich nicht auf die Nase binden, was ich wann mit wem mache. Gleichzeitig signalisiert mir sein Blick aber auch, dass jede Lüge sinnlos wäre, denn er würde es wissen.

»Tom, das ist eine lange Geschichte und nicht der Rede wert. Es tut nichts zur Sache«, entgegne ich. Vor allem ist es eine Geschichte, die ich nur äußerst ungern mit meinem Chefarzt teilen möchte.

»Das denke ich allerdings schon, Ethan. Es ist meine Aufgabe als Chef, dafür zu sorgen, dass alle Mitarbeiter gut miteinander auskommen. Und es ist auch meine Aufgabe, einzuschreiten, wenn ich sehe, dass zwei besagter Mitarbeiter eine derartige

Scharade aufführen, wie du und Ms Fields es seit einigen Wochen tun.« Sein Ton wird etwas schärfer. Er sieht mich erwartungsvoll an. Ich sehe auf den Boden und mir ist klar, dass ich ihm etwas erzählen muss. Verdammter Mist. Er würde nicht lockerlassen. Vielleicht reicht ein klitzekleiner Teil unserer Geschichte aus?

»Okay, wir haben eine Vergangenheit, wie du dir sicherlich schon gedacht hast«, beginne ich langsam und schildere in knappen Worten Islas und meine kurze Beziehung – wenn man das so nennen kann. »Ich gehe davon aus, dass sie mehr in unserer Verbindung gesehen hat, als es eigentlich war.«

Tom nickt langsam und lehnt sich langsam in seinen Stuhl zurück. »Ich schätze Ms Fields sehr, Ethan.«

»Das tue ich ebenso, Tom!« Mehr als er vielleicht denkt. Mehr als es eigentlich gut für mich ist.

Seine Stirn legt sich in Falten. »Das sehe ich, Ethan, das sehe ich. Dir liegt etwas an ihr.«

»Nun ja, soweit würde ich jetzt nicht gehen«, beginne ich und fühle mich wie ein Teenager, der von seinen Eltern beim Kiffen erwischt wird.

»Ich bin nicht blind«, wiederholt Tom langsam. »Wo liegt also das Problem?«

»Tom, ich weiß nicht, ob das ein Thema ist, über das ich mit dir reden will«, entgegne ich. Langsam werde ich etwas ungehalten. Wo nimmt er sich das Recht her, sich in mein Privatleben einzumischen?

»Du weißt, dass ich deinen Vater sehr gut kenne.« Tom macht eine kurze Pause. »Und auch deine Familie.«

Meine Miene verdüstert sich in dem Moment, als er meine Familie erwähnt. Ich antworte nicht.

Tom und mein Vater haben an der gleichen Uni studiert und nach dem Abschluss lange zusammengearbeitet. Sie waren sogar so etwas wie Freunde. Diese Beziehung zu meiner Familie ist auch der Grund dafür, dass ich an diesem unfassbar beschissenen Tag hier sitzen und mit meinem Chef über mein Privatleben reden muss. Nicht zum ersten Mal wünsche ich mir eine normale, höflich-distanzierte Beziehung zwischen Chef und Mitarbeiter, denn das würde mir diesen Bullshit hier ersparen. Ich atme tief durch, um mich zu beruhigen.

»Ich weiß, du hattest es nicht immer leicht. Aber lass die Vergangenheit ruhen, Ethan«, rät Tom mir in väterlichem Ton.

Ich schnaube und verschränke die Arme vor der Brust.

»Wenn dir etwas an ihr liegt, dann zeig es ihr. Das macht dich nicht schwächer, sondern stärker«, spricht Tom weiter.

»Du verdienst es, glücklich zu sein. Aber das wird nicht funktionieren, wenn die Vergangenheit weiter deine Gegenwart bestimmt.«

Okay, das reicht. Ich erhebe mich von meinem Stuhl, weil ich keine weitere Sekunde in diesem Raum ertragen kann.

»Ich glaube, wir brechen das an der Stelle ab, Tom. Das geht in eine Richtung, die wir besser nicht einschlagen wollen, nicht nur, weil du mein Chef bist und damit eine Grenze überschreitest.« Meine Stimme bebt und meine Hände zittern leicht.

»Solange es deine Arbeit in meinem Krankenhaus beeinflusst, geht mich auch dein Privatleben etwas an, Ethan«, entgegnet Tom. »Nicht in vollem Umfang, denn bei Gott, ich möchte gar nicht wissen, was du so in deiner Freizeit anstellst.«

»Das ist auch besser so«, schieße ich zurück und wende mich zum Gehen um. »Ich nehme den restlichen Tag frei. Bis morgen!«

»Ethan!«, ruft Tom, als ich die Türklinke nach unten drücke. Aber ich bleibe nicht stehen, sondern verlasse das Büro.

Kapitel 14

Isla

Mit angezogenen Beinen sitze ich auf Summers Sofa und nippe an meinem Gin Tonic, während ich vorgebe, der Unterhaltung meiner Freundinnen zu folgen. Doch das Einzige, was ich mitbekommen habe, ist, dass Sarah von dem neuen Oberarzt auf der Chirurgie erzählt, der in Zukunft für sie zuständig sein wird. Bis vor kurzem war sie in der Neurologie als Ärztin tätig, wird aber nun zurück in die Chirurgie wechseln.

Gestern war ich ganz begeistert von der Aussicht auf einen Mädelsabend, denn ich habe meine besten Freundinnen wirklich vermisst in den vergangenen Wochen. Aber heute ist nur noch ein mickriger Rest von dieser Begeisterung übrig.

Ich habe keine Lust, hier zu sein, aber Summer hat mich praktisch gezwungen. Und da ich weiß, dass sie mich an den Haaren zu sich gezerrt hätte, bin ich doch lieber freiwillig zu ihr gekommen.

Ich nippe an meinem Drink, während ich die zwei beobachte. Beide tragen bequeme Yogaleggings und Pullover, so wie ich auch. Summer erzählt gerade etwas, bei dem sie wild gestikuliert. Sarah lacht nur und ich beneide sie für ihre Unbeschwertheit.

Ich seufze leise, nehme noch einen Schluck von meinem Gin Tonic und warte darauf, dass sie mich endlich fragen, was los ist. Den ganzen Tag über habe ich überlegt, was ich ihnen auf diese Frage antworten sollte. Sie würden jede meiner Lügen durchschauen, dessen bin ich mir sicher. Also bleibt mir zwangsläufig nur die Wahrheit und tief in mir weiß ich, dass es an der Zeit ist, meinen besten Freundinnen davon zu erzählen. Ich kann das nicht mehr allein durchstehen. Es frisst mich auf, es macht mich kaputt. Und so sehr Ryan mir auch hilft, er kann meine Mädels nicht ersetzen.

Also ist heute endlich der Tag gekommen, an dem Summer und Sarah die Wahrheit über Ethan und mich erfahren würden. Wenn sie danach fragen. Von mir aus würde ich nicht die Sprache darauf bringen. Als könnte sie meine Gedanken lesen, beendet Summer ihre Geschichte und wendet sich mir zu.

»Okay, Schluss mit dem Small Talk«, sagt sie bestimmt und füllt die drei Schnapsgläser mit Tequila. Sie reicht Sarah und mir je eines und hebt dann das dritte Glas hoch.

»Runter damit«, fordert sie uns auf. Ich höre auf sie und kippe den Tequila hinunter.

»Und jetzt erzählst du uns, was zum Teufel mit dir los ist, Isla!« Summers Ton lässt keinen Raum für Widerworte. Ihr Blick ruht auf mir, ebenso wie der von Sarah.

»Wie viel Zeit habt ihr?«, versuche ich zu scherzen. Doch die Mädels antworten nicht, Summer zieht lediglich die Augenbrauen nach oben, während Sarah mich besorgt ansieht.

»Raus mit der Sprache, Fields!«, sagt Sarah, als ich weitere Sekunden schweige.

Ich hole tief Luft und ehe ich mir die richtigen Worte zurechtlegen kann, platzt es aus mir heraus:

»Ich hatte was mit Ethan!« Hastig setze ich mein Glas an und trinke mehrere große Schlucke von meinem Drink. Obwohl es mir unangenehm ist, die Wahrheit auszusprechen, breitet sich gleichzeitig ein Gefühl der Erleichterung in mir aus. Es ist, als würde ein riesiger Stein von mir fallen, der bisher so schwer auf mir lag, dass ich schier nicht atmen konnte.

»Was?«, entfährt es Sarah und sie sieht mich mit großen Augen an.

Summer hingegen schweigt und sieht mich eindringlich an, als würde sie überlegen, ob ich lüge oder nicht. »Ich wusste es. Jetzt ergibt das alles einen Sinn«, sagt sie schließlich und ein wissendes Grinsen breitet sich auf ihrem Gesicht aus.

»Wie, du wusstest es?« Sarah starrt sie fassungslos an, während ich schweige. Summer geht nicht darauf ein, sondern wendet sich an mich: »Wie lange läuft das schon?«

Ich schüttele den Kopf. »Es läuft gar nicht mehr, Summer!« Ich schließe die Augen. »Das war, bevor er gegangen ist.«

»Ist er deshalb gegangen?«, fragt Sarah.

»Keine Ahnung«, antworte ich ehrlich. »Ich denke nicht. Das war nur ein blöder Zufall.«

»Wie lange ging das zwischen euch?«, hakt Summer nach.

»Ungefähr ein halbes, dreiviertel Jahr.« Sieben Monate und fünf Tage, um genau zu sein. Aber das behalte ich für mich, denn irgendwie ist es gruselig, dass ich das so genau weiß.

»Wow!« Sarah lässt sich in ihren Sessel zurückfallen und nimmt einen Schluck von ihrem Drink, als müsste sie erst einmal verarbeiten, was ich ihr gerade gestanden habe. Ihre langen blonden Haare hat sie zu einem hohen Pferdeschwanz gebunden, der ihr über die Schulter fällt. Sarah ist durch und durch das Good Girl von uns dreien, im positiven Sinne. Sie betrinkt sich nicht, geht nicht viel feiern und hat keine wechselnden Männerbekanntschaften. Vielleicht schockiert es sie deshalb so, dass ich mit einem Arbeitskollegen – oder vielmehr, meinem Vorgesetzten – ins Bett gestiegen bin. Mehrfach.

»Überrascht dich das wirklich so sehr, Sarah?«, fragt Summer mit hochgezogenen Augenbrauen. »Wir wissen doch, wie Ethan ist. Und Isla ist bildhübsch, sie ist genau sein Beuteschema!«

Ich lächle schwach über das unterschwellige Kompliment.

»Gerade weil wir Ethan kennen, wundert es mich«, erklärt Sarah und sieht mich an. »Wie konntest du dich auf ihn einlassen, wo du doch wusstest, dass ... dass er ... du weißt schon ...«

»Alles vögelt, was nicht bei drei auf den Bäumen ist?«, hilft Summer ihr aus.

»Summer!«, ruft Sarah und ihre Wangen nehmen einen zarten Rotton an.

»Es ist einfach passiert«, erkläre ich. »Ich wusste, wie er ist und dass er viele Frauen hat. Aber da war … irgendwie mehr. Nicht nur die sexuelle Anziehung. Wir haben uns auch wirklich gut verstanden.« Ich weiß selbst, wie lahm das klingt, aber ich kann es nicht anders beschreiben und es ist die Wahrheit.

»Aber wieso ist er dann gegangen?«, fragt Sarah.

»Warum hätte er denn bleiben sollen?«, frage ich zurück. »Es war eine Affäre, nicht mehr.«

Summer schüttelt den Kopf. »Da steckt mehr dahinter, Isla. Was ist passiert?«

Ich seufze. Wieso nur enttarnt sie alle meine Lügen? Ätzend.

»Ich habe ihn gebeten, zu bleiben, okay?« Ich schlucke den Kloß in meinem Hals hinunter.

»Ich habe ihn gefragt, ob er in uns mehr sieht als eine Affäre. Seine Antwort war nein. Dann ist er gegangen!«

Schweigend füllt Summer unsere Schnapsgläser nach und ich trinke dankbar den Tequila. Er beruhigt mich heute nicht.

Sarah und Summer haken nicht weiter nach. Sie scheinen zu spüren, wie sehr es mich schmerzt, darüber zu sprechen. Aber ich würde nicht weinen.

Nicht wegen Ethan. Niemals wieder wegen ihm.

»Habt ihr euch denn wenigstens ausgesprochen, seit er wieder da ist?«, will Sarah schließlich wissen.

Ich schüttele den Kopf und schnaube. »Aussprechen? Mit Ethan? Für ihn war die Sache abgehakt, als er damals aus dem Bett aufgestanden ist.« Bitterkeit schwingt in meiner Stimme mit, die ich so von mir nicht kenne. Und wieder hasse ich es, wie sehr Ethan mich verändert hat.

»Das muss furchtbar für dich sein«, flüstert Sarah und starrt ihr Glas an.

»Wieso hast du uns nicht eher davon erzählt?«, fragt Summer sanft.

»Ich weiß es nicht«, gebe ich ehrlich zu. »Vielleicht war es mir peinlich. Vielleicht wollte ich es auch einfach nur vergessen.«

Schweigen breitet sich aus. Mir ist heiß und kalt zugleich. Aber ich bin froh, dass meine Freundinnen nun endlich Bescheid wissen.

»Wie geht es dir damit, dass er wieder da ist?«, bricht Sarah schließlich das Schweigen.

»Beschissen natürlich!«, ruft Summer, ehe ich antworten kann. »Ihr habt ja auch das Projekt, an dem ihr gemeinsam arbeiten müsst! Ich will mir gar nicht vorstellen, wie das ist.« Sie atmet hörbar aus.

Ich nicke nur zustimmend, denn sie hat Recht. »Es ist die Hölle. Aber da muss ich durch. Ich werde ihm nicht die Genugtuung geben und das Projekt an jemand anders abgeben.«

»Verständlich«, stimmt Sarah mir zu.

»Ryan hat mir die letzten Wochen sehr geholfen«, ergänze ich. »Er hat fleißig mit mir getrunken.« Ein Lachen entfährt mir. »Ich habe ihn da irgendwie mit hineingezogen.«

»Wer ist Ryan?«, fragt Summer.

»Einer der Physiotherapeuten. Er arbeitet in der Chirurgie«, antworte ich und spüre Sarahs Blick auf mir. Darin erkenne ich die unausgesprochene Frage.

»Wir sind nur befreundet, mehr nicht«, stelle ich klar. Abwehrend hebt Sarah die Hände und meint: »Ich habe nichts gesagt!«

»Aber gedacht«, brumme ich und nehme noch einen Schluck von meinem Gin Tonic.

»Hast du noch Gefühle für ihn?«, fragt Summer leise. Ich habe auch diese Frage befürchtet, dennoch trifft sie mich unvorbereitet.

Ich nicke langsam und nun kann ich mir eine Träne nicht verkneifen. Verdammt.

»Ja. Ich fürchte, das habe ich«, antworte ich ebenso leise. Es vor meinen Freundinnen auszusprechen, macht es auf einmal real. Aber es ist die Wahrheit. Ich habe nach wie vor Gefühle für

Ethan. Sonst wäre ich die letzten Wochen nicht so dermaßen neben mir gestanden.

»Und er?«, hakt Summer nach. Aus dem Augenwinkel sehe ich, wie Sarah ihr einen mahnenden Blick zu wirft.

»Ob er Gefühle für mich hat?«, frage ich ungläubig und lache bitter. »Sicher nicht!«

»Ich kann mir nicht vorstellen, dass er für irgendjemanden schon mal Gefühle hatte«, murmelt Sarah.

Ich sehe Summer an, dass sie mehr wissen will, doch sie verkneift sich ihre Fragen. Nicht zuletzt, weil Sarah sie auf den Oberarm boxt, als sie zum Sprechen ansetzt.

»Wie willst du also weitermachen, Isla?«, fragt Sarah sanft.

»Du kannst dich nicht jeden Abend betrinken«, fügt Summer hinzu und Sorge schwingt in ihrer Stimme mit.

»Ich weiß«, entgegne ich. »Ich ignoriere ihn einfach. Oder versuche es zumindest, so gut es geht.« Und dann verschwinden diese bescheuerten Gefühle hoffentlich, setze ich in Gedanken hinzu, auch, wenn ich selbst nicht so recht daran glauben kann.

»Und wir ignorieren ihn auch«, sagt Summer bestimmt.

Ich lache leise und bin gerührt von der Loyalität meiner Freundinnen.

»Das müsst ihr nicht. Verhaltet euch einfach ganz normal, das hilft mir am meisten.«

Sarah greift nach meiner Hand und drückt sie sanft.

»Und bitte rede mit uns, wenn dir danach ist, ja? Egal wann, wir sind immer für dich da.«

Summer nickt zustimmend. »Und wenn er dich nervt, dann kannst du dich jederzeit in meinem Büro verstecken.«

Ich grinse. »Das klingt gut. Danke euch.«

Für einige Augenblicke breitet sich Schweigen zwischen uns aus und jede von uns verarbeitet unser Gespräch auf ganze eigene Art und Weise.

»Wie ist es aktuell so mit deinen Eltern, Sarah?«, erkundige ich mich, als ich das ohrenbetäubende Schweigen nicht mehr ertragen kann.

Sarah zuckt mit den Schultern und seufzt. »So wie immer. Mein Vater will nach wie vor, dass ich zurück in die Viszeralchirurgie wechsele, und lässt keine Gelegenheit aus, mir zu sagen, wie blöd er es findet, dass ich in der Neuro bin. «

Ihr Vater, Professor Doktor Gerald Campbell, ist der Chefarzt der chirurgischen Abteilung des Wilson Wates Krankenhauses und führt nebenher mit seiner Frau eine Stiftung zur Krebsforschung. Dass Sarah nach einem Jahr Chirurgie in die Neurologie gewechselt hat, hat ihn sehr getroffen und es war eine persönliche Beleidigung für ihn.

»Und es ist ihm egal, was du willst?«, fragt Summer.

Sarah stöhnt und lässt den Kopf in den Nacken sinken.

»Ja, ist es.« In ihrer Stimme schwingen unausgesprochene Worte mit, aber ich frage nicht nach. Schließlich weiß ich selbst nur zu gut, wie es ist, über Dinge reden zu müssen, über die man am liebsten nur schweigen möchte.

»Erzähl uns lieber von deinem Treffen mit Nates Eltern«, bittet Sarah und wendet sich an Summer, auf deren Gesicht sich sofort ein breites Grinsen schleicht.

»Oh ja, die Geschichte möchte ich auch hören!«, stimme ich zu und sehe Summer erwartungsvoll an.

»Also, das war so«, beginnt sie und erzählt uns dann ganz ausführlich vom ersten Treffen mit ihren potenziellen zukünftigen Schwiegereltern.

Kapitel 15

Isla

Dass meine Freundinnen nun endlich über meine Affäre mit Ethan Bescheid wissen, macht es mir die nächsten Wochen viel leichter, als ich angenommen habe. Jetzt muss ich nicht mehr versuchen, mich auf Arbeit möglichst normal zu verhalten. Wann immer es mir zu viel wird – zu viel Ethan, zu viel von seinem Lachen, seiner Stimme, seinem Aftershave –, steht mir Summer bei. Mehr als einmal verkürzt sie meine Treffen mit Ethan, indem sie mich unter einem Vorwand aus dem Meeting holt. Selbst wenn es Ethan auffällt, sagt er nichts. Als wüsste er ganz genau, warum Summer das tut.

Ich betrinke mich nicht mehr jeden Abend, das ist definitiv ein Fortschritt. Und auch Ryan ist darüber sehr dankbar. Er würde es zwar niemals zugeben, aber die letzten Wochen waren auch sehr anstrengend für ihn. Dennoch treffen wir uns mindestens zweimal in der Woche nach der Arbeit.

Auch Daniel sehe ich nicht mehr so oft wie in den Wochen zuvor. Er sieht es mir nach und ich muss zugeben, dass ich ihn nicht so sehr vermisse, wie ich gedacht hätte. Tim begegne ich zwar regelmäßig im Fitnessstudio, mehr aber auch nicht. Seinen Vorschlägen, uns zu treffen, weiche ich aus und täusche immer andere Vorwände vor, um ihm nicht außerhalb des Studios treffen zu müssen.

Ich bin vorsichtig optimistisch, dass ich langsam, aber sicher über Ethan hinwegkomme. Zum zweiten Mal. Dieses Mal aber hoffentlich richtig.

»Guten Morgen!«, begrüßt Summer mich einige Wochen

später an einem besonders trüben Mittwoch, als ich morgens auf der Station erscheine.

Ich lächle sie an. »Guten Morgen. Zeit für einen Kaffee?«

»Gerne«, erwidert sie. »Aber schau vielleicht erst die Patientenliste durch.«

Verwundert sehe ich sie an, aber sie grinst nur. Mit hochgezogenen Augenbrauen greife ich nach der Liste, die sie mir reicht. Und entdecke schließlich einen vertrauten Namen.

»Eddie ist wieder da!«, sagt Summer. Meine Lippen verziehen sich automatisch zu einem Lächeln.

»Ich muss ihm kurz Hallo sagen«, sage ich und eile mit schnellen Schritten vom Stützpunkt zu Eddies Zimmer, das im hinteren Bereich der Station liegt. Ich klopfe zweimal, dann betrete ich den Raum.

Eddie liegt im Bett, scheint aber wach zu sein. Ich trete näher an sein Bett und lächle ihn an.

»Hallo, Eddie«, begrüße ich ihn und lege meine Hand auf seine. Er dreht den Kopf in meine Richtung und ein Lächeln breitet sich auf seinem Gesicht aus.

»Isla, schön, dich zu sehen«, erwidert er leise. »Wie geht es dir?«

»Das sollte ich eigentlich dich fragen«, lache ich.

»Ach, quatsch, ich bin doch das blühende Leben«, scherzt er mit schwacher Stimme und schenkt mir eines seiner berühmten Eddie-Grinsen, das mich augenblicklich in eine Vergangenheit katapultierte, die aus Süßigkeiten und Unbeschwertheit bestand.

Ich kenne Eddie fast mein ganzes Leben. Er hatte leider weder Frau noch Kinder, daher lebte er für seinen kleinen Kiosk, den er in der Straße, in der ich aufgewachsen bin, betrieb. Jeden Samstag sind mein Dad und ich zu Eddie gelaufen und haben Zeitschriften und Süßigkeiten gekauft. Das war jede Woche mein Highlight gewesen. Als mein Dad gestorben ist – ich war damals 15 Jahre alt –, habe ich die Tradition allein fortgesetzt und Eddie jeden Samstag an seinem Kiosk besucht. In all den Jahren ist er wie ein zweiter Vater für mich geworden.

Vor fünf Jahren habe ich Eddie dann auch als Patienten kennengelernt, als er sich mit unklaren neurologischen Symptomen bei uns vorgestellt hat. Bei ihm wurde damals ALS diagnostiziert. Seitdem ist er in regelmäßigen Abständen bei uns in der Klinik. Und leider ist eine Verschlechterung bei ihm klar erkennbar.

Auch jetzt entgeht mir nicht, dass er blasser aussieht als beim letzten Aufenthalt. Seine Atmung wirkt angestrengt und seine Sprache wird zusehends undeutlicher. Auch sein einst so rundes freundliches Gesicht ist nun eingefallen, er wirkt ausgemergelt und sichtlich gezeichnet von seiner Erkrankung.

»Die Luft«, antwortet Eddie. »Momentan macht mir das Atmen etwas zu schaffen.«

»Willst du dir endlich ein Beatmungsgerät anpassen lassen?«, frage ich hoffnungsvoll. Bisher hat Eddie das strikt abgelehnt. Er will keinerlei Unterstützung von »diesen neumodischen Maschinen, denen man sowieso nicht trauen darf«. Aber erfahrungsgemäß tun das die meisten Patienten, bis sie an den Punkt kommen, an dem sie merken, dass sie ohne so ein Gerät nicht weitermachen können.

Eddie nickt langsam. »Führt wohl kein Weg daran vorbei.« Seine Lippen verziehen sich zu einem schmalen Lächeln, aber ich blicke dahinter und sehe, wie traurig ihn das macht.

»Das ist nicht so schlimm, wie du es dir vorstellst, Eddie.« Ich drücke seine Hand.

Er brummelt etwas, das ich nicht verstehen kann. Dann setzt er sich etwas aufrechter hin und wechselt das Thema.

»Wie geht es dir, Prinzessin?« Nach dem Tod meines Vaters hat Eddie seinen Kosenamen für mich einfach übernommen. Anfangs war es komisch für mich, aber nach einer Weile hatte es etwas Tröstendes und ich mochte es, wenn er mich so nannte.

»Soweit ganz gut.«

»Wie geht es deiner Mutter?«

Ich überlege kurz, erinnere mich daran, dass ich viel zu lange nicht mit ihr telefoniert habe und nehme mir fest vor, sie heute Abend anzurufen. »Ihr geht es auch gut. Sie genießt das Leben außerhalb der Stadt.«

Eddie lacht leise. »Das kann ich mir vorstellen. Sie hat es gehasst, in London zu wohnen.«

Das hat sie allerdings. Meinem Vater und mir zuliebe hat sie es dennoch ausgehalten, aber nachdem mein Vater nicht mehr da und ich nach der Schule ausgezogen war, hat sie unsere Wohnung verkauft und ist sie nach Upper Hartfield gezogen, ein kleines Dorf knapp zwei Stunden südlich von London. Dort hat sie ein kleines Haus mit einem großen Garten gekauft und hat ihre Leidenschaft fürs Gärtnern wiederentdeckt.

»Das stimmt allerdings. Um nichts in der Welt würde sie jemals wieder zurück nach London ziehen«, erwidere ich lächelnd. »Es reicht ihr, wenn sie mich alle paar Monate für einen Tag besucht.«

Eddies Lachen ist kraftlos und geht in einen Hustenanfall über. Ich sehe die Nasenbrille, die für die Sauerstoffzufuhr gedacht ist, neben ihm im Bett liegen und reiche sie ihm. Eddie sieht nicht glücklich darüber aus, legt sie jedoch ohne Widerworte an. Kurz darauf ebbt sein Husten ab.

Mein Herz zieht sich schmerzhaft zusammen bei dem Bild, das er bietet. Das hat er nicht verdient. Niemand hat das verdient, wenn ich ehrlich bin.

Ich drücke noch mal seine knochige Hand. »Ich komme dich später noch mal besuchen, okay?«

»Mach dir nur keine Umstände wegen mir, Prinzessin«, entgegnet er.

»Das ist kein Umstand für mich, Eddie. Ich komme dich gerne besuchen.«

»Ich habe aber keine Süßigkeiten eingepackt«, murrt er und ich muss lachen.

»Ausnahmsweise verzeihe ich dir das.«

Ich verabschiede mich von ihm und verlasse sein Zimmer. Summer wartet bereits am Stationsstützpunkt auf mich.

»Er sieht schlecht aus, nicht?«

Ich nicke. »Ja. Letztes Mal war es noch nicht so schlimm.«

»Sein letzter Aufenthalt ist erst zwei Monate her, glaube ich«, überlegt Summer. »Aber das Beatmungsgerät wird ihm sicherlich helfen.«

»Bestimmt«, entgegne ich, aber von meinem Bauch breitet sich ein unbehagliches Gefühl aus. Realistisch betrachtet wird auch ein Beatmungsgerät keine Wunder bewirken können, so sehr ich mir das auch für Eddie wünsche. Aber letzten Endes ist die ALS nicht heilbar und auch Eddie wird ihr zum Opfer fallen. Ich schlucke hart.

»Obwohl wir wissen, wie schnell die ALS sich verschlechtert, ist es bei jedem Patienten schwer mitanzusehen, nicht wahr?«, fragt Summer leise.

»Allerdings. Vor allem, wenn man den Patienten schon so lange kennt«, erwidere ich und presse die Lippen zu einem schmalen Lächeln zusammen.

Summer legt einen Arm um mich. »Ich sage Nate, dass er sich ganz besonders um Eddie kümmern soll, ja?«

Ich lächle und nicke dankbar. Summer zieht mich hinter sich her in den Aufenthaltsraum, wo wir endlich unseren geplanten Kaffee trinken. Währenddessen erzählt meine Freundin mir von ihren und Nates Umzugsplänen, aber ich schaffe es nur, mit einem halben Ohr zuzuhören.

Auf dem Weg nach unten in mein Büro rufe ich Tom an, um mich nach Eddies Behandlung zu erkundigen. Insgeheim hoffe ich, dass Tom noch irgendein Ass im Ärmel hat.

»Viel können wir nicht für ihn machen, Isla«, erklärt Tom allerdings. »Der Plan ist es, ihm das Beatmungsgerät anzupassen. Und ihn dann möglichst schnell nach Hause zu entlassen.« Nach Hause, das ist ein Pflegeheim im Norden Londons, in dem es

Eddie zwar gut geht – ich habe ihn einige Male dort besucht –, das aber nicht an ein Zuhause herankommt.

»Gibt es sonst wirklich nichts, was wir tun können?«, frage ich trotzdem.

»Nein, leider nicht. Seine ALS ist rasch progredient, verschlechtert sich also sehr schnell und diesen Prozess werden wir nicht stoppen können«, erwidert Tom sanft.

»Ich habe gestern mit ihm über die Möglichkeit einer Magensonde gesprochen, aber die lehnt er ab.«

»Was?« Ich bleibe stehen und lehne mich an die Wand neben mir. »Wieso das?«

»Weil er keine lebenserhaltenden Maßnahmen möchte und das eine wäre.«

Ich seufze, antworte aber nicht.

»Wir könnten eine erneute Schluckdiagnostik in Erwägung ziehen, um die geeignetste Kost für ihn zu finden, die er gut und sicher zu sich nehmen kann«, schlägt Tom vor.

Ich nicke, bis mir einfällt, dass Tom das natürlich nicht sehen kann.

»Ja«, krächze ich und räuspere mich. »Das fände ich gut.«

»Ich bespreche das während der Visite mit dem Patienten.«

Eddie lehnt die Untersuchung natürlich ab. Das erfahre ich am nächsten Morgen, obwohl ich gestern noch lange mit ihm geredet und auch kurz das Thema künstliche Ernährung angeschnitten habe. Wut und Enttäuschung fährt durch meinen Körper wie ein gleißender Blitz und ich weiß nicht, wohin mit meinen Gefühlen.

Ich verstehe, dass es Eddies Recht ist, das abzulehnen und ein Teil von mir weiß auch, warum er es tut. Aber da ist auch ein Teil in mir, der ihn am liebsten anschreien würde, warum zum Teufel er das nicht möchte.

Zum Glück ist mein Vormittag heute ziemlich vollgestopft –

unter anderem mit einem Treffen mit Ethan –, so dass ich nicht weiter zum Grübeln komme. Ich nehme mir aber fest vor, nach dem Mittagessen erneut mit Eddie zu sprechen und dass ich ihn hoffentlich von einer Magensonde überzeugen kann.

Nach meiner Mittagspause, die ich heute in meinem Büro verbracht habe und nicht gemeinsam mit Summer, schlendere ich gemütlich auf die Station zurück. Schon von Weitem höre ich ein aufdringliches Piepsen und runzle die Stirn. Ist das der Alarm? Auf meiner Station?

»Achtung, aus dem Weg!«, ertönt eine laute Stimme hinter mir und ich springe beinahe erschrocken zur Seite. In der nächsten Sekunde laufen mehrere Pflegekräfte und Ärzte mit dem Rea-Wagen an mir vorbei. In Richtung der neurologischen Station.

Nein, das kann nicht sein, überlege ich und runzele die Stirn. Die Patienten, die aktuell da sind, sind alle relativ fit und nicht allzu schwer betroffen, als dass es tödlich enden könnte. Andererseits weiß ich aus Erfahrung, wie schnell es gehen kann.

Langsam mache ich einen Schritt vor den anderen. Als ich mich der Station weiter nähere, höre ich aufgeregte Rufe durch die Flure hallen, gefolgt von hastigen Schritten. Ein ungutes Gefühl beschleicht mich und ich beschleunige meinen Gang. Am Stützpunkt angelangt rennt Summer in mich.

»Summer, was ist …«, setze ich an, doch ich breche ab, als ich in Summers entsetztes Gesicht blicke, ihre Augen weit aufgerissen.

»Summer!«, sage ich eindringlich.

Ich sehe Tom, Nate und Ethan an uns vorbeieilen und folge ihnen mit meinem Blick. Mir dreht sich der Magen um, als mir klar wird, in welche Richtung sie laufen. Da sehe ich auch das rote Licht vor einem der Patientenzimmer leuchten. Der Notfallalarm. Und das nicht an irgendeinem Patientenzimmer, sondern …

Ich reiße ungläubig die Augen auf, während eine Welle Übelkeit durch meinen Körper rollt.

»Isla, ich …«, krächzt Summer. »Es ist Eddie, er …« Ihre Stimme bricht.

Ohne auf ein weiteres erklärendes Wort zu warten, drehe ich mich um, doch meine Freundin hält mich fest.

»Isla, du kannst da jetzt nicht hin!«

Ich reiße mich von ihr los und sehe sie wütend an. »Lass mich los! Was ist passiert?« Doch sie kommt nicht dazu, mir zu antworten, denn Tom ruft laut nach ihr.

Summer eilt an mir vorbei. Für einige Sekunden stehe ich wie angewurzelt da, blicke in die Richtung von Eddies Zimmer, beobachte das rege Treiben vor und in seinem Zimmer. Ich sehe das Reanimationsteam, das den Wagen vor Eddies Zimmer schiebt. Alles geschieht wie in Zeitlupe und doch rasend schnell. Meine Organe ziehen sich schmerzhaft zusammen, ich kann nicht atmen und mein Herz rast so schnell, dass es fast aus meinem Brustkorb springt.

Geh!, flüstert mir eine Stimme in meinem Kopf zu.

Doch bevor ich recht weiß, was ich tue, renne ich los. Zu Eddie. Das darf einfach nicht passieren! Das kann nicht passieren! Nicht hier, nicht jetzt!

Es ist bestimmt nichts Schlimmes, versuche ich mich zu beruhigen, aber ich lüge mich selbst an. Sobald das Reanimationsteam kommt, ist es immer schlimm. Immer.

Ärzte und Pfleger tummeln sich in Eddies Zimmer, um sein Bett, um ihn herum.

»Eddie!«, rufe ich, ehe mein Hirn mich stoppen kann. Meine Stimme höre ich wie durch eine Blase. »Lasst mich zu ihm!«

Tränen strömen über mein Gesicht. Ich versuche verzweifelt, mich durch die Menge an Personal zu kämpfen.

Für einen kurzen Moment erhasche ich einen Blick auf Eddie. Er liegt im Bett, es sieht aus, als würde er schlafen. Einer der Anästhesisten setzt gerade den Defibrillator an und gibt einer Schwester Instruktionen, die ich nicht verstehe. Ich sehe Tom, der den Beatmungsbeutel hält, während Nate die Herzdruckmassage durchführt.

Tom sieht mich, ruft meinen Namen, doch ich reagiere nicht, versuche weiter, mich zu Eddie durchzukämpfen.

»Schaff sie hier raus!«, ruft Tom.

Ich begreife den Sinn hinter seinen Worten nicht, alle meine Sinne sind auf Eddie fixiert, der so ruhig in seinem Bett liegt, als wäre er eine Puppe und kein Mensch.

Kräftige Hände packen mich von hinten an den Oberarmen und zerren mich nach hinten. Weg von Eddie! Ich versuche, mich loszureißen, aber es gelingt mir nicht. Der Griff und meine Arme verstärkt sich, ein Arm schlingt sich um meine Taille.

»Lass mich los!«, rufe ich. Die Sicht verschwimmt von all den Tränen. »Nein!« Ich weiß, wie unprofessionell ich mich gerade verhalte, aber das ist mir so was von egal.

»Isla!« Ist das Ethans Stimme? »Komm schon! Du kannst hier nichts tun!«

Ich zerre weiter an seinen Händen, aber sie lockern sich nicht.

»Du stehst nur im Weg!«, tönt Ethans Stimme dicht an meinem Ohr.

Ein Schluchzen dringt aus meinem Mund.

Nein. Nein, nein, nein. Das kann nicht sein. Das darf nicht passieren!

Eddie.

Ich verliere den Kampf schließlich und werde aus dem Zimmer gezogen. Oder besser gesagt getragen. Alles um mich herum verschwimmt, da ist nur noch der Schock, der tief in meinen Knochen sitzt und alles lähmt. Mich lähmt. Ich habe das Gefühl, nicht atmen zu können, merke aber, wie sich meine Brust hektisch hebt und senkt. Es ist faszinierend, wie mein Körper so normal funktioniert, wo es sich doch so anfühlt, als würde mein Herz seinen Dienst quittieren.

Ethan zieht mich unerbittlich mit sich mit, ich stolpere hinter ihm her, ein Wunder, dass ich nicht über meine eigenen Füße falle. Eine Tür öffnet und schließt sich, ich werde auf einen Stuhl gedrückt. Oder irgendein anderes Sitzmöbel, ich kann es nicht sagen und es ist mir auch egal. Alles ist egal.

»Isla.« Ethans Stimme dringt mit einiger Verzögerung zu mir durch, aber ich schüttele nur den Kopf. Zwei Hände umfassen mein Gesicht, zwingen mich dazu, ihn anzusehen.

»Sieh mich an«, sagt Ethan sanft. Ich öffne die Augen, die ich scheinbar geschlossen hatte, und blicke ihn an. Ich erkenne ihn nur verschwommen. Ist das Sorge in seinem Blick? Ich kann es nicht sicher sagen.

»Du kannst nichts tun«, fährt er leise fort. Ein Wimmern entfährt mir. »Es ist zu spät.«

Ich schlucke hart, habe das Gefühl, an dem riesigen Kloß in meinem Hals zu ersticken.

»Nein«, keuche ich. »Nein.«

»Doch, Isla.«

Ethans Stimme ist völlig ruhig, auf irgendeine Art und Weise beruhigt sie meine aufgewühlten Nerven etwas, sodass sich mein Atem etwas normalisiert und ich nicht mehr das Gefühl habe, ersticken zu müssen.

Er ist ein guter Arzt, denke ich in diesem Moment. Keine Ahnung, wie ich darauf komme, in meinem Kopf herrscht ein einziges Chaos und dieser Gedanke ist der einzige, den ich gerade greifen kann.

»Du musst ihm helfen«, wimmere ich. »Du …« Meine Stimme bricht.

»Ich kann ihm nicht mehr helfen«, antwortet Ethan und ich höre aufrichtiges Bedauern aus seinen Worten. »So gerne ich das auch wollen würde, Isla-Mäuschen. Aber es ist zu spät.«

Ein Schluchzen bricht aus meiner Kehle hervor und Tränen laufen in kleinen Rinnsälen über mein Gesicht, verwischen meine Sicht und verschmieren mein Make-up.

Sanft wischt Ethan mir mit seinen Fingern einige Tränen weg, doch ihnen folgen sofort tausende mehr. Er lässt mein Gesicht los, mittlerweile sitzt er neben mir, dann zieht er mich in seine Arme. Meine Muskeln verspannen sich für einen Augenblick. In jeder anderen Situation hätte ich ihn weggeschubst, auch jetzt ist der Drang da, aber ich habe nicht die Kraft dafür. Also presse ich mein Gesicht an seine Brust, lasse meinen Tränen freien Lauf und nehme den Trost, den er mir spendet, dankbar an.

Kapitel 16

Ethan

Minutenlang sitzen wir einfach nur da. Isla weint und schluchzt an meiner Brust, ihr Körper bebt und zittert. Ich drücke sie nur noch enger an mich und streichle ihr behutsam über den Kopf.

Auch wenn die Situation gerade richtig beschissen ist, genieße ich es, Isla so nah zu sein. Macht mich das zu einem Arschloch? Bestimmt. Aber das stört mich absolut nicht.

Irgendwann versiegen Islas Tränen nach und nach und sie beruhigt sich etwas. Sanft schiebe ich sie etwas von mir und hebe mit einem Finger ihr Kinn an, sodass ich sie ansehen kann. Sie sieht furchtbar aus. Aus müden und verquollenen Augen erwidert sie meinen Blick.

»Ich muss kurz noch mal weg. Warte hier, ja?«, frage ich leise und Isla nickt als Antwort. Ich drücke ihr ein paar Taschentücher und eine Wasserflasche in die Hand, dann verlasse ich mein Büro und eile zu Eddies Zimmer zurück. Das Reanimationsteam ist mittlerweile verschwunden, nur noch Tom, Summer und Nate sind anwesend. Die Atmosphäre ist drückend, Tom diktiert leise etwas, während Summer mitschreibt. Nate hat eine Hand auf ihre Schulter gelegt.

»Kann ich noch was tun?«, frage ich und verschränke die Arme vor der Brust.

»Wo ist Isla?«, bringt Summer hervor, in ihrem Blick erkenne ich Besorgnis und … Misstrauen?

»In meinem Büro«, entgegne ich und sehe Tom mit hochgezogenen Augenbrauen an. Er schüttelt nur langsam den Kopf.

»Es gibt nichts mehr zu tun, danke, Ethan.« Er räuspert sich leise und sieht wieder in die Akte.

Einen Patienten zu verlieren, ist immer scheiße, anders kann man es nicht sagen. Schlimmer ist es nur noch, wenn man zum einen nicht weiß, was die Todesursache war und zum anderen, wenn man diesen Patienten jahrelang betreut hat. Ich mag ein gefühlskaltes Arschloch sein, aber auch mir geht so etwas nah.

»Hast du eine Vermutung, was die Todesursache war?«, frage ich Tom leise.

Dieser zuckt die Schultern. »Genau können wir das nicht sagen, da würde nur eine Obduktion helfen, die aber in diesem Fall aufgrund der Grunderkrankung nicht sinnvoll ist.« Er seufzt kurz, ehe er fortfährt.

»Letzten Endes vermute ich akutes Herzversagen aufgrund der mit der Luftnot einhergehenden Anstrengungen der vergangenen Wochen. Wir hätten auch nichts tun können, um das zu vermeiden«, fügt er hinzu. »Es war einfach zu spät.«

Das ist eine sehr unbefriedigende Aussage, aber leider die Wahrheit. Wir hätten nichts mehr ausrichten können.

»Vielleicht kannst du Isla nach Hause bringen«, sagt Tom schließlich an mich gewandt. »Ich glaube, sie sollte heute nicht mehr arbeiten.«

Ich nicke und brumme zustimmend.

»Bist du sicher, dass ausgerechnet *du* das tun solltest?«, fragt mich Summer leise. »Ich kann sie heimbringen, das ist vielleicht besser.«

»Nein«, erwidert Tom. »Ich brauche dich hier noch, Summer. Ethan kann ich entbehren, heute sind genug Ärzte auf Station. Er kann sie nach Hause bringen.«

Summer klingt nicht überzeugt und will gerade zu einer Erwiderung ansetzen, aber da Nate kommt ihr zuvor.

»Summer, lass ihn gehen. Er macht das schon.«

Sie sieht ihren Freund zweifelnd an und es scheint, als würden die zwei ohne Worte miteinander diskutieren. Dann sieht sie mich an und in ihrem Blick erkenne ich die unausgesprochene Warnung. Scheinbar weiß Summer also über mich und Isla Bescheid, doch das wundert mich nicht. Es war nur eine Frage der Zeit.

Ich erwidere Summers Blick, nicke ihr kurz zu, um sie zu beruhigen, dann drehe ich mich wortlos um und gehe zurück in mein Büro.

Isla sitzt noch genauso auf der Liege, wie ich sie zurückgelassen habe. Weder die Taschentücher noch die Wasserflasche hat sie angerührt. Sie blickt nicht auf, als ich eintrete, starrt nur weiter auf ihre Finger, die sichtlich verkrampft sind. Schweigend packe ich meine Sachen zusammen und streife meinen Kittel ab.

»Lass uns gehen«, sage ich schließlich. Isla widerspricht nicht und lässt sich wortlos von mir zu ihrer Umkleide bringen. Während sie darin verschwindet, um sich umzuziehen, eile ich in ihr Büro, um ihre Tasche zu holen. Ihre Kolleginnen sehen verblüfft auf, als ich das Büro betrete, stellen aber keine Fragen. Besser so.

Isla fragt nicht, warum wir das Krankenhaus verlassen. Oder warum wir es gemeinsam verlassen. Sie folgt mir einfach und ich bin froh, dass mir diese Diskussion für den Moment erspart bleibt.

Nach wie vor schweigend fahren wir in meinem schwarzen BMW X3 zu Islas Wohnung. Ich kann nicht verhindern, dass meine Augen des Öfteren zu ihr hinübersehen. Sie hat ihren Kopf an das Fenster gelehnt und blickt stumm nach draußen. Ich parke in einer Seitenstraße in der Nähe ihrer Wohnung und stelle den Motor aus. Isla reagiert nicht, also steige ich aus und öffne – ganz Gentleman-like – die Beifahrertür. Sie blickt auf und nimmt meine Hand, die ich ihr entgegenstrecke.

Es ist lange her, dass ich in ihrer Wohnung gewesen bin, dennoch kommt mir alles immer noch so verdammt vertraut vor. Ich schwöre, dass sogar der gleiche Duft in der Luft liegt wie vor über einem Jahr. Irgendwas Blumiges, ich kann nicht genau sagen, was es ist.

Isla nimmt auf ihrem Sofa Platz, ich helfe ihr aus der Jacke und schmeiße sie, zusammen mit meiner, unordentlich über einen Stuhl.

»Du musst nicht bei mir bleiben«, wispert sie. »Ich komme schon klar.«

Ich hebe eine Augenbraue, aber das sieht sie nicht. »Das sehe ich, wie du klarkommst«, spotte ich. In der Küche koche ich uns einen Tee, den ich ihr schweigend reiche. Zu ihrem Glück nimmt sie die Tasse und nippt daran.

»Fenchel«, erkläre ich. »Ich weiß, dass du den am liebsten magst.«

Ein schwaches Lächeln zieht über ihr Gesicht. »Danke«, sagt sie leise.

Ich setze mich neben sie auf das Sofa. Schweigen umhüllt uns, aber das ist nicht unangenehm. Im Gegenteil. Wir konnten schon immer auch gut miteinander schweigen.

Isla lehnt ihren Kopf an meine Schulter und ich lege einen Arm um sie. Es ist fast wie in alten Zeiten, denke ich und hasse mich zeitgleich dafür, denn es fühlt sich so an, als würde ich ihr Elend ausnutzen. Aber das ist nicht meine Absicht, absolut nicht.

»Ich kann nicht glauben, dass er nicht mehr da ist«, flüstert Isla. Ich nehme ihr die Tasse ab und stelle sie auf den Tisch vor uns. Isla setzt die Füße auf das Sofa, zieht ihre Knie eng an den Körper und schlingt die Arme darum.

»Ich habe heute früh noch mit ihm geredet«, erzählt sie weiter, doch ihre Stimme bricht.

»Die Schwester meinte, er ist nach dem Essen eingeschlafen«, sage ich mit rauer Stimme. »Und dann nicht mehr aufgewacht. Er hat also nicht leiden müssen.«

Isla nickt. »Immerhin etwas.«

»Es hat ihm sicherlich einiges erspart«, erwidere ich.

»Ja«, haucht sie. »Das macht es aber nicht weniger schlimm.«

Ich drücke sie an mich. »Ich weiß, ihr standet euch nah.«

Lautlos lässt sie sich in meinen Arm fallen, ihre Beine kippen auf meine und sie beginnt zu schluchzen. Es bricht mir fast das Herz, sie so zu sehen. Ich will nicht, dass sie sich mies fühlt, dass sie traurig ist. Aber ich kann sie davor nicht schützen. Ich kann lediglich für sie da sein. Und das tue ich.

Das bin ich.

Irgendwann ist Isla vor lauter Erschöpfung in meinen Armen eingeschlafen. Ich breite eine Decke über ihr aus und stehe vorsichtig auf, um sie nicht zu wecken. Dann hole ich mein Handy aus meiner Jackentasche und gehe in den Flur.

Wie erwartet habe ich mehrere Nachrichten und entgangene Anrufe. Hauptsächlich von Summer. Ich lache leise. Manchmal ist Summer wirklich eine Glucke. Aber wer kann es ihr zum Vorwurf machen? Wenn sie tatsächlich über alles Bescheid weiß, dann ist es absolut verständlich, dass sie ihre Freundin vor mir schützen will.

Ich wähle Toms Nummer. Er nimmt sofort nach dem ersten Klingeln ab.

»Wie geht es ihr, Ethan? Ist sie zu Hause?«

»Ja«, antworte ich. »Sie ist gerade eingeschlafen.«

»Gut. Es war ein Schock für uns alle, aber besonders für sie«, entgegnet Tom.

Ich brumme und blicke vorsichtig durch den Türspalt zurück ins Wohnzimmer, wo Isla nach wie vor schläft. Leise schließe ich die Tür.

»Habt ihr noch etwas herausgefunden?«, frage ich leise.

Tom seufzt. »Leider nicht. Wie gesagt, wir können lediglich Vermutungen anstellen über die genaue Todesursache.«

»Okay«, erwidere ich. Ob wir nun wissen, woran er gestorben ist oder nicht, es macht sowieso keinen Unterschied.

»Ich stelle dich gerne ein paar Tage frei, wenn du dich um Isla kümmern möchtest«, schlägt Tom vor.

Ich überlege kurz. Sicher hat Isla keine Lust, dass ich ihr tagelang auf die Nerven gehe. Oder?

Sie allein hier zu lassen erscheint mir aber auch nicht richtig.

»Ein Tag reicht, dann ist sowieso Wochenende und da habe ich frei«, erwidere ich also.

»In Ordnung, Ethan. Dann sehen wir uns am Montag.«

Ich verabschiede mich von Tom und gehe leise zurück ins Wohnzimmer. Isla atmet ruhig. Ich setze mich langsam neben sie und bestelle uns über eine App etwas vom Chinesen. Denn natürlich weiß ich noch, dass sie chinesisches Essen über alles liebt.

Und dann warte ich. Sehe ihr beim Schlafen zu. Einige Haarsträhnen haben sich aus ihrem Zopf gelöst und fallen ihr ins Gesicht. Ich streiche sie ihr sanft hinters Ohr zurück, vorsichtig, damit sie nicht aufwacht.

Ich weiß nicht, was sie an sich hat, dass ich sie nicht aus meinem Kopf bekommen kann. Dass sie mich anzieht, wie eine Motte vom Licht angezogen wird. Ob es ein Fehler war, sie zu verlassen?

Ich seufze. Ja, natürlich war es ein Fehler. Aber ich konnte ihr nicht geben, was sie brauchte. Ich kann es ihr nicht geben. Sie hat etwas Besseres verdient als mich.

Die Klingel reißt mich aus meinen Grübeleien. Scheiße. An die Klingel habe ich nicht gedacht. Ich fluche leise und haste zur Tür, bevor der Vollidiot von Lieferant noch mal klingelt.

Als ich zurückkehre, sitzt Isla auf dem Sofa und reibt sich verschlafen die Augen. Mit leicht verwirrtem Ausdruck sieht sie mich an, als wüsste sie nicht mehr, warum zum Teufel ich in ihrer Wohnung bin.

»Ich habe uns was zu essen bestellt«, erkläre ich. »Falls du Hunger hast.«

»Danke.« Sie lächelt müde. »Ich glaube aber, dass ich erst eine Dusche brauche. Ich muss furchtbar aussehen.«

»Du siehst niemals furchtbar aus«, entgegne ich und grinse sie an, woraufhin sie die Augen verdreht. Es scheint ihr also etwas besser zu gehen, wenn sie meine dummen Sprüche schon wieder ertragen kann.

Sie erhebt sich langsam und geht mit etwas unsicheren Schritten ins Bad. Kurz darauf höre ich das Wasser laufen und für einen kurzen Moment bin ich versucht, ihr unter der Dusche Gesellschaft zu leisten. Heißes Verlangen fährt durch meinen Körper und sammelt sich in meiner Hose. Hastig verwerfe ich den Gedanken und packe stattdessen das Essen aus.

Isla kommt einige Zeit später wieder ins Wohnzimmer. Sie trägt nun eine ihrer Sportleggins und ein schulterfreies Top, auf ihrem Kopf ein Handtuchturban. Ich deute mit einem Nicken neben mich auf das Sofa und sie kommt meiner Aufforderung stillschweigend nach. Ich reiche ihr einen Teller mit gebratenen Nudeln.

»Iss was.«

»Ich habe keinen Appetit.« Isla schüttelt den Kopf.

»Du musst aber etwas essen«, sage ich etwas eindringlicher, woraufhin sie mich ansieht. »Ärztliche Anordnung«, ergänze ich mit einem schiefen Grinsen.

Isla seufzt. Sie weiß, dass es sinnlos ist, mit mir zu diskutieren, also nimmt sie den Teller entgegen und beginnt zu essen.

»*Venom*?«, frage ich und deute mit der Fernbedienung auf den TV.

Sie hält mitten in der Bewegung inne, die Gabel schwebt vor ihrem Gesicht.

»Das weißt du noch?«, fragt sie leise, ohne von ihrem Teller aufzublicken.

Ich zögere kurz.

»Ja, natürlich weiß ich das noch«, antworte ich, da es sinnlos ist, es zu leugnen. Ich weiß selbstverständlich noch, dass Isla den Film *Venom* liebt und sie ihn immer anschaut, wenn es ihr nicht gut geht. Wie könnte ich das vergessen.

Wie oft sie ihn wohl geschaut hat, nachdem ich sie verlassen habe? Die Frage ploppt so plötzlich in meinem Kopf auf, dass mich ein Stich durchfährt. Als hätte man mir ein Messer in die Brust gerammt. Verdammt.

Mittlerweile ist es dunkel draußen und das schwache Licht der Straßenlaterne dringt in das Wohnzimmer, taucht das Zimmer in ein düsteres Licht. Isla stochert mehr in ihrem Essen herum, als dass es seinen Weg in ihren Mund findet, aber ich sage nichts. Der Film läuft unbeachtet im Hintergrund, aber ich habe den Eindruck, dass es Isla dennoch beruhigt.

Ich stehe auf und hole aus der Küche zwei Schnapsgläser und die Flasche Tequila, die wie immer im Regal steht. Ich fülle die goldene Flüssigkeit in die Gläser und reiche Isla eines davon.

»Auf Eddie«, sage ich und hebe das Glas, um mit ihr anzustoßen.

Isla lächelt mich so traurig an, dass mein Herz schwer wird. Wie ein verlorener Welpe sieht sie mich an, die Augen groß und dunkel und voller Trauer.

»Auf Eddie«, flüstert sie und trinkt den Schnaps auf ex. Sie hält mir das Glas erwartungsvoll hin und ich fülle es erneut, erst dann trinke auch ich den Tequila. Angewidert verziehe ich das Gesicht, als sich die Flüssigkeit einen Weg durch meine Speiseröhre bahnt und dabei alles verbrennt, was ihr in den Weg kommt. Bah, ich habe Tequila schon immer gehasst und verstehe nicht, wie Isla so was trinken konnte.

Eine gefühlte Ewigkeit verbringen wir schweigend nebeneinandersitzend auf dem Sofa, während wir, mehr oder weniger aufmerksam, *Venom* schauen. Irgendwann greife ich nach meinem Handy, das auf dem Couchtisch liegt, und antworte endlich Summer auf ihre Nachrichten. Nicht, dass sie noch vor der Tür steht, um nach dem Rechten zu sehen, bei all dem Misstrauen, das vorhin in ihren Blicken und Worten mitschwang.

»Musst du los?«, fragt Isla leise.

Ich schüttele den Kopf und sehe zu ihr. »Nein, außer du willst, dass ich gehe.« Ich sollte gehen. Das weiß ich. Um ihretwillen sollte ich so schnell wie möglich gehen. Aber ich kann sie so nicht allein lassen, nein, ich will sie so nicht allein lassen.

Isla überlegt quälend lange Sekunden, die mich fast wahnsinnig machen. Und in diesem endlos langen Augenblick gestehe ich mir ein, dass ich nicht ohne sie kann. Ich weiß zwar auch nicht, wie ich bei ihr sein kann, ohne wirklich in einer Beziehung zu sein, denn der Gedanke daran lässt Übelkeit in mir aufsteigen.

»Kannst du bleiben?« Ihre Stimme ist nur ein Wispern, über den Lärm des Filmes kaum zu verstehen. Und doch ist es lauter als alles, was ich heute gehört habe. Erleichterung durchströmt mich. Denn ich wollte nicht gehen. Und sie will es anscheinend auch nicht.

»Ja«, erwidere ich mit rauer Stimme. »Ich kann bleiben.«

Sie nickt nur, lehnt sich an und lässt den Kopf wieder auf meine Schulter sinken. Scheinbar wird das unser neues Ding. Obwohl ich jegliches Kuscheln, das nicht nach dem Sex stattfindet, überflüssig finde und daher tunlichst vermeide.

Irgendwann ist Isla an meiner Schulter eingeschlafen, sie atmet tief und regelmäßig und sieht beinahe friedlich aus. Lustlos zappe ich durch das Fernsehprogramm, bleibe bei einer Doku über Transplantationen hängen und sehe sie mir dennoch nicht wirklich an. Alle meine Sinne sind auf Isla gerichtet, alles andere blende ich kategorisch aus. Der Duft ihres Shampoos dringt in meine Nase und benebelt mich. Verfluchte Scheiße, das ist gar nicht gut.

Eine Weile später blicke ich auf die Uhr. Es ist kurz vor Mitternacht. Wahnsinn, wie schnell die Zeit verflogen ist seit dem Vorfall heute Mittag. Es kommt mir vor, als wäre es schon mehrere Tage her und nicht erst vor wenigen Stunden passiert.

Ich schalte den TV aus, schiebe Isla sanft von meiner Schulter und stehe vorsichtig auf. Dann greife ich unter Islas Knie, den anderen Arm lege ich um ihre Schultern und trage sie in ihr Schlafzimmer. Dort angekommen lege ich sie sachte auf ihr Bett und decke sie zu. Natürlich würde ich auf dem Sofa schlafen, das versteht sich von selbst. So viel Anstand besitze sogar ich noch.

Ich will mich gerade zum Gehen wenden, als Isla plötzlich leise meinen Namen murmelt. Ich sehe zu ihr, sie hat die Augen leicht geöffnet und sieht mich mit trägem Blick an.

»Du bist auf dem Sofa eingeschlafen. Ich wollte dich nicht wecken«, flüstere ich.

»Schlaf einfach weiter!«

»Geh nicht«, wispert sie. »Bitte. Bleib.« Die Worte kommen ihr undeutlich über die Lippen, getränkt von Müdigkeit. Und doch höre ich sie kristallklar, immer wieder und wieder, während sich diese zwei Worte wie eine Dauerschleife in meinem Kopf wiederholen. *Bitte. Bleib.*

Bitte. Bleib.

Bitte. Bleib.

Ich stutze und antworte ihr nicht, während ich versuche, abzu-wägen, ob sie weiß, was sie sagt. Ist das wirklich Isla, die da spricht? Sie kann unmöglich von den zwei Tequila betrunken sein.

Dann treffe ich meine Entscheidung. Ich kann nicht bei ihr bleiben. Im Wohnzimmer, ja, das ist in Ordnung. Aber nicht hier, in ihrem Schlafzimmer, in ihrem Bett, in dem ich schon so oft gemeinsam mit ihr gelegen bin, dass mich die Erinnerungen daran schier übermannen.

»Isla, ich glaube, das ist keine …«, setze ich an.

»Bitte, Ethan.« Sie hat sich aufgerichtet, die Unterarme nach hinten abgestützt und sieht mich beinahe flehend an.

»Ich möchte jetzt nicht allein sein! Bitte.«

Heilige Scheiße, wieso quält sie mich so? Wieso kann sie mich nicht einfach rausschmeißen, mich zum Teufel jagen, egal wohin, nur weg von ihr?

Aber wie soll ich ihr diese Bitte denn abschlagen? Nach all dem, was sie heute durchmachen musste und sie in den kom-menden Tagen noch durchmachen muss. Wie soll ich ihr das diese verfluchte kleine Bitte abschlagen? Sie erneut enttäuschen?

Ich kämpfe mit mir, wäge Argumente ab, der Sturm, der in mir tobt, wird lauter und lauter, mächtiger, unberechenbarer.

»Ethan.« Ihre Worte sind nur ein Flüstern, leise und laut zugleich, und ich gebe nach.

Wie könnte ich auch nicht? Wie könnte ich denn jemals ablehnen, wenn Isla mich bittet, bei ihr zu bleiben?

Scheiß auf die Vernunft, scheiß auf alles, auch auf die Tatsache, dass ich der letzte Mensch auf der Welt bin, der hier mit ihr liegen sollte. Der sie trösten sollte.

Jeder, nur nicht ich, verdammt.

Ich steige neben ihr ins Bett, sie rutscht ein Stück nach links, um mir Platz zu machen. Mein Herz schlägt viel schneller, als es eigentlich sollte. Isla knipst das Licht aus, das sie angeschaltet hat, nachdem sie aufgewacht ist. Dunkelheit umgibt mich und ich bin froh, dass ich Isla nicht mehr sehen kann. Es reicht, dass ich sie mit jeder Faser meines Körpers spüre.

Und als wäre das nicht schon genug, rutscht sie näher an mich heran. Ohne darüber nachzudenken, lege ich den Arm um sie und sie kuschelt sich an meine Brust.

Vertraut und gleichzeitig so fremd.

Ein Meer aus Widersprüchen, in dem wir beide ertrinken.

Kapitel 17

Isla

Ein Lichtstrahl dringt durch einen Vorhangspalt in das ansonsten dunkle Zimmer, kitzelt mich in der Nase und ich blinzle müde. Mir tut alles weh, aber am schlimmsten sind die pochenden Kopfschmerzen, die im Takt meines Herzschlages wummern. Ich fühle mich wie gerädert.

Für ein, zwei Sekunden weiß ich nicht, wo ich bin, doch dann kehrt meine Orientierung zurück, als die verschwommenen Schemen vor meinen Augen endlich deutlicher werden. Ich bin zu Hause, in meinem Schlafzimmer, in meinem Bett.

Die Sonne strahlt mir nun direkt ins Gesicht, als würde sie mich absichtlich ärgern wollen. Ich stöhne leise und drehe mich auf meine rechte Seite, in der Hoffnung, wieder in den Schlaf zu finden.

Ich stoße gegen etwas und ziehe irritiert die Augenbrauen zusammen. Was zum …?

Oh. Mein. Gott.

Mein Herz überspringt einen Schlag, als ich sehe, wer da neben mir liegt. In meinem Bett.

Es ist Ethan.

Ich liege neben Ethan in meinem Bett. Es dauert quälend lange Sekunden, bis diese Erkenntnis zu mir durchgedrungen ist und ich sie vollends verstehen kann.

Mir wird heiß und kalt gleichzeitig, während mein Hirn verzweifelt versucht, sich zu erinnern, warum zum Teufel Ethan in meinem Bett liegt. Ich hebe die Bettdecke etwas an und schaue

darunter. Zum Glück, ich bin angezogen, also haben wir anscheinend nicht miteinander geschlafen.

Mein Kopf dröhnt und ich fühle mich, als hätte ich den
schlimmsten Kater aller Zeiten. Aber ich habe doch kaum etwas
getrunken.

Dann treffen mich die Erinnerungen des gestrigen Tages wie
ein Schlag in die Magengrube und ich kneife die Augen
zusammen, aber ich kann ihnen nicht entkommen.

Eddie. Er ist tot. Einfach so ist er plötzlich gestorben. Ich
konnte mich nicht einmal verabschieden.

Und dann Ethan, wie er mich aus dem Krankenzimmer
begleitet, mich nach Hause bringt.

Ich, wie ich Ethan bitte zu bleiben.

Oh mein Gott, nein.

Nein, nein. Das habe ich nicht getan.

Oder etwa doch?

Ich öffne vorsichtig wieder die Augen, um mich zu vergewis-
sern, dass es wirklich Ethan ist, der neben mir liegt.

Er ist es. Kein Zweifel.

Fuck.

Ich schließe die Augen, damit ich ihn nicht mehr sehen muss.
Doch sofort sehe ich Eddies Gesicht vor mir und Tränen brennen in meinen Augen. In diesem Moment bewegt sich Ethan
neben mir und dann liegt plötzlich sein Arm auf meiner Hüfte.
Ich erstarre, bin wie gelähmt. Obwohl die Bettdecke zwischen
uns ist, brennt seine Berührung wie Feuer auf meinem ganzen
Körper. Ich rieche sein Aftershave, es betört meine Sinne. Lässt
mich sogar für einen Moment meine Trauer um Eddie vergessen.

Und ganz plötzlich, ohne dass ich etwas dagegen tun kann, ist
Ethan alles, auf was sich meine müden Sinne fokussieren. Ich
konzentriere mich mit aller Macht auf ihn, um das Gefühl zu
intensivieren, den Moment zu bewahren. Es fühlt sich an wie
damals. So verdammt vertraut.

Nur, dass heute alles anders ist. Ich bin anders.

Oder?

Ethan grunzt leise im Schlaf und ich muss mir ein Lächeln verkneifen, während sich alles in mir zusammenzieht. Auch das ist wie früher. Ich öffne die Augen und sehe ihn an.

Er sieht so friedlich aus. Seine Gesichtszüge sind entspannt, seine Lippen sind leicht geöffnet, beinahe wie eine Einladung.

Ich beiße mir auf die Unterlippe und wende meinen Blick von seinem Mund ab. Wärme und Sehnsucht durchströmen mich, für einen Moment kann ich nicht atmen. Für einen Moment fühlt es sich so an, als würde mein Herz nicht mehr weiterschlagen können.

Da schlägt Ethan langsam die Augen auf und blinzelt mich müde an. Scheinbar hat er nicht allzu viel geschlafen.

»Guten Morgen«, murmelt er leise. Dann bemerkt er, dass sein Arm um mich geschlungen ist und wir dicht nebeneinander-liegen. Seine Augen weiten sich kaum merklich, bevor er schnell seinen Arm zurückzieht und etwas von mir abrückt.

»Guten Morgen«, erwidere ich ebenso leise.

»Konntest du etwas schlafen?« Er dreht sich auf den Rücken und blickt an die Decke. Dabei rutscht die Bettdecke etwas hinunter und gibt den Blick auf seine nackte Brust frei. Ich muss schlucken und blinzele mehrmals.

Das ist nicht gut.

»Isla?«

Ich zucke leicht zusammen und meine Augen sehen schnell von seiner Brust zu seinem Gesicht. Er sieht mich mit undefi-nierbarem Blick an. Da sind so viele Emotionen in seinen Augen, dass ich kaum eine davon benennen kann.

»Hmm?«, mache ich, denn ich weiß nicht mehr, was er mich eigentlich gefragt hat.

»Konntest du ein bisschen schlafen?«

Ich nicke. Die Situation ist so vertraut und doch so fremd, unbehaglich. »Danke, dass du geblieben bist, Ethan.«

Er grinst schief. »Nichts zu danken.« Schweigen, während meine Welt weiter aus den Angeln gerät. »Hast du Hunger?«

»Nein«, gebe ich zurück und starre zur Decke. »Ich glaube, ich mache uns einen Kaffee.«

»Ich kann das machen!«

»Nein, lass nur«, erwidere ich und stehe auf.

Auf direktem Weg gehe ich ins Bad und schließe die Tür hinter mir. Vor dem Spiegel stelle ich fest, dass ich genauso beschissen aussehe, wie ich mich fühle. Super. Genauso soll Ethan mich sehen, große Klasse.

Als ich mich einigermaßen frisch gemacht und meine Haare gebändigt habe, schnappe ich mir eine Kopfschmerztablette und gehe damit in die Küche. Wie erwartet steht Ethan schon da und kocht Kaffee. Ein Blick auf die Uhr an der Wand verrät mir, dass es bereits vierzehn Uhr ist.

»Du musst das nicht tun«, sage ich.

»Was genau? Kaffee kochen?« Er grinst mich über die Schulter an. Seine dunklen Haare sind zerzaust und statt des Hemdes von gestern trägt er nur ein weißes T-Shirt, das er gestern darunter getragen hat. Es betont seine Muskeln am Rücken nur noch mehr. Er sieht umwerfend aus und ich hasse ihn dafür.

»Hier sein. Dich um mich kümmern«, entgegne ich, als ich endlich den Blick von ihm abwenden kann. »Ich bin schon ein großes Mädchen!«

Ethan dreht sich um und lehnt sich lässig an die Küchentheke, die Arme vor der Brust verschränkt. Er sieht mich ungewohnt ernst an und ich erwarte einen seiner dummen Sprüche. Doch er überrascht mich mit seinen nächsten Worten.

»Auch große Mädchen brauchen ab und an jemanden, der sich um sie kümmert«, entgegnet er und sein Tonfall verrät, dass jede weitere Diskussion sinnlos ist.

»Das gleiche gilt aber auch für große Jungs«, erwidere ich und sehe ihn herausfordernd an. Unsere Blicke sind ineinander gerichtet, keiner wagt es, wegzusehen. Endlos lange Sekunden – oder Minuten? Stunden? – stehen wir uns schweigend gegenüber, unfähig, den Blick von dem anderen zu lösen. Stumm liefern wir uns ein Blickduell, das keiner von uns gewinnen kann. Schließlich wendet Ethan den Blick zuerst ab, schüttelt leicht den Kopf und seine Mundwinkel zucken verräterisch.

Das Klingeln eines Handys reißt uns schließlich aus unserer Starre und ich zucke zusammen. Ethan seufzt leise, eher er sein Handy aus der Hosentasche zieht und die eingegangene Nachricht liest. Seine Miene verdüstert sich, ein leiser Fluch kommt ihm über die Lippen.

»Ich fürchte, ich muss los«, sagt er schließlich, die Stirn in tiefe Falten gelegt. Etwas an der Art und Weise, wie er das sagt, lässt mich erkennen, dass er das eigentlich nicht möchte. Dass er lieber hierbleiben würde. Bei mir.

»Ist was passiert?«, frage ich. Ich weiß noch, dass er damals schon Probleme mit seiner Familie hatte und genau den gleichen Blick hatte, wenn er über sie sprach. Nicht, dass er mir jemals etwas Genaueres verraten hätte.

»Nein, alles in Ordnung«, gibt er knapp zurück, aber seine Haltung passt nicht zu seinen Worten. »Kommst du zurecht?«

»Ja«, erwidere ich schnell. »Ja, klar. Geh nur. Ich habe dich sowieso lange genug aufgehalten.«

Sein Blick verändert sich, wird sanfter. Ist das Schmerz in seinen Augen? Nein, das kann nicht sein.

»Ich rufe dich nachher an, ist das okay?«

Ich nicke nur als Antwort, bin nicht in der Lage, Worte zu bilden. Er umarmt mich kurz und drückt mir einen Kuss auf den Scheitel, dann höre ich, wie er im Wohnzimmer seine Sachen holt und aus meiner Wohnung verschwindet.

Ich stehe in meiner Küche, planlos, als wäre ich hier fehl am Platz und wüsste nicht, was ich nun tun sollte, jetzt, da Ethan weg ist.

Und da wird mir klar, dass ich verloren bin.

Absolut und hoffnungslos verloren. In ihm.

Kapitel 18

Ethan

Als die Wohnungstür mit einem endgültigen *Pling* ins Schloss fällt, weiß ich, dass es ein Fehler war, bei Isla zu bleiben. Mit ihr in einem Bett zu schlafen. Wieso zum Teufel habe ich mit ihr in einem Bett geschlafen?

Weil sie dich darum gebeten hat, Arschloch, flüstert eine fiese Stimme in meinem Kopf, während ich die Stufen zur Haustür beinahe hinunterrenne. Meine wütenden Schritte hallen im Treppenhaus wider.

Als ich schließlich in meinem Auto sitze und die Tür neben mir zugezogen habe, kann ich meine Wut nicht mehr zurückhalten.

»Fuck!«, brülle ich und schlage mit der Faust auf mein Lenkrad.

Ich wollte bei ihr bleiben, ich wollte mit ihr in einem Bett schlafen. Natürlich wollte ich das!

Aber das geht nicht. Ich kann ihr nicht geben, was sie braucht. Konnte es damals nicht und kann es heute nicht. Werde es wohl nie können. Es ist egoistisch von mir, ihr jetzt wieder näher zu kommen, nur um sie dann wieder fallenzulassen. Ja, ich bin ein Arschloch und normalerweise schert es mich relativ wenig, was meine Bettpartnerinnen von mir wollen. Aber bei Isla ist es anders. Wieso, das kann ich nicht sagen, denn ich weiß es nicht. Oder ich will es mir nur nicht eingestehen.

Der Weg zu meinem Wohnhaus erscheint mir heute ewig. Meine Gedanken kreisen, während ich wie auf Autopilot meinen BMW durch Londons überfüllte Straßen lenke. Ich stelle mein

Auto in der Tiefgarage ab und fahre mit dem Fahrstuhl hoch zu meinem Appartement. Wo bereits die nächste Überraschung auf mich wartet.

Denn Caroline steht im Flur, mit verschränkten Armen und einem sehr angepissten Gesichtsausdruck.

»Wo zum Teufel warst du, Ethan?«, fährt sie mich an.

»Weg.« Ich schleudere meine Jacke in die Ecke und stapfe in die Küche, wo ich mir ein Glas Whiskey einschenke und sofort leere. Caroline ist mir gefolgt, ich spüre ihren Blick in meinem Rücken, aber es ist mir egal. Ich habe gerade wirklich keinen Nerv für so eine Scheiße.

»Du wirst heute Abend zu Mum und Dad kommen«, sagt sie mit kühlem Tonfall, der keine Widerworte zulässt. »Zum Essen.«

Ich lache. »Ach ja, werde ich das?«

»Ja, das wirst du«, sagt sie gefährlich leise und kommt auf mich zu. Sie drückt mir ihren Zeigefinger in die Brust.

»Achtzehn Uhr. Sei pünktlich! Ansonsten zerre ich dich höchstpersönlich dorthin!«

»Ist das eine Drohung?«, frage ich und verziehe meinen Mund zu einem spöttischen Grinsen.

Caroline sieht mich für einige Sekunden mit zusammengekniffenen Augen an, aber ich erkenne, dass sie sich ein leichtes Schmunzeln verkneifen muss. »Nennen wir es ein Versprechen, Bruderherz.«

Ich seufze tief. »Komm schon, Car. Ich habe da heute wirklich keine Nerven für!«

»Die hast du nie«, wirft sie mir an den Kopf und hat recht damit. »Also reiß dich zusammen!«

Ich verstehe nicht, warum sie so sehr dafür kämpft, unsere Familie an einen Tisch zu bekommen. Es wird eine Katastrophe werden, so wie jedes Mal. Warum es also wieder und wieder versuchen?

»Tu mir diesen Gefallen, Ethan, ja?« Ihre Stimme wird sanfter, ihr Blick allerdings nicht. »Ich bitte dich.«

Ich stöhne genervt, weil ich weiß, dass ich schon verloren habe.

»Na schön. Aber sobald es mich nervt, bin ich weg, damit das klar ist!«

Caroline lächelt leise. »Eine Stunde, Minimum!«

»Du bist eine knallharte Verhandlungspartnerin.«

Sie zwinkert mir zu und wendet sich zum Gehen. »Bis heute Abend, Bruderherz!«

Damit verschwindet sie aus meinem Appartement, ehe ich noch etwas erwidern kann. Ich stöhne genervt und sehe ihr nach, dann schenke ich mir noch einen Whiskey ein. Die Flüssigkeit rinnt warum und beißend meine Kehle hinab. Der Tag ist soeben noch beschissener geworden, wer hätte das gedacht.

Keine Ahnung, warum ich wirklich das tue, was Caroline von mir verlangt. Aber ich stehe tatsächlich pünktlich um achtzehn Uhr vor dem Haus meiner Eltern. Missmutig blicke ich auf das Türschild.

Familie Bailey, steht dort, darunter die Namen meiner Eltern, meiner Schwester und mir. Dass ich nicht lache. Wir sind keine Familie. Wir sind ein Haufen Chaos, der auf Familie macht, mehr nicht.

Bevor ich auf die Klingel drücke, schaue ich auf mein Handy. Ich habe Isla vorhin nur eine kurze Nachricht geschrieben und mich erkundigt, wie es ihr geht. Ich wollte sie anrufen, so wie ich es ihr gesagt habe, ihre Stimme hören, aber ich wusste genau, dass ich sofort zu ihr eilen würde, wenn sie mich darum bitten würde. Oder wenn sie mich nicht bitten würde. Der Klang ihrer Stimme hätte vollkommen ausgereicht und ich wäre sofort ins Auto gesprungen und zu ihr gefahren. Per WhatsApp erschien es mir irgendwie leichter. Unpersönlicher.

Sie hat nach wie vor noch nicht geantwortet und ich frage mich, ob das ein gutes oder ein schlechtes Zeichen ist. Seufzend stecke ich das Handy in meine Hosentasche zurück und drücke widerwillig auf die Klingel. Ich will diesen Abend so schnell wie möglich hinter mich bringen und wieder nach Hause fahren.

Keine zehn Sekunden später wird die Tür aufgerissen und meine Mum steht vor mir. Ihre lockigen, an manchen Stellen mittlerweile grauen Haare hat sie zu einem straffen Zopf gebunden. Sie trägt ein schwarzes Etuikleid und eine schwarze Strickjacke darüber. Elegant wie eh und je. Wortlos zieht sie mich in eine feste Umarmung, die ich über mich ergehen lasse, aber nicht erwidere.

»Ich freue mich so, dich zu sehen, Schatz«, flüstert sie leise.

Ich würdige das keiner Antwort, sondern schiebe mich an ihr vorbei ins Haus, gehe durch den langen Flur, bis ich das Esszimmer erreiche. Nichts hat sich hier verändert. Die minimalistische Einrichtung mit dunklen Holzmöbeln, der Geruch, die Beziehung zu meinen Eltern, alles ist genau gleich geblieben.

Mein Vater sitzt an der Stirnseite des massiven Esstisches und sieht von seiner Zeitung auf, als ich den Raum betrete. Er eilt nicht auf mich zu, wie auch, er ist seit Jahren an den Rollstuhl gefesselt. Ein Lächeln breitet sich auf seinem Gesicht aus, als er mich sieht.

»Mein Sohn«, sagt mein Vater. »Schön, dass du da bist. Wir waren uns ehrlich gesagt nicht sicher, ob du kommen würdest.«

»Ihr könnt Caroline dafür danken«, erwidere ich kühl und werfe meiner Schwester einen bösen Blick zu. Doch diese lacht nur und deutet auf den Stuhl ihr gegenüber, auf dem ich Platz nehme. Kurz frage ich mich, wo sie ihren Freund gelassen hat, aber prinzipiell ist mir das auch egal.

Auf dem Tisch stehen schon Unmengen an Töpfen und Schüsseln voller Essen. Mir ist der Appetit allerdings schon beim Drücken der Klingel vergangen.

»Wie geht es dir?«, fragt meine Mum, als sie mir einen Teller reicht, auf den sie bereits Braten, Kartoffelpüree und Gemüse geschaufelt hat

»Kann mich nicht beklagen«, entgegne ich knapp. Ich habe keine Lust auf diese Scharade hier. Caroline wirft mir einen anklagenden Blick zu, den ich jedoch geflissentlich ignoriere. Nur, weil sie mich gezwungen hat, hier zu sein, werde ich nicht fröhlich Konversation betreiben und alles vergessen, was passiert ist.

»Erzähl uns von Miami«, bittet meine Mum. »Wie war es dort?«

»Warm«, lautet meine Antwort.

»Ethan!«, fährt Car mich an und ich spüre einen Tritt unter dem Tisch.

»Ist schon okay, Caroline«, wirft mein Dad ein. Meine Augen wandern zu ihm und ich beobachte ihn für einen Moment. Er sieht schlecht aus, blass, das Gesicht eingefallen. Ich frage mich, ob er wieder trinkt. Es würde mich nicht wundern.

Den Rest des Essens über schweige ich, während Caroline munter vor sich hinplappert und von ihrem Job – sie hat vor einigen Wochen als Leiterin der Marketingabteilung einer großen Firma angefangen – und der hoffentlich baldigen Verlobung mit ihrem Freund Joshua erzählt.

Ich stochere in meinem Essen umher und zwinge mich, zumindest ein paar Bissen hinunterzuwürgen. Es ist sicherlich köstlich, denn Mum ist immer eine gute Köchin gewesen, aber für mich schmeckt alles nach der großen Lüge, die wir hier leben.

Nach dem Essen verschwinden Mum und Caroline in der Küche und Dad schenkt mir wortlos einen Whiskey ein. Guter Mann. Ich nippe an meinem Glas. Dad hat den teuren Whiskey genommen, immerhin etwas. Das entschädigt mich fast für die Lebenszeit, die ich heute Abend hier verschwendet habe.

»Ethan«, beginnt er in ernstem Tom. »Können wir die Vergangenheit nicht endlich ruhen lassen?«

Mein Griff um das Glas wird fester und kurz fürchte ich, ich könnte es zerbrechen.

»Nein«, antworte ich gefährlich ruhig und hoffe, er lässt das Thema einfach fallen.

»Hast du von Jessica gehört?«, wirft meine Mum ein, die in diesem Moment mit einem Tablett voller Kuchen aus der Küche kommt. »Ich habe sie vor kurzem bei *Macy's* getroffen. Sie sieht gut aus.«

In mir herrscht bereits schon Wut, die sich bei ihren Worten zu einem Sturm zusammenbraut.

»Wieso sollte ich von Jessica hören? Ich will nichts von ihr wissen, sie geht mir am Arsch vorbei!«, entgegne ich wirsch.

Meine Mum zuckt leicht zusammen bei meinem Ton, sagt aber nichts mehr dazu.

»Im Gegensatz zu Dad lasse ich mich nicht von einer Frau betrügen und mache dennoch so weiter wie immer«, füge ich noch hinzu und ärgere mich im gleichen Moment, dass ich einfach nicht meine verfluchte Klappe halten kann. »Sondern ich radiere sie aus meinem Leben aus.« Ich werfe meiner Mum einen düsteren Blick zu, während Dad nur langsam mit dem Kopf schüttelt.

»Mein Junge, du hast kein Recht, darüber zu urteilen«, mahnt mich mein Dad.

»Das habe ich sehr wohl«, kontere ich und schwenke mein Glas Whiskey. »Weil ich, seit ich siebzehn war, dazu gezwungen war zuzusehen, wie du dich ihretwegen halb tot gesoffen hast. Und du«, ich wende mich an meine Mum. »Du hast nichts getan. Du hast nur zugesehen und weiter mit irgendeinem Wichser gevögelt!«

»Jetzt reicht es aber, Ethan!«, brüllt mein Vater. »Rede nicht so mit deiner Mutter!«

Meine Mum schluchzt leise und Caroline sieht mich vorwurfsvoll an. Ich habe gar nicht bemerkt, dass sie ebenfalls wieder das Zimmer betreten hat.

»Doch, das tue ich«, erwidere ich wütend. »Sie hat es verdient!«

Ohne ein weiteres Wort zu verlieren, erhebe ich mich so schnell, dass der Stuhl nach hinten mit einem lauten Krach umfällt. Mum und Caroline zucken heftig zusammen, während mein Dad mich fassungslos ansieht.

»Ich habe keine Lust mehr auf diese Scheiße hier«, schnaube ich wutentbrannt. »Ladet mich das nächste Mal bitte nicht ein.«

»Ethan!«, ruft Caroline mir hinterher, doch ich eile mit wütenden Schritten aus dem verdammten Haus meiner Eltern und schwöre mir, es niemals wieder zu betreten.

Kapitel 19

Isla

Es ist Sonntagnachmittag und ich starre seit ungefähr zwei Stunden auf mein Handy, in der Hoffnung, dass allein meine Blicke es dazu bringen, eine neue Nachricht von Ethan zu empfangen. Bescheuert, ich weiß, aber ich kann nicht anders.

Seit gestern Nachmittag habe ich nichts mehr von ihm gehört. Er hat nicht angerufen, wie versprochen, sondern mir lediglich eine kurze Nachricht auf WhatsApp geschrieben, in der er sich kurz nach mir erkundigt hat. Vor lauter Enttäuschung darüber, habe ich ihm genauso kurz angebunden geantwortet, dass ich schon klarkäme. Das war alles. Seitdem herrscht Funkstille und obwohl ich sehr wohl weiß, dass es gut so ist, stört es mich. Jede Faser meines Körpers sehnt sich danach, seine Stimme zu hören, oder zumindest eine Nachricht vom ihm zu lesen.

Ich weiß nicht, wieso, aber ich habe das Gefühl, dass der Abend und vor allem die Nacht, die wir miteinander verbracht haben, etwas zwischen uns geändert hat. Er hat sich so liebevoll um mich gekümmert, das kann nicht alles vorgetäuscht gewesen sein. Das muss einfach echt gewesen sein. Ich bin mir sicher, dass Ethan etwas für mich empfindet. Beim besten Willen kann ich mir nicht vorstellen, dass ich so bescheuert bin und mir das alles nur einbilde. Dass ich Dinge sehe, die gar nicht existieren.

Also überwinde ich meinen falschen Stolz, ignoriere die Stimme, die mich leise davor warnt, und wähle Ethans Nummer. Qualvolle lange Sekunden vergehen, eher er abnimmt.

»Isla, ist was passiert?« Er klingt aufgeschreckt, seine Stimme wachsam und voller Sorge. Das macht mich so perplex, dass ich für ein, zwei Atemzüge meine Sprache verloren habe. Dann räuspere ich mich.

»Nein, nein, es ist alles in Ordnung«, sage ich schnell.

»Ich dachte nur, ich ... also, weil ... ähm ... wir haben uns seit gestern nicht gehört und ...« Ich breche ab und schließe die Augen. Peinlich! Wieso stottere ich so herum?

Ethan lacht leise. »Hast du mich etwa vermisst?«

Ich nicke, wage es aber nicht, ihm zu antworten. Er versteht mein Schweigen auch so als Zustimmung, da bin ich sicher.

»Wie geht es dir?«, fragt Ethan dann.

»Etwas besser als vor zwei Tagen«, erwidere ich wahrheitsgetreu. »Ich komme morgen auf jeden Fall wieder zur Arbeit.«

»Nimm dir die Zeit, die du brauchst«, rät Ethan. Im Hintergrund scheppert es lauthals und er flucht leise.

Erst da kommt mir der Gedanke, dass er vielleicht gerade beschäftigt ist.

»Störe ich dich?«, will ich wissen.

»Nein, tust du nicht.« Mehr sagt er nicht und ich frage nicht weiter nach.

»Willst du vielleicht ... ähm ... also, wenn du Zeit hast ...«, stammele ich und habe anscheinend vergessen, wie man korrekte Sätze formuliert.

»Vorbeikommen?«, hilft er mir aus. Ich spüre sein Grinsen durch das Telefon hindurch und spüre Hitze in meinem Gesicht aufsteigen.

»Ja«, hauche ich und beiße mir auf die Unterlippe. Ich habe Angst vor seiner Antwort. Was, wenn er ja sagt? Oder schlimmer, was, wenn er nein sagt?

Ethan seufzt. »Ich glaube, das ist keine gute Idee, Isla.«

Ich lasse die Schultern sinken, als mir die Bedeutung seiner Worte bewusst wird. »Okay, ja. Du ... du hast wahrscheinlich Recht. Ich ... dachte nur ...«

»Was dachtest du, Isla?« Sein Ton wird etwas schärfer und ich runzle die Stirn. Habe ich mir etwa doch alles eingebildet?

»Na ja …«, fange ich an, aber ich finde nicht die richtigen Worte, um auszudrücken, was genau ich mir eigentlich gedacht habe.

»Dass jetzt auf einmal alles anders ist, nur weil ich mich um dich gekümmert habe, als du am Boden zerstört warst?«

Tränen treten mir in die Augen und in meinem Hals bildet sich ein riesiger Kloß, den ich versuche, hinunterzuschlucken. Seine Worte sind wie ein Messerstich.

»Isla-Mäuschen, es hat sich nichts geändert. Und das wird es auch nicht, das weißt du«, fährt Ethan fort. Ich höre die Bitterkeit in seiner Stimme.

»Das glaube ich dir nicht«, wispere ich. Es kann nicht sein, dass ich mich so getäuscht habe, dass ich so daneben lag.

»Glaub es mir ruhig«, entgegnet Ethan abweisend. »Es ist die Wahrheit.«

Nun kann ich die Tränen nicht mehr zurückhalten. Er ist so kalt, so unnahbar, ganz anders als die letzten Tage.

»Was ist passiert?«, frage ich, denn es scheint die einzig logische Erklärung für sein Verhalten zu sein.

Ethan lacht bitter. »Was soll passiert sein? Es ist alles so wie immer. Und das sollte es auch bleiben, Isla.«

Ich bin sprachlos über seine Worte. Das kann einfach nicht wahr sein! Tränen laufen über mein Gesicht, die mir die Sicht verschleiern.

»Ich muss los«, sagt Ethan. »Bis morgen!«

Und dann legt er auf. Ich starre fassungslos auf mein Handydisplay, auf dem noch sein Name aufleuchtet. Ich kann das nicht glauben, das darf nicht wahr sein!

Andererseits, doch, ich kann es glauben. Denn das ist so typisch Ethan. Er nähert sich an, dann stößt er mich aus unerfindlichen Gründen von sich weg. Das hat er schon immer getan.

Nur hätte ich nie gedacht, dass er es nach den vergangenen Tagen erneut tut.

Bittere Erkenntnis trifft mich wie ein Blitz.

Ich bin in ihn verliebt. Schon wieder. Immer noch. Wer weiß das schon genau. Mein Herz gehört ihm, hat immer ihm gehört und ich befürchte, dass es ihm immer gehören wird. Wir können keine rein berufliche Beziehung haben, geschweige denn eine freundschaftliche aufbauen. Ein Mittelweg ist ausgeschlossen.

Ganz oder gar nicht.

Alles oder Nichts.

Und im Moment sieht es eher nach nichts aus.

Kapitel 20

Ethan

»Woah, Alter, schalt mal einen Gang runter«, ruft Nate und lässt den Boxsack los, den er gehalten hat, während ich wie von Sinnen auf diesen eingedroschen habe.

Ich stütze mich mit den Händen auf die Knie ab. Mein Atem geht stoßweise. Nate klopft mir auf den Rücken. Ich bin froh, dass er mich heute spontan zum Boxen eingeladen hat. Obwohl wir sehr verschieden sind – besonders in Bezug auf Frauen und Beziehungen –, sind wir in den letzten Wochen so etwas wie Freunde geworden. Es ist ganz automatisch passiert, ich habe es nicht darauf angelegt.

»Alles klar bei dir?«, fragt Nate und reicht mir eine Wasserflasche und ein Handtuch. Sein Atem geht mindestens genauso schwer wie meine eigener.

Ich nehme beides dankend an und wische mir erst übers Gesicht, ehe ich gierig einige große Schlucke Wasser trinke. Eine Antwort auf seine Frage bleibe ich ihm schuldig.

»Hast du Ärger mit dem Boxsack?«, feixt Nate und ich werfe ihm einen unterkühlten Blick zu.

»Nein, nur zu viel Energie.«

Nate hebt die Augenbrauen und sieht mich fragend an, aber ich habe nicht vor, mehr zu sagen.

Meine Muskeln brennen und meine Hände tun mittlerweile weh, aber ich habe nicht das Gefühl, dass der körperliche Schmerz meine Gedanken übertrumpft.

»Können wir weitermachen?«, frage ich, doch Nate schüttelt den Kopf.

»Ne, sorry. Du bringst mich noch um!« Er lacht. »Wie wäre es mit einem Bier?«

Nun ja. Wenn schon keine körperliche Verausgabung hilft, dann eventuell Alkohol. Das klingt erbärmlich, dennoch stimme ich zu.

Es war richtig, Isla klipp und klar zu sagen, was Sache ist. Oder besser, was nicht Sache ist. Und dennoch fühlt es sich irgendwie falsch an. Mein Kopf sagt mir, dass ich alles richtig gemacht habe, aber jede andere Faser meines Körpers wehrt sich dagegen, das ebenfalls zu glauben. Ich kann dieses Gefühl nicht einordnen, daher versuche ich es mit aller Kraft zu bekämpfen. Aber es gelingt mir nicht wirklich gut. Ich habe ihr wehgetan, ihr das Herz rausgerissen. Schon wieder. Und dieses Mal würde sie mir nicht so schnell verzeihen, da bin ich mir sicher. Ich habe ihre Vergebung nicht verdient.

Ich habe nichts von ihr verdient.

Nach einer Dusche und einer kurzen Autofahrt, betritt Nate vor mir eine wenig einladend aussehende Bar namens *Pulse* und setzt sich an einen freien Tisch. Ich nehme ihm gegenüber Platz. Der große Raum ist in düsteres Licht getaucht, im Hintergrund spielt laute basslastige Musik. Die Einrichtung ist schlicht, aber modern gehalten.

»Hier trifft man sich also heutzutage?«, frage ich grinsend und sehe mich in der stickigen, düsteren Bar um.

»Ja«, bestätigt Nate und greift nach einer der Getränkekarten. »Hier habe ich Summer das erste Mal außerhalb der Klinik getroffen.« Er macht eine kurze Pause und wirft mir einen seltsamen Blick zu, den ich nicht einordnen kann. »Mit Isla, übrigens«, fügt er betont beiläufig hinzu.

Ich runzle die Stirn und kneife die Augen leicht zusammen.

»Wieso erwähnst du Isla?«

Nate zögert, doch ehe er etwas antworten kann, kommt eine Bedienung an unseren Tisch, um unsere Bestellung aufzunehmen. Ich ordere zwei Bier bei der blonden Kellnerin, die mir verführerische Blicke und ein zweideutiges Lächeln zuwirft.

»Also?« Ich wende mich wieder an Nate.

Er seufzt. »Ich sehe doch, wie du sie ansiehst. Und wie sie dich ansieht.«

Ich hebe eine Augenbraue und taxiere ihn weiter. Aber Nate spricht nicht weiter und weicht meinem Blick aus, als wäre es ihm unangenehm, überhaupt mit diesem Thema angefangen zu haben.

»Da ist nichts«, sage ich ausweichend und beobachte die Kellnerin, die an der Bar unsere Getränke vorbereitet, ihre Augen wandern dabei immer wieder zu mir.

»Bist du dir da sicher? Ihr würdet ein hübsches Paar abgeben«, meint Nate.

Das würden wir in der Tat, denke ich, verwerfe den Gedanken aber fast im gleichen Moment wieder. Ich darf so was nicht denken. Punkt.

»Von Beziehungen halte ich mich schon lange fern. Spart einem eine Menge Ärger.«

»Schlechte Erfahrungen gemacht?«, hakt Nate nach und ich verfluche ihn kurz für seine Neugier. Ich würde ihm sicherlich nicht von der verkorksten Ehe meiner Eltern erzählen. Und bestimmt auch nicht von Jessica.

»Ja«, antworte ich daher knapp und bete, dass er nicht weiter nachfragt.

»Nur, weil es einmal schlecht war, heißt das nicht, dass es immer so sein muss«, sinniert Nate.

Die Kellnerin hat inzwischen unsere Getränke vor uns abgestellt, wobei sie mir ein strahlendes Lächeln geschenkt hat, und ich nehme einen Schluck aus meiner Flasche, nachdem wir angestoßen haben.

»Ich glaube nicht, dass jeder für eine Beziehung geschaffen ist!« Meine Eltern zum Beispiel nicht. Und ich komme scheinbar ganz nach ihnen. Kein Wunder, so ein schlechtes Vorbild, wie sie mir waren und immer noch sind.

Nate runzelt die Stirn, als würde er über meine Worte ernsthaft nachdenken.

»Ich schon«, erwidert er schließlich. »Ich glaube, jeder braucht einen Menschen an seiner Seite.«

»Ausnahmen bestätigen die Regel!« Ich zwinkere ihm zu. Langsam nervt mich dieses Gespräch und ich hoffe, ihm mit meinen Worten endlich einen Riegel vorgeschoben zu haben.

»Weißt du«, sagt Nate und dreht seine Bierflasche in der Hand. »Ich nehme dir das nicht ab!« Sein Blick bohrt sich förmlich in mich, als wäre ich sein neues Forschungsobjekt. Das gefällt mir nicht.

Ich stutze. »Was genau?«

»Dieses ganze *Ich-halte-mich-fern-von-Beziehungen-und-habe-nur-bedeutungslose-One-Night-Stands-Getue.*« Nate gestikuliert wild mit den Händen, während er das sagt und imitiert meine Stimme.

Einen Herzschlag lang bin ich sprachlos, dann lache ich laut. So was hat tatsächlich noch keiner zu mir gesagt und ich finde es auf eine Art und Weise seltsam erfrischend.

»Und wieso nicht? Glaubst du, dass ich mich tief im Inneren nach einer Beziehung sehne?« Meine Stimme trieft vor Sarkasmus.

»Ja«, entgegnet Nate schlicht. »Und um es noch genauer zu machen: Ich glaube, du bist ganz schön verliebt in Isla!«

Einen Moment sehe ich ihn verwirrt an, dann keimt Wut in mir auf. Ich verenge die Augen und funkele ihn an. Er erwidert meinen Blick mit einer Lässigkeit, die ich fast schon bewundere.

»Wir lassen das Thema lieber, Nate«, sage ich leise und ich hoffe, er verstehe meine unterschwellige Warnung. Ich habe überhaupt keine Lust, über Isla zureden. Noch weniger Lust habe ich, mir von ihm anhören zu müssen, wie verliebt ich denn in Isla bin. Oder eher, dass ich in sie verliebt bin. Denn das bin ich nicht.

Er scheint einen Moment zu überlegen, lässt das Thema dann

aber zum Glück fallen und wir unterhalten uns über belanglose Dinge, während wir unser Bier trinken.

Die Rechnung begleiche ich an der Bar bei der süßen Kellnerin, die sich in meiner Aufmerksamkeit geradezu sonnt.

»Einen schönen Abend noch!«, sagt sie mit einem leichten Lächeln, während ihre Augen an meiner Brust auf und abgleiten.

Ich zwinkere ihr zu. »Es wäre ein noch schönerer Abend, wenn ich wüsste, dass du ihn mit mir verbringen könntest.«

Sie wird rot. »Ich habe in zehn Minuten Feierabend.« Sie blinzelt träge und beißt sich auf ihre volle Unterlippe.

»Wenn du so lange warten möchtest …?«

Ich lecke mir über die Lippen, woraufhin sie ihre Augen kaum merkbar weitet. »Für dich doch gerne.«

Da legt sich eine Hand auf meine Schulter und ich drehe mich von der Kleinen weg. Nate steht hinter mir und sieht mich zweifelnd an.

»Ethan …«, beginnt er und blickt zwischen mir und der Kellnerin hin und her. »Bist du sicher, dass das der richtige Weg ist?«

»Lass mich überlegen.« Ich lege eine Hand an mein Kinn und gebe vor, nachzudenken. »Wenn mich dieser Weg in das Bett der Kleinen führt, dann ist das definitiv der Richtige.«

Nate seufzt und zieht die Stirn in Falten, sodass eine steile Falte zwischen seinen Brauen entsteht. »Überleg dir das, bitte.«

»Habe ich«, entgegne ich kühl. »Wir sehen uns morgen in der Klinik!« Mit diesen Worten drehe ich mich wieder zur Bar um und Nate den Rücken zu. Er klopft mir einmal auf die Schulter, dann verlässt er die Bar und lässt mich allein zurück.

Während ich auf meine Begleitung warte, kann ich nicht verhindern, dass meine Gedanken zu Isla wandern. Was sie wohl gerade macht?

Sicherlich nicht irgendeinen Kerl abschleppen, höhnt eine fiese Stimme in meinem Kopf.

Ich atme tief ein und wieder aus. Die Stimme wird immer lauter, schreit mich an, einfach nach Hause zu gehen. Doch da ist ein anderer Teil in mir, der mit aller Macht gegen diese Stimme kämpft. In mir tobt ein Kampf, der mich beinahe auffrisst. Aber ich lasse es mir nicht anmerken, sondern lächle der Kellnerin lediglich zu, als sie an mir vorbeigeht.

Auch wenn Nate es nicht versteht, bedeutungslose One-Night-Stands – wie er es betiteln würde – haben durchaus ihren Reiz. Keine Verpflichtung. Keine Verantwortung. Keine Bindungen.

Und dennoch keimen in mir Fragen auf, auf die ich keine Antwort habe.

Tue ich das hier nur, um meinen Standpunkt Nate gegenüber klarzumachen?

Um ihm zu zeigen, dass ich nichts für Isla empfinde?

Um mir selbst zu zeigen, dass ich nichts für sie empfinde, nichts empfinden darf?

»Hey«, reißt mich eine Stimme aus meinem Gedankenchaos und ich sehe, dass die Kellnerin neben mir steht und mich erwartungsvoll ansieht. »Können wir los?«

»Klar.« Ich lege einen Arm um sie.

»Ich heiße übrigens …«, beginnt sie, doch ich unterbreche sie, indem ich einen Finger auf ihre vollen Lippen lege.

»Unwichtig«, erkläre ich und lächle ihr vielsagend zu.

Sie scheint kurz zu überlegen, dann grinst sie mich süffisant an.

»Okay, dann keine Namen. Macht es nur spannender.«

So kann man es auch sehen. Eigentlich interessiert es mich einen Scheiß, wie sie heißt. Oder sonst irgendetwas über sie.

Ich führe sie zu meinem Auto, das in der Straße vor der Bar geparkt steht.

Als ich die Beifahrertür zuschlage, ertönt wieder diese Stimme in mir. *Tu das nicht*, fleht sie, leise und doch ohrenbetäubend laut. Ich zögere einen Moment, atme tief ein und wieder aus. Dann öffne ich die Autotür, steige ein und starte den Motor.

Kapitel 21

Isla

Tod und Leid gehören zu meinem Beruf. Menschen sterben zu sehen ebenso. Ich bin also auf eine abartige Art und Weise irgendwie daran gewohnt. Dennoch hat mich Eddies Tod mehr getroffen als erwartet. Vielleicht, weil ich ihn kannte. Vielleicht, weil meine Toleranz an Trauer momentan relativ niedrig ist. Vielleicht eine Mischung aus beidem.

Am Montagmorgen betrete ich die Station, begleitet von Summer, die mir geschworen hat, mir keinen Zentimeter von der Pelle zu rücken, um mich vor Ethan zu schützen. Oder um sich davon abzuhalten, ihm eine gehörige Standpauke zu kalten.

Während wir einen Kaffee trinken, betont Summer immer wieder, dass wir – ja, wir, ihre Loyalität rührt mich – Ethan von jetzt an ignorieren würden und sie auch Nate dazu bringen würde. Die beiden haben sich in den letzten Wochen angefreundet, obwohl Nate und Ethan so unterschiedlich wie Tag und Nacht sind.

Es würde nicht funktionieren. Ich kann Ethan nicht ignorieren und Summer kann das noch viel weniger. Das wissen wir beide und dennoch tut es gut, Pläne zu schmieden und uns auszumalen, auf welche erdenklichen Weisen wir Ethan Bailey ignorieren würden.

Er hat mir das Herz rausgerissen. Schon wieder. Wobei, nein, das stimmt so nicht ganz. Ich habe mir selbst mein Herz rausgerissen und es ihm bereitwillig gegeben. Und dann hat er es zerquetscht und ist darauf herumgetrampelt. Schon wieder.

Ich habe wirklich geglaubt, niemals wieder an diesen Punkt zu gelangen, aber da habe ich mir wohl selber etwas vorgemacht. Und nun ist mein mühevoll wieder zusammengesetztes Herz wieder in seine Einzelteile zersprungen. Mir würde es gelingen, es wieder zu kitten, aber ein Teil würde fehlen. So wie damals, als Ethan in die USA gegangen ist. Da hat er einen Teil von meinem Herzen mitgenommen. Doch anders als Ethan ist dieser Teil von mir nicht wieder mit ihm zurückgekommen, sondern auf seiner Reise verschollen gegangen.

Am späten Vormittag bittet Tom mich und einige andere um ein Treffen in seinem Büro. Auch Ethan ist da. Summer lenkt mich ans andere Ende von Toms Büro und wirft Ethan einen vernichtenden Blick zu, während ich konzentriert auf meine Füße starre.

Tom hält eine kurze Ansprache, ich glaube, es geht um Eddie, aber ich kriege nur einen kleinen Teil seiner Worte wirklich mit. Krampfhaft versuche ich Ethans Blick auszuweichen, den ich natürlich auf mir spüre. Es gelingt mir nicht. Automatisch wandern meine Augen zu ihm.

Sein Blick ist undurchdringlich, intensiv. Mir läuft eine Gänsehaut über den Rücken. Ich glaube, Schmerz in seinen Augen zu erkennen. Schmerz und ... Reue und Bedauern? Schnell wende ich den Blick ab. Ich muss mich täuschen. Ethan hat keine Gefühle, wie kann ich also welche in seinem Blick erkennen?

Nach der Arbeit holt Daniel mich ab. Er hat Urlaub und da wir uns länger nicht gesehen haben, hat er mich gefragt, ob ich spontan Zeit und Lust auf ein Treffen habe. Ich habe seine Einladung dankbar angenommen und bin froh über die Ablenkung. Von Eddie und von Ethan. Es regnet gerade mal nicht und wir fahren zum Battersea Park, wo wir uns einen Coffee to go holen und anschließend durch den Park schlendern.

»Was hältst du von einem Ausflug am Wochenende?«, fragt Daniel nach einer Weile, in der sich Schweigen zwischen uns ausgebreitet hat. Es tut mir leid, dass ich ihm heute keine angenehme Gesellschaft sein kann.

»An was hast du gedacht?«

Er wendet sich zu mir und grinst mich spitzbübisch an.

»Meine Eltern haben eine Wohnung in Canterbury. Wir könnten übers Wochenende hinfahren.«

»Canterbury?« Ich lache. »Lesen wir dort auch Chaucer?«

Daniel lacht. »Nein, außer du möchtest gerne! Ich dachte eher, dass wir etwas ausspannen können. Lange schlafen, ans Meer fahren. Einfach mal rauskommen. Es gibt dort auch eine Sauna und einen Pool.«

Ich werfe lachend den Kopf in den Nacken und sehe ihn mit einer Mischung aus Unglauben und Belustigung an. »Wie reich sind deine Eltern noch mal?«

»Ein bisschen nur«, erwidert Daniel und zwinkert mir zu.

Ich lasse mir seinen Vorschlag durch den Kopf gehen. In meiner Wohnung erinnert mich alles an Ethan, seit er eine Nacht bei mir verbracht hat. Die Aussicht darauf, ein ganzes Wochenende dort allein zu verbringen, lässt meinen Magen grummeln. Andererseits klingt Daniels Vorschlag so, als hätte er dabei durchaus Hintergedanken.

»Zwischen uns hat sich aber nichts geändert und das wird es auch nicht, das weißt du, oder?«, frage ich dann. Auf einmal ist es mir wichtig, klarzustellen, dass das zwischen uns ganz locker ist und es sich nicht ändern würde.

»Nur weil ich dich zu einem Wochenendtrip einlade, heißt das nicht, dass ich dich gleich heiraten möchte, Isla«, entgegnet Daniel und lächelt mich an.

Ich nicke beruhigt. »Gut. Ich hätte sowieso nein gesagt.«

Daniel schnaubt belustigt. »Das glaube ich dir. Aber ganz ehrlich, Isla.« Er bleibt stehen und sich mich an. »In erster Linie sind wir Freunde. Alles andere ist nur ein Bonus, auf den ich auch verzichten könnte. Aber deine Freundschaft, die ist mir wichtig.«

Ich lächle gerührt. Seine Worte hallen warm und weich in jeder Faser meines Körpers wider. »Geht mir ganz genauso.«

»Also? Wochenendtrip, ja oder nein?«

Ich hake mich bei ihm unter und wir setzen unseren Spaziergang fort. »Ja, sehr gerne. Ich freue mich darauf.«

Kapitel 22

Ethan

Nachdem Isla mich die ganze Woche über ignoriert hat, als hätte ich die Pest – was für sie wohl aufs Gleiche rauskommt –, platzt mir schließlich am Samstagvormittag der Kragen. Es muss doch möglich sein, dass wir professionell miteinander umgehen können, zumindest in der Klinik. Sogar unsere Meetings hat sie abgesagt und mir stattdessen eine E-Mail geschickt mit ihren Ideen und Vorschlägen. Eine verfickte E-Mail!

Wütend greife ich nach meinem Handy und wähle ihre Nummer. Sie geht nicht ran. Hätte mich auch gewundert. Ich fluche und schicke ihr eine Nachricht über WhatsApp. Doch sie wird nicht zugestellt. Auch nach einigen Minuten erscheint kein zweites Häkchen, das bestätigt, dass meine Nachricht bei ihr eingegangen ist. Fluchend werfe ich mein Telefon auf das Sofa.

Auch am Abend ist nur ein verfluchtes Häkchen hinter meiner Nachricht. Ich versuche erneut, sie anzurufen, doch vergeblich. Das gibt es doch nicht!

»Fuck!«, brülle ich und fahre mir mit den Händen durchs Haar, während ich im Wohnzimmer auf und ab gehe wie ein eingesperrtes Tier in einem Käfig. Ob sie mich blockiert hat? Das wäre zu kindisch für Isla. Warum also bekommt sie meine Nachrichten – ja, Mehrzahl, ich habe ihr noch ein paar mehr geschickt, muss ich zu meiner Schande gestehen – nicht und hebt nicht ab?

Unruhig gehe ich auf und ab. Ich verhalte mich absolut idiotisch, wie ein schwächlicher Wichser, der unter dem Pantoffel seiner Frau steht. Ich mache mir doch tatsächlich Sorgen um sie. Ich!

Ich seufze schwer. Es ist sinnlos, gegen diese Erkenntnis anzukämpfen und da ich mich sowieso schon total bescheuert verhalte, kann ich auch noch einen draufsetzen.

Ich rufe Nate an und frage ihn, ob er von Summer etwas weiß, wo Isla steckt.

»Warum willst du das wissen, Ethan?«

Ich schnaube. »Sag mir einfach, wo sie steckt, verdammt noch mal!«

»Nein.«

Wut kocht in mir hoch. »Nate …« Ein drohender Unterton schwingt in diesem einen Wort mit.

Mein Freund seufzt fast schon genervt am anderen Ende der Leitung. »Ganz ehrlich, Ethan. Du hast echt kein Recht, das zu fragen. Reiß dir lieber irgendeine Kellnerin in einem Club auf, das machst du doch sonst so.«

Ah, daher weht der Wind. Er ist sauer auf mich, weil ich letztens nach unserem Gespräch die Kleine im *Pulse* aufgerissen habe. Wenn er wüsste …

Ich schweige für ein Moment, dann treffe ich eine Entscheidung. »Ich habe sie nicht aufgerissen.«

»Also seid ihr nicht gemeinsam nach Hause gegangen?«

Ich kneife die Augen zusammen. Wieso rechtfertige ich mich eigentlich vor ihm? »Doch, sind wir. Aber ich habe sie nicht gevögelt.«

Nate antwortet nicht, scheinbar ist er sprachlos nach meinem Geständnis. »Okay …«, sagt er dann und zieht das eine Wort in die Länge.

Ich atme hörbar aus. »Ich habe sie mit zu mir genommen, wir haben was getrunken, dann habe ich sie rausgeworfen. Zufrieden?«

»Nicht ganz«, entgegnet Nate zögerlich. »Aber es ist ein Anfang.«

»Jetzt sag mir endlich, wo Isla ist.«

Nate zögert einen Moment, dann seufzt er lange. »Sie ist in Canterbury. Mit einem Freund von mir.«

»In Canterbury?!«, entfährt es mir eine Spur zu laut.

»Ja«, sagt Nate. »Daniel dachte, es wäre gut für sie mal rauszukommen.«

»Wer ist Daniel?«, knurre ich.

»Ein Freund von mir«, wiederholt Nate ruhig, aber ich weiß, dass er eigentlich was anderes sagen möchte. Gut, dass er es nicht tut, sonst explodiere ich.

Ich lache bitter. »Und dieser Freund von dir wird Isla das ganze Wochenende über kreuz und quer durch Canterbury vögeln, habe ich Recht?«

»Ethan …«, beginnt Nate in versöhnlichem Tonfall, doch ich lege wortlos auf.

Es bringt mich fast um den Verstand, zu wissen, dass Isla es sich schön von irgendeinem Wichser in Canterbury besorgen lässt. Den restlichen Samstag tigere ich durch mein Apartment. Und auch am Sonntag kann ich es nicht lassen. Wieder und wieder schicke ich Isla Nachrichten oder rufe sie an.

Warum ich das tue? Keine Ahnung. Weil ich dumm und armselig bin. Ich habe gestern Abend nicht einmal Susan oder eine der anderen Frauen angerufen, um zu fragen, ob sie den Abend mit mir verbringen möchten. Nein, stattdessen saß ich allein in meinem Apartment herum, bis ich irgendwann in einen unruhigen Schlaf gefallen bin.

Es klingelt und ich fahre hoch.

»Na endlich«, knurre ich. Vor einer gefühlten Ewigkeit habe ich bei meinem liebsten Chinesen, der auch Islas Lieblingschinese ist, was zu essen bestellt.

Ich drücke auf den Knopf neben dem Fahrstuhl. Es ist schon Luxus, dass der Fahrstuhl direkt und ausschließlich in mein Apartment führt. Langsam schlendere ich zurück in das Wohnzimmer, um Geld zu holen.

»Was zum Teufel stimmt nicht mit dir?«

Ich drehe mich um und sehe in Islas wütendes Gesicht.

»Fünfundzwanzig Anrufe?! Von den Nachrichten will ich gar nicht erst anfangen!« Sie spuckt mir förmlich jedes Wort ins Gesicht und für eine Sekunde bin ich zu perplex, um mich zu bewegen, um überhaupt zu antworten.

»Du hast nicht geantwortet«, entgegne ich ruhig, obwohl jeder Nerv in meinem Körper bis zum Zerreißen angespannt ist. Die Überraschung, sie hier zu sehen, lasse ich mir nicht anmerken.

»Warum sollte ich auch?«, ruft Isla ungläubig und wirft die Hände in die Luft. »Ich habe dir nichts zu sagen, Ethan, absolut nichts!«

»Wie war es in Canterbury?«, frage ich, um das Thema zu wechseln.

»Woher weißt du das?« Ihre Stimme ist gefährlich leise, ihre Augen funkeln wütend.

»Ist das wirklich wichtig?«, entgegne ich und muss mir ein Schmunzeln verkneifen.

Sie antwortet nicht sofort, ich sehe ihr an, dass sie überlegt, was sie sagen soll. »Es war nett.«

Ich lache auf. »Nett ist der kleine Bruder von Scheiße, Isla.«

»Es war schön, mal rauszukommen«, erwidert sie, ohne auf meinen Spruch einzugehen. Herausfordernd sieht sie mir direkt in die Augen und nun kann ich nicht verhindern, dass sich meine Mundwinkel zu einem Lächeln heben.

»Was ist daran so lustig?«, faucht sie. »Warum hast du mich so terrorisiert, Ethan?«

»So viele Fragen auf einmal?« Ich ziehe sie auf und ich liebe es, dass es sie noch wütender macht. Ich locke sie gerne aus der Reserve.

»Ich meine es ernst! Warum die vielen Anrufe und Nachrichten?«

»Ich wollte wissen, wie es dir geht«, antworte ich mit einem

Schulterzucken und gehe in die offene Küche, wo ich aus dem Kühlschrank ein Bier hole. »Auch eins?«

Entgeistert starrt Isla mich an.

»Nein, verdammte Scheiße! Was kümmert es dich, wie es mir geht? Du hast mehr als einmal deutlich gemacht, dass es dir am Arsch vorbeigeht, wie es mir geht!«

Ich lasse mir nicht anmerken, dass ihre Worte mich durchaus treffen, wie tausend Nadeln, die sich in meine Haut bohren. Stattdessen lehne ich mich entspannt an die Küchenzeile und trinke einen Schluck Bier.

»Selbstverständlich interessiert es mich, wie es dir geht, Isla«, sage ich dann leise, ohne den Blick von ihr abzuwenden.

Sie lacht ungläubig auf. »Ja, genau, das habe ich gemerkt.« Sie verschränkt die Arme vor der Brust. Ich mustere sie von oben bis unten. Sie trägt eine ausgewaschene schwarze Jeans, die wie eine zweite Haut sitzt und ihre schlanke Figur betont. Dazu ein weißes Top und eine schwarze Lederjacke darüber. Am liebsten würde ich ihr jedes einzelne Kleidungsstück von ihrem wunderbaren Körper reißen.

»Isla …«, beginne ich, doch sie schneidet mir mit einer harschen Geste das Wort ab. Oha. Ich verstumme.

»Ethan, du hast mich weggeworfen. Zweimal!«, sagt sie mit zittriger, aber fester Stimme. »Du hast absolut kein Recht, mich mit Nachrichten und Anrufen zu bombardieren. Es geht dich nichts an, wo ich bin. Es geht dich nichts an, mit wem ich zusammen bin.« Sie macht eine Pause und atmet hörbar ein und aus. Sie hat mit jedem einzelnen Wort Recht, aber das würde ich niemals zugeben. »Selbst, wenn ich mich von einer ganzen verdammten Fußballmannschaft vögeln lassen würde, hat dich das einfach nicht zu interessieren!«

Sie sieht mich eindringlich an. »Hast du das verstanden?«

»Nein«, erwidere ich gelassen.

Isla dreht sich um und macht ein paar Schritte durch das Wohnzimmer, sichtlich um Fassung ringend.

»Was willst du von mir?«, ruft sie schließlich und ich glaube, Tränen in ihren Augen schimmern zu sehen. Tja, gute Frage, wenn ich das nur wüsste. Ich setze erneut die Bierflasche an.

»Du hattest deine Chance. Deine Chancen!« Sie betont das letzte Wort besonders stark.

Ich stelle die Flasche auf der Küchentheke ab und gehe langsam auf sie zu. Isla beobachtet jede meiner Bewegungen. Ihre Augen gleiten über meinen Körper, bis sie schließlich auf die meinen treffen und dort verharren. Ich stehe so nah vor ihr, dass ich ihren warmen Atem spüre. Sanft streiche ich ihr eine Haarsträhne hinter das Ohr und sie erzittert bei meiner Berührung.

»Du willst wissen, was ich von dir will?«, hauche ich ihr ins Ohr.

Sie erzittert, als mein Atmen auf ihre Haut trifft, und nickt nur.

»Ich will dich küssen. Hier …« Ich hauche ihr einen zarten Kuss auf die empfindliche Stelle unterhalb ihres rechten Ohrs.

»Und hier.« Ich drücke meine Lippen etwas fester auf ihren Hals. Ein leises, gequältes Stöhnen dringt aus ihrem Mund. Wie hatte ich dieses Geräusch vermisst.

»Und jeden weiteren Zentimeter deines Körpers«, raune ich schließlich. »Aber fangen wir hiermit an.« Bevor sie etwas erwidern kann, presse ich meine Lippen auf ihre. Meine Hand gleitet in ihren Nacken, hält sie fest, während die andere an ihre Taille wandert und dort sanft zudrückt. Sie erwidert den Kuss nicht und ich löse mich ein wenig von ihr, um ihr in die Augen zu sehen. Verwirrung steht in ihnen, aber auch heißes Verlangen. Ich sehe ihr förmlich an, wie sie mit sich ringt.

Da überbrückt Isla plötzlich den geringen Abstand zwischen uns, schlingt ihre Arme um meinen Hals und küsst mich drängend. Ich ziehe sie näher an mich, erwidere ihren Kuss und teile mit meiner Zunge ihre Lippen. Sie gewährt mir Einlass und unsere Zungen treffen aufeinander. Es ist wie eine Explosion, die uns beide von Grund auf erschüttert. Genau wie früher. Nichts hat sich geändert.

Ein tiefer Laut entweicht meiner Kehle. Ich packe sie an den Oberschenkeln und hebe sie hoch. Isla reagiert sofort und schlingt ihre Beine um meine Hüfte. Ihre Hände krallen sich in mein Haar. Gleichzeitig verändert sich unser Kuss, wird fordernder, verlangender, noch drängender. Als wäre er eine süße Droge, von der wir beide hoffnungslos abhängig sind. Ich trage sie bis zur Küche und setze sie dort auf den Rand der Theke ab. Unsere Lippen entfernen sich dabei nicht voneinander, sie kleben regelrecht aneinander und keiner von uns ist bereit, vom anderen abzulassen.

Ihre Finger bahnen sich ihren Weg von meinen Haaren bis zum Hemdkragen, wo sie ungeduldig am obersten Knopf herumfummeln. Ich lächele und intensiviere den Kuss, während ich ihr die Lederjacke von den Schultern streife und meine Finger dann unter ihr Top wandern lasse. Sie keucht auf, als meine Finger ihre nackte Haut berühren.

Plötzlich und unerwartet stößt sie mich von sich, als wäre ihr erst jetzt klar geworden, was wir da im Begriff sind zu tun.

»Nein«, keucht sie atemlos und wischt mit einem Finger über ihre geschwollenen Lippen. Sie meidet meinen Blick, springt von der Theke. Dann greift sie ihre Jacke und rennt zum Fahrstuhl, wo sie ungeduldig auf den Knopf drückt.

»Er kommt trotzdem nicht schneller«, merke ich belustigt an. Auch meine Atmung geht stoßweise und mein Herz rast, während ich mein Hemd wieder zuknöpfe.

»Bleib weg von mir«, stößt Isla hervor, als ich einige Schritte auf sie zumache. Ich hebe entwaffnet die Hände und bleibe stehen. Der Fahrstuhl kommt mit einem leisen *Pling* zum Stehen, die Türen öffnen sich und Isla steigt ein.

Unsere Blicke treffen sich ein letztes Mal, bevor die Fahrstuhltüren sich schließen und Isla verschwunden ist.

Kapitel 23

Isla

Ich muss von allen guten Geistern verlassen sein. Komplett durchgeknallt und absolut bescheuert sein. Ganz zu schweigen davon, dass ich scheinbar keinen Funken Stolz besitze.

Wie konnte ich es verdammt noch mal zulassen, dass Ethan mich küsst? Und ich habe ihn zurückgeküsst. Das ist noch viel schlimmer.

Es war genau wie früher. Die Spannung zwischen uns, das Prickeln, als unsere Lippen sich berührt haben. Ethan weiß genau, was er tun muss, um mich in den Wahnsinn zu treiben. Umgekehrt gilt das anscheinend aber genauso. Und diese Tatsache führt dazu, dass sich in mir ein Gefühl der Genugtuung ausbreitet. Immerhin hat nicht nur er noch Macht über mich, sondern ich auch in irgendeiner Art und Weise über ihn.

Niemand darf davon erfahren, schießt es mir durch den Kopf. Auch nicht Summer und Sarah.

Besonders nicht Summer und Sarah. Sie würden mir den Kopf abreißen, mir eine Standpauke halten und sie hätten absolut Recht damit.

Das darf nicht wieder passieren.

Ich habe für einen Moment lang meiner Schwäche nachgegeben, aber das würde mir nicht noch mal passieren. Vielleicht ist dieser Kuss das, was ich gebraucht habe, um endgültig von Ethan loszukommen. Ein Abschiedskuss sozusagen. Dass das total bescheuert klingt, weiß ich selbst, aber dennoch klammere ich mich an diese Hoffnung. Denn was wäre die Alternative? Mir einzugestehen, dass ich noch immer nicht von ihm losgekommen bin? Dass es nur einen Blick benötigt und ich ihm wieder vollkommen verfallen bin?

Zuhause angekommen, schreibe ich Ethan eine Nachricht. Er muss wissen, dass das eine einmalige Sache war, und ich hatte vorhin nicht den Eindruck, dass ich ihm das wirklich klargemacht habe. Ich tippe eine Nachricht an ihn.

Das wird nicht noch mal passieren.

Seine Antwort kommt binnen Sekunden. Als ob er auf eine Nachricht von mir gewartet hat.

Sagst du das mir oder dir?

Ich schnaube und stöhne genervt. Was für ein Arschloch! Das Schlimmste an seiner Nachricht ist, dass er Recht hat. Ich sage das nicht nur ihm, sondern auch mir selbst. Aber das konnte ich natürlich nicht zugeben, denn damit hätte Ethan gewonnen.

Uns beiden, aber vor allem dir. Wir arbeiten zusammen, mehr nicht!

Lüge, meldet sich eine leise Stimme in meinem Kopf. Denn es wird immer mehr zwischen Ethan und mir sein. Wir können nicht einfach nur Arbeitskollegen sein, niemals.

Dieses Mal muss ich etwas länger auf seine Antwort warten. Gebannt starre ich auf das Display meines Smartphones. Ein Herzschlag vergeht. Ein zweiter. Dann ploppt eine Nachricht auf.

Gut.

Mehr sagt er nicht. Ich stutze einem Moment und kämpfe gegen meine aufkeimenden Gefühle an.

Wut.

Trauer.

Enttäuschung.

Sehnsucht.

Dann werfe ich mein Handy auf das Sofa und lasse mir ein heißes Bad ein. Um meine Nerven etwas zu beruhigen, gönne ich mir zwei Tequila, ehe ich mich in das heiße Wasser sinken lasse.

»Auf einer Skala von eins bis zehn, wie sehr freuen wir uns auf das Sommerfest in zwei Wochen?«, fragt Summer mich am nächsten Tag auf Arbeit mit einem strahlenden Lächeln im Gesicht. Sie reicht mir eine Tasse mit dampfendem Kaffee und setzt sich dann neben mich an den Stationsstützpunkt, wo ich gerade dabei war, einige Akten zu studieren.

Ich gebe vor, zu überlegen. »Gerade jetzt … Minus drei, würde ich sagen. Aber frag mich doch nächste Woche noch mal, dann sind wir bestimmt schon bei Minus fünf.«

»Oh, Isla«, erwidert Summer und schnalzt tadelnd mit der Zunge. »Das wird super, du wirst schon sehen.«

»Ja, sicherlich«, entgegne ich zynisch. »Es wird so super sein, Ethan außerhalb der Klinik zu sehen. Mit irgendeiner seiner Tussis als Begleitung.«

Meine Laune hält sich seit dem Kuss gestern in Grenzen. Ich kann es immer noch nicht fassen, was passiert ist. Wie es dazu gekommen ist, dass ich mich zu so etwas habe hinreißen lassen. Dass Ethan keine Gelegenheit auslassen würde, um mich zu küssen oder mir anderweitig näherzukommen, ist keine Überraschung. Schockierend ist, dass ich es zulasse, obwohl ich es doch besser weiß. Oder wissen müsste.

Die Aussicht auf das Sommerfest macht es nicht unbedingt besser. Normalerweise freue ich mich jedes Jahr sehr darauf. Es gibt großartiges Essen, gute Musik und man kann sich endlich einmal ausgiebiger mit den Kolleginnen und Kollegen unterhalten. Stichwort Teambuilding. Die Klinik – oder besser gesagt, der Bereich Neurologie – scheut keine Kosten, um seinen Mitarbeitern ein tolles Erlebnis zu bieten.

»Wen nimmst du mit?«, fragt Summer und holt mich zurück ins Hier und Jetzt.

»Keine Ahnung. Vielleicht niemanden.« Ich zucke mit den Schultern. Darüber habe ich mir noch keine Gedanken gemacht und würde auch nicht allzu viel Zeit dafür investieren. Eigentlich will ich überhaupt nicht zu diesem Fest gehen, wieso soll ich mir also Gedanke über meine potenzielle Begleitung machen?

»Nimm doch Daniel mit«, schlägt Summer vor.

Ich runzele die Stirn und sehe meine Freundin an. »Wieso ausgerechnet ihn?«

»Na ja«, beginnt Summer mit einem vorsichtigen Lächeln.

»Er ist ein Freund von Nate, wir kennen ihn gut. Und es würde Ethan rasend vor Eifersucht machen.«

Ich blinzle sie irritiert an. »Wieso glaubst du das?«

Summer blickt ertappt auf ihre Kaffeetasse und murmelt etwas, das ich nicht verstehen kann.

»Und jetzt noch mal so, dass ich es auch verstehe, Summer!«

»Er hat Nate am Samstag angerufen und gefragt, wo du bist«, sagt sie leise.

»Was?« Entgeistert sehe ich sie an. Das kann doch nicht wahr sein!

»Und als Nate ihm gesagt hat, dass du mit Daniel weggefahren bist, ist Ethan fast ausgetickt«, fährt Summer fort, nachdem sie sich umgesehen und festgestellt hat, dass wir keine ungewollten Zuhörer haben.

»Ich fasse es nicht«, flüstere ich, mehr zu mir als zu Summer.

»Also, wenn du ihm eins auswischen willst, dann frag Daniel!«

»Das wäre mies«, entgegne ich. »Also, Daniel gegenüber!«

»Quatsch, er weiß doch, dass das nichts Ernstes zwischen euch ist, oder nicht?« Summer sieht mich abwartend, bis ich langsam nicke. »Ich bin mir sicher, er würde das für dich tun. Schließlich gibt es gratis Essen und Trinken in einer traumhaften Location. Eine Party umsonst, da kann er nicht nein sagen.« Summer zwinkert mir zu.

Ich nicke langsam. Sicherlich würde Daniel zusagen. Er liebt gute Partys, gutes Essen und gute Cocktails. Und den Gefallen wird er mir auf jeden Fall tun.

»Okay«, sage ich langsam, noch immer nicht ganz von der Idee überzeugt.

Summer klatscht begeistert in die Hände. »Klasse! Was ziehst du an?«

»Keine Ahnung, Summer! Das überlege ich mir einen Tag vorher!«

Doch meine Freundin schüttelt den Kopf und sieht mich ernst an. »Nein, nein, Isla. Es muss etwas sein, was Ethan so richtig eifersüchtig macht. Er soll ruhig sehen, was er sich da durch die Lappen hat gehen lassen.«

»Wieso ist es dir so wichtig, Ethan eifersüchtig zu machen? Ich dachte, du findest es schrecklich, dass wir was miteinander hatten«, will ich von meiner Freundin wissen und sehe sie fragend an.

Summer zögert kurz. »Das finde ich auch nach wie vor. Aber er hat dir wehgetan und dich schlecht behandelt, dass es ihm zurecht geschehen würde, wenn er mal erfährt, wie sich das anfühlt, meinst du nicht auch?«

Ich seufze innerlich. Auf der einen Seite kann ich Summer gut verstehen und ich würde lügen, wenn nicht ein kleiner Teil von mir das auch so sehen würde. Aber ich bin mir bewusst, dass Ethan nicht so tickt. Klar würde es ihn stören, wenn ich mit Daniel beim Sommerfest auftauche. Ob ihn das aber länger als diesen einen Abend beschäftigen würde? Sicherlich nicht. Aber das kann Summer natürlich nicht wissen. Sie will mir nur helfen, also berichtige ich sie nicht in ihrer Annahme, sondern willige ein, mit ihr shoppen zu gehen.

Kapitel 24

Ethan

»Caroline, ich muss mit dir reden«, sage ich zu meiner Schwester am Telefon.

»Ach ja?«, fragt sie. »Dann komm vorbei. Ich bin zu Hause!«

Ich seufze. Das habe ich eigentlich vermeiden wollen, denn ich habe überhaupt keine Lust, meine Schwester zu Hause zu besuchen. Sie und ihren perfekten Fast-Verlobten. Ganz abgesehen davon, dass sicherlich meine Eltern da sind.

»Dad ist auch gerade da!« Ich wusste es und verdrehe die Augen.

»Ich komme ein anders mal«, entgegne ich.

»Nein!«, erwidert sie harsch. »Jetzt, Ethan! Komm schon.«

Ich lenke meinen BMW aus der Parklücke am Klinikum und schlage missmutig den Weg zu Carolines Wohnung ein.

»Bin auf dem Weg«, murre ich und drücke den roten Hörer auf der Freisprechanlage.

Toll.

Eigentlich will ich Caroline nur fragen, ob sie mich auf das blöde Sommerfest begleiten möchte. Niemals würde ich eines meiner Betthäschen mit auf ein Fest schleppen, wo alle meine Arbeitskollegen und mein Chef da sind. Natürlich wissen alle von meinen ungezwungenen Liebschaften – oder können es sich denken –, aber ich möchte nicht, dass meine Begleitung denkt, es könnte etwas bedeuten, dass ich sie mitbringe.

Das letzte Mal bin ich allein gegangen, aber diese Blöße möchte ich mir dieses Jahr nicht geben. Also hat meine Schwester die große Ehre meine Begleitung zu sein. Ich bin mir sicher, sie weiß bereits, dass ich etwas von ihr will. Eine miese Tour von ihr, mich deswegen extra zu sich zu zitieren.

Etwa eine halbe Stunde später parke ich und gehe auf das Haus zu, in dem Caroline wohnt.

»Ethan, wie schön, dass du da bist!«, strahlt sie mir entgegen, als sie die Tür öffnet und mich hineinbittet.

»Können wir das hier abkürzen?«, frage ich, denn ich habe keine Lust, länger hierzubleiben. Noch dazu, wenn mein Vater da ist.

»Setz dich und trink einen Kaffee mit uns«, weist sie mich an und ich gebe mich schwer seufzend geschlagen.

»Hallo, mein Sohn«, begrüßt mich mein Vater, der auf einem der Ohrensessel im Wohnzimmer Platz genommen hat. Sein Rollstuhl steht neben ihm wie ein Mahnmal. Ich wähle den Platz auf dem Sofa, der am weitesten von ihm entfernt ist und setze mich.

Ich nicke nur zur Begrüßung und nehme die Tasse entgegen, die Caroline mir kurz darauf reicht.

»Joshua ist unterwegs«, sagt sie und ich nicke nur. Es interessiert mich nicht im Geringsten, wo ihr Freund ist.

»Das Sommerfest der Klinik ist nächstes Wochenende. Begleitest du mich?«, frage ich an meine Schwester gewandt.

Ihre Miene erhellt sich. »Aber natürlich. Sehr gerne.«

»Tom hat uns ebenfalls eingeladen«, mischt sich mein Vater ein.

Das ist nicht verwunderlich und ehrlich gesagt, habe ich schon damit gerechnet. Mein Vater ist ein angesehener Neurochirurg gewesen, damals, als er noch nicht an den Rollstuhl gefesselt war. Er und Tom haben kurze Zeit zusammengearbeitet, bevor mein Vater die Klinik verlassen hat, um an der hiesigen Universität zu unterrichten. Tom und er haben seither Kontakt gehalten und mein Vater ist des Öfteren konsiliarisch im Wilson Wates Hospital tätig gewesen. Bis meine Mutter ihn schließlich mit ihren Affären in die Alkoholsucht getrieben hat, er einen Schlaganfall hatte und sich alles verändert hat.

Ich werfe Caroline einen düsteren Blick zu, schweige aber und trinke stattdessen lieber einen großen Schluck Kaffee.

»Ethan, es wäre schön, wenn wir uns wieder annähern könnten«, fährt mein Vater fort.

»Es wäre schön gewesen, wenn ich nicht dabei hätte zusehen müssen, wie du dich halb zu Tode säufst«, entgegne ich harsch.

»Es wäre schön gewesen, wenn du die Eier in der Hose gehabt hättest und Mum zum Teufel geschickt hättest, als du herausgefunden hast, dass sie dich betrügt!«

Wut wallt in mir auf und droht mich zu überwältigen. Ich versuche tief durchzuatmen, das Blut rauscht in meinen Ohren.

»Caroline, lässt du uns kurz allein?«, bittet mein Vater und Caroline verlässt wortlos das Wohnzimmer.

»Ethan, mein Junge«, beginnt mein Vater.

»Ich will es nicht hören, also spar' es dir!«, fahre ich ihn an.

»Es ist aber wichtig, dass du hörst, was ich dir zu sagen habe«, beharrt mein Vater.

Ich lasse mich gegen die Lehne des Sofas fallen und schnaube.

»Ich wusste, dass deine Mutter andere Männer trifft«, sagt mein Vater, sein Ton ist ausdruckslos, keine Emotion schwingt darin mit. »Ich wusste es von Anfang an, sie hat immer mit offenen Karten gespielt, das kannst du mir glauben.«

»Und das hast du akzeptiert?« Ich lache trocken.

»Natürlich war es schwer, aber ich wollte sie lieber mit anderen Männern teilen, als sie komplett zu verlieren«, fährt Dad fort. »Dafür habe ich sie zu sehr geliebt.«

»Stattdessen hast du deinen Frust im Whiskey ertränkt, gute Alternative«, werfe ich ein.

»Es gab so viele Gründe, wieso ich alkoholsüchtig geworden bin, Ethan«, sagt er bitter. »Doch das ist egal, denn ich habe es überwunden.«

Verächtlich sehe ich zu ihm. Er folgt meinem Blick zu seinem Rollstuhl.

»Auch ohne den Alkohol hätte ich einen Schlaganfall haben

können, das muss ich dir als Arzt nicht sagen. Das war einfach Pech.« Er lacht kurz. »Ich habe die Affären deiner Mutter akzeptiert, habe mich damit abgefunden. Wieso kannst du das nicht auch?«

»Vielleicht, weil es für einen Siebzehnjährigen etwas traumatisierend war, seine Mutter mit einem anderen Kerl beim Ficken zu sehen?« Ich spucke ihm die Worte fast schon vor die Füße und er zuckt leicht zusammen. Eine Antwort bleibt er mir allerdings schuldig, aber was hätte er schon sagen können?

»Ich kann nicht verstehen, wie du das einfach hinnehmen konntest!« Ich kann nicht verhindern, dass meine Gedanken zu Jessica schweifen.

»Da ist nun mal jeder anders, mein Sohn«, gibt Dad zurück.

»Ich verstehe, dass du das anders siehst. Aber du musst auch meine Meinung dazu akzeptieren.«

»Ich hätte nie weiter mit ihr zusammen sein können, nachdem ich erfahren habe, dass sie mich betrogen hat«, sage ich leise. Ein leichter Stich fährt durch mein Herz, direkt durch die Mauer, die ich mühsam darum errichtet habe.

»Und das ist okay. Ich bin überzeugt, dass es für dich die richtige Entscheidung war, Jessica zu verlassen«, erwidert mein Vater.

Ich schweige, versuche, die Erinnerungen an meine frühere Verlobte zu verdrängen.

»Aber es ist die falsche Entscheidung, niemanden mehr an dich heranzulassen, Ethan, aus Angst, verletzt zu werden«, sagt er sanft. »Ich habe meinen Frieden mit der Vergangenheit gefunden. Tu das auch, Ethan, um deinetwillen!«

Ich knalle meine Tasse auf den Couchtisch und stehe auf.

»Wir sehen uns auf dem Fest«, sage ich knapp, ehe ich Carolines Wohnung verlasse.

Kapitel 25

Isla

»Seid ihr bald fertig? Wir kommen zu spät!« Nate stöhnt genervt und lässt sich mit der Schulter gegen die Wand fallen.

»Gleich, gleich, gleich«, erwidert Summer und greift hektisch nach ihrem Make-up.

Da klingelt es bereits und wenige Augenblicke später erscheint Daniel neben Nate in der Tür.

»Na, Mädels?«, grinst er.

»Wir kommen nie zu der Party«, grummelt Nate.

Summer trägt ihre Foundation auf, während ich ein letztes Mal die Wimperntusche ansetze und dann prüfend in den Spiegel sehe.

Mein Make-up ist leicht und dezent, nur die Wimpern habe ich etwas mehr getuscht. Für einen verführerischen Augenaufschlag. Meine Haare trage ich offen, in sanften Wellen fallen sie mir über die Schulter. Auf meiner Shoppingtour mit Summer habe ich ein weißes Kleid gekauft, ab der Hüfte ist es leicht ausgestellt und geht mir bis zu den Knien. Es ist sommerlich und elegant. Zudem würde es Ethan in den Wahnsinn treiben, wie Summer nicht müde wird zu betonen.

Auch Summer trägt nur ein dezentes Make-up, sie hat ihre braunen Haare zu einem lockeren Knoten gebunden, der wunderbar mit ihrem dunkelblauen Kleid harmoniert. Auch die Männer haben sich für das Fest in Schale geworfen. Sowohl Daniel als auch Nate tragen einen schwarzen Anzug und ein klassisches weißes Hemd dazu.

»Schick siehst du aus«, sage ich zu Daniel und werfe ihm einen anerkennenden Blick zu.

»Das Kompliment kann ich nur zurückgeben!«

»Ja, ja, wir sehen alle ganz toll aus«, unterbricht uns Nate ungeduldig. »Und jetzt los. Komm schon, Sum!«

Diese wirft noch einen letzten Blick in den Spiegel.

»Okay, das sollte so gehen. Lasst uns endlich gehen!«

Wir fahren mit Nates Wagen zum Victoria Park. Wie jedes Jahr findet das Sommerfest dort statt. Tom hat das Café gemietet, das direkt am West Boating Lake liegt. Es liegt malerisch eingebettet zwischen dem See und den Bäumen, Büschen und Blumen. Ich liebe es dort.

Das Café ist nicht allzu groß, daher ist auch der Außenbereich eingedeckt Die Tische und Stühle sind mit weißen Hussen überzogen. Überall stehen hübsch angefertigte Gestecke und Kerzen sowie einige Heizstrahler für die späten Abendstunden. Auch einige Lichterketten sind im Außenbereich angebracht. Erfahrungsgemäß geht das Fest immer etwas länger. Leise Musik tönt aus den Boxen, die Bühne ist noch leer. Später wird wie immer eine Band spielen.

»Wow, es ist toll hier«, sagt Daniel ehrfürchtig und dreht sich einmal um sich selbst, um alles begutachten zu können.

»Ja, da scheut die Klinik keine Kosten«, erwidere ich grinsend.

Eine Kellnerin kommt auf uns zu und bietet uns Sekt und Orangensaft an. Dankend nehme ich zwei Gläser Sekt entgegen und reiche eines davon Daniel. Ich blicke mich um, aber Summer und Nate sind bereits einige Meter von uns entfernt und unterhalten sich lachend mit Tom und seiner Ehefrau. Das Café ist schon gut besucht, ich entdecke mehrere Kollegen aus der Pflege sowie einige der anderen Ärzte auf Station. Auch ein paar der anderen Therapeuten sind gekommen und ich begrüße sie mit einem Lächeln.

»Ist dein Doc schon da?«, fragt Daniel leise an meinem Ohr.

Ich schüttele den Kopf. Nein, Ethan ist noch nicht da. Das wundert mich, ist er doch sonst immer so pünktlich.

»Weihst du mich in deinen Plan ein?«

Verdutzt sehe ich Daniel an. »Welchen Plan meinst du?«

»Wie du deinen Doc eifersüchtig machen willst«, erklärt Daniel und grinst schief. »Soll ich über dich herfallen, hier vor allen? Oder soll ich dich ganz heimlich und unbemerkt in eine Ecke zerren?«

Ich lache laut. »Ich denke, nichts davon wird nötig sein. Es reicht, wenn du einfach nicht von meiner Seite weichst.«

»Geht klar.«

»Danke, dass du das machst«, sage ich leise. »Das weiß ich zu schätzen.«

»So bin ich wenigstens bei der Party des Jahres dabei«, grinst er.

»Ich hätte dich auch so gefragt, ob du mitkommen willst«, werfe ich ein.

Daniel zwinkert mir zu und legt sanft seine Hand auf meinen unteren Rücken. »Weiß ich doch.«

Wir mischen uns unter die Leute, reden mit meinen Arbeitskollegen und bedienen uns an den Getränken. Daniel versteht sich auf Anhieb mit allen sehr gut, macht Witze und lacht viel. In einem Paralleluniversum geben wir sicherlich das perfekte Paar ab. Doch hier und jetzt kann ich mich nicht komplett entspannen. Immer wieder schauen meine Augen unruhig umher, auf der Suche nach Ethan. Aber ich sehe ihn nirgends.

Vielleicht kommt er doch nicht? Unmöglich.

Nach einer Weile treffen wir Summer und Nate wieder. Verschwörerisch sieht meine Freundin sich um und flüstert mir dann ins Ohr: »Hast du ihn schon gesehen?«

Ich schüttle nur den Kopf. »Vielleicht kommt er nicht«, entgegne ich.

»Niemals, nicht in diesem Leben«, erwidert Summer und

schüttelt mit ernster Miene den Kopf. »Das hier würde er sich nie entgehen lassen, glaub mir.«

Ich weiß, dass sie Recht hat, aber ich kann die Zweifel nicht unterdrücken. Vielleicht ist es besser, wenn er gar nicht auftaucht. So habe ich einen entspannten Abend ohne jegliches Drama. Und das hätte ich auf jeden Fall mehr als verdient.

Ich beschließe daher, einfach eine gute Zeit zu haben. Scheiß auf Ethan.

Unbeschwert stoße ich mit Daniel und Summer an. Lache, bin glücklich.

Und dann, wie aus dem Nichts, trifft mich sein Blick. So intensiv, dass mein Herz einen Schlag aussetzt. Mein Lachen verstummt und für ein, zwei Sekunden gibt es nur ihn und mich in diesem Park, auf dieser Welt. Summer folgt meinem Blick, dann tut Daniel es ihr gleich. Als er Ethan entdeckt, legt er ungefragt einen Arm um mich und zieht mich etwas enger an sich. Selbst aus der Entfernung sehe ich, wie Ethans Miene sich verdunkelt, etwas Gefährliches annimmt.

Ethan sieht verboten gut aus in seinem weißen Hemd, bei dem wie gewohnt die obersten zwei Knöpfe offenstehen. Dazu trägt er eine schlichte schwarze Anzughose, das Jackett hat er sich lässig über den Arm gelegt. Da erst bemerke ich, dass er nicht allein ist. An seiner Seite ist eine hübsche dunkelhaarige Frau in einem schlichten schwarzen Minikleid. Sie legt eine Hand auf seinen Oberarm und sagt etwas zu ihm, woraufhin er nickt. Sie wirken vertraut. Sehr vertraut. Was mir einen Stich versetzt und ich wende den Blick ab.

Aber meine Augen wandern wie von selbst wieder zu ihm und seiner Begleitung. Sie begrüßen gerade Tom, stoßen mit ihm an, reden, lachen. Sogar Ethan lacht. Das kommt selten vor. Ich muss wissen, wer diese Frau ist.

»Wer ist das?«, flüstere ich Summer zu.

Sie zuckt die Schultern. »Keine Ahnung. Ich kenne sie nicht aus der Klinik.«

»Aber Tom scheint sie zu kennen«, zische ich. »Er hat sie zur Begrüßung auf die Wange geküsst!«

Wieder zuckt Summer nur die Schultern. Dann stößt sie Nate an, wispert ihm etwas ins Ohr, woraufhin er ahnungslos ebenfalls die Schultern hebt.

Ich spüre erneut Ethans Blick auf mir und als ich mich umdrehe, treffen meine Augen die seinen. Undurchdringlich und dunkel.

Daniel drückt mir einen neuen Drink in die Hand, als er meinen Blick sieht. Seine Hand wandert meinen Rücken auf und ab, was Ethan nicht entgeht. Hitze fährt in mein Gesicht. Ich gebe zu, es gibt mir ein berauschendes und befriedigendes Gefühl, Ethan so zu reizen. Und Daniel macht seinen Job wirklich gut.

»Lasst uns was zu essen holen«, schlägt Nate schließlich vor, als Tom feierlich die Eröffnung des Buffets verkündet.

»Ich verhungere!«

»Setzt euch schon mal, wir bringen euch etwas mit«, fügt Daniel hinzu und drückt mir einen Kuss auf die Stirn. Summer lotst mich zu einem freien Tisch auf der Terrasse, von wo aus wir einen traumhaften Ausblick auf den See haben.

Das Wetter meint es ausnahmsweise gut mit uns an unserem Sommerfest. Keine einzige Wolke entdecke ich am Himmel, und obwohl es schon früher Abend ist, ist die Temperatur für Londoner Verhältnisse erstaunlich warm, es weht nur ein leichter Wind. Der Duft von Wasser und Blumen dringt mir in die Nase, ich schließe für ein, zwei Atemzüge die Augen, vertreibe Ethan aus meinen Gedanken.

Daniel und Nate kehren zurück, beladen mit jeweils zwei Tellern voller Köstlichkeiten.

»Danke«, sage ich lächelnd zu Daniel, als er einen der beiden Teller vor mir abstellt. Gebratener Lachs mit Gemüse, Reis und etwas Salat. Mein Magen grummelt vor lauter Vorfreude. Es schmeckt köstlich und ich merke erst jetzt, wie groß mein Hunger war.

Das Essen saugt etwas von dem Alkohol auf, den ich auf nüchternen Magen getrunken habe und mein leichter Schwips verflüchtigt sich.

Ein paar andere Kollegen gesellen sich zu uns an den Tisch und wir unterhalten uns ausgelassen, während wir das Essen genießen. Es gelingt mir tatsächlich, Ethan aus meinem Kopf zu vertreiben, zumindest eine Zeitlang.

»Absacker?«, fragt Daniel, als wir alle unsere Teller geleert haben. Wir nicken alle begeistert und Daniel macht sich auf den Weg zu Bar.

»Warte, ich helfe dir beim Tragen!«, sagt Nate und folgt ihm an die Bar.

Summer sieht ihm hinterher, dann wendet sie sich zu mir. »Ich gehe schnell zur Toilette, kann ich dich kurz allein lassen?«

»Natürlich.« Ich nicke, ziehe dann mein Handy aus meiner kleinen Clutch und öffne Instagram.

»Langweilst du dich?«

Ich zucke zusammen, als Ethan neben mir auftaucht und auf Daniels Stuhl Platz nimmt. Meine Miene verdüstert sich, während mein Herz zu rasen beginnt und ich alle meine Selbstbeherrschung dafür aufbringe, um meinen Atem unter Kontrolle zu halten.

»Was willst du?«, frage ich Ethan kühl.

»Hallo sagen«, erwidert Ethan mit einem leichten Schmunzeln im Gesicht. »Das Kleid steht dir sehr gut, Isla.«

Ich bekomme eine Gänsehaut, als er meinen Namen sagt.

»Danke«, antworte ich und wende den Blick ab. Atmen. Immer weiter atmen. Wo zum Teufel bleibt Daniel?

»Wer ist dein Begleiter?«, fragt Ethan und beugt sich dann etwas zu mir nach vorne. Ich möchte zurückweichen, aber mein Körper gehorcht mir nicht.

»Das geht dich nichts an!«

»Warst du mit ihm in Canterbury?«

»Ethan!«, zische ich.

Er schweigt, grinst mich schief an. Ich beschließe, den Spieß umzudrehen.

»Wer ist denn deine Begleitung?«, frage ich und recke das Kinn nach oben.

»Ich habe zuerst gefragt«, entgegnet er nur.

»Du wirst keine Antwort bekommen!«

»Dann wirst du auch keine bekommen.«

Seine Augen gleiten an meinem Körper auf und ab und ich spüre, wie mir die Röte ins Gesicht schießt.

»Ist das Kleid neu?« Es ist keine Frage, vielmehr eine Feststellung.

Ich nicke. »Ja, ist es.«

In diesem Moment kommt zum Glück Daniel zurück an unseren Tisch, in der Hand ein kleines Tablett mit vier Schnapsgläsern. Er räuspert sich und Ethan steht widerwillig auf, die Augen ganz auf mich fixiert.

»Wir wurden uns noch nicht vorgestellt«, sagt Ethan an Daniel gewandt, seine Stimme eine Spur kälter als zuvor.

»Doktor Ethan Bailey.«

Daniel sieht kurz auf die Hand, die Ethan ihm entgegenstreckt, als würde er überlegen, die höfliche Geste auszuschlagen.

»Daniel. Angenehm«, erwidert er schließlich und die beiden schütteln sich die Hand, eine Spur zu lange für meinen Geschmack.

Es ist unfassbar komisch zuzusehen, wie die beiden sich gegenseitig mit Blicken förmlich aufspießen, während sie sich die Hände schütteln. Fast schon erwarte ich, dass einer der beiden dem anderen einen Kinnhaken verpasst. Doch das passiert glücklicherweise nicht. Stattdessen sieht Ethan noch kurz zu mir, dann verschwindet er mit langen Schritten.

»Lasst die Spiele beginnen«, raunt Daniel mir ins Ohr, als er wieder neben mir Platz genommen hat und mir eines der Schnapsgläser reicht.

Kapitel 26

Ethan

Meine Laune war schon mies, als ich Caroline abgeholt habe und wir zur Location gefahren sind. Spätestens, seit ich Isla dann dort mit diesem blonden Muttersöhnchen gesehen habe, war meine Laune so richtig im Keller.

Sie sieht umwerfend aus in diesem weißen Kleid. Ihre Haare sind leicht gewellt und fallen ihr sanft über die Schultern. Wie gerne würde ich meine Hand darin vergraben und daran ziehen, bis sie meinen Namen stöhnt.

Nur zu gerne hätte ich nach einem dieser Drinks gegriffen, die die Kellner auf Tabletts anbieten, allerdings muss ich noch fahren.

Caroline berührt meinen Oberarm. »Lass uns zu Tom gehen und Hallo sagen.« Ich nicke nur, lasse Isla aber nicht aus den Augen. Der Wichser streicht ihr den Rücken auf und ab und mich überkommt eine geballte Ladung Wut, die ich nur mit Mühe in Zaum halten kann.

Ich begrüße Tom und seine Frau Edith, folge dem anschließenden Gespräch aber nur mit halbem Ohr.

Irgendwann verliere ich Isla aus den Augen. Caroline gibt sich alle Mühe, um mich und meine Gedanken ins Hier und Jetzt zu holen, aber es gelingt ihr nicht.

»Wer ist sie?«

»Was?« Ich wende mich meiner Schwester zu und blicke sie verwirrt an.

Car lacht. »Tu nicht so, als würdest du nicht die Kleine da drüben dauernd beobachten.« Sie sieht mich unverwandt an.

164

»Sag schon, wer ist sie?«

Ich reagiere nicht, aber meine düstere Miene scheint Antwort genug zu sein.

»Das ist Isla, nicht wahr?« Es ist keine Frage. Ich nicke leicht.

»Sie ist süß«, überlegt Caroline. »Geh doch rüber und sag ihr Hallo.«

»Du musst mich nicht ermutigen, eine Frau anzusprechen, Caroline. Das schaffe ich ganz gut allein«, gebe ich kühl zurück.

»Sieht nicht danach aus«, erwidert sie zweifelnd.

»Lass uns zum Buffet gehen. Es sieht köstlich aus!«

Auch während des Essens wandert mein Blick immer wieder zu Isla. Sie lacht fröhlich mit Summer, Nate und ihrem Begleiter. Als hätte sie mich bereits vergessen.

Als der blonde Schönling irgendwann aufsteht, wittere ich meine Chance. Ich stehe auf, bahne mir meinen Weg durch die Tische zu ihr und lasse mich auf dem Stuhl neben ihr nieder. Isla blickt von ihrem Handy auf.

»Langweilst du dich?« Ich muss mir mein Schmunzeln verkneifen. Ihre Miene verfinstert sich.

»Was willst du?«, fragt sie mich kühl.

Es fällt mir schwer, sie nicht mit meinen Augen auszuziehen. Stattdessen hefte ich meinen Blick auf ihre Augen.

Ich muss wissen, wer ihr Begleiter ist, also frage ich sie geradeheraus.

»Das geht dich nichts an!« Diese Antwort habe ich erwartet. Ob sie mit diesem Blondchen in Canterbury war? Ich stelle ihr meine Frage ganz direkt.

»Ethan!«, zischt sie. Also ja. Ich schmunzele.

Doch da kehrt bereits ihr Begleiter zurück, in der Hand ein kleines Tablett mit Schnäpsen. Widerwillig stehe ich auf, ich möchte schließlich keine Szene machen.

»Wir wurden uns noch nicht vorgestellt.« Ich reiche ihm die Hand.

»Doktor Ethan Bailey.«

Misstrauisch mustert er mich kurz, dann ergreift er meine Hand.

»Daniel. Angenehm«, ist seine knappe Antwort.

Dann verschwinde ich wortlos von Islas Tisch und greife auf dem Weg zurück zu meiner Schwester nach einem Drink. Einer würde sicher nicht schaden.

Zu späterer Stunde schalten sich die Lichterketten und die Heizstrahler ein, die Band spielt bereits und die Leute tanzen. Ich sitze missmutig an meinem Tisch, nippe immer noch an dem einen Drink, den ich mir gönne, und versuche, mir meine miese Laune nicht anmerken zu lassen.

»Lass uns auch tanzen, Ethan, komm schon«, bettelt Caroline zum wiederholten Mal.

Seufzend stimme ich zu, damit sie endlich Ruhe gibt. Von Isla ist weit und breit keine Spur, seit ich bei ihr am Tisch war, habe ich sie nicht mehr gesehen. Meine Fantasie spinnt sich die verrücktesten Geschichten zusammen, was sie gerade machen könnte. Und vor allem mit wem.

Ich foltere mich selbst mit diesen Gedanken, aber vermutlich habe ich das verdient.

Ich lasse mich von Caroline auf die Tanzfläche ziehen. Sie legt die Arme um meinen Hals und ich wiege sie sanft zu der Melodie. Dabei halte ich weiter Ausschau nach Isla.

»Ich habe sie vorhin Richtung Toilette gehen sehen«, sagt Caroline leise und ihre Mundwinkel zucken verdächtig.

»Ich weiß nicht, wovon du redest.« Natürlich tue ich das, aber es gefällt mir nicht, dass Caroline es auch weiß.

»Ach, Brüderchen.« Bevor sie weitersprechen kann, greife ich ihre rechte Hand und schicke sie in eine Drehung, damit sie endlich die Klappe hält. Caroline lacht und für eine Weile tanzen wir schweigend. Das einzig Gute bisher ist, dass ich meinen Eltern noch nicht über den Weg gelaufen bin. So wie ich sie kenne, sitzen sie drinnen mit anderen wichtigen Leuten und diskutieren über irgendwelche uninteressanten Themen.

»Du solltest mit ihr tanzen«, flüstert Caroline an meinem Ohr.

»Caroline!«, mahne ich leise. »Können wir das endlich lassen, bitte?«

»Ich meine ja nur«, entgegnet sie. »Es gibt nichts Romantischeres, als gemeinsam zu tanzen.«

»Sie würde niemals mit mir tanzen.« Die Worte kommen über meine Lippen, noch ehe ich realisiere, was zum Teufel ich da von mir gebe.

»Wenn du es nicht versuchst, dann wirst du es auch nicht herausfinden«, meint Caroline und hebt die Augenbrauen.

»Ich hasse dich!«

Sie lacht nur und schüttelt den Kopf. »Das beruht auf Gegenseitigkeit, keine Sorge!«

Der Song endet – zum Glück – und wir gehen zurück zu unserem Tisch, nachdem wir uns an der Bar neue Getränke geholt haben. Carolines Worte spuken durch meinen Kopf. Sie hat Recht. Das stört mich daran am meisten. Ich bin mir sicher, Isla würde mit mir tanzen. Aber ich sollte das nicht tun. Ich sollte mich von ihr fernhalten, das weiß ich besser als jeder andere. Ich würde ihr wehtun, denn sie will etwas, was ich ihr nicht geben kann, nicht geben will. Und das wird sich niemals ändern. Ich bin verkorkst und total kaputt, ich sollte sie in Ruhe lassen und ihr nicht die Chance auf Glück verwehren, indem ich sie wieder und wieder mit in meine Abgründe ziehe.

Da sehe ich sie plötzlich. Sie steht am Rand der Tanzfläche. Allein. Summer und Nate entdecke ich auf der Tanzfläche, von Daniel fehlt jede Spur. Noch ehe ich weiß, was ich da tue, gehe ich zu ihr. Sie sieht mich nicht kommen, was wahrscheinlich besser ist.

»Tanz mit mir«, raune ich ihr ins Ohr und sie zuckt zusammen. Ehe sie widersprechen kann, berühre ich sie sanft am

Ellenbogen, meine andere Hand legt sich an ihren Rücken und schiebt sie sanft in Richtung Tanzfläche.

»Ethan, nein«, sagt sie mit weit aufgerissenen Augen, in denen ich aber lesen kann, dass sie das genaue Gegenteil von dem, was sie sagt, meint. Ich greife nach ihrer Hand, ziehe sie mit einem verschwörerischen Grinsen weiter und wirbele sie dann umher.

Atemlos landet sie in meinen Armen und sieht mich aus großen Augen an. Ihre Lippen öffnen sich leicht.

»Tanzhaltung«, fordere ich sie leise auf. Sie macht, was ich ihr sage, und ich übernehme die Führung.

»Ich wusste nicht, dass du tanzen kannst«, haucht sie an meiner Brust.

Ich schmunzele. »Tja, du weißt vieles nicht von mir.«

»Allerdings.« Bitterkeit schwingt in ihrer Stimme mit.

Um das Gespräch zu beenden, schicke ich sie in eine weitere Drehung. Ihre Haare wehen um ihr Gesicht. Bei jeder Drehung stößt sie die Luft aus, als hätte sie Angst, ich würde sie loslassen. Aber das würde ich niemals tun. Ich würde sie immer auffangen. Auch, wenn ich es bin, der sie immer wieder von sich stößt.

Die Melodie verändert sich und die Band setzt zu einem langsameren Song an.

»Lust auf einen Slow-Fox?«, frage ich Isla.

Sie nickt nur, lässt sich von mir führen, jeden Schritt führt sie sicher aus.

Ihre Augen bohren sich geradezu in meine, mein Blick hält ihren gefangen. Mehrmals öffnet sie leicht die Lippen, als wollte sie etwas sagen. Doch keine Worte verlassen ihren wunderschönen Mund.

Es ist beinahe magisch. Mühelos gleiten wir über die Tanzfläche im Takt der Musik, alles um uns herum blende ich aus. Nur Isla existiert noch. Nur sie und ich und dieser Tanz. Dieser absolut perfekte Tanz, der nur uns beiden gehört. Langsam lasse ich meine Hand an ihrem Rücken etwas tiefer gleiten, woraufhin sie hörbar nach Luft schnappt.

Viel zu schnell ist das Lied vorbei, ein schnelleres folgt. Wir stoppen, lösen uns aber nicht voneinander. Unsere Augen sind nach wie vor miteinander verbunden, wollen sich nicht loslassen. Und ich will Isla auch nicht loslassen.

Ein Ruck fährt schließlich durch sie und sie wendet hastig den Blick ab, löst sich von mir und eilt von der Tanzfläche. Ich blicke ihr hinterher.

Ich kann mich nicht von ihr fernhalten. Dessen bin ich mir nun bewusst und die Erkenntnis trifft mich wie ein Schlag. Aber wenn ich sie in meinem Leben haben will – und das will ich –, dann verdient sie mehr. Mehr, als alles, was ich ihr bisher gegeben habe. Mehr, als ich bisher glaubte, jemandem jemals wieder geben zu können. Ich würde mich ihr öffnen müssen, ihr alles erzählen, denn sie verdient es.

Ich weiß nur nicht, ob ich dazu bereit bin.

Kapitel 27

Isla

So schnell ich kann, ohne zu rennen, eile ich zu den Toiletten, meine Augen auf den Boden gerichtet. Ich bin durcheinander, was zum Teufel war das eben?

Ich pralle auf etwas, merke erst nach einigen Sekunden Verzögerung, dass ich in Daniel gerannt bin.

»Hey, was ist denn los?«, fragt er mich und packt mich an den Schultern. Wütend funkle ich ihn an.

»Wo warst du, verdammt noch mal?«, fahre ich ihn an. »Du solltest mir nicht von der Seite weichen!«

»Sorry, ich war auf der Toilette.« Er runzelt die Stirn, ein Schmunzeln liegt auf seinen Lippen.

»Mir war nicht klar, dass ich dich auch dorthin mitnehmen soll.«

Ich winde mich aus seinem Griff. »Schon okay«, brumme ich.

»Tut mir leid!«

»Willst du mir sagen, was los ist?«

»Nein!«, antworte ich wirsch.

»Okay. Dann lass uns tanzen«, schlägt Daniel vor. Hastig schüttele ich den Kopf. Bloß nicht.

»Lass uns erst was trinken!«

Nach drei Tequila auf ex haben sich meine aufgewühlten Nerven etwas beruhigt und ich kann zumindest wieder einigermaßen ruhig atmen. Ich lasse meinen Blick durch die Menge schweifen, aber ich entdecke Summer nirgends. Dafür sehe ich Ethan, der mit seiner dunkelhaarigen Begleiterin tanzt. Sie hat die Arme um seinen Hals geschlungen und für meinen

Geschmack sind sich die zwei viel zu nah. So ein Arsch! Wut steigt in mir auf, mühsam halte ich sie in Zaum. Aber ich würde mich nicht von ihm aus der Bahn werfen lassen. Soll er doch tanzen mit wem er will. Was er kann, kann ich schon lange.

»Lass uns tanzen!« Es ist mehr ein Befehl als eine Bitte, aber Daniel stimmt zu. Wenn er denkt, dass ich total durch den Wind bin und mich wie eine Verrückte verhalte, dann lässt er es sich nicht anmerken. Ich suche uns einen Platz auf der Tanzfläche, wo Ethan uns auf jeden Fall sehen kann. *Enjoy the show, du Arsch!*

Die Band spielt ein Cover von Alvaro Solers *Loca*. Es gab noch nie ein besseres Timing für diesen Song. Daniel reicht mir eine Hand und ich drehe mich mehrmals um meine eigene Achse. Er lacht und zieht mich dann locker an sich. Die Musik ergreift Besitz von mir, wie von selbst bewegt sich meine Hüfte verführerisch, meine Füße beherrschen jeden Schritt. Wieder und wieder drehe ich mich, Daniel gibt mir Halt.

Immer wieder suche ich Ethans Blick, der wie versteinert auf mir ruht. Ich zwinkere ihm neckisch zu. Nichts anderes hat er verdient, soll er ruhig merken, wie es ist, wenn mit einem gespielt wird.

»*Loca, loca, loca cuando me provoca*«, singt der Frontmann der Band ins Mikrofon und ich drehe Daniel den Rücken zu. Meine Hüften kreisen im Takt und – wie aus Versehen – berühren sie Daniels Schritt. Das würde Ethan in den Wahnsinn treiben.

»*Pierdo y pierdo la razon!*« Ohja, auch ich verliere den Verstand.

Noch nie in meinem Leben habe ich einen Songtext so sehr gefühlt wie diesen hier. Ethans Augen gleiten an mir auf und ab, das erkenne ich sogar über die Distanz.

Daniel lenkt mich erneut in eine Drehung und zieht mich dann wieder näher an sich.

»Wo hast du so tanzen gelernt?«, fragt er mit einem schelmischen Grinsen.

»Alles Freestyle!«

Daniel lacht.

Die Antwort bleibe ich ihm schuldig, denn die Bridge setzt ein. Ich löse mich von Daniel, tanze einige Schritte nach hinten und bedeute ihm mit meinen Händen, mir zu folgen. Meine Haare werfe ich dabei provokant von der einen Seite meiner Schulter auf die andere.

Ethan sieht aus, als würde er gleich explodieren. Ich genieße es. Vielleicht ein bisschen zu sehr.

Daniel packt mich und presst mich fest an sich. Dann ist der Song auch schon vorbei. Meine kleine Show findet ein jähes Ende.

»Wow«, sagt Daniel atemlos. Ich lächle ihn an, öffne meine Lippen leicht und er folgt meiner Einladung. Sanft gleiten seine Lippen über meine.

»Ich hoffe, deine Tanzeinlage hat sich gelohnt«, flüstert er an meinen Lippen.

»Danke, dass du da bist!«, erwidere ich mindestens ebenso atemlos wie er.

»Oh, es macht mir mindestens genauso viel Spaß wie dir«, grinst er.

Wir verlassen die Tanzfläche nicht ohne noch mal einen Blick auf Ethan zu werfen, der mittlerweile Anstalten macht, zu gehen. Eins zu Null für mich, würde ich sagen.

An der Bar hole ich mir ein Wasser und lasse mich dann auf einer Bank etwas abseits des Trubels nieder, während Daniel in Richtung Bar verschwindet – nicht, ohne mich zu fragen, ob ich ihn denn begleiten will. Ich lehne dankend ab.

Plötzlich schließt sich eine starke Hand um meinen Oberarm und zieht mich hoch. Ich stocke.

»Mitkommen«, knurrt Ethan leise und ich leiste keinen Widerstand, sondern lasse mich von ihm mit in Richtung des Sees ziehen, weg von dem Fest, weg von Daniel.

Kapitel 28

Ethan

Isla wehrt sich nicht, als ich sie unnachgiebig weiter von dem Fest wegziehe. Erst hinter einigen Büschen, nahe dem See, wo uns keiner sehen kann, halte ich inne und drehe mich zu ihr um.

»Du spielst mit dem Feuer, Isla!«

Ihre Augen verengen sich. »Ach ja?«

»Ja!«, knurre ich. Trotzig reckt sie das Kinn und sieht mich herausfordernd an. Ich liebe es, dass sie sich nicht einschüchtern lässt, trotzdem hilft mir das gerade nicht unbedingt dabei, meinen Standpunkt klarzumachen. Ihr Verstand einzubläuen.

„Dann ist es ja gut, dass ich es heiß mag." Ihr Blick ist pure Provokation.

»Was sollte dein Dirty Dancing mit diesem Möchtegern-Body-builder?«

»Oh, du hast es gesehen?«, fragt sie, betont unbeeindruckt von meiner Wut. In ihren Augen blitzt es und ich verliere fast den Verstand.

»Du hast schon dafür gesorgt, dass ich es sehe«, entgegne ich kühl. »Die Frage ist, warum.«

»Damit du merkst, wie es ist, wenn jemand mit dir spielt, du arrogantes Arschloch!«, faucht sie und verschränkt die Arme vor der Brust.

Ich schweige einen Moment, lasse ihre Worte in mein Bewusstsein dringen. Mein Blick durchbohrt sie weiterhin, doch sie hält ihm locker Stand.

»Du denkst, ich spiele mit dir?«, frage ich dann.

Isla wendet den Blick ab, nickt.

Ich habe erwartet, dass sie es so auffassen würde. Die Tatsache, dass sie dies nun zugegeben hat, erschüttert mich dennoch ein wenig. Meine Wut verschwindet etwas. Stattdessen breitet sich ein anderes Gefühl in mir aus, das ich nicht benennen kann.

»Ich spiele nicht mit dir, Isla.«

»Wie würdest du es denn dann nennen, Ethan?« Sie spuckt mir die Worte förmlich entgegen.

Das ist eine verdammt gute Frage. Ich drehe mich um, weg von ihr, fahre mir mit beiden Händen durchs Haar. Atme tief ein und aus. Ich habe keine Antwort auf diese Frage. Denn ich weiß selbst nicht, was ich da tue. Ich weiß, was ich tun sollte, aber irgendwie scheint es, als würde mein Körper genau das Gegenteil von dem tun, als würden meine Gedanken genau in die entgegengesetzte Richtung gehen, als sie es sollten.

»Ich versuche mich von dir fernzuhalten«, raune ich dann.

Isla lacht bitter auf. »Davon merke ich aber nichts.«

Ich fahre zu ihr herum, gehe einige Schritte auf sie zu, sodass ich direkt vor ihr stehen bleibe. Sie weicht nicht zurück. Ich spüre ihren warmen Atem, sie riecht nach Alkohol und ein Hauch ihres Parfüms umgibt meine Nase und bringt mich fast um den Verstand. Ich spüre ihr Herz bis zum Anschlag rasen.

»Wie könntest du denn auch«, sage ich leise und streiche ihr eine Haarsträhne hinters Ohr. Sie erschaudert bei der Berührung. »Schließlich scheitere ich doch so kläglich dabei, Isla.« Ich lache bitter und verziehe den Mund zu einem schmalen Lächeln.

»Wieso lässt du es dann nicht sein?«, fragt Isla und sieht mich aus ihren großen grauen Augen an.

»Weil ich muss.« Die Antwort ist so simpel und gleichzeitig so kompliziert, aber das muss sie nicht wissen.

Ich sollte hier nicht mit ihr stehen. Es ist zu romantisch hier, ich bin zu schwach, um mir weiter etwas vorzumachen.

Zögernd legt Isla ihre Hände an meine Taille. »Wieso?«

Ich schließe die Augen. Ja, wieso eigentlich? Wenn ich ihr einfach alles erkläre, alles aus meinem total verkorksten Leben mit ihr teile … Nein.

»Ich kann dir nicht geben, was du brauchst, Isla-Mäuschen.«

Sie rückt etwas näher an mich heran. Ich spüre ihre Brust an meinem Oberkörper. Hitze fährt durch meinen Körper und sammelt sich in meinem Schritt.

»Was, wenn ich nur dich brauche, Ethan?«, flüstert sie.

Sie ist viel zu nah, sie darf mir verdammt noch mal nicht so nah sein. Ich merke, wie meine Entschlossenheit schwindet. Ich kann ihr nicht widerstehen!

Letztlich ist es Isla, die für mich die Entscheidung trifft. Sie überwindet die Distanz zwischen uns und drückt ihre Lippen auf meine. Sie schmeckt warm, weich, ein wenig nach Alkohol.

Scheiß drauf.

Ich schlinge meine Arme um sie und presse sie so eng wie möglich an mich, während ich den Kuss intensiviere. Meine Zunge teilt ihre Lippen, erforscht ihren Mund, spielt mit ihrer Zunge. Isla stöhnt in meinen Mund und drückt sich an mich, als könnte sie keinen Millimeter Platz zwischen uns ertragen. Gemeinsam stolpern wir einige Schritte rückwärts, bis Isla mit dem Rücken an einen Baum prallt und aufkeucht. Sie schlingt ein Bein um mich, ich verstehe ihre wortlose Bitte und hebe sie hoch. Sie umklammert mich regelrecht mit ihren Beinen. Als meine harte Erektion auf ihre Mitte stößt, entfährt ihr ein erstickter Laut. Ich lasse eine Hand auf ihrem nackten Oberschenkel auf- und abgleiten, bis meine Finger schließlich – wie von selbst – unter ihr Kleid finden.

Isla haucht meinen Namen, das ist alles, was ich hören wollte. Ich küsse sie drängender, verlangender, fordernder, während sich meine Finger einen Weg zu ihrem empfindlichsten Punkt bahnen. Sanft streichle ich ihre Knospe durch den Stoff ihres Höschens. Sie hebt mir ihr Becken entgegen, was ich als Einladung weiterzumachen auffasse.

Langsam lasse ich einen Finger in ihr Höschen gleiten, sie

wirft den Kopf zurück und stöhnt. Meinen Namen, wieder und wieder meinen Namen. Ich streiche langsam an ihrer Spalte entlang hoch und runter. Sie ist so feucht, ich könnte sie problemlos direkt hier nehmen. Und es würde sicherlich bei uns beiden nicht sehr lange dauern.

Ich lasse meinen Daumen über ihre Knospe gleiten, dann schiebe ich einen Finger in sie. Islas Augen finden meine, sie sind dunkel vor Lust und Erregung.

»Hör nicht auf«, keucht sie, dann presst sie ihren Mund auf meinen. Ich schiebe einen zweiten Finger in sie, krümme sie leicht nach oben, während mein Daumen weiter um ihre Knospe kreist. Ich ziehe beide Finger aus ihr zurück, nur um sie dann erneut in sie zu stoßen, dieses Mal etwas fester. Ihr Herzschlag beschleunigt sich, ihre Atmung geht stoßweise und ich weiß, dass sie kurz davor ist zu kommen.

Ich unterbreche den Kuss, penetriere sie aber unablässig weiter mit meinen Fingern.

»Komm«, raune ich in ihr Ohr und ihr Körper bäumt sich.

Isla erzittert.

»Ethan!«, keucht sie und hält sichtlich bemüht ein lautes Stöhnen zurück.

Als ihr Orgasmus abebbt, ziehe ich mich langsam aus ihr zurück und küsse eine Spur an ihrem Hals entlang, über ihr Kinn bis hin zu ihrem Mund. Gleichzeitig löst sie langsam ihre Beine von mir und ich lasse sie los, bis sie mit den Füßen den Boden berührt. Ihre Knie sind noch wackelig, das merke ich schnell und muss mir ein Grinsen verkneifen.

»Wow«, bringt Isla hervor und unterbricht damit unseren Kuss. »Das war …« Sie bricht ab, sucht nach dem richtigen Wort.

»Atemberaubend?«, schlage ich vor und meine Mundwinkel zucken. Isla nickt und legt den Kopf an meine Brust. Und ich halte sie einfach nur fest.

»Ethan?«, flüstert sie nach einer Weile.

»Ja.«

»Halt dich nicht von mir fern, okay?« Sie spricht so leise, dass ich sie kaum verstehen kann.

Einen Augenblick lang hadere ich mit mir selbst. Es ist falsch und gleichzeitig fühlt es sich mit ihr einfach so verdammt richtig an. Ich kann mich nicht länger von ihr fernhalten. Ich kann es einfach nicht.

»Okay«, antworte ich leise und weiß noch nicht ganz genau, auf was zum Henker ich mich da einlasse.

»Ethan?«, fragt sie wieder.

Ich brumme nur.

»Was ist mit deiner Begleitung?«

Ich rücke von ihr ab, um ihr mit gespieltem Ernst in die Augen zu sehen.

»Das ist meine Schwester!«

Kapitel 29

Isla

Auf unsicheren Beinen gehe ich langsam zurück zur Feier, während ich versuche, meine zerzausten Haare wieder in Ordnung zu bringen. Man muss mir nicht gleich auf den ersten Blick ansehen, dass Ethan mich gerade im Park an einem Baum gelehnt zum Höhepunkt gebracht hat. Und ich den besten Orgasmus seit langer Zeit hatte.

Ohne Umwege gehe ich zur Toilette, ziehe meinen Lippenstift nach und richte meine Haare. Danach geselle ich mich zu Summer, Nate und Daniel.

»Wo warst du?«

»Ich habe mich mit ein paar Kollegen unterhalten und war dann noch auf Toilette«, erwidere ich mit einem Schulterzucken und lächle Daniel an. Er kauft es mir ab. Nur wenige Augenblicke später sehe ich Ethan durch die Menge laufen, unsere Blicke treffen sich, in seinen Augen blitzt es verschwörerisch auf.

Er ist mit seiner Schwester hier. Jetzt, da ich es weiß, erkenne ich auch die Ähnlichkeit der beiden. Das dunkle Haar, die dunklen Augen, das Lachen.

Ich beobachte, wie er sich neben seine Schwester stellt, die ihm etwas sagt, woraufhin er die Augenbrauen zusammenzieht. Kurz darauf gesellen sich zwei weitere Personen zu den beiden, eine etwas ältere Frau und ein Mann, der im Rollstuhl sitzt. Sofort verdüstert sich Ethans Miene und ich frage mich, wer die beiden sind.

»Isla, hallo?« Summer fuchtelt mit der Hand vor meinem Gesicht herum und sieht mich fragend an.

»Sorry, was?« Ich wende mich meiner Freundin zu.

»Ob wir langsam gehen wollen, habe ich gefragt.«

»Ja«, antworte ich. »Ja, klar, von mir aus.« Ich sehe noch einmal zu Ethan zurück, der mit nach wie vor finsterer Miene bei seiner Schwester und den mir fremden Personen steht.

Ich lehne Daniels Angebot, mit zu ihm zu kommen, dankend ab und lasse mich stattdessen von Nate zu meiner Wohnung fahren.

Im Bad schäle ich mich aus dem Kleid und steige dann unter die heiße Dusche. Die Ereignisse des Abends überschlagen sich in meinem Kopf, und sobald ich die Augen schließe, bin ich wieder in dem Park mit Ethan, an einen Baum gepresst, seine Finger in mir, an mir, überall. Wie er mich küsst. Wie seine Finger mich gekonnt zum Höhepunkt bringen. Wie ich immer wieder seinen Namen stöhne.

Ich vermisse ihn schon jetzt. Nach nicht mal einer Stunde, die wir uns nicht gesehen haben, ist meine Sehnsucht schon so groß, dass es mir fast körperliche Schmerzen bereitet. In diesem Moment weiß ich, dass es wieder so weit ist. Ich habe mein Herz wieder gänzlich an Ethan verloren. Nur er besitzt es, genauso wie meinen Körper.

Als ich meine nassen Haare in ein Handtuch gewickelt und mich in meinen Pyjama geworfen habe, lege ich mich ins Bett und greife nach meinem Handy. Eine Nachricht von Ethan.

Schade, dass du schon weg bist.

Mein Herz geht auf und ich grinse dümmlich, ehe ich eine Antwort tippe.

Summer und die anderen wollten gehen.

Wo bist du?

Bei mir zu Hause. Allein.

Braves Mädchen.

Ich zögere einige Sekunden, dann entschließe ich mich dazu, die Wahrheit zu schreiben.

Ich vermisse dich.

Es dauert einen quälend langen Moment, ehe mich seine Antwort erreicht.

Ich habe den Abend mit dir sehr genossen, Isla. Schlaf jetzt.

Ging mir genauso.

Gute Nacht. Träum von mir.

Immer.

Und auch das ist die Wahrheit.

Kapitel 30

Ethan

Es ist eine Woche her, dass ich Isla auf dem Sommerfest auf indirekte Weise gestanden habe, dass ich verrückt nach ihr bin. Eine Woche ist es her, dass sie mich gebeten hat, mich nicht von ihr fernzuhalten.

Vor einer verdammten Woche habe ich mich also dazu entschieden, mich ihr gegenüber zu öffnen. Meine Wut und meinen Frust über meine Vergangenheit auszublenden, sie nicht meine Gegenwart beeinflussen zu lassen. Genau, wie alle anderen Menschen in meinem Leben es mir geraten haben.

Und was soll ich sagen? Bis jetzt ist mir das Ganze noch nicht um die Ohren geflogen, was ich als gutes Zeichen verbuche. Dennoch bin ich nervös, weil ich nicht weiß, was auf mich zukommt. Zweifel keimen immer wieder in mir auf. Habe ich die richtige Entscheidung getroffen? Würde ich es wirklich schaffen, mich vollends zu öffnen? Isla alles von mir zu erzählen? Würde es mir wirklich gelingen, die Vergangenheit endlich ein für alle Mal ruhen zu lassen? Bin ich dazu imstande, jemanden so nah an mich heranzulassen, mich verwundbar zu machen?

Nicht nur meine Eltern haben mich verkorkst, auch Jessica hat ihren Beitrag dazu geleistet. In den letzten Tagen muss ich tatsächlich sehr oft an sie denken. Vielleicht, weil sie bisher die einzige Frau in meinem Leben war, der ich wirklich alle Seiten von mir gezeigt habe, die Starken und die Schwachen. Nur leider hat sie mich nur ausgenutzt, mich belogen, betrogen. Und während ich wie ein naiver Teenager auf Wolke sieben geschwebt bin, hat sie einen meiner Kumpels gevögelt. Als ich dahintergekommen bin, ist etwas in mir zerbrochen, das ich nie wieder zusammensetzen kann. Das hat mich verändert, mich dazu gebracht, Mauern um mein Herz zu errichten. Von da an existierte nur noch Ethan, der Frauenheld, der unnahbare Macho.

Sechs Jahre später reiße ich diese Mauern ein. Für Isla. Und ich hoffe, ich würde es nicht bereuen.

In der Woche nach dem Sommerfest erlauben es meine Dienstpläne nicht, uns außerhalb der Arbeit zu treffen. Ich habe Spät- und Nachtschicht, komme also meist, wenn Isla bald schon wieder Feierabend hat.

In den wenigen Momenten auf Arbeit, in denen wir uns sehen, tauschen wir heimliche Blicke und Küsse aus, sobald wir allein waren oder uns unbeobachtet fühlten. Natürlich hat auch das seinen Reiz, das will ich gar nicht leugnen. Aber ich will mehr. Ich brauche mehr. Ich will sie ganz. Wie früher, nur dieses Mal richtig. Mein Körper verzehrt sich nach ihr, ich kann an nichts anderes mehr denken, als an sie, ihre Lippen, ihre Brüste, daran, wie sie meinen Namen stöhnt. Ich erinnere mich an die vielen Male, die wir miteinander geschlafen haben, bevor ich alles versaut habe. Mittlerweile bin ich dermaßen sexuell frustriert, dass ich mich die letzten Tage in der Klinik nur schwer davon abhalten konnte, ihr die Klamotten an Ort und Stelle runterzureißen und sie gleich dort zu nehmen. Ich komme mir vor wie ein Teenie, der gerade das Vögeln für sich entdeckt hat und nun seine Triebe kaum unter Kontrolle hat.

Wir haben eine neue Stufe unserer Beziehung erreicht und die verlangt nach mehr als einer schnellen Nummer zwischen Kitteln und Patientenakten. Also reiße ich mich zusammen und gebe mich mit den heimlichen Küssen zufrieden. Ich schicke ihr WhatsApp Nachrichten und wir telefonieren regelmäßig. Ihre Stimme zu hören ist mein tägliches Highlight, auch wenn es nur per Telefon ist.

Vor einer Woche hätte ich nie gedacht, dass Isla mir wieder so nahekommt. Es kam mir bisher nur Eine so nahe, und zwar meine Ex. Und mit nur einem Wimpernschlag hat sich alles geändert.

Kapitel 31

Isla

Mein Herz schmerzt so sehr vor Sehnsucht nach ihm, dass ich manchmal kaum atmen kann. Alles tut mir weh. Bis ich in seine Augen blicke, quer über den Flur der Station, die dunklen Augen, die mich mustern und mich förmlich ausziehen. Dann wird mir heiß und kalt und mein ganzer Körper beginnt zu kribbeln. Als wäre ich wieder fünfzehn. Als hätte ich nicht bereits so oft mit Ethan Sex gehabt, dass ich es gar nicht mehr zählen kann.

Aber jetzt ist es anders. Es ist keine flüchtige, bedeutungslose Affäre mehr. Nein. Wir sind auf dem Weg in eine waschechte Beziehung.

Eine Beziehung.

Ich bin in einer Beziehung mit Ethan Bailey.

Das hört sich irgendwie seltsam an. Und gleichzeitig so verdammt richtig.

Ich will, dass das funktioniert. Es muss funktionieren. Vielleicht ist es zu früh, um das zu sagen, aber ich habe ein gutes Gefühl bei der Sache. Ethan kam mir verändert vor, er zeigt mir nicht mehr nur seine starke und unnahbare Seite, sondern gibt noch mehr von sich Preis. Seine schwache, gefühlvolle Seite. Und das macht mich so unfassbar glücklich, dass ich wie auf Wolken schwebe, auch, wenn wir uns zurzeit nur auf der Arbeit sehen und er mir noch nicht von all den Dingen erzählt hat, die ihn so belasten.

An einem Donnerstag ist die Sehnsucht so groß, dass ich ihn anrufe. Von meinem Diensttelefon aus. Ich sitze allein in meinem Büro. Ethan ist gerade auf Visite.

Es klingelt zweimal, dann hebt er ab.

»Bailey«, ertönt seine Stimme durch das Telefon und mir läuft unweigerlich ein wohliger Schauer über den Rücken.

»Fields, Logopädie. Störe ich?«, frage ich kokett und grinse dümmlich. Gut, dass mich hier keiner sieht.

Ich kann förmlich Ethans Grinsen durch das Telefon spüren.

»Niemals, Ms Fields. Was kann ich für Sie tun?«

»Es gibt hier etwas, dass Sie sich dringend ansehen sollten. In meinem Büro. Wann passt es Ihnen?«, säusele ich, meine Stimme klingt höher als gewöhnlich. Ich zwirbele eine Haarsträhne um einen Finger.

Ethan senkt die Stimme, ich höre Schritte, während er weiterspricht. »Sind Sie allein?«

»Ja«, hauche ich.

»Gib mir zwei Sekunden!« Dann legt er auf.

Aufregung macht sich in mir breit, genauso wie das Verlangen. Kurz darauf klopft es an der Tür und ohne eine Antwort abzuwarten, tritt Ethan ein.

Mein Herz setzt einen Schlag aus, als ich ihn sehe, und ein Lächeln breitet sich auf meinen Lippen auf, während ich aufstehe und betont beiläufig die Vorhänge zuziehe. Unser Büro liegt zum Innenhof der Klinik gelegen, es ist praktisch unmöglich, einen Blick hier hinein zu erhaschen, aber sicher ist sicher.

»Was sollte ich mir denn ansehen, Ms Field?«, fragt Ethan, sein Blick liegt glühend auf mir, seine Stimme ist leise und dunkel. Verführerisch.

Ich beiße mir auf die Unterlippe, weil ich weiß, dass es ihn um den Verstand bringt. Langsam nähere ich mich ihm.

»Nichts«, entgegne ich leise. »Ich wollte Sie nur in mein Büro locken!«

Ethan grinst schief. »So ein ungezogenes Mädchen sind Sie also? Das hätte ich nicht gedacht!«

Ich stehe nun direkt vor ihm, der Abstand ist so gering, dass ich seinen Atem auf meiner Haut spüre, der Duft seines After-shaves kitzelt in meiner Nase.

»Es tut mir wirklich sehr leid«, flüstere ich und beiße weiter auf meiner Unterlippe herum. Ethans Augen blicken auf meine Lippen.

Die Luft zwischen uns ist elektrisch aufgeladen, ich wage es kaum zu atmen.

Mit einem Ruck zieht Ethan mich an sich und küsst mich stürmisch. Mit einem Seufzen lege ich die Arme um seinen Hals und presse mich so fest wie möglich an ihn.

»Ich habe dich so vermisst«, flüstere ich zwischen mehreren Küssen.

»Geht mir auch so!«

Seine Hände gehen an meinem Körper auf Wanderschaft und ich wünschte, er könnte mich einfach gleich hier in meinem Büro vögeln. Mein Verlangen steigert sich ins Unermessliche, ballt sich in meiner Mitte. Ich dränge mich noch enger an ihn, meine Hüfte trifft auf seine und ich spüre seine harte Erregung an meiner Mitte. Ein Stöhnen entfährt mir, als seine Zunge auf meine trifft, sie fordernd umkreist, an ihr saugt.

»Ethan«, keuche ich.

Er schiebt mich von sich. »Lass uns das am Samstag fortsetzen, okay?«, raunt er an mein Ohr.

Ich nicke. »Sehr gerne.«

»Ruh dich vorher besser aus«, flüstert er und zwinkert mir verschwörerisch zu. Mein Unterleib zieht sich bei seinen Worten zusammen und ich frage mich, wie zum Teufel ich es bis Samstag noch aushalten soll.

Kapitel 32

Ethan

Die Minuten ziehen sich wie Stunden, die Stunden wie Tage und so weiter. Geduld war noch nie meine Stärke und jetzt, wo es darum geht, auf Isla zu warten, werde ich schier verrückt. Das Gefühl überwältigt mich und gleichzeitig genieße ich es total. Es fühlt sich richtig an, nach wie vor.

Die Arbeit lenkt mich glücklicherweise etwas ab. Zurzeit ist viel zu tun, unsere Station ist voll belegt und zwei der Assistenzärzte sind ausgefallen, sodass ich ihre Aufgaben gemeinsam mit Nate übernehmen muss. Die ganze Woche über schiebe ich schon Überstunden, weshalb ich Isla auf Samstag vertrösten musste. Das Wochenende habe ich mir freigehalten, es soll nur Isla und mir gehören. Und wenn ich an unseren Kuss gestern in ihrem Büro zurückdenke, bin ich mir sicher, dass wir das komplette Wochenende im Bett verbringen werden. Oder wahlweise an jedem anderen Ort in meiner Wohnung, der sich dazu eignet, dort Sex zu haben. Das trifft so ziemlich auf meine komplette Wohnung zu.

Ich reiße mich aus meinen Gedanken an Isla und konzentriere mich wieder auf die Kurvenbesprechung, die jeden Nachmittag stattfindet. Die letzte für diese lange Woche. Ob Isla noch da ist? Unauffällig geht mein Blick zur Uhr. Nein, sicherlich hat sie schon Feierabend.

Während Nate mir die neusten Untersuchungsergebnisse der Patienten erläutert, vibriert mein Handy in meiner Kitteltasche. Ich ignoriere es, doch es hört nicht auf. Ein Blick auf mein Handy verrät mir, dass es meine Schwester ist. Ich drücke den

Anruf weg. Wenige Minuten später vibriert es erneut. Diesmal ist es meine Mutter. Auch ihren Anruf drücke ich weg. Als hätte ich Lust, mit meiner Mutter zu reden.

Aber egal, wie oft ich die Anrufe wegdrücke, es hört nicht auf. Schließlich stelle ich mein Handy auf lautlos und höre weiter Nate zu.

Da klingelt mein Diensttelefon.

»Das grenzt schon an Telefonterror«, murmele ich und hebe ab. Es ist die Notaufnahme. Ich runzle die Stirn, wundere mich kurz. Schließlich habe ich keinen dort Dienst und bin auch nicht der zuständige Oberarzt für die Notaufnahme.

»Sorry, da muss ich ran«, sage ich an Nate gewandt und nehme den Anruf entgegen.

»Bailey?«

»Dr. Connor hier, Notaufnahme. Spreche ich mit Ethan Bailey?«, fragt mich ein Mann, den ich an der Stimme nicht erkenne.

»Ja. Ich bin aber nicht der zuständige Oberarzt …«, beginne ich, doch Dr. Connor unterbricht mich.

»Das weiß ich. Sie sollten sofort in die Notaufnahme kommen. Ihr Vater wurde soeben eingeliefert.«

»Was?«, entfährt es mir. »Wieso? Was ist passiert?« Ich stehe auf und gehe einige Schritte zur Tür.

»Das wissen wir noch nicht sicher, aber es besteht der Verdacht auf einen erneuten Schlaganfall. Er ist gerade im CT«, erklärt Dr. Connor mit ruhiger Stimme weiter.

»Ihre Schwester und Mutter sind da. Vielleicht wollen Sie auch kommen.«

»Ja … Ja, sicher, ich bin gleich da.«

»Was ist los?«, fragt Nate mit besorgter Stimme.

»Mein Vater wurde mit Verdacht auf Schlaganfall eingeliefert«, sage ich ruhig. Woher diese Ruhe kommt, kann ich nicht sagen. Vielleicht daher, dass ich als Arzt ein gewisses Maß an Ruhe mitbringen sollte, auch in stressigen und unerwarteten Situationen. Gerade in solchen Situationen.

»Shit, wie geht es ihm?«

»Keine Ahnung, er ist im CT.« Ich greife nach meinem Dienstausweis. »Kannst du das allein fertigmachen?«

Nate nickt hastig. »Ja, natürlich. Verschwinde schon!«

In der Notaufnahme herrscht wie immer reges Treiben. Pfleger und Ärzte eilen von einem Behandlungsraum in den nächsten, aufgewühlte Angehörige stehen vor dem Empfangstresen und erkundigen sich nach ihren Familienmitgliedern. So auch Caroline und meine Mutter.

»Ethan!« Caroline sieht mich als erstes. »Zum Glück bist du da!« Ihre Augen sind rot und geschwollen von den vielen Tränen. Meine Mutter sieht ebenso aufgelöst aus.

»Was ist passiert?«, frage ich und lasse mich von Caroline umarmen.

»Er … er ist …« Die Stimme meiner Mutter bricht, sie schluchzt unkontrolliert in ein Taschentuch. Von ihr kann ich erst mal keine sinnvollen Informationen erhalten. Also wende ich mich an Carla, die leitende Schwester der Notaufnahme, die gerade auf mich zu kommt. Ihre Miene verdüstert sich minimal, als sie mich sieht. Eventuell habe ich sie vor einigen Jahren des Öfteren flachgelegt und dann abserviert, weshalb sie nicht mehr mein größter Fan ist.

»Er ist gerade aus dem CT gekommen, die Bilder sind im System, sieh sie dir gerne an«, erläutert Carla. »Er hat wohl eine große Blutung erlitten. Gerade wird er auf die Intensivstation verlegt.«

»Ist er wach?«, hake ich nach, doch Carla schüttelt nur den Kopf, ehe sie weitergeht.

Ich bahne mir einen Weg zu einem der Arbeitsplätze und rufe die Bilder auf dem PC auf. Scheiße, das sieht nicht gut aus. Sicherheitshalber rufe ich Tom an, damit er einen Blick darauf wirft. Auch, wenn ich mir sicher bin, was diese Bilder sagen.

Tom ist wenige Minuten später da und ich zeige ihm die Bilder.

»Ethan«, beginnt er langsam und ich weiß schon, was er mir sagen will. »Das sieht nicht gut aus. Die gesamte linke Hirnhälfte ist betroffen, die Mittellinie bereits etwas verschoben und es wird sich ausbreiten. Ich muss dir nicht sagen, was das bedeutet.«

Ich nicke. Es bedeutet nichts Gutes. Der Hirndruck würde steigen, weiteres Gewebe geschädigt werden. Die Prognose ist nicht gut.

»Lass uns mit William sprechen, was jetzt unsere Möglichkeiten sind«, sagt Tom und legt eine Hand auf meine Schulter.

Caroline und meine Mutter warten ungeduldig im Foyer. Ich erkläre ihnen kurz den Befund und das weitere Vorgehen.

»Wird er wieder gesund?«, fragt Caroline leise.

Ich sehe sie ernst an. Wir kommen aus einer Ärztefamilie und auch, wenn sie selbst keinen medizinischen Beruf ausübt, muss meiner Schwester die Tragweite einer dermaßen ausgeprägten Hirnblutung sicherlich bewusst sein. Daher antworte ich nicht auf ihre Frage, sondern wende mich ab und eile zusammen mit Tom auf die Intensivstation.

Kapitel 33

Ethan

»Wir haben eine Schutzintubation durchgeführt und er wird aktuell maschinell beatmet«, berichtet William, der leitende Oberarzt der Neurochirurgie. »Der Hirndruck ist derzeit stabil, weshalb ich vorerst keine Kraniektomie durchführen würde.«

Ich nicke stirnrunzelnd.

»Ethan«, fährt William fort. »Die Patientenverfügung Ihres Vaters ist eindeutig.« Er sieht mich nachdenklich an.

»Das heißt?«, hake ich nach und verschränke die Arme. Tom legt mir eine Hand auf die Schulter.

»Ethan, dein Vater lehnt eine invasive Beatmung eigentlich ab. Ebenso sämtliche anderen Maßnahmen bei zu erwartendem schlechtem Outcome«, ergänzt Tom.

»Es sieht nicht gut aus«, mischt William sich ein. »Selbst, wenn er wider Erwarten aufwachen sollte, wäre er ein schwerer Pflegefall. Die genauen Folgen sind aktuell noch nicht sicher abzuschätzen, aber meiner Erfahrung nach würde er in keinerlei Hinsicht mehr am aktiven Leben teilnehmen können.«

»Und das will er nicht«, sage ich leise. Ich kenne meinen Vater und weiß, dass er so etwas immer abgelehnt hat. Verständlicherweise. Daher hat er frühzeitig eine Patientenverfügung festgelegt, die ich aber noch nie zu Gesicht bekommen habe. Ob meine Mutter und Caroline davon wissen?

»Ich würde vorschlagen, dass wir ihm ein, zwei Tage geben«, sagt William. »Und dann sehen wir, wie sich sein Zustand entwickelt.«

»Und ob ein Wunder geschieht«, füge ich trocken hinzu.

William verabschiedet sich mit einem Nicken und eilt zum nächsten Patienten, während Tom und ich das Zimmer meines Vaters betreten.

»Ich rufe in der Notaufnahme an, damit man deine Mutter und Caroline hochschickt«, sagt Tom.

Vor dem Bett bleibe ich stehen und betrachte meinen Vater. Der Tubus ragt aus seinem Mund, die Maschine gibt ein kontrolliertes Zischen von sich, die Brust meines Vaters hebt und senkt sich regelmäßig. Er sieht schlecht aus. Blass. Hat dunkle Ringe unter den Augen. Ich warte darauf, dass Trauer mich durchströmt, aber da ist nichts.

Nur Wut.

Grenzenlose, schier unkontrollierbare Wut, die mich fast übermannt.

Wut auf ihn. Weil er so schwach war, weil wir jetzt die Konsequenzen seiner Alkoholsucht tragen müssen. Ich diese Konsequenzen tragen muss.

Wut auf meine Mutter. Weil sie ihn in die Sucht getrieben hat mit ihrem rücksichtslosen Verhalten.

Und wieder Wut auf ihn, weil er sich hat so behandeln lassen.

Ein Blick auf den Monitor sagt mir, dass seine Vitalzeichen so weit stabil sind. Nur der Blutdruck ist zu hoch.

In diesem Moment fällt es mir wie Schuppen von den Augen. Es war eine Illusion. Alles war eine Illusion. Die Erkenntnis trifft mich wie ein Schlag, während ich meinen Vater so daliegen sehe. Mir stockt kurz der Atem.

Wie konnte ich nur denken, dass mich die Vergangenheit jemals in Ruhe lassen würde? Dass sie nicht mehr meine Gegenwart beeinflussen würde? Wie konnte ich nur so dumm sein? *History repeats itself*, heißt es und genauso ist es mit meinem Leben. Sobald ich glaube, dass ich mit dem Vergangenen abschließen kann, holt es mich ein, ergreift Besitz von mir und lässt mich nicht mehr los.

Ich spüre förmlich, wie sich die Mauer um mein Herz wieder

wie von selbst aufbaut, sämtliche positiven Gefühle auslöscht, nur die negativen in mir zurücklässt. Niemals würde ich es zulassen, so zu enden wie er. So schwach zu sein, wie er. Eine Frau so zu lieben, wie er. Denn er hat meine Mutter mehr geliebt als mich oder Caroline, mehr als sich selbst.

Liebe macht schwach und Schwäche ist nicht akzeptabel. Schwäche führt zu Selbstzerstörung.

Wie konnte ich nur denken, dass ich Isla mein Herz öffnen kann? Weil ich hoffe, dass sie anders ist als meine Mutter und Jessica. Aber sie würde mein Untergang sein, so wie meine Mutter der Untergang für meinen Vater war. Und das würde ich nicht zulassen.

Niemals.

Kapitel 34

Isla

Am Freitagabend bin ich so nervös und aufgeregt wie schon lange nicht mehr. Ich gönne mir ein langes heißes Bad, trage eine Gesichts- und eine Haarmaske auf, rasiere mich ordentlich. Dann suche ich mir ein passendes Outfit für mein Date mit Ethan aus.

Zwischendurch schicke ich ihm Nachrichten. Auf die er allerdings bisher nicht geantwortet hat, aber vielleicht ist er einfach noch in der Klinik beschäftigt. Nichts kann meine gute Laune trüben, ich schwebe wie auf Wolken und wie berauscht von dem Glücksgefühl, das durch jede Faser meines Körpers fließt.

Ich lande jedoch hart auf dem Boden der Realität, als ich auch am Samstagmorgen keine Nachricht von Ethan erhalten habe, und beginne mir langsam Sorgen zu machen. Also schicke ich ihm eine Nachricht.

Wann soll ich denn vorbeikommen?

Es erscheint nur ein Häkchen. Verwundert ziehe ich die Stirn in Falten, beschließe aber, mich zu beruhigen und erst mal abzuwarten.

Am Mittag laufe ich unruhig durch meine Wohnung, das Handy fest in der Hand. Keine Nachrichten. Immer noch nur ein Häkchen hinter meiner letzten WhatsApp. Ich schicke ihm noch eine Nachricht.

Ethan, ist alles in Ordnung?

Doch auch diese Nachricht wird nur gesendet, aber nicht empfangen. Ich wähle seine Nummer, lasse es gefühlt minutenlang klingeln.

Nichts.

Er hebt nicht ab.

Mein Herz klopft hart und schnell in meiner Brust, meine Lungen ziehen sich zusammen. Mich beschleicht ein ungutes Gefühl, fast schon Panik.

Ob etwas passiert ist?

Hat er es sich anders überlegt?

Will er mich doch nicht? Will er uns nicht?

Fragen über Fragen überfluten mein Hirn, auf keine von ihnen habe ich eine Antwort.

Wieder wähle ich seine Nummer, wieder nimmt er nicht ab.

Mir wird schlecht. Zum Glück habe ich heute noch nichts gegessen, sonst hätte ich mich jetzt sicherlich übergeben müssen.

Ich versuche, mich zu beruhigen, mir selbst einzureden, dass alles in Ordnung ist. Dass er vielleicht nur beim Sport ist, sein Handy irgendwo vergessen hat oder es auf stumm geschaltet hat.

Ich tippe noch eine Nachricht.

Ich wähle wieder seine Nummer.

Wieder und wieder, doch es endet jedes Mal gleich. Er antwortet nicht, er reagiert nicht.

So verbringe ich also meinen kompletten Samstag, schicke Nachrichten, rufe ihn an. Nichts geschieht. Ich fühle mich wie eine verrückte Stalkerin, aber ich kann nichts dagegen tun. In meinem Magen hat sich ein riesiger Knoten gebildet und nicht nur einmal brennen heiße Tränen in meinen Augen, die ich nur schwer zurückhalten kann.

Ob ich einfach zu ihm fahren sollte?

Allerdings will ich nicht am Beginn unserer Beziehung die durchgeknallte Freundin sein, die sofort Panik bekommt, wenn er sich nicht meldet. Die ihn kontrolliert. Einengt.

Nein. Einfach zu ihm zu fahren, ist keine Lösung.

Ich versuche es auf seinem Festnetz, doch da geht direkt der Anrufbeantworter ran.

Es wird Abend. Nichts.

Es wird Nacht. Nichts.

Es wird Sonntagmorgen. Immer noch nichts.

Mittlerweile ist mir nicht nur schlecht, ich habe Kopfschmerzen und Herzrasen. Zwischendurch werde ich wütend und sauer auf ihn. Weil er es scheinbar nicht für nötig hält, mich anzurufen oder irgendein anderes Lebenszeichen zu schicken.

Ich beschließe, einen Spaziergang zu machen und lasse mein Handy absichtlich zu Hause. Doch auch die angenehm warme Luft hilft mir nicht dabei, mich zu beruhigen. Im Gegenteil. Ich fühle mich noch gestresster als zu Hause, weil ich mein Handy nicht bei mir habe. Was, wenn doch etwas passiert ist? Was, wenn er mich jetzt gerade anruft und ich gehe nicht ran?

Ich eile zurück in meine Wohnung, atemlos komme ich dort an, nur um festzustellen, dass ich keine neuen Nachrichten oder Anrufe habe.

Ein Schluchzen entfährt mir und ich presse eine Hand auf meinen Mund.

Reiß dich zusammen! Ich stoße langsam und gleichmäßig die Luft aus.

Dann schicke ich ihm noch eine Nachricht.

Ich rufe ihn an. Lege auf. Rufe ihn wieder an. Lege auf.

Rufe ihn wieder an.

»Was?«, brüllt Ethan am anderen Ende der Leitung in sein Handy.

Vor lauter Schreck lasse ich beinahe mein Telefon fallen.

»Ethan!«, keuche ich. »Was ist denn los? Ich habe versucht, dich zu …«

Er unterbricht mich. »Lass mich einfach in Ruhe!«

»Aber was …?« Weiter komme ich nicht.

»Lass. Mich. Einfach. In. Ruhe. Isla. Okay? Geht das?« Seine

Stimme ist eiskalt und so schneidend wie ein Messer. Er schneidet mir damit das Herz heraus.

Ich kann meine Tränen nicht mehr zurückhalten.

»Was ist denn passiert?«, wimmere ich und ignoriere die Tatsache, dass ich wie ein klägliches Etwas klingen muss.

»Nichts. Du sollst mich nur einfach in Ruhe lassen. Ein für alle Mal!«

Dann legt er auf.

Und mein Herz zerbricht.

Kapitel 35

Ethan

Am Sonntag um siebzehn Uhr sechsundvierzig extubiere ich meinen Vater. Um achtzehn Uhr siebenundzwanzig macht er seinen letzten Atemzug.

Wie William es prognostiziert hat, ist mein Vater nicht aufgewacht. Sein Zustand hat sich weiter verschlechtert, sodass er nicht nur Unterstützung beim Atmen brauchte, sondern komplett auf die Maschine angewiesen war. Die Bilder des CT bestätigen uns, dass die Blutung sich weiter ausgedehnt hat. Die gesamte linke Hirnhälfte ist zerstört, das Kleinhirn schwer betroffen, ebenso Thalamus und Hirnstamm.

Er würde nicht mehr aufwachen. Und das ist vermutlich besser für ihn. Denn ein normales Leben wäre für ihn mit diesen schweren Hirnschädigungen sowieso undenkbar gewesen. Und ein Pflegefall wollte er nie sein, das kann ich mit Sicherheit sagen.

Gemäß seinem Willen entscheiden wir uns dafür, die Beatmung einzustellen und abzuwarten, was geschieht. Entweder er würde es schaffen, selbstständig zu atmen, oder nicht.

Er hat es nicht geschafft.

Caroline bricht in meinen Armen zusammen, als der Monitor eine Nulllinie zeigt. Ich halte sie fest, denn ihre Beine geben nach. Ihre Tränen durchnässen mein weißes Hemd, super. Ich habe keines zum Wechseln in meinem Büro, fällt mir in diesem Moment ein.

Meine Mutter, die neben meinem Vater am Bett sitzt, lässt sich auf ihn fallen und weint hemmungslos. Tom hat eine Hand auf ihren Rücken gelegt.

Für quälend lange Minuten, die sich wie eine Ewigkeit anfühlen, ist der Raum erfüllt von Schluchzen, Tränen und Trauer.

Nur ich bin ganz ruhig. Ein Außenstehender würde niemals ahnen, dass der Patient in dem Bett vor mir mein Vater ist. Ich betrachte ihn schweigend. Sein lebloser Körper auf dem weißen Bett. Seine Augen sind geschlossen, er wirkt entspannt. Beinahe schon friedlich, wie er so daliegt.

Und ich? Ich fühle nichts.

Außer der Wut, die mich gestern ergriffen hat und nach wie vor noch nicht abgeklungen ist. Im Gegenteil, mit dem letzten Atemzug meines Vaters ist sie ins schier Unermessliche gestiegen. In mir tobt, stürmt und wütet es, doch das lasse ich nicht nach außen dringen. Ich verziehe keine Miene, atme ruhig ein und aus und warte darauf, dass wir endlich gehen können.

Nach einiger Zeit tritt Tom zu meiner Mutter ans Bett und legt ihr sanft eine Hand auf die Schulter, ein Zeichen dafür, dass es Zeit ist aufzubrechen. Abschied zu nehmen. Sie murmelt unverständliche Worte, die mir sowieso egal sind, selbst wenn ich sie verstanden hätte. Caroline tupft sich die Tränen mit einem weißen Taschentuch ab und klammert sich an meinen Arm, als wäre ich ein rettender Anker. Ich schüttele leicht den Kopf bei diesem Gedanken.

Meine Mutter rappelt sich auf, gestützt von Tom, der seine Sache als verständnisvoller, fürsorglicher Chefarzt hervorragend macht. Er führt sie langsam zur Zimmertür. Dort angelangt wirft sie noch einen letzten Blick auf meinen Vater.

»Mach's gut, mein Schatz. Wir hatten eine gute Zeit. Danke dafür!«

Mein Herzschlag beschleunigt sich bei ihren heuchlerischen Worten und ich balle meine linke Hand zur Faust, so fest, dass meine Fingernägel in meine Handfläche schneiden. Meine Kiefermuskeln verspannen sich schmerzhaft in dem Versuch, meinen Mund zu halten, nicht auszusprechen, was ich ihr so verdammt gerne an den Kopf werfen würde. Glücklicherweise lenkt Caroline meine Aufmerksamkeit auf sich, als sie sich neben mir zum Gehen wendet.

Da wir nichts mehr tun können, bringe ich Caroline und meine Mutter in die Wohnung meiner Schwester. Ich setze sie dort ab und verabschiede mich dann sofort. Ich kann es nicht länger ertragen.

Ihre Trauer.

Ihre Tränen.

Meine Wut.

Also fahre ich nach Hause und versuche, meine Wut in Whisky zu ertränken. Ich setze mich auf mein Sofa und starre durch das Fenster nach draußen.

Noch immer regt sich in mir nichts, außer dieser Wut, die bestimmt niemals abebben wird.

Da ist keine Trauer.

Kein Schmerz.

Nur heiße, glühende Wut.

Ich weiß nicht, wie ich damit umgehen soll. Was ich tun soll, um sie loszuwerden. Sie lähmt mich, ist allumfassend. Also bleibe ich einfach sitzen und trinke.

Irgendwann später – es ist bereits dunkel – stehe ich auf, um mir eine neue Flasche Whisky in der Küche zu holen. Auf der Anrichte sehe ich mein Handy liegen. Ich hatte es heute Morgen stummgeschalten. Ein Teil von mir will es einfach liegen lassen. Der pflichtbewusste Teil von mir zwingt mich allerdings dazu, auf den Bildschirm zu sehen. Es könnte sein, dass Tom sich gemeldet hat und noch irgendetwas wegen meines Vaters wissen wollte. Oder, und das war eindeutig wahrscheinlicher, Caroline oder meine Mutter hatten angerufen, um nachzufragen, wie es mir denn so geht.

Auf dem Startbildschirm springen mir mehrere Nachrichten und Meldungen über vergangene Anrufe entgegen. Nicht von Car oder meiner Mutter.

Sondern von Isla.

Es scheint Jahre her zu sein, dass ich an sie gedacht hatte. An sie und ihre umwerfende Art. Mit der mein aktuelles Ich gerade überhaupt nicht umgehen konnte.

Mir fällt ein, dass wir ja das Wochenende eigentlich gemeinsam verbringen wollten. In der vergangenen Woche hatten wir uns kaum gesehen und wir wollten die verlorene Zeit nachholen. Sie bei gemeinsamen Unternehmungen, ich nackt mit ihr im Bett.

Ein Hauch von einem schlechten Gewissen keimt in mir auf, erlischt jedoch sofort wieder. Ich bin ihr keine Rechenschaft schuldig und ich habe gerade wirklich keinen Bock auf Gespräche.

Also klicke ich die Meldung weg. Ich will nichts von ihr hören. Niemals wieder, glaube ich. Ich kann einfach nicht.

Während ich auf den nun leeren Startbildschirm schaue, geht wieder ein Anruf ein. Ich sehe Islas Profilbild, auf dem sie strahlend lacht. Ich habe dieses Bild von ihr gemacht.

Und während ich gedankenverloren ihr Bild betrachte, legt sich plötzlich ein Schalter in mir um und ich kann mich nicht mehr beherrschen. Wut strömt wie heiße Lava durch meine Adern, verbrennt mich und jeden verbliebenen Funken Selbstbeherrschung.

Wutentbrannt nehme ich den Anruf an, brülle sie an.

Ich stoße sie von mir.

Ich breche ihr das Herz.

Erneut.

Endgültig.

Ich bin nicht der Typ für große Trauer, für Tränen und all das Zeug. Der Tod gehört zum Leben nun einmal dazu. Das weiß ich als Arzt nur allzu gut. Also kehre ich nach einem Sonntag, den ich alleine auf dem Sofa verbracht und Whiskey in mich hineingeschüttet habe, in meinen normalen Alltag zurück und stehe am Montag pünktlich in der Klinik.

Tom sieht mich besorgt an, als ich ihn begrüße, sagt aber nichts. Er kennt mich zu lange, um zu versuchen, mir etwas auszureden, was ich mir in den Kopf gesetzt habe.

Wie zu erwarten, taucht Isla vormittags in meinem Büro auf, als ich gerade einen Brief diktiere. Sie sieht beschissen aus. Müde. Verheult. Es ist mir egal.

»Was willst du hier?«, frage ich kühl, als sich meine Bürotür hinter ihr geschlossen hat und sie vor meinem Schreibtisch steht. Ich sehe sie nicht an. Ich kann ihre traurigen, grauen Augen nicht ertragen.

»Wissen, was los ist.« Ihre Stimme klingt heiser, kratzig.

»Das habe ich dir doch bereits gesagt«, erwidere ich kalt, mein Blick weiter auf meinen PC geheftet.

»Ich will wissen, warum!«, sagt sie.

»Muss es einen Grund dafür geben, dass ich meine Ruhe möchte und nichts mehr von dir hören will?«

Isla atmet hörbar ein. »Ja. War die letzte Woche nur eine Lüge?«

»Es hat für eine kurze Zeit Spaß gemacht, aber jetzt nicht mehr. Es langweilt mich.«

»Das glaube ich dir nicht«, flüstert sie und macht einen Schritt auf mich zu.

Meine Augen zucken zu ihr und ich werfe ihr einen eiskalten Blick zu.

»Isla«, beginne ich. »Es ist aber so. Also geh!«

»Nein!«, sagt sie, nun etwas lauter.

Ich stöhne genervt und stehe auf. »Wieso willst du es nicht verstehen?«

»Weil es eine Lüge ist«, entgegnet sie.

Ich lache trocken auf. »Das soll eine Lüge sein? Isla, wach doch auf. Wir waren die Lüge! Du und ich!« Meine Stimme wird immer lauter, doch es ist mir egal. »Hast du ernsthaft geglaubt, es würde jemals mit uns funktionieren?«

Sie nickt leicht, sagt aber nichts. Tränen schimmern in ihren Augen, aber ich bin wie im Rausch und kann die Worte, die meinen Mund verlassen, nicht zurückhalten.

»Ich will dich nicht in meinem Leben haben, Isla!«, sage ich gefährlich leise. »Ich will dich nicht, hörst du? Du bedeutest mir rein gar nichts! Du warst ein toller Fick, aber das war es auch schon! Und jetzt raus hier!« Die letzten Worte spucke ich ihr förmlich entgegen und sie zuckt zusammen.

Mit tränenüberströmtem Gesicht sieht sie mich für einen kurzen Moment an, Fassungslosigkeit breitet sich auf ihrer Miene aus. Dann dreht sie sich ruckartig um und stürmt aus meinem Büro.

Kapitel 36

Isla

Summer rennt mir hinterher, als ich aus Ethans Büro stürme. Einige der anderen Kollegen halten in ihrer Arbeit inne und beobachten mich. Aber das ist mir egal. Tränen laufen mir unkontrolliert übers Gesicht, ich sehe alles verschwommen.

»Isla!«, ruft Summer hinter mir, aber ich ignoriere sie und hetze in mein Büro. Dort angekommen knalle ich die Tür hinter mir zu, greife meine Tasche und schmeiße fahrig meine Sachen hinein. Meine Hände zittern, mein Atem geht stoßartig und ich sehe noch immer alles durch einen Schleier.

Diese verfluchten Tränen!

Ich nehme wahr, wie die Tür sich öffnet und wieder geschlossen wird, aber ich halte nicht inne.

Du musst hier weg.

Das ist mein einziger Gedanke.

»Isla.« Die sanfte Stimme meiner Freundin dringt an mein Ohr und macht alles nur noch schlimmer.

Dann eine Berührung an meinem Arm, die mich schlagartig in meiner Bewegung innehalten lässt. Ich drehe mich zu Summer, die mich in ihre Arme zieht. Und dann ergebe ich mich meinen Tränen.

Summer streichelt mir sanft den Rücken und ich bin ihr so dankbar, dass sie nichts sagt. Denn was gibt es da schon groß zu sagen? Wieder bin ich an diesem Punkt angelangt, als wäre es mein ganz persönlicher Fluch, dieses Déjà-Vu immer und immer wieder zu erleben.

»Wieso reite ich mich selbst denn immer wieder in diesen Mist hinein?«, frage ich zwischen zwei Schluchzern. Meine Stimme klingt nicht nach mir, heiser und zu hoch.

»Weil du an das Gute in den Menschen glaubst. Und das macht einen leider verletzlich«, antwortet Summer leise.

Wie recht sie doch hat.

Egal, was passiert ist. Egal, was Ethan getan oder nicht getan hat. Ich habe immer an das Gute in ihm geglaubt, war der festen Überzeugung, dass er ein guter Mensch ist. Und ich habe an uns geglaubt, immer und immer wieder, egal wie sehr mein Herz unter ihm gelitten hat.

Allmählich versiegen meine Tränen und eine bleierne Erschöpfung macht sich in mir breit.

Summer schiebt mich sacht von sich und sieht mich besorgt an.

»Du gehst jetzt nach Hause, okay? Und dort schnappst du dir eine riesige Packung Schokolade und verbringst damit den restlichen Tag vor dem Fernseher.«

Ein Schnauben entfährt mir und ich nicke.

»Ich komme nach meiner Schicht vorbei«, sagt Summer. »Ich melde dich hier ab. Also los, verschwinde.« Sie lächelt mir aufmunternd zu.

Wie auf Autopilot lege ich den Weg zu meiner Wohnung zurück. Dort angekommen dröhnt mein Schädel bis zum Bersten. Eine Welle der Übelkeit erfasst mich. Ich schaffe es gerade noch, die Wohnungstür hinter mir zu schließen und ins Bad zu hasten. Ich lasse mich vor die Toilette fallen und erbreche mich. Ich würge und würge, während mir schon wieder die Tränen übers Gesicht laufen. Es ist widerlich. Als mein Magen schließlich komplett leer ist, würge ich nur noch Galle nach oben. Dann breche ich erschöpft auf dem Boden vor dem Klo zusammen und ergebe mich meinen Tränen.

Es fühlt sich wie eine Ewigkeit an, bis ich es schaffe, aufzustehen. Im Flur taste ich nach dem Lichtschalter und wanke auf unsicheren Beinen zu meinem Sofa.

Alles in mir fühlt sich leer an.

Da ist nichts mehr von mir.

Ich rolle mich auf dem Sofa zusammen und starre teilnahmslos die Wand an, während ich darauf warte, dass mich die Tränen wieder überrollen. Doch auch sie sind weg, haben mich verlassen, wie Ethan.

Da fällt mir ein, dass Summer nach der Arbeit vorbeikommen wollte. Bei dem Gedanken daran bildet sich ein Knoten in meinem Magen. Ich kann niemanden sehen. Es geht nicht.

Also hole ich meine Tasche, die ich vorhin achtlos in den Flur geworfen habe, und tippe eine Nachricht an Summer.

Danke für vorhin. Bin zu Hause, es geht mir gut. Du musst nicht vorbeikommen. Melde mich die Tage.

Dann werfe ich mein Telefon zurück in die Tasche. Ich will mit niemandem reden. Keine Fragen gestellt bekommen. Denn ich muss erst einmal für mich verarbeiten, was passiert ist.

Schon wieder.

Doch was zum Teufel ist denn eigentlich passiert? In dem einen Moment war alles gut zwischen Ethan und mir. Und plötzlich wirft er mir solche harten Worte an den Kopf. Worte, die mir das Herz rausgeschnitten haben, eine Wunde, die wohl niemals aufhören wird, zu bluten. Ich fühle mich leer, wie eine Hülle meiner selbst.

Am nächsten Tag melde ich mich für die restliche Woche krank. Ich habe mehrere entgangene Anrufe und Nachrichten von Summer, die sich erkundigt, wie es mir geht. Dann ein paar Nachrichten von Sarah, die ebenfalls wissen will, wie es mir geht und ob ich etwas brauche.

Aber ich antworte ihnen nicht.

Die nächsten Tage ziehen an mir vorbei, ohne dass ich es überhaupt bemerke. Ich liege in meinem Bett, egal ob es draußen hell oder dunkel ist. Ich existiere wie in einer Blase. Nur der Schmerz, die Leere und ich.

An einem Tag – ich weiß nicht, wie viel Zeit vergangen ist – schlurfe ich ins Wohnzimmer, weil mein Magen sich unbarmherzig zusammenzieht. Wie lange habe ich nichts gegessen? Mein Kühlschrank ist leer, aber ich finde noch eine Banane auf der Anrichte. Das muss reichen.

Meine Wohnung kommt mir seltsam groß vor, ohne Ethan. Das ist total bescheuert, angesichts der Tatsache, dass er in letzter Zeit nur ein einziges Mal hier gewesen ist.

Es bringt mich fast um, nicht zu wissen, was passiert ist, denn ich bin mir absolut, dass etwas passiert ist. Und dass Ethan mich deswegen von sich gestoßen hat. Andererseits, welchen Unterschied würde es machen, wenn ich es wüsste? Keinen. Also versuche ich verzweifelt, mir nicht den Kopf darüber zu zerbrechen.

Am Sonntag – ich habe nun endlich geschafft, nachzusehen, welcher Tag eigentlich ist – schreibe ich eine kurze Mail an meine Chefin, in der ich mich auch für die kommende Woche krankmelde. Glücklicherweise habe ich einen sehr großzügigen Arzt, was Krankmeldungen angeht.

Ich ignoriere die vielen Nachrichten, die auf meinem Handy angezeigt werden, und schalte es wieder aus. Dann igele ich mich wieder auf dem Sofa in meine drei Decken ein und schaue im TV irgendeine Serie.

Als ein lautes Geräusch ertönt, schrecke ich hoch. Ich muss eingeschlafen sein. Mehrmals blinzele ich.

»Okay, wow!«

Ich zucke zusammen, kann die Stimme zuerst nicht einordnen und blicke auf. Ryan steht vor mir in meinem Wohnzimmer und sieht mich mit hochgezogenen Augenbrauen und offensichtlich schockiert an.

Ich runzele die Stirn.

»Was machst du hier?«, nuschele ich und gähne.

»Die Frage ist ja wohl eher«, beginnt er langsam. »Was du hier machst, meine Süße!« Er sieht sich in dem Zimmer um.

»Und wie lange schon.«

Ich folge seinem Blick und sehe die Unordnung, die überall in meiner Wohnung herrscht. Scheiß drauf. Ich lege mich wieder hin und ziehe die Decke über den Kopf.

»Hau ab und lass mich in Ruhe, Ryan!«

»Sicherlich nicht!« Er zerrt mir die Decke weg und ich protestiere lautstark.

»Dusche. Jetzt!«, sagt er ernst und sieht mich warnend an. Ich überlege kurz, ob ich ihm widersprechen soll, entscheide mich dann aber dagegen. Er hat Recht. Ich habe seit ungefähr fünf Tagen nicht mehr geduscht und ich muss bis zum Himmel müffeln.

Also tapse ich auf unsicheren Beinen ins Bad. Das heiße Wasser ist eine Wohltat und ich lasse es über meinen Körper strömen. Länger als nötig bleibe ich unter der Dusche stehen, ehe ich mich schließlich abtrockne und in ein Handtuch gewickelt ins Wohnzimmer gehe.

Ryan hat aufgeräumt und auch durchgelüftet. Auf dem Wohnzimmertisch stehen mehrere Schachteln mit Essen vom Chinesen. Beim Duft von gebratenem Reis knurrt mein Magen vor lauter Freude.

»Zieh dir was an und dann komm zum Essen«, sagt Ryan und nickt in Richtung meines Schlafzimmers. Wortlos komme ich seiner Aufforderung nach, schlüpfe in eine neue Yogaleggins und ein ausgewaschenes Shirt und setze mich dann neben ihn aufs Sofa.

Er reicht mir einen Teller mit Reis und Gemüse.

»Iss!«

Wir essen schweigend, nur der Fernseher gibt laute Töne und Geräusche von sich. Das Essen schmeckt himmlisch, ich habe nie etwas Köstlicheres gegessen.

»Willst du mir erzählen, was passiert ist, Isla?«, fragt Ryan, als wir mit dem Essen fertig sind. Diese Frage habe ich befürchtet, seit er hier in meiner Wohnung aufgetaucht ist.

»Denk gar nicht erst darüber nach, mir irgendwelche Ausreden aufzutischen. Hier hat es ausgesehen, als hättest du seit drei Jahren nicht mehr aufgeräumt. Und so gerochen hat es auch.« Er zieht die Nase kraus.

Ein Schmunzeln verirrt sich auf meine Lippen. Ich seufze und sage ihm also die Wahrheit. Ich erzähle ihm von dem Sommerfest, das Ethan und ich uns wieder nähergekommen sind, noch näher als vor einem Jahr. Emotional gesehen. Und dass er mich fallen hat lassen, einfach so, ohne eine Erklärung.

Ryan unterbricht mich nicht, sondern nickt nur nachdenklich.

»Das ist Scheiße«, sagt er schließlich, als ich fertig bin.

Ich muss lachen. »Das hast du gut zusammengefasst.«

»Und er hat seitdem nichts mehr gesagt? Sich nicht mehr gemeldet?«

Ich schüttele den Kopf. »Nope. Nichts.« Meine Augen beginnen verräterisch zu brennen und ich blinzele einige Male.

»So ein Arsch. Der hat dich nicht verdient.« Ryan legt mir eine Hand auf den Oberschenkel und drückt einmal zu. Ich lächele schwach. Tränen, auf die ich so lange gewartet habe, steigen in mir auf, lassen meine Sicht verschwimmen. Ryan zieht mich an sich und umarmt mich fest.

»Würde es dich aufheitern, wenn du mir Zöpfe flechten dürftest?« Er schiebt mich etwas von sich, grinst mich schief an und schnippt gegen seinen Zopf. Eigentlich mag ich keinen Man-Bun, aber Ryan steht es verdammt gut. Seit wir uns kennen, ziehe ich ihn damit auf, indem ich ihm androhe, ihm irgendwann Zöpfe zu flechten.

Meine Mundwinkel zucken nach oben, das Lächeln erreicht meine Augen aber nicht.

»Ich glaube nicht, aber danke.«

»Das war ein einmaliges Angebot, nur damit das klar ist.« Ryan zwinkert mir zu, erhebt sich und verschwindet in der

Küche. Zurück kommt er mit einer Flasche Tequila und zwei Schnapsgläsern. »Würde das helfen?«

»Schon eher«, gebe ich zurück und nehme das bis oben gefüllte Glas entgegen. Ohne mit ihm anzustoßen, kippe ich den Tequila nach hinten. Er brennt in meiner Kehle und wärmt meinen Bauch.

»Nachschenken«, sage ich und halte ihm mein Glas entgegen. Ryan füllt es erneut und ich leere es auf ex.

Ein warmes, wohliges Gefühl breitet sich in mir aus. Der Tequila würde schon dafür sorgen, dass sämtliche noch existierenden Gefühle für Ethan abgetötet würden.

Kapitel 37

Ethan

Die meisten Menschen nerven mich – Patienten zum Großteil ausgenommen. Keine Ahnung, warum das so ist. Bisher konnte ich das immer gut kaschieren und mir nicht anmerken lassen. Seit dem Tod meines Vaters vor knapp zwei Wochen allerdings, fällt mir das zunehmend schwer. Alle haben sich gegen mich verschworen und gehen mir unfassbar auf die Nerven – Patienten diesmal eingeschlossen. Meine Toleranz für dumme Fragen – oder generell Fragen – ist in den letzten zwei Wochen sehr gering und es kostet mich alle Kraft, meine Ungeduld zu verbergen.

Isla ist schon die zweite Woche in Folge krank. Und ich bin froh darüber. Es wäre alles noch viel schwieriger, wenn ich sie jeden Tag sehen müsste. Ich bereue meine Worte. Sehr sogar. Aber das würde ich ihr natürlich niemals sagen. Denn ich weiß, dass es besser ist, wenn wir getrennte Wege gehen. Ich schaffe es nicht, sie nicht zu verletzen und ich bin mir absolut sicher, dass ich ihr früher oder später wieder das Herz brechen würde. Also dann lieber früher, damit sie dann die Chance hat, jemanden zu finden, der sie wirklich verdient hat.

Ob ich sie vermisse? Jede verdammte Sekunde. Jede Faser meines Körpers sehnt sich schmerzhaft nach ihr. Doch das ändert nichts. Ich habe lange genug mit angesehen, wohin die Liebe führen kann, was aus einem wird, wenn Gefühle stärker sind als der eigene Selbsterhaltungstrieb.

»Und warum muss diese Untersuchung sein, Herr Doktor?«, fragt der Patient, den Nate und ich gerade visitieren. Ich seufze innerlich auf. Diese Frage hat der Patient schon ungefähr zwanzig Mal gestellt.

»Weil wir leider nicht von außen in Sie hineinschauen können«, sage ich, krampfhaft bemüht, nicht die Geduld zu verlieren.

»Gibt es denn keine Alternativen?«, fragt der Patient und sieht mich mit zweifelnd hochgezogenen Augenbrauen an.

Okay, das reicht.

»Hören Sie. Wenn Sie sich nicht untersuchen lassen wollen, dann ist das Ihr gutes Recht. Aber dann gehen Sie bitte nach Hause und nehmen nicht anderen Menschen das Bett weg, die sich gerne von uns hier in diesem Krankenhaus behandeln lassen würden!« Meine Stimme ist etwas lauter geworden, mein Tonfall scharf.

Aus großen Augen sieht mich der Patient an und sucht sichtlich nach den richtigen Worten.

Nate räuspert sich. »Dr. Bailey, vielleicht sollten wir …« Doch ich unterbreche ihn mit einer Geste.

»Nein«, sage ich bestimmt und wende mich wieder dem Patienten zu. »Wir drehen uns hier seit Tagen im Kreis, es reicht jetzt. Entweder Sie stimmen der Untersuchung zu oder nicht, aber dann schicke ich Sie noch heute nach Hause!« Ich weiß sehr genau, dass mein Verhalten absolut unprofessionell ist, aber ich kann mich nicht beherrschen. Mir platzt einfach der Kragen.

Der Patient schweigt weiterhin, blickt beinahe ängstlich zwischen Nate und mir hin und her.

»Ethan!«, zischt Nate neben mir, so leise, dass nur ich ihn verstehen kann. »Können wir uns kurz draußen unterhalten?«

Ich will ihn abweisen, doch er packt mich am Ellbogen und schiebt mich von dem Patienten weg in Richtung Tür.

Ich verdrehe die Augen und füge mich, denn den Arsch kann ich ihm viel besser ohne Publikum aufreißen.

Der Gang vor dem Patientenzimmer ist leer. Mit einem lauten *Rums* fällt die Tür hinter Nate ins Schloss.

»Was zum Teufel ist in dich gefahren?«, herrscht Nate mich an und blickt mich fassungslos an. Er nimmt sich viel raus für einen Assistenzarzt.

»Du weißt, mit wem du hier redest?«

»Ja, das weiß ich«, entgegnet Nate. »Aber weißt du, mit wem du da in diesem Zimmer geredet hast? Das ist ein schwerkranker Mensch, Ethan, das muss ich dir doch nicht sagen!«

»Das ist mir durchaus bewusst«, sage ich kühl und verschränke die Arme vor der Brust. »Aber wir sind hier ein Krankenhaus und kein Altenheim! Wer keine Behandlung wünscht, der muss nun mal gehen und es ist meine Aufgabe, darauf zu achten!«

»Aber nicht so!«, widerspricht Nate vehement.

Ich seufze und wende mich von ihm ab. Geballte Wut steigt in mir auf. Ich möchte Nate wirklich nur sehr ungern anschreien und im Moment bin ich kurz davor.

»Ich weiß genau, was mit dir los ist«, sagt Nate etwas versöhnlicher.

»Ach so? Tust du das?«, spotte ich. »Dann lassen Sie mal hören, Herr Doktor, wie lautet Ihre Diagnose?«

»Spar dir deinen Sarkasmus. Es ist nicht so schwer, das zu erraten. Aber du kannst deine miese Laune nicht hier auslassen, Ethan, das geht nicht!«

»Und wer hat dich zum Chefarzt gemacht?«, gebe ich zurück.

»Niemand«, erwidert Nate. »Aber wenn du willst, dass Tom dir das sagt, dann kann ich das gerne arrangieren!«

Touché.

Tom würde mich sofort in den Urlaub schicken, ohne mit der Wimper zu zucken. Er darf davon also nichts erfahren. Ich seufze schwer und gebe nach.

»Lass uns weitergehen«, sage ich, wende mich zu Nate und klopfe ihm auf die Schulter.

213

Die Beerdigung meines Vaters findet an einem Sonntag statt. Bis zuletzt wollte ich mich drücken, da die Aussicht auf einen ganzen Tag Trauer und sinnentleerten Small Talk einen Brechreiz bei mir auslöste. Meiner Schwester zuliebe stehe ich nun trotzdem hier vor dem Eingang des berühmten Highgate Cemetery.

Caroline hat mich in den vergangenen Tagen beinahe zur Weißglut gebracht, da sie mich mit ihren Anrufen schon fast terrorisiert hat. Und dennoch bin ich stets ans Telefon gegangen, da ihre Verzweiflung auch durch die Leitung spürbar war. Als harmoniebedürftiger Mensch ist es für Caroline aktuell besonders schwierig, da sie einerseits für meine Mutter da sein möchte, andererseits aber selbst trauert. Natürlich hätte ich an ihrer Stelle für meine Mutter da sein können, theoretisch. Aber das hätte ich niemals angeboten und Caroline war schlau genug, mich nicht darum zu bitten. Daher war das einzige, das ich tun konnte, ihre verfluchten Anrufe anzunehmen und mir anzuhören, was sie zu sagen hatte. Oder ihr beim Heulen zuhören, was auch oft genug vorkam.

Ich stehe etwas abseits von meiner Mutter und meiner Schwester in einer schattigen Ecke, in der mich hoffentlich niemand sieht. Es ist ungewöhnlich warm an diesem Tag und ich schwitze mich in meinem schwarzen Anzug fast zu Tode. Ein leises Lachen entfährt mir, als mir bewusst wird, wie makaber das klingt.

»Ethan.« Caroline ist zu mir getreten und berührt mich sanft am Arm. Sie sieht furchtbar aus, müde und erschöpft von den letzten Tagen und Wochen. Auch ihr Make-up kann diese Spuren nicht komplett beseitigen und so erkenne ich dunkle Schatten unter ihren Augen. Immerhin passen diese farblich zu ihrem schwarzen Hosenanzug, den sie zu diesem Anlass trägt. Und wahrscheinlich neu gekauft hat.

»Lass uns schon mal reingehen, bevor alle kommen«, sagt sie mit schwacher Stimme. Ich nicke nur und folge ihr widerwillig zu der Friedhofskapelle, in der gleich die Trauerfeier stattfinden wird.

In dem Gebäude ist es kühl, obwohl alle Türen und Fenster offenstehen. An den Seiten der einzelnen Sitzreihen sind weiße und rote Rosen angebracht worden. Sicherlich hat meine Mutter die Blumen ausgesucht.

Ich habe mich aus den Vorbereitungen der Beerdigung komplett zurückgezogen. Wenn es nach mir gegangen wäre, dann wäre das hier eine einfach kurze Sache geworden. Keine Trauerfeier, keine Reden, eine einfache Urnenbeisetzung und das wäre es gewesen. Meine Mutter allerdings wollte eine große Feier, eine, die »meinem Vater würdig ist«, wie sie es genannt hat.

Ich lasse meine Hände in meine Hosentaschen gleiten und schreite langsam den Gang entlang nach vorne. Dort ist der Sarg bereits aufgebahrt, ein dunkelbraunes hölzernes Ding, umgeben von roten und weißen Rosen. Glücklicherweise konnte ich meine Mutter davon abbringen, den Sarg geöffnet aufzustellen. Auch Caroline wollte das nicht.

Während sich der Saal immer mehr füllt, stehe ich vorne und betrachte weiter den Sarg. Ich warte beinahe schon darauf, dass mich die Gefühle überkommen, Trauer, Wut, irgendetwas, aber da ist nichts. Für den Bruchteil einer Sekunde frage ich mich, ob das normal ist. Klar weiß ich, dass jeder anders mit Trauer und Verlust umgeht, aber so gar keine Gefühlsregung erscheint mir doch irgendwie komisch. Aber so bin ich nun mal. Denn ironischerweise hat mir genau die Person, an deren Sarg ich nun stehe, beigebracht, dass Gefühle scheiße sind.

Das Stimmengewirr wird immer mehr und ich wende mich schließlich vom Sarg ab und nehme in der vordersten Reihe Platz. Nur einen Wimpernschlag später sitzt meine Schwester neben mir.

»Wie geht es dir?«

Ich schnaube. »Genervt. Und dir?«

Caroline seufzt leise. »Ich bin froh, wenn es vorbei ist. Und ich frage mich, ob nicht eine kleine Trauerfeier besser gewesen wäre.« Sie sieht sich vorsichtig um und ich folge ihrem Blick. So viele Leute, die von meinem Vater Abschied nehmen möchten. Oder einfach nur sensationslüstern sind und sich an dem Leid anderer laben wollen. Meine Mutter steht in der Mitte, tupft sich theatralisch mit einem Tempo die Tränen von den Augen. Die wenigsten derjenigen, die gekommen sind, kenne ich persönlich, nur ein paar ehemalige Arbeitskollegen sowie einige Freunde der Familie.

»Ich habe wirklich keine Lust, vor all diesen Menschen hier zu weinen«, sagt Caroline leise, sodass nur ich sie hören kann.

»Auf mich wollte keiner hören«, murre ich und verschränke die Arme vor der Brust.

Das Orgelspiel setzt ein und alle nehmen nun endlich Platz. Meine Mutter setzt sich neben mich und Carolines Freund Joshua nimmt an ihrer Seite Platz, alle anderen bleiben lieber in den hinteren Reihen der Kapelle.

Ein Pfarrer betritt den Raum und geht auf das Rednerpult zu. Als die letzten Töne der Orgel schließlich verklungen sind, beginnt er mit seiner schwulstigen Rede über meinen Vater, den er nicht einmal gekannt hat. Caroline greift nach meiner Hand und umklammert sie fest.

Nach der Rede des Pfarrers folgt ein Gebet, dann bittet er mit einem Kopfnicken meine Mutter nach vorne. Ich verkrampfe mich, als mir bewusst wird, was nun kommen wird. Unter Tränen spricht sie in den höchsten Tönen von meinem Vater, ihrem Ehemann, den sie so sehr geliebt hat, dass sie ihn jahrelang betrogen hat. Mir kommt fast mein Frühstück wieder hoch, wenn ich ihre heuchlerischen Worte nur höre.

Caroline schluchzt leise neben mir und auch einige andere der Anwesenden tupfen sich mit einem Taschentuch die Tränen aus dem Gesicht. Mich lässt das hier alles kalt. Es widert mich beinahe an und ich bin froh, als meine Mutter endlich den Mund hält. Als die Sargträger nach vorne treten, eile ich als Erster nach draußen und atme tief ein und aus.

Nach dem Trauerzug zum Grab folgen viele Tränen und noch

mehr Beileidsbekundungen. So viele Hände habe ich seit Jahren nicht mehr an einem einzigen Tag geschüttelt. Dennoch lasse ich alles mit stoischer Ruhe über mich ergehen, während in mir ein Sturm wütet und tobt.

Den schlimmsten Teil hätte ich geschafft, sage ich mir selbst. Nun folgt nur noch der Leichenschmaus bei meiner Mutter zu Hause. Whiskey oder irgendein anderer Alkohol würde mir helfen, das zu überstehen, bis ich mich endlich verpissen konnte.

Meine Mutter hat sich die kleine Feier anlässlich des Todes meines Vaters einiges kosten lassen. Der Eingangsbereich sowie Wohn- und Esszimmer sind mit kleinen Blumensträußen dekoriert, farblich passend zu denen in der Kapelle selbstverständlich. Kleine Häppchen werden von Kellnern in dunklen Anzügen serviert, ebenso Champagner und andere alkoholische Getränke. Wäre nicht jeder der Anwesenden komplett in schwarz gekleidet, so könnte man meinen, wir hätten tatsächlich etwas zu feiern. Irgendwie makaber.

Ich greife mir einen Whiskey und kippe ihn auf ex hinunter. Er brennt in der Kehle und kurz stockt mir der Atem. Wieder schüttele ich Hände und lasse erneut die Beileidsbekundungen über mich ergehen, zwinge mich zu einem Lächeln und einigen freundlichen Worten. Als ich schließlich mit allen Gästen gesprochen habe, hole ich mir noch ein Glas Whiskey und stelle mich etwas abseits der Gesellschaft in eine Ecke des Wohnzimmers, von wo aus ich alles in Ruhe beobachten kann.

»Ethan.« Tom kommt auf mich zu. Er trägt ebenfalls einen schwarzen Anzug mit einem weißen Hemd darunter. Lächelnd prostet er mir zu. Ich nehme das als Anlass dazu, meinen Whiskey erneut zu exen.

»Du hältst dich tapfer«, bemerkt Tom.

Ich ziehe eine Augenbraue nach oben. »Was hast du erwartet? Dass ich hier einen Aufstand mache?«

Tom lacht leise und lässt den Blick durch den Raum schweifen. »Das hätte deinem Vater gefallen. Alle hier zusammen.«

»Schade nur, dass er erst sterben musste, damit das passiert«, erwidere ich mit sarkastischem Unterton.

Tom räuspert sich, sagt aber nichts. Ich spüre seinen Blick auf mir ruhen. Ein Kellner mit einem Tablett läuft vorbei und ich tausche mein leeres Glas gegen ein volles.

»Das kann ein Neuanfang sein, Ethan. Für deine Familie, aber auch für dich.« Toms Stimme ist leise und sanft, aber seine Worte fühlen sich an wie ein Tritt in die Magengrube. Schnell trinke ich einen Schluck.

»Er hat mir etwas für dich gegeben«, sagt Tom schließlich. Er hat die Stimme gesenkt, sodass nur ich ihn hören kann.

Meine Miene verfinstert sich.

»Ach ja?«

Tom zieht einen Brief aus seiner Jackettasche und überreicht ihn mir. Mein Name steht darauf. Sonst nichts.

»Lies ihn in einer ruhigen Minute«, fährt Tom fort. »Lies ihn, wenn du bereit bist. Egal, wann das ist, Ethan. Aber bitte, lies den Brief deines Vaters.«

Ich zögere, nehme schließlich den Brief entgegen und stecke ihn in meine Tasche.

»Es sind seine letzten Worte, die er nur an dich richtet, Ethan, vergiss das nicht.« Tom lächelt mich an, klopft mir auf die Schulter und lässt mich dann stehen.

Für einen Moment möchte ich das Papier am liebsten zerreißen oder verbrennen. Was soll ich damit, verdammt? Mein Vater hat es zu Lebzeiten nicht geschafft, die Wogen zu glätten, wieso sollte ein dämlicher Brief das tun?

Ich schnaube und schüttele leicht den Kopf. Atme tief durch, um den Schein nach außen zu wahren. Ich tausche erneut mein leeres Glas gegen ein volles, in der Hoffnung, den Brief zu vergessen. Denn ich würde ihn sowieso nicht lesen.

Aber trotz all meiner Bemühungen fühlt sich der Umschlag in meiner Tasche tonnenschwer an, ein Gewicht, das mich langsam, aber sicher unter Wasser zieht und nicht mehr auftauchen lässt. Unter seiner Last bleibt mir fast die Luft weg.

Ich brauche mehr Whisky.

Kapitel 38

Isla

Die zweite Woche, in der ich mich krankmelde, leistet Ryan mir Gesellschaft. Mehr als einmal habe ich ihm gesagt, er könne gehen, aber die Antwort darauf war stets die gleiche.

»Ich habe Urlaub und kann mir nichts Besseres vorstellen, als ihn mit dir zu verbringen.«

Seine Worte ehren mich und ich glaube ihm, dass er sie auch so meint, dennoch habe ich das Gefühl, seine Zeit zu verschwenden. Ryan ist niemand, der die Füße lange stillhalten kann, er ist ständig auf Achse. Daher wundert es mich, dass er seit Tagen hier mit mir in meiner kleinen Zwei-Zimmer-Wohnung sitzt, ohne die Krise zu bekommen. Ein kleiner Teil in mir ist aber mehr als froh, dass er da ist. Summer ist auf einer Weiterbildung und kommt erst am Wochenende zurück und Sarah ist mit der Stiftung ihrer Eltern beschäftigt. Ohne Ryan würde ich hier mutterseelenallein in meiner Wohnung vergammeln und meine Stimmung wäre sicherlich noch schlechter, als sie sowieso schon ist.

Die Tage sehen meistens gleich aus: Wir reden – oder besser gesagt, ich rede, er hört zu –, wir trinken, wir lachen, ich weine. Er lenkt mich von meinem Kummer ab, es fühlt sich fast ein wenig so an, als wäre ich auf dem Weg der Besserung, hier in meiner kleinen Blase. Doch das ist ein Trugschluss, denn ich habe Ethan seither nicht sehen müssen, aber das würde sich bald ändern, wenn ich wieder auf Arbeit muss. Und dieser Moment ist es, vor dem ich panische Angst habe.

Es ist Donnerstagnachmittag, draußen scheint die Sonne und

ich liege auf meinem Sofa und starre in den Fernseher, ohne die Serie wirklich zu verfolgen.

»Hier, Fields«, sagt Ryan. »Fang!«

Bevor ich verstehe, was er meint, landet bereits etwas auf meinem Gesicht.

»Hey!«, sage ich empört und ziehe mir die Kleidungsstücke vom Gesicht. »Was soll das denn, bitte?!«

Ryan lehnt sich in den Türrahmen, die Arme vor der Brust verschränkt, eine Augenbraue abwartend nach oben gezogen. Er trägt Sportshorts und ein schwarzes Muskelshirt und ich ahne, was er vorhat.

»No way!« Ich schüttele vehement den Kopf. »Ich werde dieses Sofa und diese Wohnung nicht verlassen.«

»Wirst du, und wenn ich dich raustragen muss.« Ein schelmisches Funkeln tritt in seine Augen und ich weiß schon, dass ich diesen Kampf verlieren werde. Ehrlich gesagt, habe ich die ganze Woche nur darauf gewartet, dass so eine Aktion kommt.

»Zieh dich um, wir müssen los!« Ryans Ton lässt keine Widerworte zu, also rappele ich mich hoch und verschwinde mit meinen Sportklamotten im Bad. Seufzend ziehe ich mich um und binde mir die Haare zu einem hohen Pferdeschwanz. Das Make-up lasse ich weg, nach dem Sport mit Ryan wäre davon sowieso nichts mehr übrig.

»Was hast du vor?«, frage ich ihn, als ich zurück ins Wohnzimmer komme. Ryan wartet dort mit einer gepackten Sporttasche auf mich.

»Das wirst du dann schon sehen.« Er zwinkert mir zu, wartet, bis ich meine Schuhe angezogen habe und schiebt mich aus der Wohnungstür.

Nach einer kurzen Fahrt mit der U-Bahn kommen wir an unserem Zielort an.

»Oh, Ryan, bitte nicht«, jammere ich, als ich sehe, was über dem Eingang steht. CrossFit Piccadilly. Ich stöhne.

»Du weißt, dass ich super schlecht darin bin!«

»Übung macht den Meister!« Ryan hält mir die Tür auf und grinst mich breit an.

Ich bin zwar nicht unsportlich, da ich ziemlich regelmäßig ins Fitnessstudio gehe, aber CrossFit ist eine ganz andere Hausnummer. Ryan macht diesen Sport seit Jahren und hat früher sogar an einigen Wettkämpfen teilgenommen. Ich bewundere ihn sehr dafür, auch, weil es so unfassbar leicht bei ihm aussieht, wie er diese riesigen Gewichte stemmt.

»Es gibt nichts Besseres, um den Kopf freizubekommen, vertrau mir!«

Ryan folgt mir in die Box, wie man den Club fachmännisch betitelt, und begrüßt einige der Mitglieder dort mit Handschlag.

Laute Musik mit einem starken Beat läuft, Gewichte scheppern und ich kann den Muskelkater, den ich morgen haben werde, jetzt schon spüren.

Ich tausche meine Straßenschuhe gegen Sportschuhe und folge Ryan in eine ruhige Ecke.

»Wärm dich zuerst auf«, weist er mich an und zeigt auf das Rudergerät.

»Ich hol dir alles für das Workout im Anschluss.«

Ich mache mich also warm, während ich Ryan dabei beobachte, wie er mir eine Jumpbox, eine Langhantel plus Gewichte und eine Kettle Bell holt und sich zwischendurch mit ein paar Leuten unterhält. Ich ahne Fürchterliches und wünsche mich einfach nur zurück auf mein Sofa, auch wenn ich weiß, dass es keine Lösung ist, wenn ich nur zu Hause herumhänge. Davon geht es mir nicht besser und Ethan bringt es mir auch nicht zurück.

Nach zehn Minuten rudern, gibt Ryan mir mit einem kurzen Kopfnicken zu verstehen, dass ich aufhören soll.

»Okay, wir machen noch ein paar Kraftübungen, bevor ich dir dein Workout zeige, ja?«

Ich nicke stumm. Ryans Miene ist konzentriert, er ist total im Trainer-Modus und ich muss mir ein Schmunzeln verkneifen. Er greift nach seiner Langhantel, zeigt mir die korrekte Technik und macht die Übung vor. Ein tiefer Squat.

»Kann ich das ohne Gewichte machen?«, frage ich.

»Nein. Ich habe dir je Seite fünf Kilo aufgelegt, das solltest du locker schaffen«, erklärt Ryan. »Fünfzehn Wiederholungen, los!«

Erleichtert stelle ich fest, dass fünf Kilo pro Seite mehr klingt, als es eigentlich ist und ich das locker heben kann.

»Knie gehen nach außen«, korrigiert mich Ryan. »Ellenbogen bleiben oben. Blick nach vorne, schau mich an.«

Ich mache, was er sagt, schaue ihn an und versuche, ihm mit meinen Blicken ein schlechtes Gewissen zu machen, dafür, dass er mich so quält. Aber das klappt nicht.

Nach den fünfzehn Wiederholungen zieht es schon leicht in meinen Beinen, gleichzeitig merke ich aber auch, wie gut mir die Bewegung und vor allem die Ablenkung tut.

»Gut. Als nächstes machst du wieder einen Squat und stemmst die Hantel danach nach oben«, weist Ryan mich an. »Auch fünfzehn Wiederholungen.«

Ich nehme die Gewichte auf, atme tief durch und beginne mit der Übung. Ryan nickt, was wohl heißt, dass ich mich gar nicht so schlecht anstelle.

»Okay, du kannst kurz ablegen!«

Dankbar lege ich die Langhantel auf den Boden und stemme die Hände in die Hüfte. Mein Atem geht schnell und mir ist jetzt schon warm.

Ryan deutet auf ein Whiteboard neben ihm, auf dem bereits einige Übungen mit Zahlen dahinterstehen.

»Übung Nummer eins: du springst auf die Jumpbox. Achte darauf, mit beiden Füßen komplett auf der Kiste zu landen. Einundzwanzig Wiederholungen. Danach Kettle Bell Swing. Hüftbreiter Stand, geh dabei leicht in die Knie und schwinge die Kettle Bell nach hinten und wieder nach vorne. Achte auf gerade Arme und dass du den Rumpf angespannt hältst. Auch einundzwanzig Wiederholungen. Letzte Übung: Triceps dips mit den Kurzhanteln. Auch hier bleibt der Rumpf angespannt, um deinen Rücken zu schonen. Einundzwanzig Wiederholungen.«

Ich zwinkere mehrmals hintereinander, nicht sicher, ob ich mir das alles merken kann.

»Drei Runden. Danach noch mal drei Runden mit je zehn Wiederholungen«, erklärt Ryan und schaut auf seine Smartwatch.

»Ich stelle fünfzehn Minuten ein, das sollte reichen.« Er sieht zu mir und nickt. »Los geht's!«

Nach den drei Runden mit 21 Wiederholungen stoße ich bereits an meine Grenzen. Meine Arme schmerzen und mein Atem geht stoßweise.

»Zieh durch, Fields!«, ruft Ryan mir zu. Er steht in einiger Entfernung zu mir und trainiert selbst, lässt mich dabei jedoch nicht aus den Augen. Ich nicke fahrig und mache weiter. Mit jeder Wiederholung wird es schwieriger und ich zweifle daran, dass ich noch drei Runden schaffe.

»Beiß dich durch! Du kannst das!«

»Das sagst du so leicht«, presse ich durch zusammengebissene Zähne heraus, während die Kettle Bell nach vorn oben und wieder zurückschwinge.

»Denk daran, wie beschissen es dir die letzten Tage ging«, erinnert Ryan mich. Er steht nun vor mir. »Kanalisiere deine Wut, deine Trauer, einfach alles und dann. Zieh. Durch!«

Es funktioniert. Ich denke an Ethan, meine Wut auf ihn, all den Frust, den er mir bereitet hat. All die leeren Worte, die leeren Versprechen, die Berührungen. Meine Gefühle beflügeln mich, geben mir neue Energie und entschlossen kämpfe ich mich durch die restlichen Übungen.

Nach dem letzten Triceps dip lege ich die Kurzhantel ab und lasse mich auf den Boden fallen. Ryan setzt sich neben mich und klopft mir auf die Schulter.

»Gut gemacht«, lobt er und Stolz flammt in mir auf. »Wie fühlst du dich?«

Ich horche in mich hinein.

»Besser. Fix und fertig. Alles tut weh. Aber besser. Entspannter.« Meine Antwort kommt stockend, da ich zwischen den Worten immer wieder tief Luft holen muss, so außer Atem bin ich noch.

»Ziel erreicht, würde ich sagen«, meint Ryan und ich höre das Grinsen heraus. »Soll ich dich zur Dusche tragen oder schaffst du das allein? Du müffelst ziemlich, nicht dass sich noch jemand beschwert.«

Ein Lachen entfährt mir. Ich hebe meinen rechten Arm und zeige ihm den Mittelfinger.

»Arsch!«

Die Dusche ist eine Wohltat für meine schmerzenden Muskeln, aber ich fühle mich so gut, wie schon lange nicht mehr. Zum ersten Mal seit Tagen bin ich fast wieder die Alte und so etwas wie Hoffnung regt sich in mir. Hoffnung darauf, dass ich das überstehen würde. Und das früher als später.

Ryan war so vorrausschauend und hat mir Wechselklamotten eingepackt, die ich nun anziehe und meine durchgeschwitzten Sachen in seine Tasche stopfe. Ich verzichte darauf, meine Haare trocken zu föhnen, sondern binde sie in einen unordentlichen Dutt zusammen.

Am Eingang wartet Ryan bereits auf mich und unterhält sich mit einem anderen Typ, der scheinbar gerade sein Training unterbrochen hat. Er hat raspelkurze Haare und trägt nur eine Sportshorts. Meine Augen schießen wie von selbst zu seinem durchtrainierten Sixpack. *Wow.*

»Gehen wir was essen?« Ryans Stimme reißt mich aus meinen Gedanken. »Ich lade dich ein, das hast du dir verdient.«

»Das ist ja wohl auch das Mindeste, nachdem du mich hier so dermaßen gequält hast!«, gebe ich zurück und ziehe gespielt provozierend eine Augenbraue nach oben.

»Oh ja, ich kann mich noch sehr gut an das letzte Training mit dem hier erinnern«, lacht Ryans Kumpel und deutet mit dem

Daumen auf ihn. »Ich bin danach drei Tage kaum die Treppen zu meiner Wohnung hochgekommen.«

Ich stimme in sein Lachen mit ein, auch wenn ich ihm seine Äußerung nicht abnehme, so trainiert, wie er ist.

»Ich bin übrigens Chuck«, stellt er sich dann vor.

»Isla«, erwidere ich und lächle ihn an. Chuck zwinkert mir zu.

»Mach lieber weiter, damit du beim nächsten Training auch am selben Tag problemlos Treppen steigen kannst«, meint Ryan und wendet sich zu mir. »Also was ist, Essen?«

Ich nicke. »Sehr gerne.«

Ungewöhnlicherweise scheint noch immer die Sonne, als wir aus der Box treten. Es ist später Nachmittag und daher viel los auf den Straßen.

»Wollen wir uns was holen und im Park essen?«, schlägt Ryan vor.

»Gute Idee. Wie wäre es mit Burger aus dem Hard Rock Café?«

Ryan legt eine Hand auf seine Brust und sieht mich an. Dann seufzt er. »Schade, dass wir uns nicht auf diese Art mögen, wir wären ein hammermäßiges Paar.«

Ich lache und gebe ihm einen Klaps auf den Oberarm. »Und so sind wir halt hammermäßige Freunde.«

»Auch wieder wahr!«

Wir bahnen uns einen Weg zum Hard Rock Café. Auch um diese Uhrzeit ist der Laden bereits voll, sodass wir kurz warten müssen, ehe wir unsere Bestellung aufgeben können. Da klingelt mein Handy in der Tasche.

»Hi, Sarah«, begrüße ich meine Freundin, die ich in der letzten Zeit viel zu selten gesehen habe. Ein Stich durchfährt mich und ich nehme mir fest vor, das von nun an zu ändern.

»Hi«, erwidert sie, aber ihre Stimme klingt schwach. »Hast du Zeit? Ich muss dringend raus!«

Ich runzele die Stirn. »Was ist denn passiert?«

»Meine Eltern sind passiert!«

Mehr braucht sie nicht zu sagen, denn ich weiß, dass das Verhältnis zu ihren Eltern seit dem Tod ihrer Schwester sehr angespannt ist.

»Ryan und ich wollen uns gerade Burger im Hard Rock holen und dann im St James's Park essen. Sollen wir dir was mitbringen und wir treffen uns dort?«

Sarah atmet erleichtert aus. »Das klingt toll. Danke! Ich mache mich auf den Weg.«

»Bis gleich!«

»Alles gut?«, fragt Ryan, als ich das Handy wieder in meiner Tasche verstaue.

Ich nicke. »Ja, das war Sarah. Wir treffen sie im Park, ich hoffe, das ist okay?«

»Klar.«

Wir bestellen unsere drei Burger, müssen glücklicherweise nicht allzu lange warten und laufen dann in Richtung Park. Ich tippe eine Nachricht an Sarah, um einen Treffpunkt auszumachen und wir beschließen, uns in der Nähe von Thorney Island zu treffen.

Ich sehe sie bereits von weitem. Ihre langen Haare fallen mir sofort auf. Ich winke ihr zu, als sie in unsere Richtung blickt.

»Hi!« Ich umarme sie fest zur Begrüßung.

»Danke, dass du Zeit hast«, sagt Sarah und erst da fällt mir auf, dass ihre Augen leicht gerötet sind.

»Ich hoffe, ich störe euch nicht?« Sie lässt ihren Blick zu Ryan wandern und mustert ihn kurz.

»Ach was«, entgegne ich mit einer wegwerfenden Geste. »Das ist Ryan, du erinnerst dich?«

Sarah nickt zwar, wirkt aber abgelenkt.

»Ja, ja natürlich erinnere ich mich. Ich bin Sarah.«

Wir suchen uns eine Parkbank im Schatten und Ryan verteilt das Essen. Eine Weile widmen wir uns unseren Burgern und Pommes und schweigen einvernehmlich. Immer wieder mustere ich meine Freundin von der Seite. Sie wirkt unglücklich und geknickt, so kenne ich sie überhaupt nicht. Sarah ist sonst ein fröhlicher und positiver Mensch, *Everybody's Darling* hat Summer einmal im Scherz zu ihr gesagt. Ich lege meinen Burger zurück in den Karton und drehe mich zu ihr.

»Erzähl mir, was passiert, S«, fordere ich sie auf.

Sarah atmet hörbar aus. »Ich muss zurück in die Viszeralchirurgie wechseln.«

»Wieso das denn? Du liebst die Neuro!«

»Aber dort ist mein Vater nicht der Chefarzt«, erwidert Sarah bitter. »Und es passt nicht zur Stiftung, wenn die einzige Tochter Neurologin ist.«

»Moment mal«, mischt Ryan sich ein. »Campbell ist dein Vater?«

Sarah nickt. »Ja, wieso?«

»Ryan ist Physiotherapeut in der Viszeralchirurgie«, erkläre ich.

Sarah sieht ihn an. »Dann kennst du ja meinen Vater.«

»Allerdings.« So, wie Ryan das sagt, klingt er nicht gerade begeistert.

Als er nichts weiter von sich gibt, wende ich mich wieder Sarah zu und frage: »Und was willst du nun machen?«

»Na, was wohl?«, gibt Sarah resigniert zurück. »Ich fange demnächst wieder in der Viszeral an.«

Ryan schnaubt. »Tust du immer, was Daddy dir sagt?«

»Ryan!«, fahre ich ihn an.

Sarah funkelt ihn böse an. »Man urteilt nicht über Leute, die man kaum kennt, hat dir das keiner beigebracht?«

»Man tut nicht alles, was andere Leute sagen, hat dir *das* keiner beigebracht?«, erwidert Ryan harsch.

»Du hast keine Ahnung, von was du da redest«, schießt Sarah zurück. »Also halt einfach den Mund, bitte, okay?«

»Okay, okay«, gehe ich dazwischen. »Jetzt beruhigen wir uns alle und essen erst mal auf, bevor es kalt wird, ja?«

Schweigen breitet sich wieder zwischen uns aus, während jeder wieder auf das Essen vor sich starrt. Mir ist der Appetit vergangen, daher klappe ich die Schachtel zu und lege sie in die Papiertüte. Da klingelt ein Handy neben mir und Sarah beantwortet mit einem Seufzen den Anruf.

»Ja, ich bin auf dem Weg«, erwidert sie nach wenigen Sekunden knapp. Ihr Blick ist so traurig und hoffnungslos, dass sich etwas in meinem Brustkorb fest zusammenzieht.

Ich lege den Arm um sie und ziehe sie in eine Umarmung.

»Es wird alles gut, okay?«

Sarah löst sich von mir, lächelt mir zu, aber es erreicht ihre Augen nicht. »Ich muss los«, sagt sie schließlich.

»Danke für das Essen und entschuldigt, wenn ich euch gestört habe.« Ihre Augen sehen zu Ryan, der sich wortlos Pommes in den Mund schiebt.

Ich winke ab. »Jederzeit. Mach's gut!«

Als Sarah weg ist, drehe ich mich zu Ryan um und funkele ihn wütend an. »Was bitte war das denn?«

Er zuckt nur mit den Schultern. »Sorry. Ich konnte mich nicht beherrschen.«

»Das ist kaum aufgefallen!«, entgegne ich sarkastisch.

Ryan seufzt.

»Ich kann es einfach nicht ausstehen, wenn man einfach tut, was wer anders sagt. Und sich dann noch darüber beschwert, wie ungerecht denn alles ist, obwohl einem sämtliche Türen offen stehen.«

»Du kennst sie doch überhaupt nicht und hast daher kein Recht, dich da einzumischen oder darüber zu urteilen!«

»Entschuldige«, erwidert Ryan knapp. »Wollen wir los?«

Am Samstagmorgen schicke ich Ryan nach unserem gemeinsamen Frühstück schließlich nach Hause. Er protestiert zwar, aber ich bleibe standhaft und bestehe darauf, das restliche Wochenende allein zu verbringen. Das schlechte Gewissen Ryan gegenüber ist immer größer geworden, auch wenn er freiwillig bei mir geblieben ist. Dennoch hat er auch ein paar ruhige Tage ohne mich und meine miese Laune verdient, nachdem er schon seinen Urlaub geopfert hat.

Allerdings merke ich auch, dass ich noch Zeit für mich allein brauche, um mich zu sammeln. Und auf Montag vorzubereiten.

Ich habe beschlossen, am Montag wieder in die Klinik zu gehen. Schlimm genug, dass ich wegen irgendeinem Kerl und meinem gebrochenen Herzen zwei Wochen krankgeschrieben war.

Also wappne ich mich langsam aber sicher für den Tag, an dem ich Ethan wiedersehen muss. Ich weiß, dass mich das all meine Kraft kosten wird.

Meine Gedanken kreisen um unser Wiedersehen. Was würde er sagen? Würde er überhaupt etwas sagen? Oder würde er mich schlichtweg ignorieren?

Die vergangenen zwei Wochen waren schwer, sehr schwer und ich habe Angst, dass Ethans Anblick mich wieder zurückkatapultieren und all der Schmerz mich wieder lähmen würde. Denn das überstehe ich nicht noch einmal. Und das will ich auch nicht.

Also lege ich mir einen Schlachtplan zurecht. Summer würde mir auf Station nicht von der Seite weichen, dessen bin ich mir sicher. Das ist schon mal gut. Aber sie wird mich nicht überallhin begleiten können, denn da gibt es immer noch das Projekt, an dem Ethan und ich gemeinsam arbeiten. Ich kann nicht einfach hinschmeißen, schließlich hat mich der Chefarzt persönlich um meine Mithilfe gebeten. Und es ist mir auch wichtig, daran mitzuwirken, vielleicht erweist es sich irgendwann als eine Chance für mich. Also würde ich gezwungenermaßen mit Ethan weiter zusammenarbeiten müssen.

Die Aussicht darauf, mit ihm allein in einem Raum zu sein, bereitet mir Bauchschmerzen. Also beschließe ich, mit ihm nur noch per Mail über das Projekt zu kommunizieren.

Seufzend lasse ich mich auf das Sofa fallen. Mein Kopf ist voll mit all diesen Gedanken und Fragen, auf die ich ja doch keine Antwort finden würde. Zumindest keine befriedigende.

Ob ich will oder nicht, ich muss da jetzt durch. Und ich würde das mit erhobenem Kopf meistern.

Am Sonntagabend bin ich so aufgeregt wie ein Kind vorm ersten Schultag. Rastlos tigere ich in meiner Wohnung umher und mache doch nichts Sinnvolles. Um meine Nerven zu beruhigen, lasse ich mir ein heißes Bad ein und trinke ein Glas Wein.

Doch es hilft nichts. In meinem Magen hat sich ein Knoten gebildet, der sich auch durch Wein und heißes Wasser nicht lösen lässt.

Neben Aufregung ist auch Angst immer noch präsent. Hier in meiner Blase habe ich es einigermaßen geschafft, wieder auf die Beine zu kommen, halbwegs normal zu leben. Aber nun muss ich mich der Realität stellen. Und das würde hart werden.

Ich liege bereits im Bett, als mein Handy vibriert und eine Nachricht ankündigt. Ein winziger Teil in mir hofft, dass es Ethan ist und ich schalte mich selbst dafür, dass ich so erbärmlich bin.

Mein Handy kündigt eine neue Nachricht an. Sie ist von Ryan.

Kommst du klar?

Ich überlege kurz, ob ich ihm eine Lüge auftischen soll, aber ich weiß auch, dass er das durchschauen und sofort herkommen würde.

Ich bin aufgeregt und mir ist schlecht. Aber es wird schon werden.

Keine zehn Sekunden später hat Ryan bereits eine Antwort geschickt.

Du schaffst das. Treffen wir uns in der Mittagspause?

Bestimmt werde ich das. Sehr gerne. :)

Meine Lippen verziehen sich zu einem leichten Lächeln. Ein Hauch von Zuversicht breitet sich in meiner Brust aus und ich klammere mich mit aller Kraft daran.

All meine Sorgen und Ängste waren vollkommen umsonst. Denn: Ethan ist nicht da. Erleichterung und Enttäuschung durchströmen mich und gewinnen abwechselnd die Oberhand. Von Summer weiß ich, dass Ethan diese Woche kurzfristig in der Notaufnahme im Einsatz ist. Ob er darum gebeten hat oder Tom ihn dorthin geschickt hat, das weiß ich nicht. Aber ich bin tatsächlich froh darüber. Nachdem ich zwei Wochen nicht da war, ist mein Einstieg heute sowieso nicht der Einfachste. Silvia ist skeptisch und stellt mir dauernd argwöhnische Fragen zu meiner Krankheit, die ich aber nur knapp und ausweichend beantworte. Abgesehen davon ist auf der Neurologie viel los und ich habe heute einige Patienten auf meiner Liste stehen. Und durch Ethans Abwesenheit kann ich mich voll und ganz auf meine Arbeit konzentrieren.

Ein klitzekleines Detail stört allerdings. Nämlich die Tatsache, dass Ethan nicht gerne in der Notaufnahme arbeitet. Das hat er mir in unserer Anfangszeit einmal erzählt. Aus diesem Grund wird er dort nur selten als zuständiger Oberarzt eingesetzt, da Tom seine Wünsche so gut es geht im Dienstplan berücksichtigt.

Aus diesem Grund bin ich mir also sicher: Ethan geht mir aus dem Weg. Sollte er also um den Einsatz in der Notaufnahme gebeten haben, dann nur, weil er mich nicht sehen will, oder? Weil es ihn schmerzen würde, mich zu sehen? Oder weil er einfach keine Lust hat, mich zu sehen? Schwach, wie ich bin, hoffe ich, dass ersteres zutrifft.

Aber es ist prinzipiell auch egal.

Er ist nicht da.

Er will mich nicht sehen.

Er will mir nicht schreiben.

Er.

Will.

Mich.

Nicht.

Das muss ich endlich verstehen. Mein Kopf weiß das, aber mein Herz weigert sich an manchen Tagen immer noch hartnäckig, das zu akzeptieren.

In der Mittagspause treffe ich mich wie verabredet mit Ryan vor der Klinik. Gemeinsam laufen wir in den kleinen Garten neben der Klinik, da dort um diese Zeit relativ wenig los ist. Es ist heute kühl und bewölkt und ich ziehe meine Fleecejacke etwas enger.

»Wie läuft es bisher?«, erkundigt sich Ryan zwischen zwei Bissen. »Hast du deinen Doc schon gesehen?«

Ich schüttele den Kopf. »Er ist heute in der Notaufnahme. Wahrscheinlich die ganze Woche.«

»Das ist doch super!«

Ein Schnauben entfährt mir, woraufhin Ryan mich fragend ansieht. »Er hasst es dort und wird normalerweise nie dort eingesetzt.«

Ryan zieht die Augenbrauen zusammen. »Und?«

»Das heißt, er geht mir aus dem Weg.«

»Ich wiederhole mich nur ungern, aber: Und?«, hakt Ryan erneut nach.

Ich lege den Kopf in den Nacken und atme einmal tief ein und wieder aus. »Er muss extra darum gebeten haben, dass er diese Woche dort sein kann.«

»Ich weiß nicht genau, worauf du hinauswillst«, erwidert Ryan. »Aber das ist doch gut für dich. Du kannst ganz frei wieder in die Arbeit, in deinen Alltag starten, ohne dass du ihn gleich an deinem ersten Tag wiedersehen musst. Halte mich ruhig für verrückt, aber ich finde, besser könnte es gar nicht sein.«

Ich seufze und setze mich auf eine Bank am Wegrand.

»Es fühlt sich damit nur so … endgültig an, weißt du, was ich meine?«, sage ich leise. »Wie sehr kann er mich bitte nicht sehen wollen, wenn er sich dafür sogar in seine verhasste NA versetzen lässt?«

Ryan nimmt neben mir Platz und legt eine Hand auf mein Knie. »Das ist doch ganz egal. Egal, aus welchem Grund er das getan hat. Wichtig ist doch nur, dass es für dich gut ist, oder nicht?«

Logisch betrachtet machen Ryans Worte Sinn. Es sollte mir vollkommen egal sein, welche Motive Ethan dazu gebracht haben. Dass er nicht da ist, macht mir den heutigen Tag um so vieles leichter. Und das ist etwas Gutes. Das ist etwas, das ich brauche.

»Du hast recht.« Ich lächle Ryan an.

»Weiß ich doch«, grinst er und ich boxe ihn leicht auf den Oberarm.

Am Donnerstagvormittag ist es schließlich so weit.

Ich bin gerade auf dem Weg von der Station zu meinem Büro, da sehe ich Ethan aus einiger Entfernung im Gang stehen. Unvermittelt bleibe ich stehen und starre ihn an.

Er unterhält sich mit einer anderen Ärztin. Sie hat lange dunkle Haare, die ihr in sanften Wellen über die Schultern fallen, und lacht gerade etwas zu gekünstelt über etwas, das Ethan gesagt hat. Für meinen Geschmack stehen die beiden etwas zu dicht beieinander.

Einige Sekunden beobachte ich die beiden, dann sieht Ethan in meine Richtung. Unsere Blicke treffen sich und es ist, als würde die Welt plötzlich stehen bleiben. Wie in einem Tunnel sehe ich nur noch ihn. Mir wird heiß und kalt zugleich, mein Herzschlag beschleunigt sich leicht und ich konzentriere mich mit aller Macht aufs Atmen.

Ein und wieder aus.

Ein Schauer läuft mir eiskalt über den Rücken. In Ethans Augen erkenne ich keine der Emotionen, die mir in letzter Zeit viel zu vertraut geworden sind. Übelkeit steigt in mir auf, ich will mich umdrehen und wegrennen, aber mein Körper gehorcht mir nicht. Wie angewurzelt stehe ich da und sehe Ethan an.

Schließlich wendet er seinen Blick von mir ab und wendet sich wieder der anderen Ärztin zu. Sanft legt er seine Hand auf ihren Rücken, sie lächelt ihn daraufhin verzückt an. Er schiebt sie sachte vor sich her und die beiden verschwinden den Flur entlang, aus meinem Blickfeld.

Auch, als die beiden um die Ecke gegangen sind, kann mich immer noch nicht rühren. Ein Sturm tobt in mir, reißt mich mit sich und ich verliere den Halt unter den Füßen.

Er hat mit mir abgeschlossen.

Er ist tatsächlich fertig mit mir.

Und das Schlimmste: Er hat anscheinend auch schon eine Neue.

Und was mache ich?

Ich trauere ihm nach, heule mir die Seele aus dem Leib und bin seit Wochen mies gelaunt. Als würde ich mein Leben ohne ihn nicht auf die Reihe kriegen. Für einen Moment ekele ich mich vor mir und meiner Schwäche.

Als es das erste Mal vorbei war zwischen Ethan und mir – wie armselig klingt das bitte? –, da habe ich mich mit One-Night-Stands getröstet. Und mit Alkohol. Doch dieses Mal ist es anders. Beim bloßen Gedanken daran, einem anderen Mann näher zu kommen, mich von ihm anfassen zu lassen, wird mir schlecht. Ich kann mir einfach nicht vorstellen, mit einem anderen Mann als Ethan Sex zu haben. Vielleicht ist das mein Fehler. Vielleicht ist Ethans Rezept – unverbindlicher Sex mit möglichst vielen verschiedenen Menschen – genau das richtige.

Ich muss wieder in den Sattel steigen, mich auf andere Männer einlassen. Vielleicht würde mir das helfen, endlich über Ethan hinwegzukommen. Einen Versuch ist es zumindest wert.

Er hat offensichtlich bereits mit mir abgeschlossen und sich die Nächste geangelt. Wenn er das kann, dann kann ich das schon lange.

Es wird also definitiv Zeit, mein Leben wieder in den Griff zu bekommen und weiterzumachen.

Ohne ihn.

Kapitel 39

Isla

Noch am gleichen Abend schreibe ich eine Nachricht in unsere Mädelsgruppe.

Wie wäre es mit einem Mädelsabend am Samstag? Wir sollten dringend mal wieder feiern gehen.

Summers Antwort kommt umgehend.

Das ist eine großartige Idee! Lasst uns ins Pulse gehen, habt ihr Lust?

Ich grinse und die Vorfreude darauf steigt in mir. Das ist genau das richtige. Ein ausgelassener Abend mit den Mädels, das haben wir schon viel zu lange nicht gemacht. Je älter man wird, desto schwieriger ist es, intensive Freundschaften zu pflegen, so kommt es mir jedenfalls vor. Jede von uns hat ihren eigenen Alltag und da ist es oft nicht einfach, regelmäßige Treffen zu vereinbaren. Umso mehr freut es mich, also auch Sarah nach einigen Minuten schließlich für Samstagabend zusagt. Wir beschließen, uns bei mir zu treffen, da meine Wohnung am zentralsten liegt, und von dort anschließend ins *Pulse* zu gehen.

Der Freitag vergeht ereignislos. Ethans Anblick bleibt mir glücklicherweise erspart. Allerdings kann selbst er meine gute Laune nicht ruinieren. Nein, das würde ich nicht mehr zulassen.

Leider kommt es anders, als ich es geplant habe und meine Vorfreude kommt ein wenig ins Wanken, als Sarah am Samstagvormittag kurzfristig absagen muss.

»Meine Eltern bestehen darauf, dass ich zu einem Empfang
mitkomme«, erklärt Sarah resigniert. »Stiftungskram, du weißt
schon.«

Ich atme hörbar aus und klemme mir das Handy zwischen
Ohr und Schulter, während ich vor meinem Schrank stehe und
ein Outfit für den Abend suche.

»Und du musst da wirklich mit?«

»Ich habe alles versucht, keine Chance. Tut mir wirklich leid.«

»Muss es nicht, wir holen das einfach so bald wie möglich
nach, ja?« Ich klinge unbeschwerter, als ich mich eigentlich fühle,
denn wenn ich ehrlich bin, dann hätte ich meine beiden besten
Freundinnen heute Abend wirklich gebraucht. Aber ich möchte
Sarah kein noch schlechteres Gefühl geben, denn ich weiß
schließlich, wie ihre Eltern sind.

Wir beenden unser Gespräch und ich ziehe ein dunkelblaues
Kleid hervor, das ich prüfend mustere, ehe ich mich dafür entscheide. Danach gönne ich mir ein volles Beauty-Programm, bis
es am frühen Abend an der Tür klingelt.

Ich stutze kurz. Wer kann das sein? Summer wollte erst
gegen neun Uhr zu mir kommen, jetzt haben wir es gerade
sechs.

Ryan grinst mich an, als ich die Tür öffne.

»Hey«, begrüße ich ihn und winke ihn herein. »Was machst du
hier?«

»Ich wollte mit dir auf deine erste überstandene Woche in der
Klinik anstoßen.« Er geht schnurstracks in die Küche, wo er
nach der Flasche Tequila und zwei Gläsern greift.

»Wir sollten dringend unseren Alkoholkonsum reduzieren«,
lache ich.

»Das könnten wir, aber erst ab morgen!« Ryan reicht mir eines
der Gläser und hebt dann seins. »Auf dich.«

Ich lächle gerührt und ein warmes Gefühl breitet sich in mir aus. »Nein, auf dich. Danke für deine Unterstützung!«

»Ach was«, winkt Ryan ab. »Nicht dafür.«

Wir unterhalten uns über dies und das, während ich zwischen Bad, Schlafzimmer und Wohnzimmer hin und her laufe, um mich fertigzumachen.

»Und, was sagst du?« Ich stelle mich vor Ryan, der auf dem Sofa sitzt, und sehe ihn abwartend an.

»Kann ich so gehen?«

Er setzt sich auf und pfeift anerkennend. »Sehr sexy. Jeder Typ wird dir zu Füßen liegen.«

»Außer dir«, berichtige ich ihn grinsend.

Er nickt. »Ausnahmen bestätigen die Regel, wie man so schön sagt.« Er macht eine kurze Pause. »Und du bist leider nicht mein Typ.«

Lachend schenke ich uns jeweils noch einen Shot Tequila ein und reiche ihm einen.

»Dann erzähl doch mal, wer ist denn so dein Typ?« Ich wackele mit den Augenbrauen und grinse ihn an. Aber Ryan schüttelt nur lachend den Kopf, prostet mir zu und trinkt seinen Shot in einem Zug leer.

»No way, wir werden sicherlich nicht jetzt darüber reden.«

»Ach, komm schon«, bettele ich. »Du hast noch nie von einer Frau erzählt! Und ich bin neugierig!«

»Dann musst du damit wohl leben«, erwidert er und ich bemerke den leicht genervten Tonfall in seiner Stimme. Also gebe ich nach und lasse das Thema fallen, auch wenn es die Wahrheit ist, was ich gesagt habe. Ryan hat tatsächlich noch nie von irgendeiner Frau erzählt, seit wir uns kennen und das ist schon eine ganze Weile. Aber ich will ihm und mir nicht den Abend verderben, daher beschließe ich, das Thema zu vertagen.

Wir trinken noch ein paar Shots und dann holt Ryan irgendwann einen Joint aus seiner Tasche, den er mir grinsend anbietet. Ich habe das noch nie gemacht, daher zögere ich kurz, ehe ich danach greife und einen vorsichtigen Zug nehme. Sofort überkommt mich ein Hustenanfall durch den kratzigen Rauch in meiner Kehle.

Ryan lacht und nimmt selbst einen tiefen Zug. »Ist immer so beim ersten Mal.«

»Hoffentlich hast du recht«, japse ich und nehme einen zweiten Zug. Diesmal muss ich nur leicht räuspern, das Kratzen im Hals ist jetzt nicht mehr so intensiv.

Als Ryan sich schließlich verabschiedet, fühle ich mich herrlich leicht und unbeschwert. Alles um mich herum dreht sich, wenn ich meinen Kopf zu schnell drehe und ich muss kichern.

Ich bin immer noch leicht angetrunken und etwas bekifft, als es klingelt und ich meine Freundin erwarte. Doch zu meiner Überraschung steht nicht nur sie vor meiner Tür, sondern auch Nate. Summer lächelt mich an, es wirkt fast schon entschuldigend.

»Hi«, sagt sie etwas zu fröhlich und umarmt mich. »Gute Nachrichten, Nate ist heute unser Chauffeur.«

Nate hinter ihr hebt unsicher die Hand zur Begrüßung. Ihm ist das hier anscheinend genauso unangenehm wie mir.

»Super«, erwidere ich nur und zwinge mich zu einem Lächeln.

Aus meinem geplanten Mädels-Abend ist also ein Pärchen-Abend mit mir als drittes Rad am Wagen geworden. Ganz große Klasse. Aber ich will mir den Abend nicht verderben und mein Hirn ist unter dem Einfluss von Alkohol und Gras auch nicht mehr fähig, Argumente gegen Nates Anwesenheit logisch zu formulieren.

Also sitze ich hier mit den beiden Turteltäubchen in meiner Wohnung und nippe an meinem Drink. Während die beiden sich verliebte Blicke zuwerfen. Mir wird beinahe etwas übel, aber ich lasse mir die Laune nicht verderben. Dieser Abend wird der Beginn eines neuen Lebensabschnitts, das habe ich im Gefühl.

Noch immer spüre ich den Alkohol durch meine Adern fließen, als wir schließlich zum *Pulse* fahren. Auch Summer merkt man den Alkohol, nach einem Drink wohlgemerkt, bereits an, denn sie kichert in einer Tour. Nate hingegen ist als unser Fahrer nüchtern und ich beneide ihn ehrlich nicht darum.

Ungeschickt stolpere ich mit meinen High Heels aus dem Taxi, zupfe am Saum meines dunkelblauen Kleides und halte mich an einer Straßenlaterne fest.

»Das nächste Mal solltest du flache Schuhe anziehen«, sagt Summer und kichert.

»Niemals!«, gebe ich ernst zurück und lehne mich betont lässig, aber etwas ungeschickt an die Straßenlaterne.

Nate schüttelt den Kopf und lotst uns zum Eingang des Clubs. Ich kenne den Türsteher und begrüße ihn überschwänglich. Natürlich merkt er, dass ich bereits angetrunken bin, aber er lässt mich und meine Freunde trotzdem rein.

Im *Pulse* ist es laut, stickig und brechend voll. Ich liebe es. Laute Musik dröhnt aus den Bässen, die Menge wiegt sich zum Takt des Songs.

Auf meinem Gesicht breitet sich ein Lächeln aus. Ich atme tief die stickige Luft – eine Mischung aus Schweiß und Alkohol – ein und bahne mir mit Summer und Nate im Schlepptau einen Weg an die Bar, wo ich uns drei Gin Tonic und drei Shots Tequila bestelle.

»Auf einen wunderbaren Abend!«, ruft Summer, als jeder von uns ein Glas Tequila in der Hand hält.

»Auf einen Neuanfang!«, gröle ich ausgelassen, setze das Glas an und exe den Shot. Ich will direkt drei weitere bestellen, doch Nate winkt ab.

»Für mich nicht mehr!«, brüllt er und schüttelt den Kopf.

»Zu spät!«, schreie ich und grinse. Als ich ihm das Glas reichen will, lehnt er jedoch ab. Summer bekommt das nicht mit, sie lässt den Blick über die Menge schweifen und wippt im Takt der Musik.

Ich zucke mit den Schultern und trinke dann die beiden Shots allein hintereinander.

Der Alkohol lässt mich wunderbar frei fühlen, als würde ich auf Wolken schweben und ich bestehe von Kopf bis Fuß nur aus guter Laune und Adrenalin. Mein Herz rast.

»Lasst uns tanzen!«, schreie ich Summer ins Ohr und wir drängen uns durch die tanzenden Leute hindurch auf eine kleine freie Fläche.

Direkt neben mir stehen zwei Typen, die mich sofort von oben bis unten abchecken. Als ich ihre Blicke erwidere, erkenne ich Tim vor mir, der mich süffisant angrinst.

Ich falle ihm etwas zu stürmisch um den Hals und brülle ihm eine Begrüßung ins Ohr.

Seine Augen wandern an mir auf und ab und er hebt anerkennend die Augenbrauen.

Ich werfe ihnen einen koketten Blick zu und beginne mich im Takt des Liedes zu bewegen. Tim geht auf meine wortlose Aufforderung ein und legt seine Hände an meine Hüften. Als Antwort dränge ich mich etwas näher an ihn. Mein Plan, einen Typ aufzureißen, scheint aufzugehen.

Ich lache und werfe den Kopf in den Nacken. Wir finden einen gemeinsamen Rhythmus, in dem wir uns bewegen, und er lässt seine Hände weiterwandern. Mein Gin Tonic ist mittlerweile leer und ich halte das Glas hoch, sodass mein Tanzpartner meine indirekte Aufforderung verstehen kann. Tim nickt seinem Freund zu und dieser macht sich auf den Weg an die Bar. Mein Blick wandert von oben bis unten über seinen Körper.

Mir schwirrt der Kopf und ich frage mich, ob ich nicht bereits genug getrunken habe. Aber den Gedanken verwerfe ich so schnell, wie er gekommen ist. Ein Hochgefühl durchströmt jede Faser meines Körpers und ich genieße dieses Gefühl sehr. Viel zu selten habe ich mich in der letzten Zeit gut gefühlt. Ich habe dringenden Nachholbedarf.

Ich lächle Tim zu und lege die Arme um seinen Hals. Nur Sekunden später liegen seine Lippen auf meinen und ich spüre seine feuchte Zunge, die um Einlass bittet. Ich lasse es zu.

Der Kuss ist zu feucht, zu unkoordiniert, zu fahrig. Der Inbegriff eines Kusses zweier betrunkener Menschen.

Er lässt von mir ab, als sein Freund mit zwei Drinks erscheint. Ich nehme den Gin Tonic und trinke einen großen Schluck. Gleichzeitig füllt sich die Luft auf der Tanzfläche mit Rauch und ich reiße laut grölend die Hände nach oben, als ich den Beat von *Ghost Town* erkenne. Dabei verschütte ich einen Teil meines Drinks, aber es ist mir egal. Summer kreischt ebenfalls, Nate steht hinter ihr und hält sie an der Taille fest, damit sie nicht umfällt. Es ist jedes Mal wieder erstaunlich, wie wenig Summer verträgt.

Ich drücke Tim meinen Drink in die Hand, packe Summer an den Händen und wir springen auf und ab. Wir tanzen ausgelassen und kreischen, sobald neuer Rauch auf die Tanzfläche geblasen wird.

Ich singe lauthals den Text mit. *My heart is a ghost town.* Darin steckt so viel Wahrheit.

Ich weiß nicht, wie viel Zeit vergangen ist oder wie viel ich noch getrunken habe. Aber irgendwann beginnt sich die Welt um mich herum mehr und mehr zu drehen und ich drehe mich mit ihr. Die Tanzfläche leert sich ein wenig und ich drehe mich mit ausgebreiteten Armen um mich selbst. Tim und sein Freund sind mittlerweile verschwunden. Ich stolpere, fange mich gerade noch rechtzeitig und tanze auf unsicheren Beinen einfach weiter. Alles ist vernebelt, alles zieht viel zu schnell an mir vorbei.

Da packt mich eine Hand am Arm und ich stoppe abrupt. Ich höre auf mich zu drehen, aber wieso dreht sich alles andere einfach weiter?

»Wir sollten gehen!«, brüllt Nate mir ins Ohr. Panik ergreift mich, ich weiß nicht genau, warum.

»Nein!«, kreische ihn und packe ihn an beiden Oberarmen und versuche, ihm fest in die Augen zu sehen, aber ich sehe ihn nur verschwommen und schemenhaft vor mir. Wir können noch nicht gehen! Es ist zu früh. Das ist mein Abend und er kann unmöglich schon vorbei sein. Ich blinzele mehrmals hintereinander und wende den Blick von Nate ab, als eine leichte Welle von Übelkeit mich überkommt.

»Summer ist total betrunken und du auch!«

»Ich bin stocknüchtern!«, erwidere ich und stolpere erneut über meine eigenen Füße. Nate zieht eine Augenbraue nach oben.

»Isla, wirklich«, schreit er.

Die Musik dröhnt in meinen Ohren, auf einmal erscheint sie mir viel zu laut. Mein Kopf schmerzt unangenehm und ich empfinde das Gefühl des Schwebens auf einmal nicht mehr als angenehm. Die aufkeimende Übelkeit wird immer stärker, drängender. Mein Herz klopft im Takt des viel zu schnellen Basses.

Schlagartig will ich einfach nur noch weg.

Ich muss hier raus.

Es ist falsch, dass ich hier bin. Wieso fällt mir das erst jetzt auf?

Es gibt nur einen Ort, wo ich jetzt hin muss.

Zu Ethan.

Noch nie habe ich einen klareren Gedanken gefasst, davon bin ich fest überzeugt.

Scheinbar habe ich das laut gesagt, denn Nate entgegnet:

»Nein, nach Hause!«

Ich schüttele wie wild mit dem Kopf und meine Kopfschmerzen verstärken sich. »Nein!« Ich reiße mich von ihm los, stolpere zurück und pralle gegen einen anderen Körper. Tims Körper, um genau zu sein, er grinst mich schief an und legt die Arme um mich. Ich versuche, mich seinem Griff zu entziehen, doch ich scheitere, was hauptsächlich an meinen sehr unkoordinierten Bewegungen liegt.

Nate greift mein Handgelenk und zieht mich von ihm weg. »Wir gehen!«

Damit zieht er mich von der Tanzfläche in eine Ecke bei der Garderobe, wo Summer in einem Sessel sitzt. Sie springt auf, als sie Nate sieht und stolpert in seine Arme. Ich lasse mich in den Sessel fallen, mein Kleid rutscht nach oben, doch es ist mir egal.

Ich will einfach nur zu Ethan. Vielleicht sollte ich ihn anrufen. Oder einfach so bei ihm vorbeigehen?

Irgendwann werde ich unsanft von dem Sessel hochgezogenen. Ich jammere und gebe undeutliche Worte von mir. Wieso habe ich meine Jacke an?

Die kühle Nachtluft Londons schlägt mir wie eine Mauer entgegen. Kurz habe ich das Gefühl, ich müsse mich übergeben, doch ich schlucke es schnell hinunter.

»Ethan«, gebe ich von mir. Meine Stimme ist heiser, die Wort undeutlich. Ich lalle.

»Wir bringen dich nach Hause, Isla«, sagt Summer, allerdings ebenfalls sehr undeutlich.

»Nein!« Ich bleibe stehen und stampfe mit dem Fuß auf, wie ein verzogenes Gör. »Ich will zu Ethan! Ich gehe nirgendwo anders hin!«

Nate versucht mich zu seinem Auto zu lotsen, doch ich wehre mich lautstark. Hilflos sieht er von Summer zu mir. Summer zuckt die Schultern. Ich spüre, wie Tränen in mir aufsteigen. Ich zittere am ganzen Körper, obwohl mir der Schweiß spürbar auf der Stirn steht. Ich greife nach meiner Tasche, in der mein Handy verstaut ist, und versuche mit unsicheren Fingern die Schnalle zu öffnen. Wieso geht das verdammte Ding nicht auf?

»Isla«, versucht Nate es erneut. »Es ist halb vier Uhr morgens. Da schlafen alle. Du kannst doch einfach morgen …«

»Nein«, kreische ich. »Nein! Ich muss jetzt zu ihm!«

Nate seufzt.

Einige Leute, die gerade aus dem Club kommen, werfen uns argwöhnische Blicke zu.

»Was glotzt ihr so?«, schreie ich sie an, Wut überkommt mich. Auf mich, auf alle Menschen, vor allem aber auf Ethan. Er hat mir meinen Neuanfang ruiniert. Schon wieder!

Endlich schaffe ich es, mein Handy aus der blöden Tasche zu

holen. Ich kneife die Augen leicht zusammen, in der Hoffnung, die tanzenden Buchstaben und Symbole würden endlich stillstehen.

»Komm schon.« Wieder Nate, der mich zum Gehen bewegen möchte. Versteht er es denn nicht?

Ich weiche einige Schritte zurück, gerate ins Wanken und kann gerade so mein Gleichgewicht halten.

Endlich habe ich es geschafft, Ethans Nummer zu finden und auf den grünen Hörer zu drücken. Es klingelt bereits, als Nate versucht, nach meinem Telefon zu greifen und ich mich aber blitzschnell umdrehe. Nach endlos langen Sekunden hat Ethan immer noch nicht abgehoben. Ich halte mein Handy vom Ohr weg und sehe auf ein schwarzes Display. Verdammt, der Akku muss leer sein!

Tränen bilden sich in meinen Augen, dann packe ich Nate am Arm, der neben mir steht.

»Gib mir dein Handy!«, verlange ich.

Nate schüttelt nur den Kopf, während er Summer stützt, die halb in seinem Arm liegt und die Augen geschlossen hat.

Ich drehe mich zu ihm um, fasse mit einer schnellen Bewegung in seine Hosentasche und ziehe sein Telefon hervor.

»Isla«, mahnt er und langsam klingt er doch sehr genervt.

Ich ignoriere ihn und wähle Ethans Nummer. Wieder wählt es und ich halte den Atem an.

Kapitel 40

Ethan

Die vergangene Woche war eine der schlimmsten in meinem ganzen Leben. Da ich Isla nicht auf Station begegnen wollte, habe ich Tom kurzerhand darum gebeten, in der Notaufnahme arbeiten zu dürfen. Er hat mich sehr lange mit seinem typischen Chefarzt-Blick angesehen und ich war kurz davor, ihm meine Gründe für meine Bitte zu nennen, aber da hat er glücklicherweise bereits mit einem kurzen Nicken nachgegeben.

Aber natürlich musste ich Isla im Krankenhaus begegnen. Es hat so sein müssen, als wären wir zwei Magnete, die sich gegenseitig anziehen, obwohl sie sich abstoßen. Klingt unlogisch? Ist es auch. Und dennoch trifft es das genau auf den Punkt.

Leider sah ich Isla genau in dem Moment, als ich gerade mit einer neuen Assistenzärztin gesprochen habe. Und leider hat Isla daraus die falschen Schlüsse gezogen, das konnte ich ihrem Blick entnehmen. Und weil ich ein Idiot bin, habe ich sie in der Annahme noch bestärkt, indem ich der Ärztin eine Hand auf den Rücken gelegt habe, was diese auch als eindeutiges Zeichen interpretiert hat.

Noch immer sehe ich Islas Blick in diesem Moment vor mir, er hat sich eingebrannt und ich werde ihn wohl niemals loswerden. Aber das habe ich verdient, schätze ich.

Der Samstag verläuft so langweilig und ereignislos wie schon lange nicht mehr. Ich verbringe den Vormittag im Fitnessstudio, in der Hoffnung, die Anstrengung würde mich von all der Scheiße, die in meinem Kopf auf und ab läuft, ablenken. Aber das hat leider nicht geklappt.

Um diesem furchtbaren Tag ein Ende zu bereiten, gehe ich nach einem frühen Abendessen schließlich zeitnah ins Bett. Ich kann mich nicht erinnern, wann ich das letzte Mal an einem Samstagabend allein ins Bett gegangen bin, aber ich hatte tatsächlich absolut keine Lust auf irgendeine der Ladies, mit denen ich mich sonst so treffe. Denn keine von ihnen kommt an Isla heran.

Ich schrecke aus dem Schlaf, weil mein Handy plötzlich lautstark klingelt. Wer zum Teufel ruft denn mitten in der Nacht an?

Ich greife nach dem Telefon und will den Anruf wegdrücken, als ich sehe, dass es Nate ist. Ich runzele die Stirn. Warum zur Hölle ruft er mich um diese Uhrzeit an? Ich überlege kurz, ob ich einen Bereitschaftsdienst vergessen habe, aber dem ist nicht so.

»Ich hoffe, du hast einen guten Grund dafür, dass du mich um die Zeit anrufst«, knurre ich.

»Ethan!«, kreischt mir jemand ins Ohr und ich halte das Telefon etwas weiter weg. Was zum …?

»Ethan, du musst mir die Wahrheit sagen.« Ist das Isla? Wieso ruft sie von Nates Handy aus an? Und um diese Uhrzeit?

»Isla?«, frage ich und setze mich im Bett auf.

Ein Kichern, gefolgt von einer Männerstimme, dann ertönt ein Rauschen, ein wütendes »Hey!«.

»Ethan?«, ertönt dann Nates Stimme.

»Was ist da los?«, frage ich.

Nate seufzt. »Hör mal, es tut mir wirklich leid. Isla hat sich mein Handy geschnappt und wollte dich anrufen.«

»Was ist los?«, wiederhole ich meine Frage, energischer nun.

»Wir waren im Club«, erklärt Nate hastig. »Ich versuche gerade, die beiden betrunkenen Damen ins Auto zu schaffen.«

Ich ziehe eine Augenbraue nach oben.

»Klingt nicht so, als wärest du dabei sehr erfolgreich.«

Als Antwort schnaubt Nate nur, dann höre ich Isla im Hintergrund etwas rufen.

»Die zwei machen es mir nicht gerade leicht«, stößt Nate gepresst hervor.

Ehe ich weiß, was ich da sage, sprudeln die Worte aus meinem Mund. »Ich komme zu euch. Wo seid ihr?«

»Das ist nicht …«, beginnt Nate, doch der Rest seiner Worte wird von Lärm verschluckt.

»Sag mir, wo ihr seid, Nate!« Ich ziehe eine schwarze Jogginghose an.

Wieder rauscht es nur am anderen Ende der Leitung, dann ruft Nate laut: »Isla!« Ich höre ihr Lachen, dann Nates Fluchen.

Sämtliche Alarmglocken in mir schrillen. »Nate! Was ist da los?« Wahllos ziehe ich ein Shirt aus meinem Schrank, während ich schon Richtung Aufzug eile.

»Sie will partout nicht nach Hause«, erklärt Nate atemlos und seufzt. »Wir sind vor dem *Pulse*!« Er klingt gehetzt, fast schon ein bisschen verzweifelt. Im Hintergrund höre ich das glockenhelle Lachen einer Frau.

»Summer, nein, stopp! Warte hier einfach!«, ruft Nate und ich halte das Handy erneut etwas von meinem Ohr weg, damit ich nicht taub werde.

»Gib mir zehn Minuten!«

Bevor ich etwas erwidern kann, ertönt das Freizeichen. Hastig streife ich das Shirt über, greife nach meinem Autoschlüssel und fahre durch die dunklen Straßen Londons. Ich konzentriere mich angestrengt auf das Fahren, damit die Gedanken, die mich jetzt nur zu gerne quälen würden, nicht in mir aufsteigen können.

Ich sehe Nate, Summer und Isla schon von weitem, als ich in die Straße zum *Pulse* einbiege. Nate redet auf Isla ein, Summer steht daneben und wiegt sich zu einem lautlosen Takt. Die drei geben ein wirklich groteskes Bild ab und ich muss unwillkürlich grinsen.

Ich parke am Straßenrand und steige aus. Als Nate mich sieht, stöhnt er erleichtert auf und kommt schnellen Schrittes auf mich zu.

»Dich schickt der Himmel!«

Ich lache auf. »Soso, Nate, du kannst also nicht mit zwei betrunkenen Mädels umgehen? Was hast du im Studium eigentlich gelernt?«

»Nicht, wenn sich eine davon beharrlich weigert, nach Hause zu gehen und mir dann noch mein Handy klaut.« Dabei zeigt er auf Isla, die etwas abseits steht und mich noch nicht bemerkt hat. Dafür sieht Summer in diesem Moment zu mir.

»Ethan!«, kreischt sie und eilt – oder eher, stolpert – auf mich zu. Ich breite vorsichtshalber die Hände aus, um sie, falls nötig, aufzufangen.

»Ethan.« Sie wird ernst und zeigt mit dem Finger auf mich.

»Du bist ein Arsch, Ethan Bailey!« Bei jedem Wort stößt sie ihren Finger auf mein Brustbein.

»Vielen Dank für deine lieben Worte, Summer«, entgegne ich trocken und verkneife mir mein Grinsen.

»Du hast meiner Freundin ganz schön wehgetan und das finde ich absolut Scheiße von dir!«, schimpft Summer aufgebracht weiter, allerdings ziemlich undeutlich, sodass ich mich anstrengen muss, um sie zu verstehen.

Nate zieht sie zu sich. »Okay, das reicht, wir sollten gehen, Sum, ja?«

Sie nickt abwesend.

Ich nicke Nate knapp zu und er dirigiert Summer zur Beifahrertür seines Autos, die er öffnet und sie dann sanft, aber bestimmt hineinsetzt. Ich gehe zu Isla, die mich immer noch nicht registriert hat, sondern weiterhin auf den Bürgersteig vor sich starrt.

»Du hast nach mir gerufen?« Ich grinse sie an. Sie wirbelt herum, erwidert mein Lächeln aber nicht.

»Was machst du hier?« Ihre Stimme ist heiser, die Worte kommen ihr undeutlich über die Lippen, also muss auch sie einiges an Alkohol getrunken haben. Unordentlich fallen ihr die Haare über die Schultern und ihr Kleid ist ihr deutlich zu weit hochgerutscht. Am liebsten würde ich sie in meine Jacke hüllen, damit niemand auch nur einen Zentimeter zu viel von ihr sehen kann, aber da bemerke ich, dass ich keine dabeihabe. Verdammt.

Isla sieht absolut fertig aus. Ich hasse es, sie so zu sehen. Denn ich weiß, dass ich daran schuld bin. Weil ich ihr schon wieder das Herz gebrochen habe. Unwillkürlich frage ich mich, wie oft ein menschliches Herz einen derartigen Schmerz aushalten kann, ohne einen wirklich irreparablen Schaden davonzutragen.

Isla sagt nichts, wartet nur schweigend meine Antwort ab. Oder vielleicht hat sie auch schon wieder vergessen, dass sie eine Frage gestellt hat. Sie sieht mich nicht an, ihr Blick ruht auf ihren Händen, die sich um ihre Tasche klammern.

»Komm, ich fahre dich nach Hause.« Ich mache einen Schritt auf sie zu und will meine Hand sanft auf ihren Unterarm legen, doch sie weicht vor mir zurück und schnaubt. Ihr Atem riecht stark nach Alkohol.

»Fass mich nicht an!«, zischt sie leise, aber ich kann es verstehen. »Und ich will nicht nach Hause«, fügt sie dann noch hinzu. Eine Hand legt sie an die Hauswand neben sich, als würde sie nach Halt suchen.

»Aber hier kannst du auch nicht bleiben«, entgegne ich. Sie sieht mich aus ihren wunderschönen grauen Augen an, die jetzt allerdings nicht wie sonst strahlen, sondern einfach nur müde aussehen. Als sie weiterhin nicht antwortet, lege ich meine Hand an ihren unteren Rücken und dieses Mal lässt sie meine Berührung zu. Sanft, aber bestimmt schiebe ich sie in die Richtung meines geparkten Autos.

»Was machst du?«, beschwert sie sich, lässt sich aber mühelos von mir einige Schritte führen. Dann bleibt sie abrupt stehen.

»Ich will nicht nach Hause«, wiederholt sie, dieses Mal deutlicher und mit fester Stimme.

»Was stellst du dir denn dann vor, Isla?«, frage ich und sehe sie mit hochgezogen Brauen an.

»Das weiß ich auch nicht«, nuschelt sie und verschränkt die

Arme vor der Brust. »Aber nicht nach Hause. Das ist mein Abend!«

»Möchtest du wieder reingehen?«, hake ich nach und deute auf das *Pulse* hinter uns. Isla verneint.

»In einen anderen Club? Eine Bar?«, schlage ich vor und atme tief ein, um einen kühlen Kopf zu bewahren. Auch diesen Vorschlag lehnt Isla wortlos ab, indem sie den Kopf schüttelt, sodass mir einige Strähnen ihres Haars ins Gesicht fliegen. Es duftet so vertraut nach ihr und für den Bruchteil einer Sekunde möchte ich ihr ins Haar greifen und ihren Mund auf meinen pressen.

»Dann fahren wir zu mir«, sage ich und streiche ihr eine Strähne hinters Ohr. Sie zuckt zusammen bei der Berührung, lässt sie aber zu.

»Nein!« Sie schüttelt den Kopf und weicht einige Schritte von mir zurück. »Nicht zu dir.«

»Mehr Möglichkeiten haben wir aber nicht.« Langsam werde ich ungeduldig.

»Lass mich in Ruhe«, sagt sie leise und senkt den Blick.

Okay, so geht das nicht weiter, wir drehen uns im Kreis und Isla ist offensichtlich nicht zu irgendeiner rationalen Entscheidung fähig. Dann machen wir das Ganze eben auf meine Art und Weise. Ohne Vorwarnung packe ich sie und werfe sie mir über die Schulter. Ich ignoriere ihre lautstarken Proteste und laufe zum Auto. Isla strampelt und schlägt mir auf den Rücken. Und auf den Po.

Dann kichert sie und klopft mir abermals auf den Arsch. Wieder und wieder.

»Du hast einen wunderbaren Hintern, weißt du das eigentlich?«, fragt sie, immer noch kichernd. Abermals verkneife ich mir ein Grinsen und antworte ihr nicht. Sicher ist ihr das morgen wahnsinnig peinlich. Ich hoffe inständig, dass sie sich daran erinnern wird.

Isla leistet kaum noch Widerstand, als wir am Auto angekommen sind, ich sie auf den Beifahrersitz setze und schließlich den

Motor starte. Schweigend fahren wir einige Minuten durch die dunklen Straßen Londons, dann höre ich, wie sie neben mir leise und gleichmäßig atmet. Sie ist eingeschlafen, ihr Kopf lehnt am Fenster und ihr Mund steht leicht offen.

Isla wacht nicht auf, als ich den Wagen in der Tiefgarage parke, sie vorsichtig heraushebe und nach oben in meine Wohnung trage. Wäre sie nicht komplett weggetreten, dann hätte das etwas furchtbar Romantisches an sich. So allerdings ist es etwas unheimlich. Wie eine Puppe liegt sie in meinen Armen, zart und zerbrechlich.

Verletzlich.

Verletzt.

Von mir.

Möglichst leise gehe ich mit großen Schritten durch meine Wohnung bis ins Schlafzimmer. Dort lege ich sie langsam auf das Bett. Isla schnauft leise und ich muss lächeln. Kurz überlege ich, ob ich ihr das Kleid aus- und ein bequemeres T-Shirt von mir anziehen soll, aber den Gedanken verwerfe ich schnell wieder. So, wie ich Isla kenne, wäre sie am nächsten Tag fuchsteufelswild deswegen, daher ziehe ich ihr nur die High Heels von den Füßen.

Ich breite die Decke über ihr aus und streiche ihr eine Strähne aus dem Gesicht. Sie dreht den Kopf zu mir und undeutliche Worte kommen ihr leise über die Lippen. Nein, es ist eigentlich nur ein Wort.

Mein Name.

Kapitel 41

Isla

Das Erste, was ich merke, als ich aufwache, ist Übelkeit.

Unbeholfen blinzle ich ein paar Mal. Grelles Licht blendet mich und augenblicklich breiten sich Kopfschmerzen aus, die schlimmsten, die ich jemals hatte. Es fühlt sich an, als würde jemand meinen Schädel von innen heraus mit einem Vorschlaghammer bearbeiten.

Stöhnend drehe ich mich auf die andere Seite und ziehe die Bettdecke weiter nach oben, über meine Augen, in der Hoffnung, schnell wieder einzuschlafen.

Aber das funktioniert leider nicht. Mein Mund ist staubtrocken, meine Zunge fühlt sich pelzig an und ich habe unfassbaren Durst. Ohne die Augen zu öffnen, drehe ich mich stöhnend auf den Rücken und schiebe die Decke etwas nach unten. Ich zwinge mich dazu, ein Auge zu öffnen. Es ist immer noch viel zu hell in meinem Zimmer. Es ist doch sonst nicht so hell hier drin. Ich öffne auch das zweite Auge und langsam erkenne ich die verschwommenen Umrisse einiger Gegenstände, die definitiv nicht in meinem Zimmer stehen.

Ruckartig setze ich mich auf. Oder zumindest versuche ich es, denn sobald ich in eine halbwegs aufrechte Position angenommen habe, hämmert es in meinem Kopf so sehr, dass mir fast schwarz vor Augen wird. Ich lasse mich wieder zurück ins Bett fallen und stöhne.

Was zur Hölle ist gestern Abend passiert? Ich kann mich nur noch daran erinnern, mit Summer und Nate ins *Pulse* gefahren zu sein, danach ist alles schwarz. Ich konzentriere mich, versuche mich mit aller Kraft an etwas zu erinnern, irgendetwas, aber da ist nichts. Alles weg. Als hätte es die gestrige Nacht nicht gegeben.

Da fällt mir wieder ein, dass ich nicht zu Hause bin und mir wird heiß. Wo bin ich? Und, oh mein Gott, bei *wem* bin ich? Ich taste erst nach rechts, dann nach links, in der Hoffnung, meine Tasche mit meinem Handy auf einem Nachttisch oder so zu finden. Aber ich greife nur ins Leere.

»Na, Dornröschen, ausgeschlafen?«, ertönt plötzlich eine Stimme neben mir und ich erschrecke so sehr, dass mir ein heiserer Laut entweicht und ich zusammenzucke. Nur einen Herzschlag später erkenne ich die Stimme und mein Magen zieht sich so heftig zusammen, dass ich kurz Angst habe, dass ich mich übergeben muss.

Ethan. Was zum Teufel macht er hier?

»Ich wohne hier, meine Schöne!«, antwortet er auf meine Frage. Scheinbar habe ich meine Gedanken laut geäußert. Er klingt belustigt und setzt sich neben mich auf die Bettkante. Ich versuche nach der Bettdecke zu greifen, um sie mir einfach wieder über das Gesicht zu ziehen, aber Ethan ist schneller und zieht sie von mir weg. Also schließe ich die Augen und drehe mich auf die andere Seite. Das ist bestimmt nur ein böser Traum und ich liege in Wahrheit gemütlich in meinem Bett zu Hause. Allein.

Ethan lacht leise. »Ich habe da was für dich.«

»Nein, danke«, nuschele ich und lege die Hände auf mein Gesicht.

»Du weißt noch gar nicht, was«, erwidert Ethan.

Ich stöhne genervt auf. »Ethan …«

»Aspirin und Wasser«, sagt er und erhebt sich. »Steht auf dem Nachttisch.«

Kurz darauf höre ich eine Tür leise ins Schloss fallen.

Ich warte noch einige Zeit, bis ich mir schließlich sicher bin, dass er weg ist. Dann drehe ich mich um, setze mich vorsichtig auf und greife nach dem Glas Wasser und der Aspirin. Ich schlucke die Tablette und trinke das komplette Glas aus. Danach fühle ich mich ein kleines bisschen besser. Zumindest ist mein Hals nicht mehr so trocken und das pelzige Gefühl auf meiner Zunge ist ebenfalls verschwunden. Das ist schon mal ein Anfang. Meine Erinnerungen kommen allerdings nicht auf magische Weise zurück und daher weiß ich immer noch nicht, wie zum Teufel ich ausgerechnet bei Ethan landen konnte.

Ruckartig sehe ich nach unten, an mir herab. Wir haben doch nicht etwa …?

Erleichtert stelle ich kurz darauf fest, dass ich noch mein dunkelblaues Kleid von gestern Abend trage. Ich stoße hörbar den Atem aus. Dann sehe ich mich in Ethans Schlafzimmer um, das mir fremd und gleichzeitig viel zu vertraut vorkommt. Es sieht noch genauso aus wie das letzte Mal, als ich hier gewesen bin. Mein Herz zieht sich schmerzhaft zusammen, als mich die Erinnerungen an unsere gemeinsame Zeit überrollen.

Ich schniefe und wische mir mit einer Handbewegung die aufkommenden Tränen aus den Augen. Ich würde jetzt nicht weinen, auf gar keinen Fall!

Langsam und ein klein wenig unsicher stehe ich schließlich auf und gehe in Richtung Badezimmer, das glücklicherweise direkt vom Schlafzimmer aus erreichbar ist. Auf der Ablage neben dem Waschbecken sehe ich zwei ordentlich zusammengefaltete Handtücher liegen. Ethan hat mitgedacht und war schon davon ausgegangen, dass ich dringend würde duschen wollen. Diese kleine unbedeutende Geste rührt mich so sehr, dass sich wieder Tränen in meinen Augen bilden. Verdammter Idiot! Ich beiße mir auf die Unterlippe und kneife die Augen zusammen.

Die heiße Dusche besänftigt den Aufruhr in mir etwas und mindert auch Kopfweh und Übelkeit. Danach fühle ich mich fast wieder wie ich selbst. Abgesehen von der Tatsache, dass ich nach wie vor bei Ethan zu Hause bin. Genau der Ort, an den ich eigentlich nie wieder gehen wollte.

Ich trockne mich ab und schlüpfe wieder in mein Kleid von gestern Abend. Sicher würde Ethan mir frische Klamotten leihen, aber ich will seine Sachen nicht anziehen. Das fühlt sich zu … intim an. Und diese Art von Intimität herrscht zwischen uns nicht mehr. Keine Art von Intimität existiert mehr zwischen uns.

Vor dem Spiegel wische ich mir den Rest meines Make-ups weg, das unter der Dusche nicht davon gespült wurde. Müde Augen blicken mir entgegen und ich bin noch etwas blass um die Nase. Schließlich atme ich tief ein und wappne mich innerlich für das, was nun unweigerlich kommen würde. Ich kann mich nicht ewig hier im Bad verschanzen, also würde ich Ethan nun unter die Augen treten müssen.

»Schnapp dir deine Tasche, bedank dich und dann nichts wie weg«, flüstere ich meinem Spiegelbild aufmunternd zu, aber meine Worte klingen nicht annähernd so überzeugend und motivierend, wie ich wollte.

Meine noch feuchten Haare binde ich zu einem unordentlichen Dutt nach oben, dann verlasse ich das Badezimmer und stehe schließlich vor der Schlafzimmertür. Die letzte Tür, die mich von Ethan trennt. Kurz überlege ich, ob ich mich einfach leise und unbemerkt rausschleichen kann. Aber da ich keine Ahnung habe, wo meine Schuhe und Tasche sind, verwerfe ich den Gedanken schnell wieder. Wäre ja auch zu einfach gewesen.

Zögerlich trete ich aus dem Schlafzimmer in den Flur. Kein Ethan, soweit so gut. Aber nur wenige Schritte vor dem Wohnzimmer ertönt leises Klappern, als würde …

Nein, das kann nicht sein. Ethan kocht nicht. Oder?

Ich ziehe die Augenbrauen zusammen und tapse vorsichtig weiter, bis ich im Wohnzimmer angelange. Und meinen Augen nicht traue.

Ethan steht tatsächlich in der Küche, hinter dem Herd, auf dem etwas in einer Pfanne vor sich hin brutzelt. Bin ich noch betrunken oder passiert das hier wirklich?

Bevor ich selbst auf Frage antworten kann, blickt Ethan auf und sieht mich an.

»Ah, gutes Timing«, verkündet er und nimmt die Pfanne vom Herd. »Katerfrühstück ist gerade fertig.«

Zugegeben, es duftet köstlich und mein Magen meldet sich genau in diesem Moment mit einem lauten Knurren.

»Danke«, erwidere ich zögerlich, aber es klingelt mehr wie eine Frage.

Ethan verteilt den Inhalt der Pfanne auf zwei Teller und schiebt einen davon über die Küchenzeile in meine Richtung.

»Toast?«, fragt er.

Ich nicke unsicher und setze mich auf einen der hohen Barstühle. »Das wäre nicht nötig gewesen.«

»Glaub mir, das ist es«, entgegnet Ethan mit undurchdringlichem Blick. »Nach dem Abend gestern ist sicherlich mehr nötig als Frühstück, um den ganzen Alkohol aus deiner Blutbahn zubekommen.«

Ich verschlucke mich fast an einem Bissen Rührei, als er das sagt. »Du warst dabei? Gestern Abend?« Nein, das kann nicht sein, daran würde ich mich doch sicher erinnern!

»Was denkst du, wie du hierhergekommen bist?« Ethan zieht eine Augenbraue nach oben und sieht mich abwartend an. Ich hebe die Schultern an.

»Ah, da kann sich wohl jemand nicht erinnern.« Ein schadenfrohes Grinsen breitet sich auf seinen Lippen aus.

Ich räuspere mich. »Wärst du so freundlich und klärst mich auf?«

Ethan zögert einen Moment, sieht mich nur an und deutet dann mit einem Kopfnicken auf den Teller vor mir. Ein Zeichen, dass ich weiteressen soll.

»Also«, beginnt er, als ich den nächsten Bissen auf meine Gabel spieße. »Da gibt es die Bienchen und die Blümchen und wenn …«

»Ethan!«, unterbreche ich ihn. »Ernsthaft?«

Er grinst. »Sorry, es war einfach zu verlockend.«

Ich seufze und lege die Gabel neben den Teller. Dann stehe ich auf. Ich sollte jetzt wirklich gehen.

»Danke für deine Gastfreundschaft, Ethan, aber ich sollte jetzt wirklich …«

»Dein Rührei essen?«, beendet er meinen Satz. »Ja, das solltest du wirklich.« Er stellt eine Tasse Kaffee vor mich. »Schwarz mit Zucker, wie du ihn magst.«

Wieso weiß er das noch? Wie kann er sich an so kleine Nichtigkeiten erinnern, wenn ich ihm vollkommen egal bin, so wie er sagt? Das passt nicht zusammen. Ein kleiner Teil von mir schöpft wieder Hoffnung. Hoffnung darauf, dass es vielleicht doch noch nicht vorbei ist, das mit uns. Ein weitaus größerer Teil in mir sagt mir allerdings, dass ich dringend verschwinden sollte. Das ist nicht gut. Das tut mir ganz und gar nicht gut.

Ehe ich etwas sagen kann, läutet es und kurz darauf öffnet sich der Fahrstuhl, der direkt in Ethans Wohnung führt.

»Isla?«, ertönt Summers aufgeregte Stimme. »Isla, wo bist du?«

»Summer, warte«, höre ich Nate sagen, der offenbar hinter seiner Freundin herrennt.

»Guten Morgen«, begrüßt Ethan die beiden, als wäre es völlig normal, dass die zwei bei ihm an einem Sonntagmorgen auftauchen. »Kaffee?«

Summer funkelt ihn wütend an, dann sieht sie mich und eilt auf mich zu. Sie zieht mich in eine Umarmung.

»Wie geht es dir?«

»Ganz okay«, antworte ich. »Ein bisschen verkatert.«

Ich höre, wie Nate sich leise bei Ethan entschuldigt. Es ist ihm sicher furchtbar peinlich, dass er einfach so hier auftaucht, immerhin ist Ethan sein Vorgesetzter.

Dann wendet Summer sich an Ethan. »Ich hoffe für dich, dass du auf dem Sofa geschlafen hast!«

»Da muss ich dich enttäuschen.« Ethan verzieht den Mund zu einem schiefen Grinsen. Summer setzt gerade zu einer Antwort an, da spricht Ethan weiter. »Gästezimmer, ich hoffe, das ist auch okay?«

»Spar dir deine Sprüche!«, faucht sie und ich verschlucke mich an meinem Kaffee. »Wie kommst du dazu, sie hierher zu bringen?«

Ethan hebt verteidigend beide Hände, aber ich sehe ihm an, dass er diese Situation hier zum Schreien komisch findet.

»Sie wollte nicht nach Hause, also war das die letzte Option.«

»Bullshit!«, erwidert Summer scharf.

»Summer, beruhig dich doch!«, mischt Nate sich ein.

»Du hältst dich fern von ihr, ist das klar?« Summer ist ein paar Schritte auf Ethan zugegangen, den Zeigefinger bedrohlich erhoben.

Ich räuspere mich. »Ähm, sie ist auch anwesend?«

Ethans Blick trifft meinen, ehe er wieder Summer ansieht. Dieses Mal liegt etwas Dunkles in seinem Blick.

»Ich habe nicht darum gebeten, okay? Und ich war es übrigens auch nicht, der mir auf den Po geschlagen und ihn als *heißen Hintern* bezeichnet hat.«

Meine Augen weiten sich und in meinem Kopf taucht undeutlich eine Szene von gestern Abend auf. Ethan, wie er mich über die Schulter wirft und zu seinem Auto trägt. Und ich, wie ich ihm auf dem Po schlage. Kichernd wie ein Schulmädchen. Oh, nein. Nein, nein, nein, nein, nein! Das darf nicht passiert sein!

»Danke für deine Gastfreundschaft«, sage ich schnell, stelle die Kaffeetasse etwas zu laut auf die Anrichte und springe auf. »Wir wollten gehen!«

Wortlos, aber mit einem verwegenen Lächeln auf den Lippen reicht Ethan mir meine Tasche und deutet auf meine Schuhe, die im Flur neben dem Aufzug stehen.

»Entschuldige noch mal«, sagt Nate erneut und schiebt dann Summer, die immer noch fuchsteufelswild zu sein scheint, vor sich zur Aufzugtür.

Als ich mich noch einmal zu Ethan umdrehe, blickt er mir

mit leicht schiefgelegtem Kopf nach, sein Blick so undurchdringlich wie immer und doch meine ich, Bedauern in seinen Augen zu erkennen. Mein Herz hüpft, der Aufzug schließt sich.

»Erzähl mir alles!«, verlangt Summer, als wir in Nates Wagen sitzen. Sie wirkt immer noch wütend, aber ich sehe ihr an, dass auch sie total übermüdet und leicht verkatert ist.

»Da gibt es nicht viel zu erzählen«, entgegne ich ausweichend. »Ich bin aufgewacht, war duschen und habe dann was gegessen, das war's auch schon.«

»Hat er wirklich im Gästezimmer geschlafen?«, hakt meine Freundin nach und zieht eine Augenbraue nach oben. Sie hat sich zu mir nach hinten umgedreht und sieht mich abwartend an.

»Ich gehe davon aus. Ich bin jedenfalls allein in seinem Bett aufgewacht.« Summer mustert mich weiterhin, als ginge sie davon aus, dass ich sie anlüge. »Wirklich, Summer, ich schwöre«, beteuere ich also.

»Jetzt entspann dich doch mal«, sagt Nate und legt eine Hand auf Summers Bein. »Es war doch nett von Ethan, dass er sich um Isla gekümmert hat.«

»Nett?« Summer sieht ihren Freund ungläubig an. »Nett? Ethan ist nicht nett, das wissen wir ja nur zu gut.« Sie sieht noch mal zu mir, dann dreht sie sich nach vorne. »Und abgesehen davon, wie konntest du nur zulassen, dass er sie abholt? Ausgerechnet er?« Summers Wut konzentriert sich nun auf Nate, der mir ein klein wenig leidtut.

»Was hätte ich denn tun sollen?«, verteidigt er sich und fädelt das Auto in den Verkehr ein.

»Alles, nur nicht Ethan anrufen?« Summers Stimme wird mit jedem Wort lauter und ich beiße mir auf die Unterlippe, um ein Schmunzeln zu unterdrücken. Es rührt mich sehr, dass Summer sich wie eine Bärenmama für mich einsetzt. Auch wenn Nate es nun scheinbar ausbaden muss.

»Isla hat ihn angerufen, nur fürs Protokoll«, entgegnet Nate.

»Und es ist nicht so, als wärt ihr zwei betrunken nicht total anstrengend gewesen«, fügt er leise murrend hinzu.

»Und statt aufzulegen, lässt du ihn sie abholen?«

»Das war das einzig Logische, also ja.«

»Ach, pff!«, macht Summer. »Den toxischen Ex anzurufen ist doch nicht logisch!«

Ich räuspere mich. »Sum, ist schon gut. Es ist doch nichts passiert.«

»Das meinst du nur, weil du dich an die Hälfte nicht mehr erinnern kannst.«

»Du auch nicht, denn du warst nicht einmal dabei.«

Summer schnaubt. »Trotzdem. Das war Scheiße.«

»Ja«, lache ich. »Das stimmt.«

»Sorry, Isla«, brummt Nate und sieht mich durch den Rückspiegel an. »Ich wusste nicht, was ich noch machen soll. Und du wolltest unbedingt zu Ethan, da konnte ich dich nicht von etwas anderem überzeugen.«

Ich beiße die Zähne fest aufeinander, ehe ich ihm antworte.

»Ja, ich kann sehr stur sein, wenn ich getrunken habe, sorry!« Ich sehe ihn entschuldigend an. »Aber es ist ja nichts passiert, vergessen wir es einfach.«

Eine Weile schweigen wir einvernehmlich und ich lasse meinen Blick aus dem Fenster schweifen.

»Wollen wir noch einen Kaffee trinken?«, fragt Summer dann.

Ich schüttele den Kopf. »Nehmt es mir nicht übel, aber ich will einfach nur nach Hause und etwas Schlaf nachholen.« Und mir den Kopf über Ethan, letzte Nacht und seinen letzten Blick zerbrechen, aber das sage ich natürlich nicht.

Kapitel 42

Ethan

Es war eine absolut bescheuerte Idee gewesen, Isla vom *Pulse* abzuholen. Da wusste ich in dem Moment, als Nate angerufen und mich darum gebeten hat. Aber welche Wahl war mir geblieben? Hätte ich sie einfach dort lassen sollen? Sturzbetrunken und mit einer überforderten Begleitung?

Nein, das wäre keine Möglichkeit gewesen, von dem her habe ich absolut richtig gehandelt. Schließlich habe ich irgendwann mal einen Eid geschworen, Menschen in Notlagen zu helfen. Und das war eine Notlage.

Dennoch hätte ich sie einfach nach Hause fahren sollen, als ich sie endlich in mein Auto bugsiert hatte. Das wäre das Richtige gewesen. Aber wann tue ich schon mal das Richtige?

Sie in meinem Bett liegen zu sehen, hat so viele Erinnerungen hervorgebracht, dass mich die Last dieser beinahe erdrückt hätte, wenn ich nicht ein Glas Whiskey in der Hand gehabt hätte, an dem ich langsam nippte, während ich Isla beim Schlafen beobachtete.

Obwohl ich kurz mit dem Gedanken gespielt habe, mich einfach zu ihr zu legen, bin ich letztlich ins Gästezimmer gegangen und habe – ganz der Gentleman – dort übernachtet, weit weg von ihr.

Ihr Duft liegt noch im Raum, als ich die Teller in die Spülmaschine geräumt und mir noch einen Kaffee aus der Maschine rausgelassen habe. Irgendwie kommt mir meine Wohnung seltsam leer vor, seit Isla gegangen ist. Ich schüttele den Kopf und gehe zur Fensterfront. London liegt vor mir, wird von der Sonne, die sich durch die Wolken hindurchkämpft, in ein sanftes Licht getaucht. Ich nehme einen Schluck von meinem Kaffee und muss wieder an Isla denken. So ein Mist, was ist nur los mit mir? Was hat diese Frau nur an sich, dass sie mir dermaßen unter die Haut geht?

Unwillkürlich muss ich schmunzeln, als mir wieder einfällt, wie Summer mich angepflaumt hat, weil ich Isla bei mir habe schlafen lassen. Zugegeben, ihr Beschützerinstinkt hat mir mächtig imponiert. Gleichzeitig war diese Situation fast wie aus einer dieser romantischen, völlig überzogenen Filme, die ich nie im Leben ansehen würde.

Mein Blick fällt auf die Kommode in der Ecke, in der der Brief meines Vaters liegt, sicher verwahrt in einer der Schubläden. Was er mir wohl noch hat sagen wollen? Für einen kurzen Moment keimt in mir der Wunsch auf, ihn zu lesen, aber genauso schnell ist er auch wieder abgeklungen. Nein, ich würde den Brief nicht lesen.

Zumindest nicht heute.

Vielleicht auch niemals.

Der Tod meines Vaters ist nun schon ein paar Wochen her und man könnte fast meinen, alles gehe seinen gewohnten Gang. Aber das ist nicht so. Es fühlt sich alles irgendwie … schwerer an. Ich bin kein emotionaler Mensch, Gott bewahre, aber ich gestehe, dass mich der Tod meines Vaters nachdenklich gemacht hat. Mir die Vergänglichkeit nur noch mal allzu deutlich vor Augen geführt. Und irgendwie kann ich diese *Was-wäre-wenn*-Gedanken nicht abstellen.

Was wäre, wenn ich Isla und mir eine Chance geben würde?

Was wäre, wenn ich versuchen würde, eine Beziehung zu führen?

Was wäre, wenn ich endlich über meinen Schatten springe und den Brief lese?

»Bullshit«, murmele ich und schüttele den Kopf angesichts meiner absolut sinnlosen Gedankenspirale.

Das würde niemals passieren. Denn ich würde mich nicht öffnen können, auch Isla gegenüber nicht. Egal, wie sehr sie mich fasziniert und beeindruckt, wie sehr ich mich nach ihr sehne. Mein Misstrauen – oder Trauma, was auch immer – sitzt zu tief und hat zu viel in mir zerstört.

Am Sonntagnachmittag ist meine Laune an einem Tiefpunkt angekommen und ich beschließe, mich mit etwas Arbeit abzulenken. Das Parkinson-Projekt habe ich in letzter Zeit etwas vernachlässigt, weshalb ich nun einige meiner Aufzeichnungen aus meiner Zeit in Miami durchgehe, um nach Interventions- und Diagnostikmöglichkeiten zu suchen, die man auch im Wilson Wates Hospital anwenden könnte.

Als ich gerade durch eine Patientenakte scrolle, reißt mich ein schrilles Klingeln aus meinen Gedanken. Ich brumme ungehalten, der letzte Anruf, den ich erhalten habe, hat meine jetzige miese Laune verschuldet, daher zögere ich, ob ich den Anruf überhaupt annehmen soll. Auf dem Display meines Telefons lese ich den Namen meiner Schwester. Enttäuschung wallt in mir auf, scheinbar hatte ich unterbewusst gehofft, es wäre Isla.

»Ich arbeite, Car, fass dich bitte kurz«, sage ich ohne eine Begrüßung. Ich stelle den Lautsprecher an und widme mich wieder der Akte.

»Es freut mich auch, dich zu hören, Bruderherz«, erwidert Caroline mit einem belustigten Unterton. »Ich dachte, du hättest heute frei?«

»Home-Office.«

»Erzähl mir nur nicht zu viel.« Caroline seufzt, ehe sie fortfährt. »Wie geht es dir?«

Ich verdrehe die Augen. »Gut, warum fragst du?«

»Hast du Dads Brief gelesen?« Ihre Stimme ist leiser geworden. Ich weiß, dass mein Vater auch Caroline einen Brief geschrieben hat. Ob meine Mutter auch einen bekommen hat? Ich schnaube bei dem Gedanken an sie.

»Nein«, antworte ich knapp.

»Ich habe meinen gestern gelesen«, sagt sie leise und ich höre ihr an, dass sie gegen die Tränen kämpft.

»Komm auf den Punkt, Car!«

»Bitte sprich dich mit Mum aus.«

Ich sage nichts darauf, denn sie weiß, wie ich darüber denke.

»Ethan!«, sagt sie fast schon flehend. »Wir haben doch nur noch uns drei. Wir sollten uns alle vertragen.«

»Caroline«, sage ich scharf. »Lass es gut sein, du kennst meine Meinung dazu.«

»Aber …«

»Ist noch was?«, schneide ich ihr das Wort ab. »Ansonsten würde ich gerne weiterarbeiten, wenn es dir recht ist.«

»Komm bitte zum Essen heute Abend, ja?«, fragt sie. »Bitte, Ethan. Ich brauche dich.«

Ich stöhne genervt und presse zwei Finger auf die Nasenwurzel. »Schön. Aber nur, wenn du mich jetzt in Ruhe arbeiten lässt.«

»Wir sehen uns um sieben.«

Ohne ein Wort des Abschieds drücke ich ihren Anruf weg und starre auf den schwarzen Bildschirm. Wie schafft meine Schwester es nur immer wieder, dass ich mich einlullen lasse und nachgebe?

Nach dem Telefonat mit meiner Schwester kann ich mich nicht mehr auf die Arbeit konzentrieren, daher beschließe ich kurzerhand joggen zu gehen. Ein wenig Bewegung würde mir sicherlich guttun und hoffentlich meine Laune bessern.

Ich behalte recht damit. Nach einer Stunde, in der ich wie vom Teufel gehetzt durch die Straßen gerannt bin, fühle ich mich tatsächlich etwas besser und bin nicht mehr ganz so schlecht gelaunt wie zuvor. Allerdings hat der Sport nicht gegen die Flashbacks geholfen, die in regelmäßigen Abständen vor meinem inneren Auge auftauchen. Immer wieder sehe ich Isla vor mir. Wie sie in meinem Bett schläft, ihre Haare wie ein Fächer auf meinem Kissen ausgebreitet. Wie sie in der dunklen Straße vor dem *Pulse* sitzt, ihr Make-up verschmiert. Wie sie leise meinen Namen haucht. Verfluchte Scheiße, wann hört das denn endlich auf?

Pünktlich um sieben Uhr stehe ich vor der Wohnung meiner Schwester und drücke mich davor, die Klingel zu betätigen. Jede Faser meines Körpers fleht mich an, umzukehren und zu verschwinden. Aber dann würde mir das hier morgen bevorstehen, oder übermorgen oder nächstes Wochenende. Caroline würde nicht lockerlassen, also bringe ich es lieber schnell hinter mich und dann habe ich wieder für einige Zeit Ruhe vor meiner Familie. Also läute ich.

»Ethan«, begrüßt Caroline mich keine drei Sekunden später mit einem breiten Lächeln, das ihre Augen aber nicht ganz erreicht.

»Hi, Car«, erwidere ich, drücke ihr eine Flasche Wein in die Hand und schiebe mich an ihr vorbei in den Flur.

»Wie lange warst du vor der Tür gestanden und hast überlegt, wieder zu verschwinden?«, feixt meine Schwester und ich verfluche sie dafür, dass sie mich so gut kennt.

»Was denkst du denn?«

»Fünf Minuten.«

»Drei. Du lässt nach.«

Caroline lacht und stupst mich gegen die Schulter. »Komm rein, das Essen ist gleich fertig. Ich habe Lasagne gemacht.«

Ich streife mir meine schwarzen Turnschuhe ab und folge ihr in das angrenzende Esszimmer. Wo meine Mutter bereits am Tisch sitzt und an einem Glas Wein nippt.

»Car«, knurre ich.

»Was denkst du denn? Ich lade dich zum Essen ein, aber sie nicht?«, gibt Caroline zurück.

»Setz dich und trink erst mal was. Ich hole das Essen.«

Ich reiche Joshua die Hand zur Begrüßung und nicke meiner Mutter knapp zu, ehe ich mich am anderen Ende des Tisches und möglichst weit weg von ihr setze. Als Erstes schenke ich mir ein Glas Rotwein ein.

Caroline hat recht, mit dem, was sie gesagt hat. Ich hätte wissen können, dass unsere Mutter auch da sein würde. Wieso habe ich nicht dran gedacht?

Weil sich deine Gedanken andauernd nur um eine ganz bestimmte Person drehen.

Caroline kommt mit einer dampfenden Auflaufform zurück. Es riecht köstlich, aber mir ist der Appetit vergangen und ich überlege, wie ich mich möglichst schnell verabschieden kann.

Wir essen schweigend, nur Caroline bemüht sich darum, ein Gespräch in Gang zu bringen. Sie scheitert kläglich und gibt schließlich auf. Als ich schon fast zu hoffen wage, das hier unbeschadet zu überstehen, ergreift meine Mutter das Wort.

»Ethan, wie ist es dir die letzten Wochen ergangen?«, fragt sie, scheinbar ehrlich interessiert.

»Besser als deinem Ehemann, würde ich sagen.« Meine Worte sind grausam, ich weiß das, aber ich kann sie nicht zurückhalten und so verlassen sie einfach so meinen Mund, bevor ich tatsächlich realisiere, was ich da eigentlich von mir gebe. Meine Mutter schnappt erschrocken nach Luft, Caroline lässt die Gabel fallen und starrt mich fassungslos an. »Ethan!«

»Bitte entschuldigt«, sage ich, jedes einzelne Wort vor Sarkasmus triefend. »Ich wollte nicht eure heile Welt zerstören. Mein Fehler.«

Meine Mutter verzieht voller Schmerz das Gesicht zu einer Grimasse, aber ich empfinde keine Reue, kein Mitleid, nichts. In mir ist nur der Drang, ihr den gleichen Schmerz zuzufügen, den sie meinem Vater und auch mir zugefügt hat.

»Ethan, bitte«, sagt Caroline eindringlich.

»Wie wäre es, wenn ich den Nachtisch hole?«, ergreift Joshua das Wort. Ich ziehe eine Augenbraue nach oben und starre langsam auf unsere Teller mit Lasagne, die noch nicht einmal leer sind. Er lässt die Schultern hängen, als hätte er in dem Moment selbst erkannt, wie dumm seine Frage war.

Ich greife nach meinem Glas Wein und trinke es in einem Zug aus. Doch anstatt das brodelnde Feuer in mir zu löschen, facht er dieses nur noch mehr an. Also treffe ich eine Entscheidung.

Ich stehe so schnell auf, dass der Stuhl mit einem unangenehmen Geräusch über den Boden schabt und beinahe umkippt.

»Bitte lade mich in Zukunft nur noch ein, wenn sie nicht da ist, Car.« Ich sehe meine Schwester an, die sichtbar mit den Tränen ringt. Sie so zu sehen ist schmerzhaft und ich will ihr nicht wehtun, wirklich nicht.

»Ersparen wir uns allen diese Farce. Schönen Abend noch!« Ich knalle meine Serviette auf den Tisch, drehe mich ohne ein weiteres Wort um und verlasse das Esszimmer. Im Flur ziehe ich meine Schuhe an und warte einen Moment, da ich sicher bin, Caroline würde mir gleich folgen und versuchen, die Wogen zu glätten.

Aber sie kommt nicht. Anscheinend hat auch sie es endlich verstanden.

Es ist hoffnungslos mit mir.

Kapitel 43

Isla

Ich verbringe den halben Sonntag im Bett und hole den dringend benötigten Schlaf nach. Als ich aufwache und auf die Uhr sehe, ist es mitten am Nachmittag. Ich drehe mich auf den Rücken und versuche wieder einzuschlafen, allerdings sind die Gedanken in meinem Kopf so ohrenbetäubend laut, dass ich kein Auge zu bekomme.

Also stehe ich auf, nehme eine lange heiße Dusche und koche Kaffee. Ich gebe mir genau zwei Stunden, in denen ich über Ethan und die vergangene Nacht nachdenken darf. Keine Sekunde länger. Zu lange hat er meine Gedanken beherrscht, nun reicht es.

Ich bin seltsam gerührt davon, dass Ethan sich so um mich gesorgt hat, dass er mitten in der Nacht quer durch London gefahren ist, um mich – sturzbetrunken – abzuholen. Und sich dann noch um mich gekümmert, mir sogar Frühstück gemacht hat. Andererseits hat er eigentlich nur einem Freund in Not geholfen, nämlich Nate, der scheinbar total überfordert mit Summer und mir gewesen ist.

Also messe ich dem Ganzen nicht so viel Bedeutung zu. Das darf ich nicht, denn sonst beginnt der ganze Albtraum wieder von vorne. Und ich bin es ehrlich gesagt mittlerweile leid.

Ich bin müde davon, mir dauernd über Ethan und seine eventuell vorhandenen Gefühle für mich Gedanken zu machen. Ich fühle mich wie die armseligste Person auf der Welt, weil ich immer und immer wieder hoffe. Ich weiß, dass da so viel mehr in Ethan steckt, als er zeigt, und er unter seiner harten Schale ein

270

liebevoller Mensch ist, aber ich kann ihm nicht mehr dabei zusehen, wie er sich selbst und mich damit zerstört, weil er es nicht schafft, seine Schwäche zuzulassen. Ich kann das nicht mehr.

Also stelle ich mir einen Timer auf genau zwei Stunden und lasse meinen Gedanken in dieser Zeit freien Lauf. Mit dem Klingeln des Weckers ist Schluss damit.

Erstaunlicherweise funktioniert mein Plan sehr gut. Ich habe mir zwei Stunden den Kopf über diese eine Nacht zerbrochen. Und danach nicht mehr. Die ganze Woche über habe ich nicht länger als eine Minute am Stück daran gedacht und das macht mich sehr stolz. Denn das heißt, dass ich heile. Es hat mich nicht zurückgeworfen, dass ich bei ihm übernachtet habe, ihm so nah war. Im Gegenteil, es hat mich stärker gemacht.

Am folgenden Samstag sitze ich mit meinen beiden besten Freundinnen gemütlich in unserem Lieblingscafé beim Brunch. Aufgrund unserer unterschiedlichen Arbeitszeiten schaffen wir das leider nur sehr selten, umso größer ist die Freude darüber, dass es nach so vielen Wochen jetzt endlich wieder geklappt hat.

Das *MarieClaire* befindet sich in der obersten Etage eines Gebäudes direkt am Ufer der Themse. Von hier aus sieht man bei gutem Wetter das London Eye, den Big Ben und die Westminster Bridge. Ich liebe die Aussicht hier oben, mit Blick über London. Heute regnet es leider in Strömen, daher sieht man nur Grau in Grau, wenn man aus den großen Fenstern blickt.

Wir sitzen an unserem Stammplatz direkt am Fenster. Im Hintergrund läuft leise Jazzmusik, auch einer der Gründe, warum die Mädels und ich dieses Café so lieben.

Summer und Sarah studieren schweigend die Karten, während ich meinen Blick aus dem Fenster schweifen lasse. Es ist jedes Mal das gleiche, wir schauen stundenlang in die Karten, überlegen hin und her und bestellen doch immer die gleichen Gerichte.

Sarah räuspert sich und schlägt die Karte zu.

»Ich nehme dasselbe wie immer. Wieso schauen wir eigentlich immer wieder in die Karte?« Sie hat ihre langen blonden Haare heute zu einem ordentlichen Knoten gebunden und trägt eine hochgeschlossene schwarze Bluse. Wie schafft sie es nur immer so elegant auszusehen? Ich fühle mich immer underdressed neben ihr.

Auch Summer schlägt ihre Karte zu. »Weil wir immer wieder denken, dass heute der Tag ist, an dem wir etwas Neues ausprobieren.«

Ich hebe meine Kaffeetasse. »Allerdings. Und wir trauen uns nie.«

»Das ist auch eine Art von Tradition.« Summer zuckt mit den Schultern und grinst mich an.

»Es ist so schön, dass wir endlich mal wieder gemeinsam hier sind«, sagt Sarah und lächelt.

Ich nicke zustimmend. »Es ist viel zu lange her.«

»Es war einfach so viel los jedes Wochenende«, meint Summer entschuldigend.

»Apropos«, ich wende mich ihr zu. »Wie war es letztes Mal mit Nates Eltern?« Summer und Nate haben vor zwei Wochen ein paar Tage bei seinen Eltern in Norwich verbracht. Obwohl sie noch nicht viel davon erzählt hat, kann ich mir denken, dass es nicht allzu toll gelaufen ist.

Summer seufzt tief und trinkt einen Schluck von ihrem Kaffee, ehe sie antwortet.

»Es ist schwierig. Sie sind nett und alles, keine Frage, aber ich habe das Gefühl, dass sie mich noch nicht wirklich akzeptiert haben. Und dass sie nicht so begeistert von mir sind.«

»Wegen seiner Ex?«, erkundigt sich Sarah.

Summer nickt. »In ihren Augen war sie perfekt. Und absolut würdig für ihren Sohn.« Sie schnaubt. »Tja, und ich bin das wohl nicht.«

»Quatsch«, sage ich vehement. »Sie sollen froh sein, dich als Schwiegertochter zu haben.«

»Allerdings«, sagt auch Sarah. »Was Besseres kann ihnen nicht passieren.«

Summer lächelt uns dankbar an. »Danke. Vielleicht liegt es aber auch nur daran, dass Nate sich hat scheiden lassen. Seine Eltern sind da sehr konservativ.«

»Sicherlich ist das der ausschlaggebende Grund.« Sarah nickt bestärkend. »Meine Eltern würden mich umbringen, wenn ich mich jemals scheiden lassen würde.«

»Wie ist es zurzeit eigentlich mit deinen Eltern so?«, fragt Summer.

»Wie immer.«

»Und sie bestehen immer noch darauf, dass du in die Viszeral-chirurgie zurückgehst?« Ich sehe sie mitleidig an, denn ich weiß, dass Sarah das absolut nicht möchte.

Sie nickt langsam. »Das wird sich auch nicht ändern. Neuro-logie gefällt ihnen nicht, also gibt es keine Möglichkeit für mich, dortzubleiben.«

»Aber es ist doch deine Entscheidung!«, antwortet Summer aufbrausend.

Sarah entfährt ein leises Schnauben. »Nicht wenn du zur Familie Campbell gehörst.«

»Das ist doch Mist«, murmelt Summer und nippt an ihrem Kaffee.

Sarah und ich nicken zustimmend und für eine Weile herrscht Schweigen, bis die Kellnerin an unseren Tisch tritt und wir unsere Bestellung aufgeben können.

»Einen Vorteil hat das Ganze aber«, sage ich. »Du hast einen weltklasse Physiotherapeuten auf deiner Station, mit dem du zusammenarbeiten kannst.«

Summer sieht mich fragend an und ich erinnere sie daran, dass Ryan ebenfalls auf der Viszeral arbeitet.

Sarah verdreht die Augen. »Oh ja, klasse, den hatte ich fast vergessen.«

Ich pruste in meinen Kaffee. »Ach stimmt, ihr zwei könnt

euch nicht ausstehen.« Ich lache und erzähle Summer von unserem gemeinsamen Essen im Park vor ein paar Wochen, während dem sich Sarah und Ryan beinahe an die Gurgel gegangen sind.

»Das hätte ich gerne gesehen«, lacht Summer. »Ich kann mir überhaupt nicht vorstellen, wie Sarah unfreundlich zu jemandem ist.«

Sarah verzieht das Gesicht. »Können wir jetzt das Thema wechseln?«

»Klar«, nicke ich.

In diesem Moment wird unser Essen gebracht. Ich habe mir eine Acai Bowl mit verschiedenen Toppings bestellt, Sarah hat sich für ein Avocadobrot entschieden und Summer bekommt die Käseplatte. Es sieht köstlich aus und duftet herrlich.

Eine Weile essen wir schweigend.

»Ach, Isla.« Summer hebt ihre Gabel und deutet mit ihr auf mich. »Wie war es diese Woche eigentlich mit Du-weißt-schon-wem?«

Ich verschlucke mich fast. Natürlich hatte ich mit der Frage gerechnet, dem Verhör seiner Freundinnen entkommt man schließlich nicht so leicht, aber irgendwie hatte ich wohl gehofft, sie würde das Thema nicht ansprechen.

Ich hebe die Schultern, darauf bedacht, möglichst lässig dabei zu wirken, als wäre mir das Thema lästig und er mir vollkommen egal.

»Ich habe ihn nur einmal kurz gesehen, diese Woche und da haben wir nicht miteinander gesprochen.«

Sarah runzelt die Stirn. »Wie geht es dir damit?«

»Gut.« Meine Antwort kommt ein bisschen zu schnell, ein bisschen zu laut. Sarah wechselt einen bedeutungsschweren Blick mit Summer.

»Wirklich, es geht mir gut. Die Sache ist erledigt«, betone ich.

»Auf einmal?«, hakt Summer nach. »Einfach so? Ich meine, letzte Woche hast du bei ihm übernachtet und heute erzählst du uns, dass dir das nichts ausgemacht hast und du nicht mehr an ihn denkst?«

Ich seufze. »Klar denke ich an ihn. Und natürlich denke ich an letzte Woche. Aber es tut nicht mehr so weh, versteht ihr, was ich meine?«

Sarah nickt langsam, während sie einen Bissen von ihrem Brot kleinschneidet. »Also habt ihr nicht darüber geredet?«

»Was gibt es da denn zu reden?«, fragt Summer. »Es ist nichts passiert.«

Außer dass er sich um mich gekümmert und mir Frühstück gemacht hat. Was er noch nie getan hat. Aber das sage ich den Mädels natürlich nicht. Also schüttele ich nur den Kopf.

»Darf ich dich etwas fragen?« Sarah hat ihr Besteck neben den Teller und die Hände gefaltet unter ihr Kinn gelegt.

»Hast du gerade«, erwidere ich breit grinsend. »Schieß schon los.«

»Was findest du an ihm?«

Die Frage trifft mich tatsächlich unvorbereitet und ich blinzele mehrmals irritiert.

»Ich meine«, fährt Sarah fort. »Er ist gut aussehend, groß und all das. Aber das kann doch nicht das einzige sein, oder?«

»Er erfüllt sämtliche Bad-Boy-Klischees, auf die alle Frauen so stehen«, grinst Summer.

»Das ist es nicht«, entgegne ich. »Also, ja, schon, er erfüllt diese Klischees. Aber da ist noch so viel mehr in ihm.«

Nun legt auch Summer ihr Besteck neben den Teller. Zwei Augenpaare sehen mich erwartungsvoll an.

Ich blase die Wangen auf. »Ich hasse euch.«

»Du liebst uns«, gibt Summer zurück und zwinkert mir zu.

»Ethan ist nicht der typische Bad Boy«, beginne ich und versuche verzweifelt, meine Gedanken zu sortieren. »Er kann sehr zuvorkommend sein. Und er ist tatsächlich ein echter Gentleman. Ich mag es, wie ich mich in seiner Nähe fühle. So frei, leicht, als wäre einfach alles richtig. Ich kann es nicht anders ausdrücken, versteht ihr, was ich sagen will?«

»Ethan, ein Gentleman? Schwer vorstellbar.« Summer zieht die Augenbrauen nach oben.

»Glaubt mir das ruhig«, erwidere ich. »Das ist er wirklich. Und er ist witzig. Schlagfertig. Wir haben echt viel Spaß miteinander gehabt. Nicht nur im Bett!«, füge ich schnell hinzu, als die zwei einen Blick tauschen. »Und ja, das vermisse ich schon irgendwie. Ich hatte immer das Gefühl, dass da mehr ist zwischen uns als eine Bettgeschichte. Dass auch er mehr für mich empfindet, als er eigentlich zugeben mag.« Ich seufze und mein Herz wird schwer. Ich hasse es, in der Vergangenheit über ihn und unsere gemeinsame Zeit zu sprechen. Das fühlt sich so unfassbar falsch an.

Nach einer Weile ergreift Summer das Wort.

»Ich glaube tatsächlich auch, dass er Gefühle für dich hat. Oder hatte, keine Ahnung. Irgendwo tief unter seiner kalten, abweisenden Macho-Art.«

Ich nicke gedankenverloren. »Ich fühle mich so armselig deswegen, als hätte ich keinen Funken Stolz in mir, weil ich ihm immer noch hinterherrenne, egal, was er tut.«

Sarah runzelt die Stirn. »Das sehe ich nicht so. Ich glaube, für die wahre Liebe lohnt es sich zu kämpfen, egal, wie schwer es ist und wie lange es dauert.«

Ich lasse mir ihre Worte durch den Kopf gehen. Sie hat Recht, aber langsam geht mir die Kraft aus, um weiterzukämpfen.

»Du bist dir sicher, dass du damit abgeschlossen hast?«, hakt Sarah leise nach. »Es klingt nämlich nicht danach.«

Ich presse die Lippen zu einer schmalen Linie zusammen und zucke die Schultern.

»Solange er mich nicht an seinen Gefühlen teilhaben lässt, an dem, was in ihm vorgeht, wird das nichts. Und ich weiß nicht, ob er dazu bereit ist, oder jemals bereit sein wird.«

»Jetzt gerade nicht«, stimmt Summer mir zu.

Ich runzle die Stirn. »Was meinst du damit?«

Sie sieht ertappt zwischen Sarah und mir hin und her. »Ups. Das … nichts, gar nichts, das war einfach nur so dahingesagt.«

Sarah legt den Kopf schief und mehr braucht es nicht, um Summer zum Reden zu bringen.

»Okay, aber ihr dürft das niemandem sagen, ja? Er bringt mich sonst um, oder Schlimmeres.« Sie wartet, bis wir ihr hoch und heilig schwören, niemals ein Wort darüber zu verlieren, dann beugt sie sich über den Tisch, als würde sie uns gleich von einer Top-Secret-Mission erzählen.

»Sein Vater ist vor ein paar Wochen gestorben. Muss wohl ziemlich schlimm gewesen sein und sehr plötzlich.« Sie macht eine kurze Pause, ehe sie weiterspricht. »Jedenfalls wurde Ethan mitten in der Visite in die Notaufnahme gerufen, weil sein Vater eingeliefert wurde. Schlaganfall. Aber sie konnten nichts mehr tun. Ein paar Tage später haben sie die Maschinen abgestellt.«

Mir wird heiß und kalt. Vor meinen Augen flimmert es und in meinem Ohr breite sich ein unangenehmes hohes Pfeifen aus. Das war der Grund, warum er unser gemeinsames Wochenende abgesagt hat, warum er mich wieder von sich gestoßen hat. Weil er seinen Vater verloren hat.

Es passt alles perfekt zusammen.

Das heißt, es lag nicht daran, dass Ethan mich nicht mehr wollte. In meinem Kopf wird eine Frage plötzlich ganz laut: Was wäre gewesen, wenn das nicht passiert wäre? Wäre dann alles ganz anders gekommen? Könnte ich dann jetzt mit Ethan hier sitzen, brunchen, lachen, reden?

Und auf einmal weiß ich, dass nichts vorbei ist. Dass ich nicht damit abgeschlossen habe. Nicht damit abschließen kann. Nicht, nachdem ich das erfahren habe.

»Isla?« Sarahs Stimme dringt in mein Unterbewusstsein und ich sehe auf. Meine beiden Freundinnen sehen mich mit besorgten Blicken an.

»Geht es dir gut?«, fragt Summer.

»Es passt alles zusammen«, wispere ich.

»Was passt zusammen?«, hakt Sarah nach.

Ich runzele die Stirn und sehe die beiden an, die mich nach wie vor skeptisch mustern. »Ethan hat damals unser gemeinsames Wochenende abgesagt. Mit der Begründung, dass er auf einmal keine Lust mehr auf mich hat.«

»Und?« Summer sieht mich erwartungsvoll an.

»Versteht ihr denn nicht?« Eine Welle der Euphorie überkommt mich schlagartig und ich würde am liebsten aufspringen. »Sein Vater war der Grund dafür. Nicht, weil er mich nicht mehr wollte. Sondern weil er seinen Vater verloren hat und damit wahrscheinlich nicht umgehen konnte!«

Sarah zieht zweifelnd eine Augenbraue nach oben. »Aber wieso sagt er das denn nicht einfach?«

»Pff«, macht Summer. »Als würde Ethan so was einfach sagen.«

Ich nicke eifrig. »Genau. Er hätte mir das niemals gesagt! Stattdessen stößt er mich von sich.«

»Das klingt auf Dauer aber sehr ungesund«, murmelt Sarah.

»Ist es auch, Sarah.« Summer nickt bekräftigend.

Doch ich schüttele den Kopf. »Das ist typisch Ethan. So ist er nun mal.« In meinem Kopf fahren meine Gedanken Achterbahn, mir wird davon beinahe schwindelig.

»Und was heißt das jetzt?«, fragt Sarah. »Er hat dir nichts davon erzählt, also gehe ich davon aus, dass er es für sich behalten wollte.«

»Natürlich wollte er das«, bestätige ich. »Aber zum Glück habe ich die besten Freundinnen der Welt, die meine Augen und Ohren sind.«

»Gut, dass ich alles mitbekomme«, grinst Summer.

»Und alles weitererzählst«, wirft Sarah ein.

Wir lachen schallend und Tränen sammeln sich in meinen Augen.

»Aber ernsthaft, Isla.« Summer tupft sich mit ihrer Serviette ihre Lachtränen von der Wange. »Was willst du mit der Info machen?«

»Ich spreche ihn darauf an.«

»Glaubst du, das ist sinnvoll? Ihn damit zu überfallen und so in die Enge zu treiben?«

»Egal«, entgegne ich. »Das hat er jetzt davon. Aber wenn das wirklich der Grund dafür war, dass er mich wieder von sich gestoßen hat, dann muss ich es einfach versuchen.«

Sarah greift über den Tisch meine Hand und drückt sie leicht. Sie lächelt mich liebevoll an.

Summer hingegen mustert mich eindringlich. »Bist du sicher, dass du ihm noch eine Chance geben willst? Die wievielte wäre das dann?«

»Summer!«, fährt Sarah sie an.

Diese hebt abwehrend die Hände. »Entschuldige, aber ich muss das fragen, denn ich mache mir Sorgen um dich, Isla.«

Ich lächle die beiden an. »Das ist sehr lieb von dir, Summer, aber das musst du nicht. Ich habe es bis hierhin überlebt, ich werde auch den Rest überstehen. Egal was kommt und wie es ausgeht.«

»Wir sind immer für dich da«, beteuert Sarah.

»Ich weiß«, antworte ich und stehe auf. »Und jetzt muss ich los.«

»Wir drücken dir die Daumen!«, rufen die beiden mir noch nach.

Kapitel 44

Ethan

Das Abendessen mit meiner Familie am vergangenen Wochenende schwebt die ganze Woche über wie eine dunkle Regenwolke über mir. Ich kann Carolines schockierte Miene über das, was ich gesagt habe, nicht vergessen und ich fühle mich tatsächlich schlecht deswegen. Ich hätte das nicht sagen dürfen, auch wenn es die Wahrheit ist. Aber das ist selbst für mich eine richtig miese Nummer gewesen.

Und so verfolgt mich dieses Abendessen die ganze Woche, die Dialoge, die Blicke, einfach alles, egal was ich tue, es ist stets präsent.

Bei der Arbeit bin ich abgelenkt und unkonzentriert und ich bin froh, dass diese Woche hauptsächlich Papierkram bei mir ansteht und ich in meinem Zustand nicht auf Visite gehen oder – schlimmer noch – Patienten untersuchen muss. Ich verziehe mich morgens in mein Büro, verlasse es nur in dringenden Fällen und stehle mich abends so unbemerkt wie möglich aus der Klinik. Damit fahre ich tatsächlich gut, denn niemand spricht mich an, keiner fragt nach meinem Befinden, nicht einmal Tom, dessen Begegnung ich natürlich nicht vermeiden kann. Er wirft mir zwar diese besorgten Blicke zu, wenn er denkt, dass ich es nicht mitbekomme, aber er sagt nichts. Und dafür bin ich ihm sehr dankbar.

Ein weiterer positiver Aspekt, wenn man es so sehen mag, ist die Tatsache, dass ich Isla nicht über den Weg laufe. Ich weiß, dass sie da ist, sogar auf Station und somit ganz in meiner Nähe, denn ich habe sie reden und lachen hören. Aber in meinen

Gedanken ist scheinbar nur Platz für ein schwieriges Thema, daher dominiert aktuell mein Familientrauma und Isla nimmt nur eine Nebenrolle in meinem Kopfkino ein.

Am schlimmsten sind die Nächte. Ich liege meist stundenlang wach, ehe ich einschlafen kann und grübele über meinen Vater, seine Ehe und mein Leben nach. Vielleicht stecke ich auch in einer handfesten Midlife-Crisis fest, wer weiß das schon. Mit Sicherheit kann ich nur sagen, dass ich mittlerweile genervt von mir selbst bin und meine Nerven bis zum Reißen gespannt sind. Warum beschäftigt mich das nur so? Es gab bei Gott unangenehmere Familienessen, das vergangenes Wochenende schafft es noch nicht einmal in die Top drei.

Aber seit diesem Abend ist da noch etwas anderes in mir als die altbekannte Wut auf meine Mutter und die damit einhergehende Enttäuschung. Ich kann nicht verhindern, dass sich zwei Fragen immer drängender und drängender aus meinem Unterbewusstsein an die Oberfläche kämpfen:

Wieso beschäftigt mich das alles immer noch so sehr?

Wieso beeinflusst es mein Leben nach wie vor so massiv?

Diese Fragen lassen mich nachts wach liegen, grübelnd, fluchend, verzweifelt, weil ich keine Antworten auf sie finde.

Am Samstagmorgen fühle ich mich nach einer weiteren schlaflosen Nacht wie von einem Laster überfahren. Mein Kopf schmerzt und pocht, mein Nacken ist so verspannt wie schon lange nicht mehr und meine Laune mittlerweile an ihrem absoluten Tiefpunkt angelangt.

Noch bevor ich mir etwas angezogen oder einen Kaffee getrunken habe, gehe ich zielstrebig auf die Kommode im Wohnzimmer zu, öffne die Schublade und ziehe den Brief meines Vaters heraus, wie so oft in letzter Zeit. So ein unscheinbares Stück Papier, und doch wiegt es wie eine zentnerschwere Last auf meinen Händen.

Ich setze mich auf das Sofa und starre den Brief an, betrachte meinen Namen, der in der ordentlichen Handschrift meines

Vaters auf dem Kuvert steht. Ich kenne keinen Arzt, der so ordentlich geschrieben hat wie mein Vater. Nachdenklich runzele ich die Stirn und drehe den Brief in meinen Händen.

Ob ich mich besser fühlen würde, wenn ich die letzten Worte meines Vaters gelesen habe?

Würde ich es verstehen können?

Oder würde es mir danach nur noch schlechter gehen?

Ich weiß es nicht, bin hin und hergerissen zwischen dem Drang, zu wissen, zu verstehen, und dem Wunsch nach schlichtem Vergessen.

Bevor ich jedoch eine Entscheidung treffen kann, kündigt der Aufzug mit einem leisen *Pling* einen Besucher an. Ich stehe auf und verstecke den Brief hastig hinter den Sofakissen. Und halte in der Bewegung inne, als ich sehe, wer mein Wohnzimmer betritt, langsam und zögerlich.

»Was willst du hier?«, frage ich meine Mutter. Sie sieht anders aus und ich brauche ein, zwei Sekunden, um den Grund dafür auszumachen.

Sie ist ungeschminkt, ihre dunklen Haare zu einem schlichten Zopf nach hinten gebunden. Statt ihrer gewohnten eleganten Hosenanzüge trägt sie heute eine klassische blaue Jeans und eine schwarze Bluse dazu. Ich kann mich nicht daran erinnern, wann ich sie zuletzt in so einem normalen Outfit gesehen habe. Oder jemals. Ich blinzele mehrmals, überlege, ob ich gestern vielleicht zu viel Alkohol getrunken habe und jetzt, in Kombination mit dem Schlafmangel, in einem schlechten Alptraum gefangen bin.

»Ethan.« Sie sieht mich an, ich kann nicht benennen, was in ihren Augen steht. Sie lässt ihre Handtasche auf den Boden neben dem Sofa gleiten. »Wir müssen uns unterhalten.«

»Wirklich? Ich wüsste nicht, worüber.« Ich wende mich von ihr ab, um ihr deutlich zu signalisieren, dass sie hier nicht willkommen ist.

»Bitte, Ethan«, erwidert sie, ein flehentlicher Unterton klingt nun in ihren Worten mit und sie macht einen Schritt auf mich zu.

Ich atme tief ein und stoßweise wieder aus. Langsam schüttele ich den Kopf. »Ich dachte, dass ich vergangenes Wochenende deutlich gemacht habe, dass …«

»Schluss damit!«, unterbricht mich meine Mutter laut.

»Zieh dir was über und dann setz dich hin und hör mir zu!«

Ich drehe mich ungläubig zu ihr um. Ihr Brustkorb hebt und senkt sich rasch, ihre Nasenflügel sind geweitet. Es ist schon eine ganze Weile her, dass ich meine Mutter sichtbar außer Fassung gesehen habe, und ich gebe zu, dass mir das Ganze nicht geheuer ist. Ohne weiter darüber nachzudenken, gehe ich ins Schlafzimmer, um dort meine Sportshorts und ein Shirt anzuziehen. Meine Mutter steht noch an der gleichen Stelle, als ich zurückkehre und mich auf das Sofa setze. Sie nimmt auf dem Sessel gegenüber Platz und sieht mich eindringlich an.

»Ethan.« Sie atmet tief durch, als müsse sie erst die richtigen Worte finden. Ich gebe mich unbeeindruckt, aber in mir tobt ein Sturm aus unterschiedlichen Emotionen, die ich nicht einmal ansatzweise alle benennen kann. Es herrscht unbeherrschbares Chaos in mir.

»So kann es doch nicht weitergehen. Unsere Spannungen sind nicht mehr tragbar«, fährt sie fort und verschränkt die Hände ineinander.

»Ich fürchte, das ist schon zur Gewohnheit geworden«, entgegne ich harsch.

»Lass uns bitte damit abschließen. Dein Vater hätte auch gewollt, dass …«

Einem Impuls folgend unterbreche ich sie mit einer unwirschen Handbewegung. »Wage es nicht, zu mutmaßen, was er gewollt hätte und was nicht«, knurre ich. »Nicht ausgerechnet du!«

»Ich habe nie etwas getan, was er nicht wusste, Ethan!«

»Und das soll ich dir glauben?«, fahre ich sie an. Ich erhebe mich, denn ich kann keine Sekunde länger ruhig dasitzen. Also trete ich an die Fensterfront und lasse meinen Blick über London schweifen. Alles wirkt so normal wie immer und doch ist irgendwie alles anders.

»Ich soll dir glauben, dass er wusste, dass du ihn betrügst und dich durch ganz London vögelst?« Ein Schnauben entweicht mir und ich fahre mir mit einer Hand übers Gesicht.

»Ja«, erwidert meine Mutter nur und nickt. »So ist es.«

»Ich verstehe es nicht«, flüstere ich und schüttele den Kopf.

»Was genau?«

»Wie konntest du?« Ich drehe mich aufgebracht zu ihr um. Mit einem Mal fühle ich mich unsagbar erschöpft, ausgelaugt, seltsam leer. Meine Wut ist verebbt und mit ihr sämtliche Energiereserven, die ich noch hatte.

Sie deutet auf das Sofa.

»Bitte setz dich, dann erzähle ich dir alles.« Auch sie klingt erschöpft.

Widerwillig lasse ich mich wieder auf das Sofa fallen, verschränke die Hände wie eine Mauer vor meiner Brust und vermeide jeglichen Blickkontakt mit ihr.

»Am Anfang unsere Beziehung war alles normal, es gab nur deinen Vater und mich. Auch nach der Hochzeit war das noch eine lange Zeit so«, beginnt sie zu erzählen, ihr Blick fest auf den kleinen Tisch vor ihr geheftet. »Aber mit der Zeit habe ich gemerkt, dass mir etwas fehlt. Ich war immer noch sehr glücklich mit deinem Vater, daran lag es nicht. Aber ein kleiner Teil in mir hat sich nach mehr gesehnt.« Sie macht eine kurze Pause, als würde sie eine Reaktion von mir erwarten. Doch die würde sie nicht bekommen. Ich sitze einfach nur da und lasse ihre Geschichte über mich ergehen, versuche nichts dabei zu fühlen.

»Dann wurdest du geboren, ein paar Jahre später Caroline und alles schien wieder in Ordnung zu sein«, fährt sie leise fort. »Und das war es auch, mehr als nur in Ordnung. Aber wie du bereits ahnst, hat das nicht für ewig gehalten. Dein Vater hat viel gearbeitet, ich war viel allein, als du und deine Schwester etwas älter wurdet. Und ich habe mich einsam gefühlt, verlassen und allein.«

»Wieso hast du nichts gesagt?«

»Das habe ich«, bekräftigt meine Mutter. »Ich war zu jeder Zeit ehrlich zu deinem Vater, das schwöre ich dir, Ethan. Ich habe mit ihm über meine Gefühle gesprochen, er versprach mir, mehr Zeit mit mir und euch zu verbringen, und das hat er auch. Aber dann traf ich auf einem Ehemaligentreffen einen alten Kommilitonen wieder. Wir waren damals gut befreundet, mehr als das sogar und ich weiß nicht mehr, warum der Kontakt abgebrochen ist. Ich fühlte mich also zu ihm hingezogen und versuchte alles in meiner Macht Stehende, diese Gefühle zu unterdrücken. Schließlich liebte ich deinen Vater mehr als alles andere auf der Welt.« Sie macht erneut eine kurze Pause, um sich zu sammeln. »Diese Gefühle verschwanden nicht und ich gestand sie irgendwann deinem Vater. Natürlich war er nicht erfreut darüber, wer wäre das schon? Wir überlegten lange, was wir tun sollten. Eine Trennung kam selbstverständlich nicht infrage, aber wir wussten auch beide, dass es so nicht weitergehen kann. Denn eine Ehe, in der einer von beiden das Gefühl hat, es fehle etwas, kann auf Dauer nicht funktionieren. Wir taten also alles, was wir konnten, und es hat uns näher zusammengebracht, keine Frage. Aber es half nicht gegen meine Gefühle. Und so beschlossen wir, eine offene Beziehung auszuprobieren. Das war das einzige, das wir noch nicht versucht hatten, unser letzter Ausweg sozusagen.« Meine Mutter lächelt leicht. »Dein Vater war so unfassbar verständnisvoll und ich bin ihm dafür unendlich dankbar. Das ist nicht selbstverständlich, das ist mir bewusst.«

»Eine offene Ehe?«, wiederhole ich tonlos. »Dein Ernst?«

Sie nickt und sieht mich mit diesem typischen Mutter-Blick an. »Ich erwarte nicht, dass du das verstehen kannst oder gutheißt. Ich rechtfertige mich auch überhaupt nicht, du sollst nur verstehen, dass dein Vater und ich stets einvernehmlich gehandelt und entschieden haben.«

Ich schnaube ungläubig. Das klingt wie in einem schlechten Film. In meinem Kopf arbeitet es unaufhörlich, während ich versuche, das, was ich gerade erfahren habe, mit meinem Vater in Einklang zu bringen. Ich kann mir nicht vorstellen, dass er sich auf so was eingelassen hat.

»Es funktionierte«, erklärte meine Mutter mit fester Stimme. »Eine offene Ehe zu führen war die beste Entscheidung, die wir treffen konnten, denn es hat uns vor einer Trennung bewahrt.«

»Also hast du dich mit deinen Toyboys getroffen, während er zu Hause auf dich gewartet hat?« Meine Stimme schwankt ein wenig und ich hoffe, dass sie es nicht bemerkt.

»Nein«, schüttelt sie den Kopf. »Gleiches Recht für alle. Auch dein Vater hat sich mit einigen anderen Frauen getroffen. Er hat mir von jeder einzelnen erzählt, genauso wie ich ihm umgekehrt von allen Männern erzählt habe, mit denen ich mich getroffen habe.«

»Bullshit«, murmele ich.

»Ich lüge dich nicht an, Ethan, aber ich verstehe, dass das für dich nicht leicht zu verarbeiten ist.« Sie strafft die Schultern, wirkt nun sicherer in ihrer ganzen Haltung.

»Offensichtlich ging es dir besser mit eurem … *Arrangement* als ihm«, sage ich mit schneidender Stimme.

»Glaube mir, wenn ich dir sage, dass wir zu jeder Zeit offen und ehrlich miteinander kommuniziert haben. Dass dein Vater alkoholabhängig geworden ist, hat absolut nichts damit zu tun, Ethan. Dafür gibt es so viele Gründe, das muss ich dir als Arzt sicherlich nicht sagen.«

Mein Kopf pocht schmerzhaft und ich presse den Daumen auf den Punkt zwischen meine Augenbrauen. Ich schließe die Augen, will nichts mehr um mich herum wahrnehmen, aber sobald alles dunkel wird, habe ich das Gefühl, alles dreht sich. Übelkeit steigt in mir hoch und überrollt mich wie die Welle eines Tsunamis. Ich schlucke die aufsteigende Galle hinunter und verziehe angewidert das Gesicht.

»Bitte geh jetzt«, sage ich leise und ohne sie anzusehen.

Meine Mutter seufzt, steht aber ohne Widerworte auf und wendet sich zum Gehen.

»Es tut mir leid, Ethan, dass du das alles so mitbekommen hast. Wir wollten dich und deine Schwester immer raushalten, aber das haben wir wohl nicht geschafft. Habe *ich* nicht geschafft. Und das tut mir aufrichtig leid. Ich hoffe, du kannst mir irgendwann vergeben.« Sie schweigt, wartet auf meine Antwort, aber ich schüttele nur den Kopf, lege die Unterarme auf meine Knie und stemme den Kopf in beide Hände. Was für ein Bild der Verzweiflung ich doch abgeben muss.

»Lies den Brief.« Mit diesen Worten verlässt sie den Raum und kurz darauf höre ich auch schon, wie sich die Aufzugtüren öffnen und wieder schließen.

Erst dann kann ich aufatmen, erwache aus meiner Starre und springe förmlich vom Sofa. In meinem Kopf rattert es nach wie vor. Ich kann keinen klaren Gedanken greifen. Eine Erinnerung nach der anderen erscheint vor meinem inneren Auge, verhöhnt mich fast schon, während ich verzweifelt versuche, all die neuen Erkenntnisse zu verarbeiten.

»Fuck«, murmele ich, fahre mir mit beiden Händen durch die Haare und laufe unruhig durch meine Wohnung. Mein Puls beschleunigt sich, vor meinen Augen flimmert es und ich habe das Gefühl zu ersticken. Ich reiße die Tür zum Balkon auf, atme tief die frische Luft ein, doch es hilft nichts. Als wäre eine Schraubzwinge um meinen Brustkorb, die sich nach und nach enger zusammenzieht und mich am Atmen hindert.

Ich taumele in die Küche zurück, greife mit zittriger Hand nach der Flasche Whisky und einem Glas. Schenke mir ein und trinke die goldbraune Flüssigkeit in einem Zug.

Ob Caroline davon weiß? Ob sie etwas ahnte? Ich bin mir nicht sicher, ob auch sie etwas mitbekommen hat – oder unsere Mutter mit einem anderen Kerl in ihrem Ehebett erwischt hat, so wie ich.

Ich will es nicht, aber ich glaube meiner Mutter. Diese Geschichte kann sie sich unmöglich ausgedacht haben, zu abstrus und unwirklich ist sie. Allerdings fällt es mir schwer, zu glauben, dass auch mein Vater sich mit anderen Frauen getroffen hat, ganz davon abgesehen, dass sie ihm von jedem Mann erzählt hat.

Es gibt nur eine Möglichkeit, das herauszufinden. Ich stelle das Glas wie in Zeitlupe auf die Küchenanrichte zurück. Dann gehe ich langsam auf das Sofa zu, taste hinter den Kissen nach etwas, finde es schließlich und setze mich.

Wieder starre ich den Brief an, minutenlang, als würde er mir seinen Inhalt von selbst offenbaren, wenn ich ihn nur lange genug anstarre.

Es gibt genau zwei Möglichkeiten, wie das hier enden kann, entweder ich erfahre in dem Brief die gleiche Geschichte nur aus der Sicht meines Vaters und er bestätigt mir all das, was meine Mutter erzählt hat. In diesem Fall wären all meine Wut, mein Frust, meine Enttäuschung in den vergangenen Jahren umsonst gewesen. Ansichten, Entscheidungen, die ich getroffen habe, alles wäre falsch gewesen und ich stünde dann vor dem Scherbenhaufen, der sich mein Leben nennt.

Oder Möglichkeit zwei, mein Vater erzählt mir in seinem Brief, wie tief verletzt er von den Handlungen meiner Mutter war, von denen er selbstverständlich keine Ahnung hatte, und wie er deswegen dem Alkohol verfallen ist. In diesem Fall wären zwar meine letzten Jahre nicht komplett sinnlos gewesen, allerdings würden sich all diese negativen Gefühle in mir verstärken, dass ich schon fast Angst davor habe. Denn ich kann nicht sicher sagen, dass ich mit noch mehr Wut, noch mehr Negativität, in meinem Leben, in mir, klarkommen würde.

Was auch immer in diesem Brief steht, es würde mein Leben verändern. Würde mich verändern. Egal, ob zum Besseren oder zum Schlechteren.

Nachdem ich die Worte gelesen habe, wird nichts mehr so sein, wie es wahr.

Und mit dieser Erkenntnis reiße ich endlich den verdammten Umschlag auf und falte den Abschiedsbrief meines Vaters auseinander.

Kapitel 45

Ethan

Mein lieber Sohn,

seit Stunden versuche ich, all das, was ich dir nicht sagen kann, niederzuschreiben, aber ich weiß nicht wie. So viele Male habe ich diesen Brief an dich, Ethan, begonnen und ihn jedes Mal wieder zerrissen.

Denn ich finde nicht die richtigen Worte, doch vielleicht gibt es die überhaupt nicht.

Beginnen wir damit: Es tut mir leid.

Es tut mir leid, dass ich nicht den Mut und die Kraft besitze, dir all das persönlich zu sagen. Denn das hättest du verdient.

Es tut mir leid, dass ich dir nicht der Vater war, der ich eigentlich sein wollte und den du gebraucht und verdient hättest.

Es tut mir leid. Und ich hoffe, du kannst mir irgendwann verzeihen.

Mir ist bewusst, dass du es nicht leicht hattest in deinem Leben und es betrübt mich zutiefst zu wissen, dass deine Mutter und allen voran auch ich daran nicht unschuldig sind. Wir wollten dich niemals verletzen, mein Sohn, niemals!

An dem Tag, an dem du zu mir kamst und mir erzählt hast, du hättest deine Mutter mit einem anderen Mann erwischt, da war ich wie paralysiert. Ich konnte nicht begreifen, wie es möglich war, dass du das gesehen hast, hatten wir doch eigentlich immer alle Vorkehrungen getroffen, um dafür zu sorgen, dass weder du noch deine Schwester etwas davon mitbekommen.

Vielleicht hast du bereits mit deiner Mutter gesprochen, wäh-

rend du diese Zeilen liest. Vielleicht aber auch nicht. Also werde ich von vorne beginnen, auf die Gefahr hin, dass du die Geschichte bereits kennst. Aber du sollst auch meine Version davon kennen.

Ich liebte deine Mutter, so sehr, und mit jedem Tag wurde diese Liebe stärker. Als Krönung unserer Beziehungen wurden wir mit zwei wundervollen Kindern gesegnet, die unser Glück nur noch steigerten. Und doch merkte ich schnell, dass es deiner Mutter nicht gut ging und das hat mir beinahe das Herz gebrochen. Wir redeten offen über ihre Gefühle und ich versuchte zu verstehen, wie es ihr ging. Und tatsächlich konnte ich das, Ethan. Ich konnte verstehen, dass ihr etwas fehlte, das ich ihr nicht geben konnte, denn auch mir fehlte etwas, das sie mir nicht geben konnte. Also beschlossen wir – gemeinsam! –, nachdem alles andere gescheitert war, eine offene Ehe zu führen, zumindest für eine Weile, um zu sehen, ob es uns damit besser geht. Wir legten einige Regeln fest. Wir wollten uns von jedem, mit dem wir uns trafen, erzählen und entschieden, dass wir das nicht zu Hause tun wollten. Denn wir wollten dich und deine Schwester schützen.

Also traf sich deine Mutter mit anderen Männern. Und ich traf mich mit anderen Frauen. Ja, Ethan, auch ich habe mich mit jemand anderem getroffen, auch wenn du mir das vielleicht nicht glauben wirst. Es ist die Wahrheit.

Deine Mutter blühte regelrecht auf, und mit ihr unsere Ehe. Wir waren glücklicher als je zuvor. Die offene Ehe rettete uns, unsere Familie.

Bis zu diesem furchtbaren Tag, an dem alles vorbei war, weil deine Mutter unvorsichtig war. Das ist der einzige Vorwurf, den ich ihr machte, der Einzige, der gerechtfertigt ist. Es betrübt mich zutiefst, dass das, was unsere Ehe gerettet hat, unsere Familie schließlich entzweit hat. Das dich von uns entfernt hat, Ethan.

Ich erwarte nicht von dir, dass du unsere Entscheidung – meine Entscheidung – nachvollziehen kannst, das wäre zu viel.

Ich hoffe lediglich, dass ich deine Wut auf deine Mutter und auf mich etwas abschwächen kann.

Zu keiner Zeit war deine Mutter oder unser Arrangement ein Grund für mich, um mich dem Alkohol hinzugeben. Niemals, Ethan, das musst du mir glauben!

Du bist selbst Arzt – und ich bin so unfassbar stolz auf dich! Aber du kannst sicherlich verstehen, unter wie viel Druck man in diesem Beruf steht. Irgendwann war ich diesem Druck einfach nicht mehr gewachsen, ich konnte ihm nicht mehr standhalten. Und meine Lösung war die denkbar schlechteste, die es gab: Alkohol. Ich bereue das aus tiefstem Herzen, denn es hat nicht nur mich zerstört, sondern auch deine Mutter, deine Schwester und dich, mein Sohn. Es kann so schnell gehen, Ethan. Ich hätte niemals gedacht, dass ich einer Sucht verfallen würde, aber der Weg war schleichend und als ich merkte, wo ich hineingeraten war, da steckte ich schon zu tief im Schlamassel.

Mir war bewusst, dass ich meine Familie riskierte, meine Gesundheit, einfach alles. Aber ich konnte nicht aufhören. Der Entzug half, aber nur für kurze Zeit.

Was ich dir damit sagen möchte, Ethan: du hast mir vorgeworfen, ich wäre schwach und damit hattest du vollkommen recht, auch wenn es mich schmerzt, das zugeben zu müssen. Aber ich war nicht schwach, weil ich deine Mutter bedingungslos geliebt und alles versucht habe, um unsere Ehe zu retten. Nein, ich war schwach, weil ich mir nicht eingestehen konnte, dass ich dem Druck auf Arbeit nicht gewachsen war. Anstatt die Wahrheit laut auszusprechen, habe ich mich versteckt, versucht, alles mit mir allein auszumachen. Wie wäre wohl alles gekommen, wenn ich mich deiner Mutter anvertraut hätte? Wer weiß, wie unser Leben dann ausgeschaut hätte?

Meine Schwäche war Stolz. Ich war zu stolz, um meine Grenzen zu akzeptieren und klar zu kommunizieren. Ich war zu stolz, um »Stopp!« zu sagen, als ich merkte, es geht nicht mehr. Doch stattdessen ertränkte ich all das im Alkohol.

Also ja, ich war schwach, Ethan. Und das tut mir aufrichtig leid.

Diese Worte zu schreiben war das schwierigste, was ich jemals in meinem Leben getan habe. Auch wenn du mir nicht vergeben kannst, so hoffe ich, dass du aus diesem Brief etwas mitnehmen kannst.

Mach nicht die gleichen Fehler wie ich, Ethan. Sei nicht so stolz, wie ich es war. Erkenne deine Grenzen und akzeptiere sie, sie sind keine Schwäche.

Und liebe. Das Einzige, was mich stets über Wasser gehalten hat, war die Liebe deiner Mutter. Sie war das Licht in meiner Dunkelheit, all die Jahre über. Ich hoffe so sehr, dass auch du irgendwann so eine Liebe finden wirst. Und wenn du das hast, dann lass mich dir einen Rat geben, lass sie nie mehr los. Bewahre sie und halte sie so fest du nur kannst.

Ich bin unsagbar stolz auf dich, mein Sohn.

In ewiger Liebe,

dein Vater.

Kapitel 46

Ethan

Ich lese den Brief, wieder und wieder, doch ich verstehe ihn nicht. Ich verstehe es einfach nicht. Es macht schlichtweg keinen Sinn.

Die ganzen letzten Jahre, umsonst.

All meine Negativität, meine Wut, all der Frust. Umsonst.

Absolut verfickt noch mal umsonst.

Ich habe mich umsonst von meiner Familie distanziert.

Ich habe umsonst jede Gelegenheit genutzt, um ihnen meine Abneigung zu zeigen.

Ich habe umsonst alles und jeden von mir gestoßen.

Ich habe Isla umsonst von mir gestoßen.

Alles. War. Einfach. Umsonst.

Lähmende Erkenntnis breitet sich in mir aus, während mein Kopf zahlreiche Erinnerung der vergangenen Jahre aufkommen lässt. So schnell und so durcheinander, dass ich kaum folgen kann.

Erinnerungen an Isla, wie ich sie immer wieder von mir gestoßen habe, ihr Herz gebrochen habe. Und warum? Weil ich eine Situation, die mich eigentlich absolut nichts anging, falsch interpretiert habe. Und zu stolz war, zuzuhören. Wie armselig ist das?

Ich springe auf, der Brief fällt mir aus der Hand und landet vor dem Sofa auf dem Teppich. Mit den Fingern fahre ich mir durch die Haare, gehe mit schnellen Schritten auf und ab.

Ich kann nicht atmen.

Es fühlt sich an, als würde mir von innen die Lunge zerquetscht und ich kann nicht atmen.

294

Ein Schrei entfährt mir, erlöst mich von einem Bruchteil meiner Wut, die in mir tobt und mich mit sich reißt. Doch diesmal richtet sich diese Wut nicht gegen meine Eltern, zumindest nicht hauptsächlich.

Sondern gegen mich.

Gegen mich und meine verdammte Sturheit, meinen Stolz, der mich alles gekostet hat, was mir jemals wichtig war.

Sie würde mir niemals verzeihen.

Zu oft habe ich es verbockt.

Nein, das war's. Ich würde mir selbst an ihrer Stelle auch nicht verzeihen.

In der Küche fahre ich mit meinem Arm über die Anrichte und fege sämtliche Dinge darauf auf den Boden. Es klirrt und scheppert, ein Glas zerbricht, ebenso die Flasche Whisky, die dort stand.

Dann zerre ich alles, was ich finde, aus meinen Regalen und schmettere es ebenfalls auf den Boden.

So lange, bis es in meiner Wohnung aussieht, als wäre ein Tornado durchgefegt.

Dieser Tornado trägt meinen Namen.

Ich atme schwer und hektisch, mein Kopf pocht schmerzhaft, mir ist heiß. Mein Herz schlägt in einem schnellen, ungesunden Takt. Vor meinen Augen verschwimmt alles und als ich mit beiden Händen fest auf sie drücke, bemerke ich, dass das an den Tränen liegt.

Tränen, die viel zu lange in mir geschlummert haben, die ich verdrängt und geleugnet habe.

Plötzlich bin ich unsagbar müde.

Erschöpft und ausgelaugt.

Ich kann nicht mehr.

Also ergebe ich mich, lasse mich an Ort und Stelle auf den Boden gleiten und versinke in all den Gefühlen, die ich die letzten Jahre über so vehement ignoriert habe.

Und dann tue ich etwas, dass ich zuletzt als Kind getan habe.

Ich weine.

Um meine Familie.

Meinen Vater.

Meine vergeudeten Jahre.

Aber hauptsächlich weine ich um Isla.

Um das Leben, das ich mit ihr hätte führen können.

Und das in unerreichbare Ferne gerückt ist.

Wegen mir.

Kapitel 47

Isla

Ich liebe London über alles und kann mir keine bessere Stadt vorstellen, um dort zu leben. Aber heute – jetzt gerade – hasse ich es abgrundtief.

Ich haste durch die Straßen, die mir noch nie so vollgestopft vorgekommen sind. Mehrere Male rempele ich jemanden an, murmele nur eine leise Entschuldigung, die derjenige sicherlich nicht hört. Aber das ist mir völlig egal.

In meinem Kopf hat sich ein Gedanke festgesetzt, der sich so breit macht, sämtlichen Raum einnimmt, dass für alles andere einfach kein Platz mehr ist.

Ich muss zu Ethan. So schnell wie möglich.

An einer Straßenkreuzung mache ich eine kurze Pause, gezwungenermaßen, um zu warten, bis die verfluchte Ampel endlich auf Grün schaltet. Ich überlege, ob es schlauer ist, zu Fuß zu gehen, ein Taxi zu nehmen oder mit der U-Bahn zu fahren.

Ein schneller Blick auf mein Handy und die Uhrzeit hilft mir bei der Entscheidung. An einem Samstagmittag ist es absolut utopisch, mit mehr als 10km/h mit dem Auto durch den dichten Verkehr auf den Straßen zu kommen.

Bis zu Ethan ist es aber noch ein ganzes Stück, wenn ich laufe, dauert es sicherlich mindestens fünfundvierzig Minuten. Ganz zu schweigen davon, dass ich fix und fertig wäre, wenn ich bei ihm ankomme.

Aber ich brauche meine Energie dort.

Also sprinte ich die Treppen zur nächsten U-Bahn hinunter,

quetsche mich durch Menschenmassen und springe gerade recht-zeitig in die Bahn, bevor sich eine Sekunde später die Türen schließen. Hinter mir höre ich verärgertes Getuschel, da ich ein paar Leute neben mir angerempelt habe. Ich ignoriere es einfach.

Ungeduldig stehe ich an der Tür, mein Blick wandert immer wieder zu dem Fahrplan. Noch fünf Haltestellen. Wieso dauert das heute nur so lange? Ich fische mein Handy aus meiner Tasche, tippe wahllos darauf herum, einfach nur, damit meine Hände beschäftigt sind, und packe es schließlich mit einem genervten Seufzen wieder ein.

Noch zwei Haltestellen.

Was würde ich Ethan eigentlich sagen? Ich habe mir keine Worte zurechtgelegt, habe keine Sekunde darüber gedacht. Irgendwas würde mir schon einfallen, in dem Moment, wenn ich ihn sehe. Das hoffe ich zumindest.

Eine Haltestelle noch.

Ich mache einen Schritt nach vorne, bereit, sofort aus der Bahn zu springen, sobald die Türen sich öffnen.

Viel zu lange dauert es, bis die Bahn endlich hält und die Türen langsam zu beiden Seiten gleiten. Fast im gleichen Moment sprinte ich los.

Ich renne nach oben, biege nach links und bahne mir meinen Weg zu meinem Ziel. Mein Herz pocht laut in meinen Ohren, ich atme schwer und mir ist heiß. Doch das ist alles egal, als ich endlich vor Ethans Haus stehe. Für einen Moment bleibe ich davor stehen, nehme zwei, drei tiefe Atem-züge, ehe ich hineingehe, zu dem Aufzug, der mich ins Pent-house bringt.

Nachdem ich den Code dafür eingegeben habe, bewegt sich der Fahrstuhl langsam nach oben und gibt ein leises, monotones Rattern von sich.

Gleich würde ich da sein. Gleich würde ich Ethan wieder-sehen, ihn zur Rede stellen, ihm alles sagen, was ich erfahren habe. Ihn um eine Chance für uns bitten.

Mit einem *Pling* kündigt der Aufzug an, sein Ziel erreicht zu haben.

Dann gleitet die Tür auf.

Ich schnappe entsetzt nach Luft, als mein Blick durch Ethans Wohnung schweift. Nichts auf dieser Welt hätte mich auf den Anblick, der mich erwartete, vorbereiten können.

Kapitel 48

Isla

Chaos.

Scherben.

Umgeworfene Möbel.

Herumliegende Bücher und andere Gegenstände.

Langsam trete ich aus dem Fahrstuhl und lege eine Hand auf den Mund.

Mein Blick wandert durch Ethans Wohnung, die ich kaum wiedererkenne. Er ist der ordentlichste Mensch, den ich kenne, bei ihm ist es stets penibel aufgeräumt. Ich weiß das, weil ich ihn immer damit aufgezogen habe.

Nun herrscht hier absolutes Chaos.

Scherben knirschen unter meinen Schuhen, als ich mit vorsichtigen Schritten in Richtung Wohnbereich gehe.

Was zum Teufel ist hier passiert?

Wurde hier eingebrochen?

Hatte Ethan eine Auseinandersetzung mit jemandem?

»Ethan?«, frage ich leise in die unbehagliche Stille. Meine Stimme bricht. Gänsehaut überzieht meinen Körper und ein Schauer fährt mir die Wirbelsäule hinab.

Es ist gespenstisch still. Vorsichtig gehe ich weiter um die Kücheninsel herum, bis ich im Wohnzimmer angelange. Der Glastisch vor dem Sofa liegt in Scherben. Ich schlucke den Kloß hinunter, der sich in meinem Hals gebildet hat.

Da entdecke ich ein Blatt Papier auf den Boden. Ich hebe es auf. Es ist ein Brief an Ethan, aber ich kann nicht erkennen, von wem er ist.

Ich sollte ihn nicht lesen, denke ich, aber ehe sich mir die Möglichkeit dazu geboten hätte, entdecke ich ihn.

Er sitzt auf dem Boden, an die Wand gelehnt, die Knie angezogen und den Kopf in die Hände gestützt. Meine Augen weiten sich schockiert, aber ich stehe nur reglos da, kann mich nicht bewegen.

Er hat mich nicht bemerkt, überlege ich, denn er sieht nicht auf oder gibt mir sonst irgendwie zu verstehen, dass er weiß, dass ich da bin.

Ethan trägt eine Jogginghose und ein weißes T-Shirt, das an der Seite allerdings braune Flecken hat. Mein Herz zieht sich schmerzhaft zusammen bei diesem Anblick und ich kämpfe mit den Tränen.

Er wirkt gebrochen. Der Mann, den ich liebe, sitzt auf dem Boden seiner Wohnung, zwischen den Scherben seines Lebens und wirkt so gebrochen, dass es mir körperliche Schmerzen bereitet.

Und dann erwache ich aus meiner Starre.

Ich mache zwei große Schritte, dann bin ich bei ihm, lasse mich neben ihn auf den Boden sinken, wobei ich darauf achte, in keine Scherbe zu fassen. Da bemerke ich, dass die Flecken auf seinem T-Shirt nicht braun, sondern rot sind.

Blutrot.

»Ethan.«

Meine Stimme klingt leise, viel zu hoch und er reagiert nicht darauf. Zögernd fasse ich ihn an die Schulter und er zuckt so sehr zusammen, dass auch ich zurückweiche.

»Ethan«, wiederhole ich seinen Namen, dieses Mal klingt meine Stimme wieder mehr nach mir.

Aber er sieht mich nicht an. Seine Schultern beben, nein, sein ganzer Körper bebt.

Da erst verstehe ich, dass er weint.

Ohne darüber nachzudenken, schlinge ich meine Arme um ihn und ziehe ihn an mich, halte ihn fest, während heftige

Schluchzer seinen Körper durchschütteln. Er legt eine Hand auf meinen Oberarm und drückt fest zu. Als wäre ich sein Rettungsboot in einem Sturm aus Gefühlen.

Ich streichele ihm vorsichtig über die zerzausten Haare, während ich ihn weiterhin einfach nur halte. Da bin, für ihn und seine Dämonen, die scheinbar die Oberhand gewonnen haben.

Minuten, Stunden vergehen, in denen wir einfach so dasitzen, auf dem Boden in seiner chaotischen Wohnung.

Ob er das war?

Ist er für dieses Chaos verantwortlich? Hat er seine Wohnung in Schutt und Asche gelegt, alles zerstört?

»Sch-sch«, wispere ich immer wieder, in der Hoffnung, es würde ihm helfen, sich zu beruhigen.

Es bricht mir das Herz, ihn so leiden zu sehen. Mir tut alles weh und es gelingt mir nicht länger, die Tränen zurückzuhalten. Also weine ich mit ihm.

Ich halte ihn fest an mich gedrückt, während er vor Schmerz und Trauer bebt und ich wünschte, ich könnte ihm einen Teil seiner Gefühle nehmen. Einen Teil seines Schmerzes auf mich übertragen, allein durch die Tatsache, dass ich ihn festhalte.

Nach einiger Zeit wird sein Griff um meinen Arm lockerer, bis er schließlich seine Hand zurückzieht und sich langsam von mir löst. Da fällt mein Blick auf seine Hand, die voller Blut ist. Ich greife nach ihr und entdecke einen langen Schnitt quer über die Handfläche, aus dem immer noch frisches Blut quillt. Die Wunde tut sicherlich höllisch weh, doch Ethan scheint sie gar nicht zu spüren.

»Ich bin sofort wieder da«, sage ich leise, eile ins Bad, wo ich ein sauberes Handtuch nass mache, Verbandsmaterial und Desinfektionsmittel hole.

Ethan sitzt noch genauso da wie vor zwei Minuten, den Blick starr auf den Boden vor ihm gerichtet.

Ich setze mich wieder neben ihn, fasse nach seiner verletzten Hand und säubere die Wunde mit dem feuchten Handtuch und desinfiziere sie. Dann schneide ich einen Verband zurecht, den ich ihm anlege, als die Wunde schließlich aufgehört hat, zu bluten. Ethan verzieht währenddessen noch immer keine Miene.

Wir sitzen einfach nur da, ohne uns zu berühren. Ethan hat seinen Blick nach wie vor auf einen Punkt vor ihm geheftet, meiner ruht auf ihm und mustert ihn, prägt sich alles von ihm ein.

Seine zerzausten Haare, die sonst immer so perfekt gestylt sind.

Seine hohen Wangenknochen, seine markanten Gesichtszüge, die jetzt keine Spur seiner sonst zur Schau gestellten Arroganz und Selbstsicherheit zeigen.

Seine Augen, die sonst funkeln und mir den Boden unter den Füßen wegziehen, weil ich am liebsten in ihnen ertrinken würde.

Nichts von dem, was ich sehe, erinnert an meinen Ethan. Und es zerstört mich auf eine Weise, die ich nicht in Worte fassen kann.

Was zur Hölle ist hier passiert?

Ich wage es nicht, diese eine Frage zu stellen, auch wenn sie wie eine dunkle Wolke über uns schwebt. Aus Angst, ihn wieder in den Abgrund zu stoßen, jetzt, wo er sich augenscheinlich etwas gefangen hat.

Langsam erhebe ich mich und gehe ich die Küche. Im Regal finde ich tatsächlich ein intaktes Glas, in das ich Wasser fülle und damit zurück zu Ethan gehe. Diesmal hebt er leicht den Kopf und sieht mich für den Bruchteil einer Sekunde an. Der Schmerz und die Verzweiflung, die in seinen Augen stehen, sind wie ein Schlag in die Magengrube für mich. Ich schlucke die aufsteigende Übelkeit herunter und reiche ihm wortlos das Glas Wasser.

Zögerlich greift er danach, seine Hand zittert dabei. Er nimmt einen kleinen Schluck und stellt es neben sich auf den Boden.

Ich setze mich im Schneidersitz neben ihn und sehe ihn an. Versuche, in seinem Gesicht abzulesen, gegen welche Dämonen er gekämpft hat. Oder immer noch kämpft.

Doch nichts geschieht.

Kein Wort.

Keine Geste.

Kein weiterer Blick.

Da wir nicht ewig hier sitzen können, lege ich ihm schließlich eine Hand auf den Arm.

»Komm, steh auf.«

Ich erhebe mich und reiche ihm eine Hand, die er tatsächlich ergreift und sich daran hochzieht. Ich hake mich bei ihm unter, um ihn zu stützen, und dirigiere ihn in Richtung Badezimmer, wo ich das Wasser in der Dusche anschalte.

Ethans Blick ist ausdruckslos, als wäre er gar nicht hier, sondern meilenweit entfernt. Ich bleibe einén Moment von ihm abgewandt stehen und kneife die Augen fest zusammen, um die Tränen zu unterdrücken. Ich darf jetzt nicht zusammenbrechen. Nein, nicht jetzt. Jetzt muss ich für Ethan da sein.

Einen tiefen Atemzug später, drehe ich mich zu ihm um und sehe ihn mit zusammengezogenen Augenbrauen an. Als er keinerlei Anstalten macht, sich auszuziehen, greife ich nach dem Saum seines Shirts und hebe es vorsichtig an.

Da er nicht zurückweicht, nehme ich das als Aufforderung und ziehe es weiter nach oben, bis ich einen wunderbaren Blick auf seine Brust bekomme. Etwas in mir zieht sich zusammen, doch ich ignoriere es und ziehe Ethan das Shirt über den Kopf. Dann folgt seine Jogginghose. Seine Boxershorts lasse ich an Ort und Stelle, da ich der Situation nichts Sexuelles geben möchte.

Als das Wasser schließlich angenehm warm ist, schiebe ich Ethan unter die Dusche und hole ein sauberes Badetuch aus dem Schrank.

»Ethan«, sage ich, als er nur reglos unter der Dusche steht. Das Wasser prasselt auf seinen Kopf und bahnt sich seinen Weg nach unten.

Ich seufze. Das wird nicht funktionieren.

Also ziehe ich mich ebenfalls bis auf die Unterwäsche aus und steige zu ihm in die Dusche. Erinnerungsfetzen überkommen mich und ich sperre sie mit aller Macht in die hinterste Ecke meines Unterbewusstseins.

Ich greife nach dem Waschlappen, gebe etwas vom Duschgel darauf und beginne, Ethan zu waschen, wobei ich darauf achte, dass der Verband um seine Hand nicht nass wird. Mit sanften Bewegungen gleite ich an seinem Körper auf und an, spüre seine Muskeln unter meinen Fingern und ignoriere diese dämliche Sehnsucht, die in mir aufsteigt. Er wehrt sich nicht, lässt es ohne Widerworte über sich ergehen.

Schließlich stelle ich das Wasser ab und reiche Ethan das Handtuch. Er nimmt es mir tatsächlich ab und trocknet sich mit langsamen, fahrigen Bewegungen ab. Ich schnappe mir ebenfalls ein Handtuch, trockne mich ab und schlüpfe anschließend in den Bademantel, der hinter der Tür hängt.

»Du solltest dir etwas anderes anziehen«, sage ich dann zu ihm und deute auf seine nassen Boxershorts, unter der sich sehr deutlich abzeichnet, was sie verbirgt.

Ich schlucke.

Ethan nickt leicht, ich bin mir nicht sicher, dass er mich wirklich verstanden hat, aber er geht wie ferngesteuert nach nebenan ins Schlafzimmer und kurz darauf höre ich das leise Öffnen und Schließen einer Schublade.

Ich atme zitternd ein und wieder aus und presse eine Hand auf mein Brustbein, hinter dem sich ein riesiger Knoten gebildet hat und mich am Atmen hindert. Es bringt mich beinahe um, ihn so zu sehen und ich weiß nicht, wie lange ich das noch schaffe.

Ich ziehe mir schnell meine Unterwäsche aus und dann wieder meine Hose und mein Shirt an. Dann gehe ich zu Ethan ins Schlafzimmer, wo er am Fenster steht und nach draußen in die Dunkelheit blickt. Erst da merke ich, dass ich jedes Zeitgefühl verloren habe. Sanft berühre ich ihn an der Schulter.

»Du solltest etwas schlafen«, flüstere ich. Er nickt nur, lässt sich von mir zum Bett dirigieren und legt sich hinein. Sofort fallen seine Augen zu und mir wird bewusst, wie erschöpft er sein muss. Wie ausgelaugt. Ich setze mich neben ihn und schaue ihn einfach nur an. Als sein Atmen gleichmäßig geht, stehe ich langsam auf, doch da legt sich eine Hand auf meine.

»Nicht«, raunt Ethan, so leise, dass ich es beinahe nicht verstehe. »Bitte. Bleib.«

Seine Stimme klingt so schwach, seine Worte fast schon wie ein Flehen und ich muss erneut gegen die Tränen ankämpfen. Aber ich folge seiner Bitte, denn um ehrlich zu sein würde ich es nicht über mich bringen, ihn in diesem Zustand allein zu lassen.

Also lege ich mich neben ihn ins Bett. Er dreht sich zu mir und legt einen Arm um mich. Sein Atem kitzelt mich leicht am Hals und ich wünschte, wir könnten jede Nacht so gemeinsam im Bett liegen und nicht nur so wie jetzt in einer Ausnahmesituation.

Als ich wieder aufwache, ist es immer noch stockdunkel in Ethans Schlafzimmer. Ich blinzele mehrmals, dann drehe ich den Kopf zu ihm. Er liegt neben mir, sein Atem geht langsam und gleichmäßig. Langsam und vorsichtig, um ihn nicht zu wecken, drehe ich mich um und taste blind nach meinem Handy, das ich auf den Nachttisch gelegt habe. Die Uhr zeigt halb zwei Uhr nachts an. Auf meinem Bildschirm werden mehrere Nachrichten angezeigt, ich kann mir denken, von wem sie sind.

Ich schwinge behutsam das eine Bein und dann das andere aus dem Bett und tapse im Dunkeln in den Flur. Als ich die Schlafzimmertür sanft hinter mir geschlossen habe, öffne ich die Nachrichten. Sie sind von Summer und Sarah, die sich beide erkundigen, wie es mir geht, wie es gelaufen ist und scheinbar wie auf heißen Kohlen sitzen. Einen Moment zögere ich, dann wähle ich Sarahs Nummer. Es läutet einige Male, bevor sie den Anruf annimmt.

»Isla?«, fragt sie verschlafen. »Was ist passiert?«

»Tut mir leid, dass ich dich geweckt habe«, entschuldige ich mich leise.

Es raschelt im Hintergrund. »Kein Problem, du kannst mich jederzeit anrufen. Was ist los? Was ist passiert? Geht es dir gut?«

Ich schmunzele, als ich ihre viele Fragen höre. »Mir geht es gut, ja. Keine Sorge.« Ich atme tief ein. »Aber Ethan nicht.«

»Nun erzähl schon, was passiert ist«, verlangt sie.

Also erzähle ich ihr alles. Wie ich in seine Wohnung gekommen bin, ihn dort in einem heillosen Chaos vorgefunden habe und auch von dem Brief, der dafür verantwortlich zu sein scheint.

»Du hättest ihn sehen sollen, Sarah«, wispere ich. »Er stand total neben sich. Ich glaube, er hat mich nicht einmal richtig wahrgenommen, geschweige denn erkannt!«

Ein Kloß bildet sich in meinem Hals, als ich daran zurückdenke.

»Hat er irgendwas gesagt?«

Ich schüttele den Kopf. »Nein. Ich habe seine Wunde an der Hand versorgt und ihn irgendwann unter die Dusche gestellt. Jetzt schläft er.«

»Bist du noch bei ihm?« Sarah unterdrückt ein Gähnen und mich überkommt ein schlechtes Gewissen.

»Ja«, erwidere ich. »Ich wollte gehen, als er im Bett lag, aber er hat mich gebeten, zu bleiben. Sarah, ich konnte ihn so nicht allein lassen!«

»Natürlich nicht, Süße«, sagt Sarah sanft. »Du hast alles richtig gemacht.«

Ich atme hörbar aus und drücke mir zwei Finger auf die Nasenwurzel. »Was soll ich nur tun?« Meine Stimme ist kaum mehr als ein Flüstern.

»Bleib bei ihm. Kümmere dich um ihn. Sei für ihn da. Mehr kannst du momentan nicht machen, schätze ich, und das ist auch völlig in Ordnung.«

Ich nicke. »Es bringt mich beinahe um, ihn so zu sehen.« Tränen steigen in mir auf und ich presse eine Hand vor den Mund, um ein Schluchzen zu unterdrücken.

Sarah seufzt leise. »Das glaube ich dir. Es ist immer furchtbar, die Menschen, die man liebt, leiden sehen zu müssen. Vor allem, wenn man nichts dagegen tun kann.« Sie macht eine kurze Pause und ich weiß genau, an was sie bei ihren Worten denkt. »Aber ihm ist schon viel geholfen, wenn du einfach da bist und er merkt, dass er nicht allein ist. Und wer weiß, vielleicht sieht es morgen schon wieder ganz anders aus und er erzählt dir, was passiert ist.«

Das kann ich mir zwar nicht vorstellen, so wie ich ihn heute erlebt habe, dennoch gebe ich ein zustimmendes Brummen von mir.

»Also bleibe ich einfach hier?«

»Ganz genau«, bestätigt Sarah. »Du bleibst einfach dort, wo du bist.«

»Okay.«

»Ruf mich morgen an, ja? Egal, wann, ich bin immer für dich da, wenn du was brauchst.«

»Ich habe dich lieb, Sarah.« Eine Träne rinnt meine rechte Wange hinab.

»Ich dich auch«, erwidert sie und ich höre das Lächeln in ihrer Stimme.

»Und jetzt geh zurück ins Bett zu Ethan.«

Also folge ich dem Rat meiner besten Freundin – und dem meines Herzens – und gehe zurück zu Ethan. Lege mich neben ihn ins Bett. Und schaue ihm beim Schlafen zu, bis ich selbst irgendwann einschlafe.

Kapitel 49

Isla

Als ich aufwache, scheint die Sonne durch den schmalen Spalt zwischen den Vorhängen und taucht das Zimmer in warme Goldtöne.

Meine Nacht war viel zu kurz und mein Körper fühlt sich erschöpft und steif an. Ich blinzele mehrmals, bevor ich einen Blick zu Ethan neben mir werfe.

Er schläft nach wie vor tief und fest, atmet ruhig und gleichmäßig. Ein Lächeln stiehlt sich auf meine Lippen und ich nehme mir fest vor, mir diesen Anblick so fest einzuprägen, dass ich ihn niemals wieder vergesse.

Für einige Minuten genieße ich es einfach, so dazuliegen und Ethan zu betrachten. Zu flüchtig ist dieser Moment, um ihn nicht voll auszukosten.

Das Grummeln meines Magens reißt mich schließlich aus meiner Trance. Da erst fällt mir ein, dass ich seit dem Brunch mit den Mädels gestern nichts mehr gegessen habe. Und auch Ethan hat sicherlich gestern nichts weiter zu sich genommen.

Daher stehe ich leise auf, suche mir aus Ethans Schrank eine Jogginghose und ein Shirt – meine Klamotten von gestern sind mir zu unbequem. Das ist zumindest meine Rechtfertigung vor mir selbst, dafür, dass ich Ethans Klamotten anziehe.

Auf Zehenspitzen schleiche ich ins Bad, mache mich schnell frisch und gehe dann ins Wohnzimmer. Dort bleibe ich einige Sekunden stehen, um das Chaos, das hier herrscht, zu begutachten. Ich seufze und bahne mir einen Weg zur Küchenzeile, wo ich Besen und Schaufel schnappe und das gröbste Chaos beseitige, damit man wenigstens gefahrlos in alle Räume gelangen kann.

Als ich damit fertig bin, werfe ich einen Blick auf mein Handy. Es ist erst neun Uhr morgens. Noch mehr überrascht mich aber die Tatsache, dass ich noch keine neuen Nachrichten von den Mädels bekommen habe. Andererseits hat Sarah sicherlich Summer von unserem Gespräch mitten in der Nacht erzählt, also sind alle auf dem neuesten Stand.

Ich beschließe, Frühstück zu machen. Im Kühlschrank finde ich eine offene Packung Toast, Eier und einen Rest Marmelade. Ich schlage die Eier auf, stelle eine Pfanne auf den Herd und warte, bis diese warm genug ist. Dann gebe ich die geschlagenen Eier hinein, würze sie mit etwas Salz, Pfeffer und Kümmel und finde in einem der Schränke noch zwei Teller, die glücklicherweise ganz geblieben sind und auf denen ich das fertige Rührei schließlich verteile.

Von Ethan ist noch nichts zu hören, daher lasse ich eine Tasse schwarzen Kaffee aus der Maschine und gehe mit dieser ins Schlafzimmer zurück. Dort bleibe ich überrascht im Türrahmen stehen.

Ethan ist wach, sitzt im Bett und sieht mich an. Oder durch mich hindurch. Seine Augen wirken nur wenig klarer als gestern.

»Guten Morgen«, sage ich leise und gehe auf ihn zu. Ich setze mich an die Bettkante und reiche ihm die Tasse Kaffee. »Hier. Trink einen Schluck.«

Mechanisch nimmt er mir die Tasse ab und nippt vorsichtig an dem Getränk. Eine Haarsträhne fällt ihm in die Stirn und ich möchte sie ihm am liebsten aus dem Gesicht streichen. Aber ich befürchte, dass er jede Art von Berührung aktuell abweisen wird, und das möchte ich nicht. Also beherrsche ich mich, verschränke stattdessen meine Finger ineinander, um bloß nicht in Versuchung zu kommen.

»Ich habe Frühstück gemacht.«

Ethan schweigt, starrt in seinen Kaffee, als würde dieser ihm Antworten geben auf alles. Dann öffnet er den Mund.

»Das wäre nicht nötig gewesen.« Seine Stimme klingt wie ein Krächzen und bereitet mir eine leichte Gänsehaut.

»Gern geschehen«, schmunzele ich. Es ist typisch Ethan, dass er nicht einfach nur Danke sagen kann.

»Komm!« Ich stehe auf und halte ihm eine Hand hin, eine Aufforderung, der er tatsächlich sofort nachkommt.

Im Wohnzimmer angekommen hält er kurz inne und seine Augen weiten sich, als er seine verwüstete Wohnung sieht.

»Das ist wohl etwas eskaliert«, meint er tonlos. Ich gehe nicht darauf ein, denn was hätte ich schon darauf erwidern können? *Ja, da hast du recht, da bist du wirklich ziemlich ausgerastet?*

Ich deute mit einem Kopfnicken zur Küchenzeile, auf der die beiden Teller stehen. Das Rührei ist mittlerweile bestimmt kalt und ich ärgere mich über mich selbst, dass ich es zubereitet habe, bevor Ethan wach war. Dämlich.

Ethan lässt sich auf einem der Barhocker nieder und ich schiebe ihm einen Teller vor die Nase.

»Es ist bestimmt schon ein kalt.« Entschuldigend verziehe ich das Gesicht. »Aber es schmeckt sicherlich noch.«

Stumm spießt er etwas von dem Essen auf die Gabel und schiebt es sich dann zögerlich in den Mund, als hätte er Angst, es wäre vergiftet.

Ich setze mich neben ihn, beginne ebenfalls zu essen und eine Weile sitzen wir einfach nur schweigend nebeneinander, jeder auf das Essen vor sich konzentriert und gefangen in unseren eigenen Gedanken.

Das Schweigen ist nicht unangenehm, wir konnten schon immer auch gut zusammen sein ohne viele Worte. Allerdings merke ich, dass diese eine Frage zwischen uns im Raum steht.

Was ist gestern hier passiert?

Noch immer wage ich es nicht, ihm Fragen zu stellen. Ich habe Angst, dass es zu früh sein könnte, und ich will ihn nicht drängen. Er hat alle Zeit der Welt, egal, wie lange er braucht, um schließlich mit mir darüber reden zu können. Auch wenn das durchaus dauern konnte, so wie ich ihn kenne. Sarahs Worte hallen in meinem Kopf nach. *Sei für ihn da, kümmere dich um ihn.* Ich habe mir fest vorgenommen, genau das zu tun. Egal, wie oft er mir in der Vergangenheit wehgetan hat, wie oft er mich fallengelassen hat.

Als Ethan seinen Teller leer gegessen und den Kaffee ausgetrunken hat, räume ich das Geschirr in die Spülmaschine.

»Du kannst duschen gehen«, schlage ich vor. »Es geht dir sicherlich ein kleines bisschen besser, wenn du wieder wie ein Mensch aussiehst«, füge ich mit einem leichten Grinsen hinzu.

Sein rechter Mundwinkel zuckt leicht, ein Zeichen für mich, dass es ihm doch etwas besser zu gehen scheint. Ethan nickt nur als Antwort und steht auf. Bevor er im Flur verschwindet, dreht er sich noch mal zu mir um und sieht mich an. Ich sehe einen Sturm aus Emotionen in seinen Augen und ich muss schlucken.

»Danke«, sagt er leise, dann geht er.

Kapitel 50

Ethan

Die Dusche wirkt Wunder.

Als ich sauber und erfrischt aus dem Badezimmer ins Schlafzimmer gehe, fühle ich mich fast wie ein neuer Mensch. Zum ersten Mal seit gefühlten Ewigkeiten pocht es hinter meinem Schädel nicht und ich kann einen klaren Gedanken fassen.

Sie ist immer noch hier.

Das ist der erste Gedanke, der in meinem Kopf umherwabert wie Nebel. Sie ist tatsächlich immer noch hier.

Trotz all dem Chaos.

Trotz der Tatsache, dass ich kaum drei Sätze zu ihr gesagt habe.

Trotz mir und meiner Dämonen.

Ich bin Isla unsagbar dankbar dafür, dass sie in der dunkelsten Zeit meines Lebens bei mir war und immer noch ist. Das gibt mir Hoffnung.

Darauf, dass ich wieder zu meinem alten Ich zurückfinden kann.

Darauf, dass wir vielleicht trotz allem eine Chance haben könnten.

Ich schlüpfe in neue Klamotten – eine schwarze Jogginghose und ein weißes T-Shirt –, dann gehe ich zurück in die Küche, wo Isla noch immer steht. Ich bleibe stehen und starre sie einfach nur an, als wäre sie meine rettende Oase nach Tagen in der Wüste.

Schließlich bemerkt sie mich und ein kleines Lächeln breitet sich auf ihren Lippen aus.

»Du siehst besser an«, bemerkt sie.

Ich nicke langsam. »Ich fühle mich auch besser, danke.«

Dann lasse ich meinen Blick durch den Wohnbereich schweifen. Erst jetzt nehme ich bewusst wahr, was ich da gestern eigentlich angerichtet habe. Es sieht aus, als hätte eine Bombe eingeschlagen. Ich muss dringend meine Reinigungsfrau anrufen und sie um eine Zusatzschicht bitten.

Islas Blick ruht immer noch auf mir, nachdenklich und voller Sorge, auch wenn sie sich Mühe gibt, das zu verbergen. Ich weiß, dass ich ihr erklären müsste, was los ist, dass ich ihr alles erzählen sollte. Aber das kann ich nicht.

Noch nicht.

Die Wunde ist noch frisch und ich befürchte, sie wieder aufzureißen, wenn ich ihr jetzt alles erzähle.

Also schüttele ich leicht den Kopf, ein Zeichen, das sie sofort versteht. Isla macht einen Schritt zum Kühlschrank, holt eine Flasche Wasser heraus und reicht sie mir wortlos.

Ich nehme sie entgegen und lasse mich auf einen der Barhocker gleiten. Langsam drehe ich die Flasche zwischen meinen Fingern. Ich konzentriere mich auf die kleine unnütze Bewegung, die verhindert, dass ich wieder in meinem Strudel aus Gedanken versinke.

Noch immer kann ich nicht begreifen, was ich erfahren habe, was meine Eltern mir da offenbart haben. Es wirkt nach wie vor so surreal auf mich, gleichzeitig spüre ich, dass es die Wahrheit ist und ich nicht über sie urteilen sollte. Sie haben das getan, was für sie am besten war. Wer bin ich also, um das zu verurteilen?

Noch viel schwerer wiegt allerdings die Tatsache, dass ich so viele Jahre mit negativen Gedanken und Emotionen verschwendet habe.

Jahre, in denen ich mich verloren habe.

Jahre, in denen ich alles Glück der Welt hätte haben können und mich dabei selbst sabotiert habe.

Ich ärgere mich über mich selbst, meine Dummheit, meine

Sturheit. Auch, wenn ich weiß, dass das sinnlos ist, da ich die Vergangenheit nicht mehr ändern kann. Gefühle lassen sich nicht mit Logik abtun. Schön wäre es.

Eine sanfte Berührung an meinem Arm holt mich aus meinen Gedanken. Isla hat sich neben mich gesetzt, ihre Hand liegt auf meinem Unterarm und ich betrachte ihre zarten Finger, den goldenen Ring, den sie immer trägt.

»Wenn du mir erzählen willst, was passiert ist«, beginnt sie leise, zaghaft. »Dann bin ich da. Jederzeit, egal wann.«

Ich nicke mechanisch, bin gleichzeitig dankbar für ihr Angebot und total überfordert.

»Danke«, bringe ich schließlich hervor. »Ich weiß das zu schätzen.«

Erneut breitet sich Schweigen zwischen uns aus und ich spüre Islas Blick auf mir ruhen.

»Du musst nicht bleiben«, raune ich.

»Ich will aber.«

»Sicher hast du Besseres zu tun, als hier neben mir zu sitzen«, entgegne ich. Meine Stimme klingt rau und ich trinke einen Schluck Wasser.

»Zufällig nicht, nein.« Isla stützt sich mit dem Ellenbogen auf die Anrichte und legt die Hand unter ihr Kinn.

Ich kann das Lächeln nicht verhindern, das sich auf meinen Mund stiehlt, obwohl mir absolut nicht nach Lachen zumute ist.

»Außer du willst, dass ich gehe«, fügt sie dann hinzu, leiser diesmal, und ich höre das Fragezeichen aus ihren Worten heraus.

Bevor ich auch nur darüber nachdenken kann, schüttele ich den Kopf – ganz automatisch. Ich habe sie gerne hier, sie tut mir gut, auch wenn ich ihr nicht guttue. Ironie des Schicksals, nehme ich an.

Ein langer Seufzer bricht aus mir hervor.

»Das ist alles so eine Riesenscheiße.« Resigniert lasse ich den Kopf in meine Hände sinken.

»Erzähl mir, was passiert ist«, haucht Isla.

»Ich kann nicht«, würge ich hervor. »Noch nicht, Isla.«

»Okay. Das ist okay.« Sie lässt ihre Hand sanft an meinem Arm auf und ab gleiten und ich bekomme eine Gänsehaut.

»Das ist absolut in Ordnung.«

»Es tut mir so leid.« Die Worte sprudeln aus mir hervor, ohne dass ich etwas dagegen tun kann. Zu lange haben sie tief in mir geschlummert, eingesperrt und umgeben von dicken Mauern, die nun zerborsten sind.

»Was tut dir leid?«, hakt sie vorsichtig nach.

»Alles. Was ich dir angetan habe.« Ich beiße mir auf die Unterlippe und schüttele den Kopf. »Ich war so ein Idiot.«

Isla schnaubt, ich meine, aus Belustigung.

»Das warst du, ja. Betonung auf *warst*.«

»Und trotzdem bist du hier.«

»Das bin ich.«

»Warum?«

Sie antwortet nicht sofort, sondern atmet tief ein und wieder aus. »Weil ich dich liebe, Ethan.«

Ihre Worte brennen sich in meine Ohren, meinen Kopf und setzen meinen ganzen Körper in Flammen. Ich spüre Tränen in mir aufsteigen.

Sie hat mich nicht aufgegeben.

Nach allem, was passiert ist. Sie hat mich, hat uns nicht aufgegeben.

Sie verdient die Wahrheit, aber die Worte bleiben mir im Hals stecken. »Gib mir Zeit«, bitte ich sie. »Ich brauche etwas Zeit, um alles in Ruhe zu verarbeiten. Ich möchte dir alles erzählen, aber jetzt kann ich noch nicht.«

»Natürlich«, erwidert Isla sanft und erhebt sich. Auch ohne es zu sagen, hat sie verstanden, um was ich sie gebeten habe. Ich muss jetzt erst mal allein sein, um alles zu verdauen.

Mein Blick folgt ihr, als sie ins Bad geht und kurz darauf mit einem Bündel Klamotten zurückkehrt und es in ihre Tasche stopft. Dann geht sie Richtung Aufzug, bleibt jedoch nach ein paar Schritten stehen und dreht sich zu mir um.

»Sag mir nur eines, okay?«, fragt sie, den Kopf leicht schräg geneigt.

Ich nicke.

»Als du unser geplantes Wochenende abgesagt hast«, beginnt sie. »War das wegen dem, was mit deinem Vater passiert ist?«

Hast du noch Gefühle für mich?

Ich schlucke. Sie weiß also davon. Natürlich weiß sie es, sicherlich von Summer oder Nate. Ich weiß, dass sie eigentlich etwas anderes fragen wollte, es aber nicht tat. Aber ich verstehe sie auch so. Und meine Antwort ist die gleiche auf beide Fragen.

»Ja.«

Kapitel 51

Isla

»Ja.«

Ein einziges Wort, das sich in meine Ohren eingebrannt hat und das ich auf dem ganzen Weg nach Hause in Dauerschleife in meinem Kopf höre.

Seine Antwort auf meine Frage war Ja.

Er hat also noch Gefühle für mich.

Er hat mich nicht von sich gestoßen, weil er mich nicht mehr liebt.

Er liebt mich noch.

Mein Herz zieht sich zusammen und mir bleibt die Luft zum Atmen weg. Diese Mal aber vor Glück und Erleichterung. Ich würde am liebsten in Tränen ausbrechen, all meinen Emotionen, die ich seit gestern verdrängt habe, Luft machen, aber das hebe ich mir für später auf, sobald ich zu Hause bin.

Es wundert mich nicht, dass der Tod seines Vaters Ethan den Boden unter den Füßen weggezogen hat. Auch wenn er nie viel von ihm und seiner Familie generell erzählt hat, habe ich ihm immer angemerkt, dass ihm dieses Thema sehr nahegeht. Dass da unter der Oberfläche mehr ist, als er preisgegeben hat. So wie bei eigentlich allem. Typisch Ethan.

Was wohl gewesen wäre, wenn das mit seinem Vater nicht passiert wäre? Vielleicht hätten wir dann ein wunderbares Wochenende nur zu zweit miteinander verbracht. Vielleicht wären wir dann ein Paar. Vielleicht wären wir so unfassbar glücklich, dass andere Menschen es kaum aushalten könnten, wenn sie uns sehen würden.

318

Vielleicht, vielleicht, vielleicht.

Wie ich dieses Wort mittlerweile verabscheue. Mein ganzes Leben scheint aus einer Aneinanderreihung aus *Vielleichts* zu bestehen.

In meiner Wohnung ist es stickig, als ich in den Flur trete. Ich lasse Tasche und Jacke im Flur und gehe direkt ins Wohnzimmer, wo ich die Fenster aufreiße. Sofort wird das Zimmer mit kühler Luft erfüllt, die den Duft nach Regen mit sich bringt. Ich schließe die Augen und nehme ein paar tiefe Atemzüge.

Dann räume ich meine Tasche aus, schmeiße meine Klamotten von gestern in die Waschmaschine und lasse mir eine heiße Badewanne ein. Das warme Wasser entspannt mich und ich seufze auf, ehe ich kurz komplett untertauche.

Für ein paar Minuten genieße ich die Stille um mich herum, die lediglich von dem leisen Plätschern des Wassers unterbrochen wird, sobald ich mich bewege. Ich merke, wie ich langsam runterkomme und der Gedankenknoten in meinem Kopf sich nach und nach löst.

Aber dennoch bin ich in Gedanken bei Ethan, überlege, was er wohl gerade macht, ob er zurechtkommt und ob ich nicht hätte bei ihm bleiben sollen.

Er hat dich um Zeit gebeten.

Die würde er selbstverständlich bekommen, auch wenn es mich innerlich zerreißt, zu wissen, dass es ihm schlecht geht und er dabei vollkommen allein in seiner zerstörten Wohnung sitzt. Natürlich fällt es mir irgendwie auch schwer, seiner Bitte nachzukommen. Denn ich weiß nicht, wann er so weit ist, mit mir zu reden, sich mir zu öffnen.

Ein Tag? Zwei?

Eine Woche?

Ein Monat?

Länger?

Ich gestehe mir ein, dass mir das unsagbare Angst macht. Denn nachdem ich jetzt weiß, dass er mich noch liebt, muss ich ihn wieder gehen lassen und es fühlt sich an, als würde ich ihn schon wieder verlieren.

Nachdem ich mich abgetrocknet und meine Haare zu einem Handtuchturban aufgewickelt habe, verbringe ich den Sonntagnachmittag auf dem Sofa und schaue mir Marvel-Filme an. Zwischendurch bestelle ich mir Essen beim Chinesen, das ich vor dem Fernseher verspeise, während Venom gerade von Tom Hardy Besitz ergreift.

Am frühen Abend klingelt mein Handy. Ich habe es im Schlafzimmer gelassen und seit mehreren Stunden nicht mehr darauf geschaut.

Ich nehme den Videoanruf von Summer an.

»Hi, Sum«, begrüße ich sie und lasse mich im Wohnzimmer wieder auf das Sofa fallen.

»Sie lebt!«, ruft Summer und klatscht in die Hände.

Ich schnaube. »Haha«, mache ich nur.

»Warte, ich rufe Sarah schnell an«, sagt sie dann. »Sie ist bestimmt auch super neugierig auf das, was du uns gleich alles erzählen wirst.«

»Werde ich?«

Summer streckt mir die Zunge heraus und kurz darauf teilt sich der Bildschirm und ich sehe Sarah, die mich anlächelt und etwas müde aussieht.

»Okay, erzähl uns alles«, fordert Summer mich dann auf und sieht mich erwartungsvoll an.

Ich beginne ganz von vorne bei meiner Erzählung, auch wenn ich weiß, dass die beiden bis zu meinem nächtlichen Anruf bei Sarah alles wissen. Ich lasse nichts aus, erzähle von dem Chaos in Ethans Wohnung, wie er mich gebeten hat zu bleiben, wie wir dann die Nacht gemeinsam verbracht haben und ich ihm anschließend Frühstück gemacht habe.

»Krass.« Mehr sagt Summer nicht und das will schon einiges heißen. Sarah nickt nur langsam, sagt aber nichts.

»Was willst du nun tun?«

Ich seufze. »Genau das, worum er mich gebeten hat. Ich werde ihm Zeit geben. Er muss das alles erst mal verarbeiten – was auch immer dieses *alles* ist – und dann kann er sich hoffentlich auch mir gegenüber bald öffnen.«

Summer zieht die Stirn in Falten. »Und du bist sicher, das wird genauso kommen? Also, dass er sich öffnet und dir alles erzählt?« Zweifel trieft aus ihren Worten und ich kann es ihr nicht verübeln. Denn auch in mir schlummern still und leise Zweifel, die ich aber so gut es geht ignoriere.

»Ja«, antworte ich mit fester Stimme. »Das wird es.«

»Wie lange willst du warten?«, mischt Sarah sich ein.

Ich zucke mit den Schultern. »Keine Ahnung. Eine Woche oder zwei. Wie lange dauert es, bis man den Tod des Vaters verarbeitet hat?«

Meine Freundinnen schweigen, da auch sie keine Antwort darauf wissen. Es gibt einfach keine Pauschale dafür.

»Wie geht es dir damit?«, erkundigt sich Sarah.

Ich lächle schmal. »Naja, wie wohl?« Ich mache eine kurze Pause, ehe ich fortfahre. »Ich hasse es, ihn so zu sehen. Es bringt mich schier um, zu wissen, dass es ihm so mies geht und ich ihm nicht helfen kann.« Zustimmendes Gemurmel ertönt von meinen Freundinnen. »Und ja, ich finde es auch blöd, dass ich praktisch schon wieder auf der Ersatzbank sitzen und warten muss, aber was bleibt mir denn anderes übrig?«

»Ihn vergessen?« Summer hat es leise gesagt, aber ich habe sie trotzdem verstanden.

»Ich liebe ihn, Sum.« Hilflos ziehe ich die Schultern hoch.

»Das wissen wir«, sagt Sarah mitfühlend. »Und ich finde es großartig von dir, dass du ihm die Zeit gibst, die er benötigt.« Das *Aber* klingt so laut nach wie ein Paukenschlag.

»Aber …?« Ich sehe sie mit hochgezogenen Augenbrauen an, als sie nicht weiterspricht, sondern mich nur wortlos ansieht. Schließlich seufzt sie. »Warte nicht zu lange«, rät sie mir.

Summer nickt eifrig. »Ganz genau. Irgendwann musst du an

dich denken und dafür sorgen, dass du dein Leben weiterleben kannst. Notfalls eben auch ohne ihn.«

Die Worte meiner Freundinnen treffen mich mehr, als ich zugeben möchte. Ich weiß, dass sie recht haben. Ich weiß, dass ich mich ab einem gewissen Punkt selbst schützen muss. Und dennoch schmerzt es mich sehr, das von Summer und Sarah zu hören.

Ich nicke langsam. »Ich weiß das. Ihr habt ja recht. Ich werde mir Mühe geben.«

Summer grinst breit, Sarah lächelt etwas zaghafter.

»Nichts anderes haben wir von dir erwartet«, meint Summer.

»Was ist dein Plan für die kommende Woche?«, erkundigt sich Sarah. »Du wirst dich sicherlich ablenken müssen.«

Auch darüber habe ich mir bereits Gedanken gemacht und mein Plan besteht aus folgendem.

»Arbeit«, antworte ich.

Sarah runzelt die Stirn.

»Ich werde dieses Projekt, an dem Ethan und gemeinsam gearbeitet haben, endlich fertigstellen«, erkläre ich. »Es fehlt nicht mehr viel und dann kann ich es Tom vorlegen. Dann ist diese Sache auch endlich erledigt.« Ich verschweige ihnen, dass meine Überlegungen diesbezüglich noch weitergehen. Dass ich mit dem Gedanken spiele, das Wilson Wates zu verlassen und mir einen neuen Job zu suchen. Ich glaube nämlich nicht, dass es sinnvoll ist, wenn ich weiter mit Ethan zusammenarbeite – egal, wie das Ganze endet. Denn auch wenn wir wieder zueinanderfinden, habe ich zu große Angst davor, was passiert, wenn wir uns wieder trennen sollten und ich gezwungen wäre, ihn Tag für Tag in der Arbeit zu sehen. Nein, das ist definitiv keine Möglichkeit. Abgesehen davon hat mir dieses Projekt gezeigt, dass ich mehr will, mehr kann und das nicht im Wilson Wates mit Silvia als Chefin umsetzen kann.

»Das klingt gut«, sagt Summer. »Sag Bescheid, wenn du Hilfe brauchst.«

Ich lächle dankbar. »Mache ich.«

Wir beenden unser Telefonat, nachdem ich den beiden mehrfach versichert habe, dass es mir gut geht und sie nicht vorbeikommen müssen. Um ehrlich zu sein, bin ich froh, allein zu sein. Ich brauche die Zeit, um den gestrigen Tag zu verarbeiten. Und um mich für die kommende Zeit zu wappnen. Denn auch wenn mein Plan in der Theorie gut klingen mag, befürchte ich, dass er umso schwerer umsetzbar sein wird.

Kapitel 52

Isla

Mit einem frischen Kaffee und einem Muffin setze ich mich voller Motivation an meinen Arbeitsplatz und öffne den Ordner unseres Projekts, den ich auf dem Desktop meines PCs gespeichert habe.

Es ist halb vier nachmittags und für einen Montag hatte ich heute erstaunlich wenig Arbeit auf der Station. Daher habe ich bereits jetzt Zeit, mich dem Projekt zu widmen. Ich öffne das Dokument und ziehe meine Notizen dazu aus einem Stapel Papier hervor, der neben mir auf dem Schreibtisch liegt. Eine Weile arbeite ich hoch konzentriert.

Ein Klopfen an der Bürotür reißt mich aus meinem Arbeitsflow und kurz verfluche ich denjenigen, der mich unterbricht. Silvia, meine Chefin, steckt den Kopf herein und betritt dann das Büro.

»Hallo, Isla«, begrüßt sie mich, schließt die Tür hinter sich und nimmt auf dem Stuhl neben mir Platz.

Oh je. Ich ahne Schlimmes. Normalerweise kommt Silvia nur zu den wöchentlichen Teammeetings zu uns Logopädinnen, ansonsten reden wir auf Station oder in ihrem Büro. Ich wappne mich innerlich.

»Wie kann ich dir helfen?«, frage ich freundlich und lächle sie an. Silvia sieht mich für einige Sekunden an, ehe sie antwortet.

»Auf der Neurologie ist momentan nicht so viel los, wie ich gesehen habe«

Ich nicke. »Das stimmt.«

»Dafür auf der Geriatrie. Daher würde ich dich bitten, ab morgen den Kollegen dort auszuhelfen.«

Ich runzele die Stirn. »Und meine Patienten auf der Neuro?«

»Die kann Anna machen, eine Teilzeitkraft reicht aktuell dort vollkommen aus und Anna kennt sich neurologisch ebenfalls gut aus.«

Ich blinzele mehrmals. Sie will mich nicht ernsthaft von der Neurologie abziehen. Oder?

»Aber«, beginne ich langsam. »Das Projekt. Das macht doch wenig Sinn, wenn ich an dem Parkinson-Projekt arbeite, aber diese Patienten nicht behandele.« Es ist eine Feststellung, keine Frage.

Silvia sieht mich eindringlich an. »Das Projekt ist doch sowieso bald beendet, dachte ich. Daher sollte das keine Probleme bereiten. Abgesehen gibt es auch genug geriatrische Patienten mit einer Parkinsonerkrankung.«

»Weiß Tom Bescheid?« Ich klammere mich mit aller Kraft an meine letzte Hoffnung: den Chefarzt der Neurologie.

Silvia verengt minimal die Augen, aber ich bemerke es trotzdem. »Wo ich meine Therapeuten einsetze, ist ganz allein meine Entscheidung. Ich muss das nicht mit den Ärzten absprechen.«

Ich öffne den Mund, schließe ihn aber gleich darauf wieder, weil ich nicht weiß, was ich darauf sagen soll. Es ist sinnlos, mit Silvia zu diskutieren. Abgesehen davon war es ihr immer ein Dorn im Auge, dass ich mich gut mit Tom verstehe und er mich und meine Arbeit derart schätzt.

»Für wie lange soll ich auf die Geriatrie?«

»Ich denke, zumindest diese Woche. Dann sehen wir, wie sich das Patientenaufkommen in der Neurologie entwickelt.« Silvia steht auf, ein Zeichen dafür, dass das Gespräch beendet ist. »Schönen Feierabend später, Isla.«

»Ebenso«, erwidere ich leise, aber da ist sie bereits aus dem Büro gegangen.

Ich wende mich wieder meinem PC zu, merke aber schnell, dass ich nach diesem Gespräch wohl zu keiner produktiven Arbeit mehr fähig bin.

Das ist typisch Silvia. Eigentlich hätte ich wissen müssen, dass da noch was kommt. Schon zu Beginn des Projektes, als Tom auf meine Mitarbeit bestanden hat, habe ich gemerkt, dass Silvia das wahnsinnig stört. Warum auch immer. Dass sie nun das Patientenaufkommen als Vorwand dafür nutzt, um mich in die Geriatrie zu verbannen, ist einfach nur unfair. Schließlich weiß sie, dass ich am besten in der Neurologie arbeite.

In diesem Moment beschließe ich, dass meine Tage hier tatsächlich gezählt sind. Ich kann nicht mehr länger mit Silvia als Chefin arbeiten. Ich will das nicht mehr.

Der Rest der Arbeitswoche verläuft unspektakulär. Die Arbeit in der Geriatrie ist anders, als ich es gewohnt bin, und es langweilt mich. Daher behandele ich zügig einen Patienten nach dem anderen, damit ich mich den restlichen Tag um das Projekt kümmern kann.

Am Donnerstag ist es dann schließlich fertig. Zumindest der Teil, den ich bearbeiten sollte. Einen aktuellen Stand von Ethan habe ich nicht. Dennoch schicke ich das Dokument per Mail an Tom und mache mich anschließend auf dem Weg zu seinem Büro, um kurz zu besprechen, ob ihm etwas fehlt oder es so in Ordnung ist.

»Herein!«, ertönt es als Antwort auf mein Klopfen. Ich betrete das Chefarztbüro.

»Isla«, begrüßt Tom mich mit einem freundlichen Lächeln.

»Hallo, Tom«, erwidere ich. »Passt es dir gerade?«

Er deutet mit einer Hand auf den Stuhl ihm gegenüber.

»Natürlich, setz dich. Ich habe gerade auch deine Mail erhalten.«

Ich nicke. »Genau, mein Part des Projektes wäre fertig.«

»Sehr schön.« Tom klingt sehr erfreut, während er auf den Bildschirm blickt und anscheinend meine Ausarbeitung überfliegt. »Klingt alles sehr gut. Wenn wir Ethans Teil noch miteinfügen, sollte das alles soweit passen, schätze ich.«

Mein Herz macht einen kleinen Hüpfer, als ich seinen Namen höre. »Ich weiß leider nicht, wie weit …«

»Schon in Ordnung«, unterbricht Tom mich. »Mach dir darüber keine Sorgen.«

Ich nicke nur.

Tom sieht mich für einen Moment nachdenklich an und ich befürchte, dass er weiter über Ethan sprechen wird.

»Ich habe dich diese Woche nicht auf Station gesehen«, sagt er stattdessen und mir fällt ein kleiner Stein vom Herzen.

»Ich war auf einer anderen Station eingeteilt«, antworte ich wahrheitsgetreu.

»Silvia hat dich also abgezogen.« Tom nickt und lächelt schmal. »Das tut mir sehr leid. Du fehlst hier sehr.«

Ein Lächeln zupft an meinen Mundwinkeln. »Mir fehlt es auch sehr.«

»Isla, ich habe mich in den vergangenen Wochen erkundigt, ob es die Möglichkeit gibt, deine Stelle über die Neurologie laufen zu lassen«, fährt Tom fort. Er stützt sich mit den Unterarmen auf den Tisch ab und verschränkt die Finger ineinander. Hoffnung keimt in mir auf, wird jedoch keine Sekunde später von seinen nächsten Worten erstickt. »Leider geht das aber nicht. Ich will dich nicht mit Krankenhausbürokratie langweilen, aber du sollst wissen, dass ich alles versucht habe.«

Ich schlucke den Kloß in meinem Hals hinunter. »Danke«, krächze ich. »Ich weiß das zu schätzen.«

Tom schweigt ein paar Atemzüge lang. »Wie lange wirst du woanders eingesetzt werden?«

Ich zucke mit den Schultern. »Je nachdem, wie viele Patienten hier auf der Neuro sind.«

»Dann werde ich die Station sofort voll belegen.« Tom lächelt mich an und ich erwidere es. »Ich habe nämlich Sorge, dass du nicht lange hierbleiben wirst, wenn du dauerhaft auf einer anderen Station eingesetzt wirst. Und das wäre bedauerlich. Für alle Beteiligten.«

Toms Worte haben sich in meinen Kopf eingenistet und hallen wie eine kaputte Schallplatte den ganzen Abend über wider.

Ich rechne es ihm hoch an, dass er sich so für mich eingesetzt hat, auch wenn es letztlich nicht von Erfolg gekrönt war.

Aber soll ich diesen Schritt wirklich gehen? Klar habe ich in den letzten Jahren öfters darüber nachgedacht, aber nie hat es sich so angefühlt, als wäre das wirklich eine Möglichkeit für mich.

Ich grübele den ganzen Abend darüber nach und irgendwie tut mir das gut. Denn es lenkt mich von Ethan ab. Trotzdem habe ich irgendwann pochende Kopfschmerzen und beschließe, ins Bett zu gehen.

In der Dunkelheit meines Schlafzimmers werden die Gedanken an Ethan wieder drängender und Sorge keimt in mir auf. Was er wohl gerade macht?

Ehe ich mich selbst daran hindern kann, greife ich nach meinem Handy und tippe eine Nachricht an ihn.

Wie geht es dir?

Mehr schreibe ich nicht, nicht einmal ein Emoji füge ich hinzu. Es erscheint mir unpassend. Gebannt starre ich auf den Bildschirm, bis die Häkchen hinter meiner Nachricht tatsächlich blau werden und ich sehe, dass Ethan tippt.

Ganz gut so weit. Und dir?

Ich atme aus, offensichtlich habe ich den Atem angehalten und es überhaupt nicht gemerkt.

Auch ganz gut. Habe heute unser Projekt bei Tom abgegeben und mit ihm durchgesprochen. Er ist zufrieden. :)

Keine Ahnung, ob es schlau ist, die Arbeit zu erwähnen, aber ich möchte nicht, dass unsere Unterhaltung schon endet, bevor sie richtig angefangen hat. Seine Antwort kommt innerhalb kurzer Zeit.

Toll, das freut mich sehr.

Ich runzele die Stirn. Seine Antwort ernüchtert mich und bringt mich zurück auf den Boden der Tatsachen. Was habe ich denn erwartet? Ein *Pling* reißt mich aus den Gedanken und ich schaue auf mein Handy. Eine weitere Nachricht von Ethan.

Ich vermisse dich, Isla.

Mit diesen vier Worten wird mein Herz schwer, so schwer, als würde ein riesiger Stein daran hängen, der mich in die Tiefe zieht. Tränen steigen mir in die Augen und ich beiße mir auf die Unterlippe.

Ich vermisse dich auch.

Ich weiß, ich habe kein Recht, dich darum zu bitten. Aber ich tue es trotzdem: Bitte gib mir noch etwas Zeit. Bitte warte auf mich.

Ich werde immer auf dich warten, Ethan. Nimm dir die Zeit, die du brauchst. Und wenn es so weit ist, werde ich da sein.

Ich weiß, es ist falsch und er hat es nicht verdient, nach allem, was passiert ist, nach allem, was er mir angetan hat. Aber es die absolute reine Wahrheit. Und ich kann sie nicht mehr länger leugnen.

Ich würde immer auf ihn warten.

Ich würde immer für ihn da sein.

Immer.

Immer.

Immer.

Kapitel 53

Ethan

Die Tage verschwimmen, ich stehe total neben mir. Es ist, als würde ich durch dichten Nebel laufen, planlos, aber trotzdem immer weiter. Langsam ist das Gedankenchaos in meinem Kopf abgeebbt, hat dafür aber grenzenloser Erschöpfung Platz gemacht. Ich verbringe die Tage entweder im Bett oder auf dem Sofa, liege sinnlos herum und mache nichts.

Am Montag war Katinka den ganzen Tag hier, um mein selbst erschaffenes Chaos zu beseitigen. Ich gab ihr dafür ein extra großes Trinkgeld. Glücklicherweise ist sie auch für mich einkaufen gegangen, sodass ich nicht verhungern werde. Auch wenn mein Appetit praktisch nicht existent ist.

Sämtliche Anrufe und Nachrichten ignoriere ich konsequent, abgesehen von Islas. Sie hat mir vor zwei Tagen geschrieben und sich nach mir erkundigt. Am liebsten hätte ich sie zu mir eingeladen und mit ihr gesprochen, aber ich kann es einfach noch nicht. Bis ich selbst akzeptiert und verarbeitet habe, dass ich ganz allein für mein Elend die letzten Jahre verantwortlich bin, bin ich kein gesunder Umgang für sie. Und wenn ich mir eines geschworen habe, dann, dass ich sie nicht mehr verletzen möchte.

Ich sinke etwas tiefer in die Kissen des Sofas, als in diesem Moment mein Handy klingelt und eine neue Nachricht ankündigt. Mit einem Auge sehe ich auf das Display und drehe das Handy um, als ich sehe, dass die Nachricht nicht von Isla, sondern von meiner Schwester ist. Wieder einmal. Ich habe aufgehört, Carolines Nachrichten in den vergangenen Tagen zu zählen. Auf keine einzige habe ich reagiert. Das tut mir einerseits sehr leid, denn ich weiß, dass sie mich braucht und ich sie sicherlich auch. Aber andererseits kann ich gerade niemanden aus meiner Familie ertragen.

Ein Blick auf die Uhr sagt mir, dass es erst Nachmittag ist. Seufzend stehe ich auf und gehe in die Küche. Vielleicht flößt mir ein Kaffee etwas Energie ein. Ich weiß selbst, dass es nicht gesund ist, mich hier zu verkriechen. Aber im Moment ist das das Einzige, was sich für mich richtig anfühlt.

Während der Kaffee aus der Maschine läuft, ertönt das *Pling* des Aufzugs, der einen Besucher ankündigt. Ich sehe auf und bete, dass es Isla ist, obwohl ich ihr gesagt habe, dass ich Zeit für mich brauche.

Ich vernehme das Klackern von Absatzschuhen, noch bevor ich sehe, wer es ist.

Und dann erstarre ich mitten in meiner Bewegung.

Das kann nicht sein.

Bestimmt halluziniere ich.

Ich überlege, ob ich irgendwelche Tabletten genommen habe, die Halluzinationen auslösen können, aber bis auf die zwei Ibuprofen fällt mir nichts ein.

Sie sieht gut aus. Kaum verändert, obwohl wir uns sehr lange nicht gesehen haben. Wie viele Jahre ist es her?

Meine Gedanken überschlagen sich.

»Jessica«, würge ich schließlich hervor.

Sie lächelt mich zaghaft an, den Kopf leicht schief gelegt, so wie sie es immer macht.

»Hallo, Ethan.« Jessica lässt den Blick durch meine Wohnung schweifen. »Schicke Wohnung«, sagt sie dann.

Ich kann sie einfach nur ansehen, wie sie da vor mir steht, wie eine Fata Morgana. Ein grauer Bleistiftrock, weiße Bluse, das blonde Haar zu einem eleganten Knoten gebunden. Als wäre ich in der Zeit zurückgereist. Zu einem Zeitpunkt vor vielen Jahren, in der die Welt irgendwie noch in Ordnung war.

Für unendlich lange Sekunden breitet sich unangenehmes

Schweigen zwischen uns aus, während wir uns gegenseitig mustern. Dann erlöst Jessica uns schließlich und ergreift das Wort.

»Du siehst …« Sie bricht ab und ich sehe ihr an, dass sie nach den richtigen Worten sucht, je nachdem, ob sie ehrlich oder höflich sein will. Sie entscheidet sich für schonungslose Ehrlichkeit. »… furchtbar aus«, beendet sie ihren Satz und zieht ihre perfekt gezupften Brauen zusammen.

»Was machst du hier?«, bringe ich schließlich hervor.

Sie blickt zu Boden.

»Ich habe von deinem Vater gehört. Das tut mir sehr leid.« Schmerz und aufrichtiges Mitgefühl stehen in ihren Augen, als sie mich wieder direkt ansieht.

»Danke«, raune ich.

Wieder Schweigen.

Ohrenbetäubend laut.

Jessica atmet tief ein. »Kann ich vielleicht einen Kaffee bekommen?«

Ich nicke mechanisch. »Okay. Setz dich.« Ich deute mit einer Hand zu den Barhockern in der Küche. Jessica folgt mir schweigend.

Ich spüre ihren Blick auf meinem Rücken, während ich ihr einen Kaffee aus der Maschine lasse. Wortlos stelle ich ihr die dampfende Tasse vor die Nase und greife nach dem Zucker.

»Danke, ich brauche keinen Zucker«, sagt Jessica.

Ich ziehe skeptisch eine Augenbraue nach oben.

»Keinen Zucker?« Ich weiß noch sehr gut, dass Jessica nicht ihren Kaffee mit etwas Zucker getrunken hat, sondern eher den Zucker mit etwas Kaffee.

Sie schmunzelt leicht. »Ich habe eingesehen, dass ich nicht jünger werde und Zucker eher kontraproduktiv ist.«

»Aha«, mache ich nur und nehme ihr gegenüber Platz.

Sie sieht mich weiterhin forschend an, als versuche sie anhand meiner Gesichtszüge zu erkennen, was los ist.

»Ich weiß, es ist eine dumme Frage«, beginnt sie und räuspert sich. »Aber wie geht es dir? Ehrlich.«

Langsam schüttele ich den Kopf. »Sieht man mir das nicht an?«

Jessica unterdrückt ein Lächeln. »Na ja, ich hatte gehofft, dass das vielleicht einfach nur dein neuer Style ist und nicht Ausdruck deines Befindens.«

»Falsch gedacht.«

Jessica seufzt und nippt an ihrem Getränk.

»Warum bist du hier?«, frage ich sie schließlich, als ich dieses Herumgeeiere nicht mehr aushalte. »Sicher nicht, um dich nach meinem Befinden, wie du es nennst, zu erkundigen. Denn das hat dich die letzten Jahre auch nicht interessiert.«

Schmerz tritt in ihre Augen und sie verzieht den Mund zu einer schmalen Linie. »Ich wollte dich um Verzeihung bitten.«

Etwas in mir verkrampft sich bei ihren Worten. Gleichzeitig entzündet sich ein kleines Flämmchen Wut in mir. Ist da verdammter Ernst?

»Und das fällt dir jetzt ein?«

Sie windet sich bei meinen Worten und ich erkenne, dass da mehr dahintersteckt. Jessica war schon immer gut darin, Dinge zu verstecken und die Wahrheit zu verdrehen. Nicht ohne Grund habe ich erst nach Monaten von ihrer Affäre erfahren.

»Na schön«, sagt sie dann und strafft die Schultern. »Ich habe deine Mutter getroffen. Sie erzählte mir das das von eurem Vater und auch, dass du sehr damit zu kämpfen hast. Sie hat mir auch von seinem Brief erzählt«, fügt sie etwas leiser hinzu.

»Und da dachtest du, kommst du noch nach mit deiner ach so tollen Entschuldigung?«, bemerke ich schneidend.

»Erzähl mir davon, Ethan«, bittet sie.

Ich schnaube. »Ausgerechnet dir, Jessi?«

»Ja.« Mehr erwidert sie nicht und ich schüttele ungläubig den Kopf. Das muss ein schlechter Scherz sein. Wie kommt sie darauf, dass ich ihr alles erzählen würde? Und dennoch … ein kleiner Teil in mir ermuntert mich dazu, fordert mich dazu auf, mir endlich alles von der Seele zu reden.

»Komm schon. Ich bin eine gute Zuhörerin und ich gebe grandiose Ratschläge, das weißt du besser als jeder andere«, sagt sie.

Der Punkt geht an sie, denn sie hat leider verdammt Recht damit. Ich kämpfe mit mir selbst, ringe mit mir, aber keine der Stimmen in mir gewinnt die Oberhand. Also schweige ich.

Jessi seufzt und trinkt einen weiteren Schluck von dem Kaffee, der mittlerweile sicher schon kalt ist. »Caroline sagte schon, dass es schwer ist, dich zum Reden zu bringen.«

Ich horche auf, als der Name meiner Schwester fällt. »Du hast mit Car gesprochen?«

Entschuldigend sieht Jessi mich an und hebt die Schultern.

»Wir treffen uns ziemlich regelmäßig zum Lunch«, erklärt sie und zieht die Nase kraus.

Fassungslos sehe ich sie an. Ich weiß nicht, auf wen ich wütender bin. Auf sie, die meint, nach allem, was passiert ist, mit meiner Familie abzuhängen? Oder auf meine Schwester, die scheinbar kein schlechtes Gewissen dabeihat, sich mit der Frau, die mein verdammtes Herz gebrochen hat, zum Käffchen zu verabreden? Ich glaube, mehr kann ich nicht ertragen, nach den vergangenen Tagen ist das einfach zu viel. Also schiebe ich den Stuhl zurück und will aufstehen.

»Setz dich«, sagt Jessi, sanft und befehlend zugleich.

»Car hat viel erzählt, über dich, wie es dir all die Jahre ging. Und ich glaube, ich bin nicht ganz unschuldig daran, wie du die letzten Jahre verbracht hast.« Sie sieht mich eindringlich an.

»Also setz dich und lass uns reden!«

Kapitel 54

Ethan

Mein Körper gehorcht ihr und ich lasse mich zurück in den Stuhl sinken. Mittlerweile glaube ich, dass ich einfach nur einen schlechten Traum habe und bete, dass ich bald aufwache.

»Du hast mit Caroline über mich gesprochen?« Meine Stimme klingt so fremd. »Wieso?«

Jessi atmet tief ein und aus. »Weil ich mich furchtbar gefühlt habe und immer noch fühle. Ich wollte wissen, wie es dir geht und da du keine meiner Nachrichten beantwortet hast, habe ich Caroline gefragt.«

»Sie hat dir sicherlich bereitwillig Auskunft gegeben.«

»Nein.« Sie schüttelt den Kopf. »Tatsächlich war sie sehr skeptisch und wollte nichts von dir erzählen. Verständlich, denn es stand mir nicht zu. Nach all dem.«

»Aber weil du eine so gute Zuhörerin bist, hat sie dir trotzdem alles erzählt«, spotte ich.

Jessi sieht mich für einen Moment mich hochgezogenen Augenbrauen an und ich erwidere ihren Blick, um ja keine Schwäche zu zeigen.

»Jedenfalls hat sie mir erzählt, dass du es in den letzten Jahren eher schwer hattest, was Beziehungen anging«, fährt Jessi fort. »Und es tut mir sehr leid, wenn ich daran eine Mitschuld trage.«

»Du überschätzt dich, Jessi«, erwidere ich kühl, da ich ihr nicht das Gefühl geben will, sie hätte nach unserer Trennung noch Macht über mich gehabt. Egal in welcher Form.

»Ach ja, tue ich das? Dann erzähl mal, wie viele Beziehungen hast du in den letzten Jahren gehabt? Ernsthafte Beziehungen,

336

Ethan!«, fügt sie hinzu, als ich schon zu einer Antwort ansetze. »Wie viele Frauen hast du an dich herangelassen?« Abwartend sieht sie mich an. Ich schweige und fühle mich wie ein Kleinkind, das gerade den Anschiss seines Lebens bekommt.

»Ich wollte es so«, entgegne ich schließlich wenig überzeugend. Ich habe keine Kraft für diesen Mist hier, aber ich weiß nicht, wie ich dieses Gespräch beenden kann, ohne ihr damit zu signalisieren, dass sie mit jedem ihrer Worte verdammt richtig liegt. Ich gönne ihr diesen Sieg nicht und will mir meine eigene Niederlage nicht eingestehen.

»Also wolltest du diese Therapeutin, mit der du seit Jahren Katz und Maus spielst, immer wieder von dir stoßen?«

Ein Schauer läuft mir den Rücken hinunter. Sie weiß von Isla. Und in diesem Moment brechen meine Dämme.

»Ja, es stimmt, ich habe alle von mir gestoßen! Habe mich wie der größte Wichser der Welt aufgeführt und jeder Frau, die mir nur ein bisschen zu nahe gekommen ist, das Herz herausgerissen!« Ich spucke ihr die Worte fast schon vor die Füße. »Und ja, Jessica! Du bist daran nicht unschuldig. Und weißt du, warum? Weil du mir mein verficktes Herz gebrochen hast, als du mit diesem Typ gevögelt hast!«

Sie sieht mich mit großen Augen an, scheinbar erschrocken über meinen Gefühlsausbruch. Dann erkenne ich Tränen in ihren Augen schimmern. Wehe, sie weint jetzt auch noch!

»Ich wollte das nicht«, sagt sie leise. »Ich wollte dich niemals verletzen, Ethan, das musst du mir glauben.«

»Ich habe dich geliebt, Jessi«, fahre ich sie an. »Ich habe dich so sehr geliebt wie keine andere davor. Und du hast mich betrogen. Monatelang, vielleicht länger, keine Ahnung, denn ich war zu blind, um das zu erkennen!«

Jessi senkt den Blick auf ihre Tasse. »Ich habe dich auch geliebt, Ethan. So sehr.«

Ich schnaube. »Da hattest du aber eine seltsam verquere Art, mir das zu zeigen!« Jedes meiner Worte trieft vor Hohn.

»Ich hatte Angst«, erwidert sie jetzt energischer. »Ich war jung und hatte so unfassbare Angst davor, mich festzubinden! Das ist scheiße und absolut keine Entschuldigung für mein Verhalten, aber vielleicht kannst du es dennoch verstehen!« Sie sieht mich beinahe flehend an. »Ich wollte niemals, dass du deshalb keinen mehr an dich heranlässt.«

»Pff«, mache ich. »Wie schon gesagt, du überschätzt dich maßlos, meine Liebe. Als wärst du der alleinige Grund dafür gewesen. Du warst lediglich die Bestätigung für etwas, das ich damals nicht wahrhaben wollte, aber eigentlich schon wusste.« Oder gedacht habe zu wissen.

Fragend sieht sie mich an. »Das verstehe ich nicht. Was meinst du?«

Ich presse zwei Finger an meine Nasenwurzel und zwinge mich dazu. Ruhig ein und auszuatmen. Schon wieder überschlagen sich die Gedanken in meinem Kopf, dabei habe ich gehofft, nach den vergangenen Tagen würde nun endlich etwas Ruhe einkehren. Aber stattdessen gesellt sich zu den Erinnerungen an meinen Vater und meine verkorkste Familie auch noch die Erinnerung an Jessi und ihren Betrug.

»Bitte, Ethan. Erzähl mir davon«, bittet sie sanft. »Hat es etwas mit deinem Vater und diesem ominösen Brief zu tun?«

Ich lache auf. Sie hatte schon immer ein Gespür für so etwas. Ungläubig schüttele ich den Kopf. Eigentlich sollte Isla diejenige sein, die mir gegenübersitzt und der ich endlich die ganze Wahrheit anvertraue. Und dennoch ist da in mir diese kleine Stimme, die mir sagt, dass es gut ist, dass eben nicht Isla mir gegenübersitzt. *Schau dir an, wie du reagierst,* wispert die Stimme. *Du kannst kaum einen normalen Satz sagen, ohne dass du durchdrehst.*

So ungerne ich es zugebe, es ist die Wahrheit. Es bringt mich fast um, darüber zu reden. Und es ist nur Jessi, der ich es erzähle. Vielleicht ist es gut, es vorher jemand anderem zu erzählen, jemandem, der mir nicht so nahesteht und für den ich keine Gefühle habe.

Also öffne ich den Mund und beginne ganz von vorne. Ich erzähle Jessi von dem Moment, als ich meine Mutter mit einem anderen Kerl erwischt habe. Wie ich dann davon ausgegangen bin, dass mein Vater deswegen zur Flasche gegriffen hat. Dass er sicherlich deswegen seinen ersten Schlaganfall hatte. Ich erzähle ihr, wie ich ab diesem Moment daran glaubte, dass jede Beziehung irgendwann zum Scheitern verurteilt ist. Bis sie kam. Jessi. Mich eines Besseren belehrte. Zumindest eine Zeit lang, bis ich auch sie mich betrogen hat.

Ich mache eine kurze Pause, atme zitternd ein und wieder aus. Mein Herz rast und ich schwitze. Auch Jessi fühlt sich sichtlich unwohl, sie schluckt mehrmals und in ihren Augen stehen so viele Emotionen. Am dominantesten von ihnen: Schmerz, Schuld, Bedauern.

Ich fahre mit meiner Geschichte fort. Berichte ihr von meinem Entschluss, niemals eine Frau wieder an mich heranzulassen. Ich erzähle ihr, wie ich mich veränderte, fortan das Arschloch heraushängen ließ, besonders Frauen gegenüber. Wie ich eine bedeutungslose Affäre nach der anderen hatte, mir glaubhaft einredete, dass mir das genug sei.

Es offen auszusprechen ist gleichzeitig das befreiendste und furchtbarste, was ich jemals getan habe. Ich spüre körperlich, wie eine riesige Last von mir abfällt. Zur selben Zeit fühlt es sich schrecklich an. Als würde mir das erst jetzt bewusst werden, als ich es laut ausgesprochen, die Worte hinaus in die Welt entlassen habe. Als hätte mein Schweigen darüber es weniger wahr gemacht.

»Oh, Ethan.« Jessis Stimme ist nur ein leises Flüstern, jede Silbe durchzogen von endlosem Schmerz. Sie steht auf und ist einen Augenblick später bei mir und zieht mich in eine Umarmung, die ich über mich ergehen lasse.

»Es tut mir so leid, dass du all die Jahre so gefühlt hast. Dass ich auch dazu beigetragen habe.«

Jessi löst sich einige Atemzüge später von mir und setzt sich neben mich, eine Hand ruht auf meinem Bein, als würde diese Geste irgendetwas besser machen.

»Was hat das alles mit dem Brief zu tun?«, erkundigt Jessi sich dann leise.

Ich schnaube. »Meine Mutter hat mir kurz nach Vaters Tod erzählt, dass sie eine offene Ehe geführt haben. Es geschah also alles in gegenseitigem Einverständnis. Ich habe ihr kein Wort geglaubt. Aber in diesem Brief von meinem Vater steht das Gleiche, nur aus seiner Sicht. Aber letztlich bestätigt er ihre Geschichte.« Ich mache eine Pause.

»Sie haben eine offene Ehe geführt und es war kein Betrug, als ich meine Mutter mit diesem Kerl erwischt habe. Also war all meine Wut völlig umsonst, die ganzen letzten Jahre waren umsonst. Ich habe mich selbst gegeißelt.« Bittere Erkenntnis durchströmt jede Faser meines Körpers.

Jessi stößt hörbar die Luft aus. »Krass.«

Ich nicke nur zustimmend, sage aber nichts. Denn was gibt es noch zu sagen? Ich weiß nicht mehr, was ich sagen oder fühlen soll, denn es erscheint alles irgendwie sinnlos.

»Aber«, setzt Jessi da an und unterbricht mein düsteres Gedankenchaos. »Das ist jetzt Vergangenheit, Ethan. Die wirst du nicht mehr ändern können.« Sie sieht mich eindringlich an. »Die letzten Jahre waren scheiße und es ist schrecklich, was du durchgemacht hast, egal, wessen Schuld das war. Aber jetzt ist jetzt. Gegenwart. Und die kannst du sehr wohl ändern.«

Ich schnaube lediglich als Antwort. Es klingt so einfach, wenn sie das sagt, aber das ist es verdammt noch mal nicht. Ich habe leider keinen Reset-Knopf.

»Ethan, du bist der wundervollste Mann, den ich kenne«, sagt Jessi und lächelt. »Du hast so viel Liebe zu geben, ich weiß schließlich, wovon ich spreche. Du bist nicht das abgebrühte Arschloch, das du die letzten Jahre vorgegeben hast, zu sein.«

»Das war ich.«

»Genau, *war*. Vergangenheitsform«, bemerkt sie.

»Du bist immer noch der liebevolle Mann, in den ich mich damals verliebt habe. Du musst nur deine Mauern einreißen, die du um ihn gezogen hast.«

»Wie soll ich das anstellen?« Verzweiflung mischt sich in meine Worte. Es ekelt mich beinahe an, aber ich weiß auch, dass ich Schwäche zulassen muss, egal, wie schlimm es für mich ist.

»Schritt für Schritt«, antwortet Jessi. »Keiner erwartet, dass das von heute auf morgen geht.«

Ich nicke nur. Sie hat Recht. Aber woher soll ich die Kraft und Energie dafür aufbringen? Und noch viel wichtiger: wie lange kann ich Isla warten lassen, bis sie es sich schließlich anders überlegt und mich vergisst?

»Fang doch mit … wie hieß sie gleich noch?«, fragt Jessi.

»Isla«, flüstere ich und allein der Klang ihres Namens löst eine Woge aus Zuneigung in mir aus, die für den Bruchteil einer Sekunde all die Dunkelheit in mir vertreibt.

»Was ist das mit ihr?«

»Alles. Es ist verdammt noch mal alles«, erwidere ich. »Und ich habe es verkackt.«

Jessi lacht leise. »Das kann ich mir nicht vorstellen.« Sie drückt kurz mein Bein. »Liebst du sie?«

Ich nicke langsam. »Ja, ich liebe sie.« Die Worte hallen in mir wider, lauter und immer lauter.

»Dann sag ihr das.«

»Nachdem ich sie wie oft von mir gestoßen habe? Dreimal, viermal?« Ein ungläubiges Lachen entfährt mir.

»Wahre Liebe verzeiht«, merkt Jessi an. »Sag es ihr einfach und sieh, was passiert. Lass sie an dich heran. Erzähl ihr alles. Auch, wenn es verdammt schwer ist, Ethan. Die besten Dinge im Leben sind anfangs schwer, aber in der Regel lohnen sie sich.« Die Eindringlichkeit in ihrer Stimme lässt mich beinahe zum Handy greifen, um sie anzurufen. Jetzt sofort.

»Danke, Jessi«, sage ich ehrlich und sehe sie an. Sie lächelt.

»Ich sage doch, ich gebe grandiose Ratschläge.« Jessi grinst breit.

Meine Mundwinkel verziehen sich ohne mein Zutun zu einem Lächeln. »Das machst du tatsächlich.«

Für einen Moment schweigen wir, bis ich schließlich den Blick abwende.

»Aber eines muss dir klar sein, Jessi«, sage ich dann und sie sieht mich mit hochgezogenen Brauen an. »Ich will dich trotzdem nie wieder sehen.«

Ein Schnauben entfährt ihr, eine Mischung aus Lachen und Schmerz. »Das habe ich mir gedacht.«

Sie erhebt sich und greift nach ihrer Tasche. »Ich wünsche dir alles Gute, Ethan. Du schaffst das.«

Ich nicke nur, während sie sich abwendet und kurz darauf aus meiner Wohnung verschwindet.

Kapitel 55

Isla

Mittlerweile ist eine Woche vergangen, seit ich das letzte Mal etwas von Ethan gehört habe. Mehrmals war ich kurz davor, ihm zu schreiben, ihn anzurufen, um zu hören, wie es ihm geht. Aber ich habe mich jedes Mal davon abgehalten. Es kostet mich alle Kraft, seiner Bitte nachzukommen und ihm Zeit zu geben. Gleichzeitig habe ich Angst, dass jede Minute, jeder Tag, den ich nichts von ihm höre, ihn wieder weiter von mir entfernt und er sich nicht mehr bei mir melden wird.

Glücklicherweise bleibt mir nicht viel Zeit, um meinen düsteren Gedanken nachzuhängen. Denn wie es mit Problemen so ist, kommen sie immer alle auf einmal.

In der Arbeit läuft es immer schlechter. Silvia hat mich nach wie vor in die Geriatrie verbannt, während meine Kollegin Anna die neurologische Station übernimmt und sich da sehr wohlfühlt. Meine Laune sinkt jeden Tag etwas mehr und ich merke, dass ich auch zunehmend gereizter werde. Ich habe absolut kein Problem damit, auf anderen Stationen zu arbeiten. Dennoch ist die Neurologie mein Steckenpferd, der Bereich, in dem ich mich wohlfühle und in dem ich am kompetentesten bin.

Ich habe in der vergangenen Woche öfters mit Anna geredet und versucht, sie davon zu überzeugen, die Patienten aufzuteilen. Sie hat es immer abgelehnt mit der Begründung, die Anweisung käme von Silvia.

Es ist Donnerstag und ich komme gerade von der Station zurück ins Büro. Als ich eingetreten bin, stutze ich und bleibe im

Türrahmen stehen. Silvia sitzt im Büro und sieht von ihrem Notizbuch auf, als sie mich wahrnimmt.

»Ah, Isla«, sagt sie und sieht mich an. Dann deutet sie mit einer Hand auf meinen Stuhl. »Setz dich, bitte, ich möchte mit dir reden.«

Ich stöhne innerlich genervt auf. Es reicht scheinbar nicht, dass ich heute bereits von einem Patienten angekotzt wurde und mein Fass für heute dementsprechend voll ist.

Dennoch schließe ich die Tür und setze mich.

»Um was geht es denn?«, frage ich, obwohl ich die Antwort bereits kenne. Anna hat ihr bestimmt von unseren Gesprächen erzählt.

Silvia räuspert sich und sieht mich dann mit ihrem typischen Chef-Blick an. »Anna hat mir erzählt, dass du mehrfach mit ihr wegen der Stationsaufteilung gesprochen hast.«

Ich nicke. »Das stimmt. Ich hatte gehofft, dass wir …«

»Nein, Isla«, unterbricht sie mich. »Ich habe dir eine klare Anweisung gegeben und verstehe nicht, warum du sie nicht einfach befolgen kannst und stattdessen hinter meinem Rücken versuchst, sie zu umgehen.«

»Das habe ich nicht.« Ich ziehe leicht verärgert die Brauen zusammen. »Ich wollte lediglich …«

»Die Stationsaufteilung bleibt so, wie sie die letzten Wochen war«, erklärt Silvia. »Anna möchte in der Neurologie eingearbeitet sein, daher wird sie vorerst dortbleiben und du dich um die Geriatrie kümmern.«

»Und was ist mit dem, was ich möchte?«, frage ich und kann meine Wut nicht mehr verbergen.

»Du warst lange genug auf deiner bevorzugten Station, würde ich sagen.«

Ich atme tief durch und versuche, mich zusammenzureißen. Es macht keinen Sinn, mit Silvia zu streiten, dann würde sie erst recht auf stur schalten.

»Wie wäre es, wenn wir die Neurologie aufteilen und ich

weiterhin die Parkinsonpatienten betreue? Nach dem Projekt wäre es schön, wenn ich weiter involviert sein könnte.«

Silvia schüttelt in einer abgehackten Bewegung den Kopf.

»Nein, das wäre zu viel Chaos.«

Ich sehe sie irritiert an. »Das wäre kein ...«

»Isla.« Ihr Ton wird schärfer, ihr Blick eingehender. »Es bleibt, wie es ist. Anna wird weiter auf der Neurologie bleiben. Das ist mein letztes Wort.«

Der allerletzte Faden meiner sowieso schon zum Reißen gespannten Nerven reißt. Ich stehe auf, mein Körper bewegt sich ganz von allein ohne mein Zutun.

»Weißt du was, Silvia«, beginne ich ruhig, während es in mir wütet und tobt. »Mir reicht es. Du kannst mich nicht leiden, okay. Du findest es blöd, dass ich gut mit Tom zurechtkomme, fein! Aber das gibt dir nicht das Recht, mich hier hin- und herzuschieben, als wäre ich eine verdammte Marionette! Und es ist dir scheinbar egal, ob deine Mitarbeiter unter deiner Führung zufrieden sind.«

Silvia setzt zu einer Erwiderung an, aber ich spreche schnell weiter. »Also, sage ich dir jetzt das, was ich dir schon seit langer Zeit gerne sagen möchte.« Ich mache eine kurze Pause. Mein Herz klopft heftig in meiner Brust. »Ich kündige! Mit sofortiger Wirkung.«

Silvia sieht mich ungläubig an. »Du kannst nicht ...«

»Ich kann und ich werde.« Mit fahrigen Bewegungen stopfe ich meine Sachen in meine Tasche, schiebe den Stuhl ordentlich an den Schreibtisch und wende mich dann meiner baldigen Ex-Chefin zu. Ihre Miene zeigt keine Reaktion.

»Du kannst deine Überstunden und deinen restlichen Urlaub ab sofort nehmen«, sagt sie kühl. »Eine schriftliche Kündigung benötige ich dennoch.«

Ich schnaube, kann nicht glauben, dass sie wirklich nicht versucht, mich umzustimmen. »Bekommst du.«

Mit diesen Worten verlasse ich das Büro und eile in die

Umkleide, wo ich mich auf eine der schmalen Sitzbänke sinken lasse.

Erst jetzt sickert in mein Bewusstsein, was ich da gerade getan habe. Es war eine Kurzschlussreaktion, ich hatte das nicht geplant. Zumindest jetzt noch nicht. Aber nach diesem Gespräch konnte ich einfach nicht anders.

Ich horche in mich hinein, suche nach einem Funken Reue, aber finde nur Erleichterung und aufkeimende Freude. Ein keuchendes Lachen entfährt mir und ich schüttele den Kopf.

Ich habe es wirklich getan. Und es fühlt sich unfassbar richtig an.

»Das hast du nicht wirklich?«, fragt Ryan und lacht ungläubig.

»Doch!« Ich presse das Telefon an mein Ohr, während ich ziellos durch die Straßen Londons laufe. Es ist noch früh am Tag und ich will noch nicht nach Hause gehen. Also laufe ich durch die Stadt.

»Es war eine Kurzschlussreaktion«, rechtfertige ich mich.

»Fühlt es sich gut an?«

Ich nicke, bis ich merke, dass Ryan mich nicht sehen kann. »Ja. Sehr sogar.«

»Dann hast du alles richtig gemacht«, erwidert er. »Manchmal sind spontane Aktionen die Besten.«

Ich lache. »Allerdings. Du hättest ihr Gesicht sehen sollen!«

Ryan fällt in mein Lachen mit ein. »Das hätte ich zu gerne gesehen.«

Ich überquere im Laufschritt eine grüne Ampel.

»Was hast du jetzt vor?«, fragt Ryan.

»Keine Ahnung. Ich denke, nach Hause gehen und mich in die Badewanne legen.« Mir ist klar, dass er nicht das wissen wollte, aber ich weiche seiner Frage dennoch aus.

Ryan schnaubt. »Das klingt super, aber du weißt, das habe ich nicht gemeint.«

»Ja, weiß ich«, sage ich gespielt resigniert. »Ich habe Resturlaub und noch mehr Überstunden, also habe ich die nächsten Wochen offiziell frei. Dann suche ich mir ganz entspannt was Neues.«

»Ich halte Augen und Ohren offen!«

Ein Lächeln zupft an meinen Mundwinkeln. »Danke, Ryan.«

»Stets zu Diensten. Du, ich muss leider weitermachen. Einer von uns beiden hat nämlich nicht spontan gekündigt«, zieht er mich auf.

»Neidisch?«, kontere ich.

Ryan schnaubt. »Nur ein bisschen. Mach's gut!«

Ich verbschiede mich von ihm und drücke auf den roten Hörer. Da sehe ich eine rote Eins rechts oben an dem WhatsApp-Symbol. Eine neue Nachricht. Ich tippe darauf.

Und bleibe wie vom Donner gerührt stehen.

Es ist eine Nachricht von Ethan.

Möchtest du am Wochenende vorbeikommen? Zum Reden?

Beinahe kann ich den Stein, der mir vom Herzen fällt, hören. Ich atme hörbar aus und beiße mir dann auf die Lippen. Hastig tippe ich eine Antwort:

Sehr gerne. Ich freue mich auf dich.

Dann bis Samstag. Ich freue mich auch auf dich, Isla-Mäuschen.

Ich drücke das Handy fest an meine Brust und kämpfe gegen die Tränen. Mitten auf der offenen Straße will ich nicht in Tränen ausbrechen.

Drei Tage noch. In drei Tagen sehe ich ihn endlich wieder. Vor allem würde ich auch endlich erfahren, was passiert ist. Mit einer Mischung aus Vorfreude und einem ungüten Gefühl – wer weiß schon, was er mir alles erzählen wird? – gehe ich schließlich weiter und schlage den Weg zu meiner Wohnung ein.

Kapitel 56

Ethan

Es ist schon seltsam, wie schnell die Tage vergehen, wenn man kaum etwas tut, außer zu heilen. Mehr oder weniger.

Genauso seltsam ist, wie anstrengend diese Tage sind. Ich falle jeden Abend todmüde ins Bett, obwohl ich die meiste Zeit nur herumsitze. Meine Wohnung habe ich nur zweimal verlassen, um eine Runde laufen zu gehen, als mir die Decke zu sehr auf den Kopf gefallen ist.

Es ist eine Woche her, seit ich das letzte Mal mit Isla gesprochen habe. Oder eher, geschrieben. Seither kam keine Nachricht von ihr und ich weiß nicht, ob ich darüber froh bin oder es mich stört.

Einerseits bin ich ihr sehr dankbar, dass sie mir Zeit gibt, ohne dauernd nachzuhaken, wie es mir denn geht. Auf der anderen Seite vermisse ich sie so sehr, dass es mir körperliche Schmerzen bereitet. Bei jedem Gedanken an sie – und seien wir ehrlich, ich denke sehr oft an sie – krampft sich etwas in mir so sehr zusammen, dass mir kurz die Luft zum Atmen wegbleibt. In diesen Momenten bin ich kurz davor, sie anzurufen, um ihre Stimme zu hören. Allerdings weiß ich auch, dass ich ihr eine Erklärung schuldig bin und ich merke, dass ich noch nicht so weit bin, um mit ihr darüber zu reden.

Mittlerweile geht es mir etwas besser. Ich fange nach und nach an zu realisieren, was passiert ist, und akzeptiere, dass das meiste davon mein Fehler war. Das ist Scheiße und bringt mich in schlechten Momenten fast um den Verstand, aber im Großen und Ganzen geht es dennoch bergauf.

Warum also kann ich nicht endlich Isla alles erzählen? Allein schon der Gedanke daran bereitet mir Übelkeit. Da ist etwas, was mich davon abhält. Etwas, das ich vorher erledigen muss. Es macht keinen Sinn, so zu tun, als wüsste ich nicht, was dieses ominöse Etwas ist. Ich weiß es sehr gut, aber ich schiebe es trotzdem immer weiter vor mir her.

Bis heute.

Heute Morgen bin ich mit der festen Überzeugung aufgewacht, dass heute der Tag ist, an dem ich es schaffen werde. Es endlich hinter mich bringen werde.

Ein Gespräch mit meiner Mutter.

Ich kann nicht persönlich mit ihr reden, noch nicht, aber ein Anruf ist sicherlich auch in Ordnung.

Nach einem starken Kaffee greife ich also zu meinem Handy und wähle sofort ihre Nummer, weil ich Angst habe, einen Rückzieher zu machen.

»Ethan?«, meldet sie sich kurz darauf und ich höre die Überraschung in ihrer Stimme.

»Hi«, bringe ich hervor. »Störe ich?«

»Nein«, antwortet meine Mutter schnell, als würde auch sie befürchten, ich würde auflegen. »Du störst nicht, Ethan, niemals.«

Ich schlucke und kneife die Augen fest zusammen. Wieso ist das so verdammt schwer? Ich setze mich an den Küchentresen und greife nach dem Stift, der vor mir liegt, einfach nur, damit meine rechte Hand beschäftigt ist und ein Teil meines Hirns sich darauf konzentrieren kann.

»Wie geht es dir?«, fragt Mum vorsichtig.

Meine Stimme klingt rau, als ich antworte: »Besser.«

Wieder breitet sich Schweigen aus. Jetzt oder nie. »Ich habe den Brief gelesen.« Das waren die fünf schwierigsten Worte, die ich jemals ausgesprochen habe, davon bin ich überzeugt.

»Und?«, hakt Mum zögerlich nach. Ihre Stimme zittert leicht.

Dieses Gespräch ist also genauso schwierig für sie, wie es für mich ist.

»Es tut mir leid«, würge ich hastig hervor, ehe die Worte wieder verschwinden und ich sie niemals würde laut aussprechen können. Gemeinsam mit diesen vier Worten fällt eine Last von mir und ich habe augenblicklich das Gefühl, wieder freier atmen zu können.

»Wie ich mich verhalten habe«, setze ich hinzu, als Mum nicht reagiert.

Sie schnieft. »Oh, Ethan. Du musst dich nicht entschuldigen! Mir tut es leid.« Ein leises Schluchzen dringt aus ihrer Kehle und ich schlucke hart.

»Es tut mir so unfassbar leid, dass du all die Jahre so gelitten hast und das wegen mir und deinem Vater!«

Ich schnaube. »Ich hätte auch einfach mit euch reden können, euch zuhören können! Aber ich war zu stolz und zu voreingenommen!« Meine Stimme bricht, als sich die Wut auf mich selbst in meinem Bauch sammelt.

»Du warst damals noch so jung«, erwidert Mum mit schwacher Stimme. »Jeder hätte so reagiert. Es wäre meine Aufgabe gewesen, die Sache richtigzustellen und dir all dieses Leid zu ersparen.«

Jetzt kann auch ich nicht mehr verhindern, dass sich Tränen in meinen Augen sammeln. Wer hätte jemals gedacht, dass ich einmal weinen würde? Ich lasse den Stift durch meine Finger gleiten, verfolge seine Bewegungen.

»Ich habe mich selbst sabotiert«, sage ich leise. »Ich bin selbst daran schuld, das weiß ich.«

Meine Mutter schluchzt als Antwort laut auf. »Können … können wir nach vorne blicken, Ethan? All den Mist der Vergangenheit endlich ruhen lassen?« Sie klingt so hoffnungsvoll, beinahe flehend.

Ich nicke langsam. Mir ist klar, dass das nicht von heute auf morgen passieren wird. Zu tief sitzen die Wunden, zu lange haben sie geblutet.

»Ja, das wäre schön«, raune ich.

»Mir ist bewusst, dass das ein langer Prozess ist«, flüstert Mum. »Aber ich hoffe so sehr, dass wir es irgendwann schaffen.«

Das hoffe ich auch.

Mein Herz schlägt rasend schnell in meinem Brustkorb, das Pochen hallt in meinen Ohren wider. Ich schwitze, obwohl ich nur ein dünnes T-Shirt trage und es eher kühl in meiner Wohnung ist.

»Kommst du«, setzt Mum an, bricht aber wieder ab und atmet tief durch. »Kommst du zu meinem Geburtstag übernächstes Wochenende, Ethan? Nur ein kleines Essen mit deiner Schwester und Joshua.«

Ein Kloß bildet sich in meinem Hals. »Ja«, antworte ich langsam. »Ich komme gerne.«

»Danke.« Mum weint nun richtig und ich habe Mühe, sie zu verstehen. »Danke, Ethan, das bedeutet mir die Welt.«

Ich beende das Telefonat und bleibe wortlos am Tresen sitzen. Meine Emotionen, die wild Achterbahn in mir fahren, kann ich kaum alle greifen. Da ist so viel. Erleichterung, Hoffnung, Schmerz, Wut, Trauer. Aber auch Zuversicht.

Das erste Mal auch Zuversicht.

Es würde ein schwerer Weg werden, aber ich kann das schaffen. Ich würde die letzten Jahre hinter mir lassen können und wieder zu mir selbst finden.

Nicht heute und nicht morgen.

Vielleicht auch nicht in den nächsten Wochen.

Aber irgendwann würde es so weit sein.

An diese Hoffnung klammere ich mich wie an einen rettenden Anker.

Mit diesem Gefühl in meiner Brust greife ich erneut nach meinem Handy und tippe endlich eine längst überfällige Nachricht.

Kapitel 57

Isla

Wie gelähmt stehe ich am Samstag vor dem Fahrstuhl, der mich mit nur zwei Knopfdrücken zu Ethan bringen würde. Nur zwei kleine unbedeutende Bewegungen und doch kann ich mich einfach nicht rühren. Mein Herz schlägt in einem schnellen Takt und mir ist warm, obwohl ich nur ein fliederfarbenes Top und eine knöchellange weiße Jeans trage und es draußen eher kühl ist. Zu Hause habe ich mich mindestens dreimal umgezogen, bis ich ein Outfit gefunden habe, dass gut aussieht und in dem ich mich absolut wohlfühlte. Lächerlich, ich weiß, aber es half mir dabei, nicht die Nerven zu verlieren.

Meine Gefühlslage in den letzten Tagen war ungefähr so stabil wie ein Kartenhaus. In der einen Sekunde durchströmte mich unbändige Freude, in der nächsten wurde ich beherrscht von Zweifel und Angst.

Unnötig zu erwähnen, wie sehr mich das schlauchte. Die Ungewissheit darüber, was mich da oben erwartet und wie es dann weitergehen würde, bringt mich beinahe um den Verstand.

Ich atme tief durch, straffe die Schultern. Es gibt nur einen Weg, das herauszufinden, also drücke ich den Knopf und warte, bis sich die Fahrstuhltüren vor mir öffnen und ich eintreten kann. Die Fahrt nach oben kommt mir länger vor als sonst, ich bemühe mich verzweifelt um eine ruhige, entspannte Atmung, scheitere daran allerdings kläglich.

»Reiß dich zusammen, Fields«, sage ich leise zu mir selbst.

Das vertraute *Pling* in meinen Ohren ertönt, die Türen öffnen sich und all meine Gedanken verstummen schlagartig, als ich Ethan vor mir stehen sehe.

Für ein, zwei Sekunden halten sich unsere Blicke gegenseitig gefangen, bis ich die Augen senke und ihn von oben bis unten mustere.

Er sieht besser aus als das letzte Mal, das ist schon mal gut. Ich erkenne den Ethan wieder, den ich seit zwei Jahren kenne, gleichzeitig wirkt er dennoch verändert. Seine Gesichtszüge wirken sanfter, nicht mehr so hart und angespannt. Seine schwarze Trainingshose sitzt viel zu tief auf seinen Hüften und das weiße T-Shirt schmiegt sich so verboten an seinen durchtrainierten Oberkörper, dass meine Augen für wenige Sekunden daran hängenbleiben. Der V-Ausschnitt macht es mir nicht leichter, den Blick abzuwenden, aber ich schaffe es trotzdem.

Ethan sieht mich ebenfalls schweigend an, aber Worte sind gerade nicht nötig. In seinen Augen sehe ich einen Sturm aus Emotionen, die ich nicht greifen kann, mir aber eine wohlige Gänsehaut bereiten.

»Willst du im Fahrstuhl bleiben oder hereinkommen?«, bricht Ethan schließlich das Schweigen und sein Mund verzieht sich zu einem kleinen Schmunzeln. Seine Stimme klingt rau und mir läuft ein angenehmes Prickeln den Rücken hinab.

Ich erwache aus meiner Starre und blinzele zweimal. »Reinkommen, wenn ich darf.« Was rede ich da?

Ethan macht einen Schritt zur Seite und deutet mit einem Kopfnicken in das Innere der Wohnung. »Bitte.«

Ich komme seiner Aufforderung nach und trete aus dem Fahrstuhl in den geräumigen Flur. Doch ehe ich mich davon abhalten kann, mache ich drei weitere Schritte, bis ich schließlich vor ihm stehe. Dann ziehe ich ihn ohne weiter darüber nachzudenken, ob das angemessen ist oder nicht, in eine feste Umarmung.

Einen Herzschlag lang geschieht nichts, dann legt Ethan seine Arme um mich und erwidert meine Umarmung. So verharren wir für eine Weile. Ich schließe die Augen, atme tief seinen Duft ein und genieße das Gefühl, ihn so eng an mir zu spüren. Wärme breitet sich in mir aus, für die allein er verantwortlich ist. Ich spüre seinen Atem an meinem Hals und ein Schauer läuft mir den Rücken hinab.

Gott, wie sehr ich ihn vermisst habe.

Irgendwann lösen wir uns voneinander. Ethan deutet mit einer kleinen Bewegung an, ihm in den Wohnbereich zu folgen. Als ich das letzte Mal hier war, herrschte Chaos, mittlerweile ist die Wohnung wieder ordentlich aufgeräumt.

»Möchtest du etwas trinken?«, erkundigt sich Ethan.

»Ein Wasser reicht mir.« Mein Blick ist auf ihn gerichtet und beobachtet ihn dabei, wie er in der Küche nach einem Glas greift und Wasser einschenkt, während ich mich langsam auf dem Sofa niederlasse.

Augenblicke später setzt Ethan sich neben mich und stellt zwei Gläser auf dem Tisch vor uns ab. Er sieht mich nicht an, als sich wieder Schweigen über uns ausbreitet. Nervös knete ich meine Hände. Dann atme ich tief ein.

»Danke für deine…«

»Es tut mir leid, dass …«

Wir stoppen beide, als uns bewusst wird, dass wir gleichzeitig angefangen haben zu sprechen und der andere daher kein Wort versteht. Ein leises Lachen entfährt mir und meine Nervosität klingt etwas ab.

»Danke für deine Nachricht«, sage ich leise.

Ethan sieht mich entschuldigend an. »Es tut mir leid, dass sie so spät kam.«

»Schon okay«, erwidere ich schnell. »Ehrlich, das macht nichts. Du brauchtest Zeit, das ist okay.«

Ethan nickt nur als Antwort und fährt sich mit einer Hand durch sein dunkles Haar, das ihm nun leicht in die Stirn fällt.

»Gott, Isla«, bringt er hervor. »Ich weiß überhaupt nicht, wo ich anfangen soll.« Der Klang seiner Stimme, durchtränkt von

Schmerz und einem Hauch Verzweiflung, lässt mein Herz schwer werden.

»Fang doch ganz von vorne an«, schlage ich leise vor.

Er schnaubt beinahe ungläubig und schüttelt leicht den Kopf. »Wie kannst du hier sitzen, wo ich die ganze Zeit so scheiße zu dir war?« Seine stechend blauen Augen mustern mich.

Ich schlucke, bevor ich antworte. »Du weißt, wie neugierig ich bin.« Ich versuche, es so lässig wie möglich zu sagen, um die Stimmung aufzulockern. Ethans Mundwinkel zucken leicht nach oben.

»Das weiß ich in der Tat.«

Die Zweideutigkeit in seinen Worten – ob beabsichtigt oder nicht, kann ich nicht sagen –, lässt mich ebenfalls schmunzeln.

Er seufzt tief, ringt sichtbar um Worte. »Dann beginne ich ganz von vorne.« Ethan macht eine kurze Pause, richtet sich etwas auf, als müsse er sich für das, was nun folgt, wappnen. Sein Blick ist starr auf den Boden vor ihm gerichtet, während er endlich beginnt zu erzählen. »Kurz vor meinem achtzehnten Geburtstag habe ich meine Mutter mit einem anderen Mann erwischt. In unserem Zuhause, in ihrem Ehebett. Ich bin früher von der Schule heimgekommen, sie hat also nicht mit mir gerechnet.« Er atmet einmal tief durch. »Noch am gleichen Tag habe ich meinem Vater davon erzählt. Ich war außer mir, er hingegen wirkte vollkommen gelassen. Als würde es ihn überhaupt nicht stören, dass seine Frau mit einem anderen Mann gevögelt hat.«

Ich schlucke den Kloß, der drauf und dran ist, sich in meiner Kehle zu bilden, hinunter. Seine schonungslose Offenheit schockiert und berührt mich zugleich.

»Seine Gleichgültigkeit machte mich rasend, aber er erklärte mir nicht, warum es ihn nicht so wütend machte wie mich. Wie du dir sicher denken kannst, war das der Moment, in dem sich die Beziehung zu meinen Eltern verschlechterte. Ich zog mich zurück, ging ihnen aus dem Weg und sie akzeptierten es, weil sie wohl dachten, dass ich einfach nur Zeit brauchte. Nach meinem Schulabschluss zog ich aus, studierte und war von da an kaum mehr zu Hause.«

Ethan nimmt einen tiefen Atemzug. Jeder Muskel in ihm scheint zum Zerreißen angespannt und es schmerzt mich, ihn so zu sehen. Ich trinke einen Schluck von meinem Wasser.

»Aber nicht nur die Beziehung zu meinen Eltern hat darunter gelitten. Es fiel mir von da an auch sehr schwer, Menschen an mich heranzulassen, besonders … Frauen. An der Uni hatte ich nur bedeutungslose Affären, um mich vor dem zu schützen, was meinem Vater passiert ist.« Er hebt den Blick und sieht mich einen Moment lang an. »Bis Jessica kam. Wir lernten uns an der Uni kennen, verliebten uns. Wir waren sogar verlobt nach einigen Jahren.«

Meine Augen weiten sich ungläubig. Ethan war verlobt? Schnell versuche ich meine Überraschung zu verbergen, aber er sieht mich glücklicherweise nicht an.

»Sie gab mir Hoffnung. Darauf, dass es doch so etwas wie Liebe und Treue geben konnte, nachdem die Beziehung meiner Eltern nur Lug und Trug war.« Er schnaubt leise. »Bis ich sie mit einem meiner Kumpels im Bett erwischt habe. Das gab mir den Rest und von da an blieb ich bei bedeutungslosen One-Night-Stands und Affären, stieß jede Frau von mir, die mir in irgendeiner Form zu nahekam und …« Er räuspert sich und sieht mich mit gerunzelter Stirn an. »Dir muss ich das nicht erzählen, du weißt, was ich meine.« Der Schmerz in seinem Blick ist beinahe greifbar und ich bin mir sicher, er erkennt den gleichen Schmerz in meinen, denn er lässt sich nicht leugnen, egal, welche Ursache er hatte.

Vorsichtig lege ich eine Hand auf sein Knie, rechne fest damit, dass er unter meiner Berührung zurückweicht, aber nichts dergleichen geschieht. Er sieht auf meine Hand, ehe er zaghaft seine darüberlegt. Die Berührung lässt tausend Funken in mir explodieren.

»Als wäre das nicht schon genug, wurde mein Vater im Laufe der Zeit auch noch alkoholabhängig«, erzählt er mit rauer Stimme weiter. »Für mich war klar, dass der Betrug meiner Mutter daran schuld war, dass sie ihn zerstörte und er zu schwach war, sich daraus zu befreien. Dann kam der erste Schlaganfall, der ihn in den Rollstuhl brachte, gefolgt von mehr als einem Entzug. Vor ein paar Wochen hatte er dann einen weiteren Schlaganfall, den er nicht überlebte.« Stille. Ein hörbares Schlucken. In mir zieht sich alles zusammen. »Ich war es, der die Maschinen schließlich abgestellt hat.« Seine Stimme ist nur noch ein leises Flüstern, als er diese letzten Worte sagt. Als würde er gestehen, etwas Verbotenes getan zu haben.

Ich atme hörbar ein. »Mein Gott, Ethan«, wispere ich.

»Da war so viel Wut in mir, Isla. All die Wut, die sich über so viele Jahre angestaut hat. Ich wusste nicht, wie ich sie jemals loswerden sollte.« Er klingt heiser, als würde er mit den Tränen kämpfen. Ich habe diesen Kampf bereits verloren und merke, wie mir eine Träne langsam über die Wange rinnt.

Ethan erzählt weiter von der Beerdigung, dem Verhältnis zu seiner Mutter und Schwester, dem Brief, den sein Vater ihm geschrieben hat und der die letzten Worte an ihn beinhaltet.

Ich kann seinen Schmerz, seine Wut, all die Trauer und den Frust der letzten Jahre, beinahe körperlich spüren. Mein Magen rumort und ich nehme einen Schluck Wasser, um ihn zu beruhigen.

Kapitel 58

Ethan

Islas Hand liegt noch immer auf meinem Knie und ihre Berührung brennt sich förmlich durch meine Haut.

Sie hört mir schweigend zu, während ich ihr von meinem verkorksten Leben erzähle.

Am Anfang war es schwer, die richtigen Worte zu finden, überhaupt Worte zu finden, denn die Angst, sie könnte mich vielleicht nicht verstehen, war übermächtig. Und absolut berechtigt. Doch nach und nach fiel es mir leichter und mittlerweile sprudeln die Worte nur so aus mir heraus. Wie ein Befreiungsschlag. Mit jedem Wort, das meinen Mund verlässt, fühle ich mich leichter, freier.

Immer wieder zuckt mein Blick zu ihr. In ihrem Gesicht spiegeln sich eine Vielzahl an Emotionen – Schock, Unglaube, Trauer, Schmerz, aber auch … Mitgefühl und Sorge und … Zuneigung?

»Es war alles eine Lüge«, sage ich heiser. Meine Kehle ist trocken, aber ich habe nicht die Kraft, nach dem Wasserglas zu greifen. »Meine Eltern führten eine offene Ehe. Ich habe meiner Mutter nicht geglaubt, als sie es mir erzählt hat, dachte, sie tischt mir eine weitere Lüge auf, um ihren Fehler zu vertuschen. Aber mein Vater bestätigte ihre Geschichte in seinem Brief.« Bitterkeit wallt in mir auf und ich fahre mir mit einer Handbewegung über das Gesicht, presse meine Finger auf meine Nasenwurzel, um den drohenden Kopfschmerzen entgegenzuwirken.

»Ich habe mich selbst gegeißelt, Isla. Anstatt zuzuhören, habe ich mich in meiner Wut verloren. Habe *mich* verloren. Und ich habe keine Ahnung, wie ich den Weg zurückfinden soll.« Meine Stimme bricht bei den letzten drei Worten. Dann sehe ich sie an. Ihre braunen Augen ruhen auf mir, in ihnen stehen Tränen. »Und was am schlimmsten ist: Ich habe dich verloren. Ich war zu stolz, zu verblendet, um das zu erkennen, bis es irgendwann zu spät war.«

Islas Lippen öffnen sich, als würde sie etwas sagen wollen, dann schluckt sie hart. »Du hast mich nicht verloren, Ethan.« Ein leichtes Lächeln bildet sich auf ihrem Mund. »Sonst wäre ich nicht hier.«

Ihre Worte bringen mein Herz zum Rasen, aber ich kann mir nicht vorstellen, dass sie sie ernst meint. Ich habe ihr all diese furchtbaren Dinge erzählt, für die ich allein verantwortlich bin, weil ich dumm war und stolz.

Und dennoch ist sie immer noch hier. Hier neben mir auf dem Sofa in meiner Wohnung. Ihre Hand noch immer auf meinem Knie. Ihr Blick verschränkt mit meinem.

Sie räuspert sich. »Ich hätte an deiner Stelle genauso gehandelt. Du warst so jung und das, was du gesehen hast, muss ein Schock gewesen sein. Wie hättest du also anders reagieren sollen?« Sie seufzt. »Was ich damit sagen will, ist folgendes. Ich verstehe dich.«

Ungläubig sehe ich sie an, aber erkenne in ihren Augen Aufrichtigkeit. Sie meint es ernst, dass sie mich versteht. Wie zum Teufel kann sie mich bitte verstehen? Wo ich selbst doch gerade erst anfange, zu verstehen?

»Es tut mir sehr leid, was dir passiert ist, aber ich verstehe, warum es so gekommen ist«, fährt sie leise fort. »Das ist keine Entschuldigung oder Rechtfertigung dafür, wie du mich behandelt hast. Aber ich kann nachvollziehen, warum du so gehandelt hast.«

Ich schnaube und stehe auf. Ich fasse es nicht, was sie da sagt. Ich habe erwartet, dass sie mich anbrüllt, mir Vorwürfe macht oder mir eine Ohrfeige verpasst, oder in schlimmsten Fall aufsteht und geht. Aber niemals hätte ich Verständnis von ihr erwartet.

»Hast du mir eigentlich zugehört?«, frage ich und sehe zu ihr.

»Ich bin nicht taub.«

Ein Lachen entfährt mir. »Wie kannst du dann ...?« Ich breche ab, denn mir fehlen die Worte.

Nun steht sie ebenfalls auf und tritt vor mich, so nah, dass ihr Parfüm in meine Nase dringt.

»Wie ich immer noch hier sein kann?« Sie sieht mir fest in die Augen. »Weil es nun endlich alles Sinn ergibt, Ethan. Ich habe mich so oft gefragt, warum du manchmal so widersprüchlich gehandelt hast. In der einen Sekunde warst du so liebevoll, in der nächsten hast du mich von dir gestoßen.« Ich wende den Blick ab, als sie das sagt. Ich will es nicht hören. »Mir war immer irgendwie klar, dass es dafür einen Grund geben muss, der nicht ich bin. Und ich habe so lange danach gesucht und nie einen gefunden. Aber jetzt ... jetzt macht das alles Sinn und ich kann es verstehen«, wiederholt sie sanft und energisch zugleich.

Isla macht einen weiteren Schritt, noch näher an mich heran. Ich spüre jetzt die Wärme, die sie ausstrahlt. Sanft legt sie eine Hand an meine Wange und ein zartes Lächeln bildet sich auf ihren wunderschönen Lippen.

»Ich habe dich nicht verdient, Isla-Mäuschen«, raune ich. »Du bist viel zu gut für mich.«

Sie schüttelt den Kopf, ihr Lächeln wird breiter. »Du hast mich verdient, Ethan. Glaub mir, das hast du.«

Ich verziehe das Gesicht, als würden mir ihre Worte Schmerzen bereiten. Was sie auch irgendwie tun. »Ich weiß nicht, wie ich dir geben soll, was du brauchst.«

»Ich brauche nur dich, der Rest kommt von ganz allein.«

Und dann brechen diese drei Worte aus mir heraus, von denen ich dachte, sie niemals mehr zu einer Frau sagen zu können.

»Ich liebe dich.« Meine Stimme klingt leise und so fremd in meinen Ohren, dass ich sie kaum wiedererkenne.

Isla lächelt mich immer noch an, ihre Augen wandern für den Bruchteil einer Sekunde zu meinen Lippen. »Ich liebe dich auch, Ethan. Habe ich immer, werde ich immer.«

Ich umfasse ihr Gesicht mit beide Händen und beuge mich zu ihr. Ihre Hand gleitet von meiner Wange an meine Brust. Und dann küsse ich sie. Vorsichtig, als hätte ich Angst, sie würde zurückweichen. Aber das tut sie nicht. Sie erwidert den Kuss, ebenso sanft, ebenso zaghaft.

Meine Lippen streichen über ihre, warum und weich. Einen Herzschlag lang bewegen wir uns nicht, dann öffnet Isla langsam ihren Mund, eine stumme Einladung, die ich nur zu gerne annehme. Meine Zunge gleitet in ihren Mund und wird dort von ihrer begrüßt. Ein leises Seufzen entfährt ihr und ich muss lächeln.

Dann ziehe ich mich langsam zurück, auch wenn ich das nicht möchte, aber ich will ihr die Möglichkeit lassen, das hier an Ort und Stelle zu beenden. Denn ich kann immer noch nicht begreifen, dass sie wirklich noch hier ist, nachdem ich ihr alles erzählt habe. Es erscheint mir zu unwirklich, wie ein Traum, aus dem ich irgendwann erwachen werde.

Isla blickt aus großen Augen zu mir hoch, ihre Lippen sind leicht gerötet und glänzen. In ihrem Blick erkenne ich nicht mehr die Emotionen von vorhin, sondern eine andere.

Liebe.

Verlangen.

Begehren.

Und bei Gott, mir geht es ganz genauso. Nach all der Zeit, die ich sie nicht spüren konnte, habe ich nun den Drang, sie nie mehr loszulassen, all die verlorene Zeit aufzuholen.

Isla scheint den gleichen Gedanken zu haben, denn sie lässt eine Hand in meinen Nacken gleiten und zieht mich zu sich herunter. »Wage es nicht, jetzt einen Rückzieher zu machen, Ethan Bailey.«

»Niemals«, versichere ich ihr, ehe ich meine Lippen wieder auf ihre presse. Etwas fester, leidenschaftlicher. Verschwunden ist das Zögern, die Vorsicht, die den Kuss von eben bestimmten.

Dieser Kuss ist anders. Intensiver, drängender, stürmischer. Ich erobere ihren Mund, was sie bereitwillig zulässt. Ein Keuchen entweicht ihr und ich presse sie noch enger an mich, was mich stöhnen lässt, als ich ihren Bauch fest an meinen Leisten spüre. Islas Hände fahren durch meine Haare, bringen sie durcheinander, ziehen daran, so wie sie es immer getan haben. Als Antwort darauf beiße ich ihr leicht auf die Unterlippe und sie stöhnt meinen Namen in meinen Mund.

Minuten vergehen, in denen wir einfach nur hier stehen, in meiner Wohnung, und uns in diesem Kuss verlieren.

Nach einer kleinen Ewigkeit wird der Kuss sanfter, ehe Isla von mir ablässt. Ich streiche ihr eine lose Haarsträhne hinters Ohr und spüre, wie sie unter dieser hauchzarten Berührung erschaudert.

»Es wird schwer werden«, raune ich. »Mit mir, du weißt schon.«

Isla lächelt mich so liebevoll an und lässt damit meine Zweifel verschwinden. »Das ist mir bewusst. Aber zusammen schaffen wir das, da bin ich mir sicher.«

Ich ziehe sie in eine feste Umarmung und lege mein Kinn auf ihren Kopf. In diesem Augenblick, als ich Isla so eng an mir spüre, schwöre ich mir, dass ich es dieses Mal nicht wieder vermasseln würde. Ich würde alles daran setzen, sie glücklich zu machen.

***

Wir reden den ganzen Abend und ich beantworte jede Frage, die Isla mir stellt. Hauptsächlich zu Jessica und unserer Verlobung. Es überrascht mich ein wenig, dass sie von alldem, was ich ihr anvertraut habe, ausgerechnet dazu mehr wissen will. Ich schmunzele bei dem Gedanken, dass sie tatsächlich etwas eifersüchtig zu sein scheint.

Irgendwann haben wir chinesisches Essen bestellt, welches wir auf dem Boden vor meinem Sofa sitzend gegessen haben. Schweigen hat sich mittlerweile über uns ausgebreitet, aber es ist nicht unangenehm, ganz im Gegenteil. Ich genieße es so sehr, hier mit Isla zu sitzen und bin froh, dass ich ihr endlich alles erzählt habe. Dieser Tag war der anstrengendste in meinem Leben – und das, obwohl ich im Krankenhaus bereits öfters knapp vierundzwanzig Stunden durchgearbeitet habe. Ich unterdrücke ein Gähnen, welches Isla dennoch sieht.

»Ich sollte gehen«, sagt sie und will aufstehen, doch ich fasse sie am Arm und halte sie zurück.

»Nein«, entgegne ich. »Bitte bleib.«

Isla wirkt zwiegespalten, nickt aber schließlich. »Wenn das für dich okay ist.«

Ich grinse. »Sonst hätte ich nicht gefragt.«

Isla gibt mir einen leichten Klaps auf den Oberarm, kann sich aber ein Lächeln ebenfalls nicht verkneifen.

»Ich habe keine Hintergedanken, falls es das ist«, sage ich und fange ihren Blick ein.

»Dann bin ich aber beruhigt«, entgegnet sie mit einem Hauch Spott in ihrer Stimme. Dann steht sie auf, trägt die leeren Essensbehälter in die Küche und streckt mir dann auffordernd die Hand entgegen, die ich ohne zu zögern ergreife. »Lass uns ins Bett gehen.«

Im Schlafzimmer ziehe ich eines meiner T-Shirts aus dem Schrank und reiche es ihr, dann verschwindet sie im Bad. Ein Teil von mir ist noch immer fest davon überzeugt, dass das hier ein Traum ist, und wartet darauf, dass ich bald in der harten Realität – einer ohne Isla – landen werde. Der weitaus größere Teil in mir fängt allerdings langsam an, zu hoffen. Darauf, dass es wahr ist, sie bei mir ist und ich sie nicht verloren habe. Darauf, dass alles wieder in Ordnung kommt, früher oder später. Ich mache mir keine Illusionen, mir ist durchaus bewusst, dass es ein harter Weg werden wird und es mich viel Kraft kosten wird, zu meinem alten Ich zurückzufinden. Mich zu öffnen und andere Menschen – vor allem Isla – an mich ranzulassen und nicht bei jeder Gelegenheit von mir zu stoßen.

Doch Islas Zuversicht, ihr Vertrauen in mich, das sie – warum auch immer – zu haben scheint, lassen mich ebenfalls guter Dinge sein. Gemeinsam würden wir es irgendwie hinbekommen.

Ich halte mein Versprechen und mache keinerlei Anstalten, mit Isla schlafen zu wollen – auch, wenn ich das natürlich gerne will. Aber es wäre zu früh.

Also liegen wir einfach nur da, Isla mit dem Rücken eng an meine Brust gekuschelt, während ich einen Arm um sie geschlungen habe. Ich atme den Duft ihres Shampoos ein und drücke ihr immer mal wieder einen Kuss auf ihr Haar.

Isla verschränkt die Finger mit meiner Hand und hält sie genauso fest wie ich sie. Wir klammern uns so fest aneinander, dass uns nichts auf der Welt in diesem Moment trennen könnte.

Mit dieser Gewissheit falle ich schließlich in einen ruhigen, traumlosen Schlaf – den ersten seit einer sehr langen Zeit.

Kapitel 59

Isla

Als ich erwache, weiß ich zuerst nicht, wo ich bin. Ich blinzele mehrmals hintereinander und öffne dann die Augen.

Im gleichen Moment stürzen die Erinnerungen an den gestrigen Tag auf mich ein. Das ist alles wirklich passiert, oder? Mein Herz schlägt einen Takt schneller bei dem Gedanken daran.

Denn es ist wirklich passiert, das wird mir spätestens jetzt klar, als ich Ethans Arm um meine Hüfte geschlungen spüre.

Ich kann immer noch nicht ganz begreifen, was da eigentlich passiert ist. Die Dinge, die er mir gestern erzählt hat, sind nach wie vor präsent in meinem Kopf und sorgen dafür, dass sich etwas in mir zusammenzieht.

Es tut mir so unfassbar leid, was er alles durchmachen musste. Ich kann mir nicht einmal ansatzweise vorstellen, wie es ihm die letzten Jahre ging – und er hat das alles mit sich allein ausgemacht. Dennoch bin ich froh, dass er sich mir endlich geöffnet und davon erzählt hat. Denn ich habe nicht gelogen, als ich ihm gestern gesagt habe, dass ich ihn verstehe, weil endlich alles Sinn macht.

Nach all den Monaten, in denen ich so gelitten habe wegen ihm, weiß ich endlich, warum er so gehandelt hat. Und ja, ich verstehe es wirklich. Er hatte Angst davor, verletzt zu werden, nachdem er von den Menschen, die ihm am nächsten stehen, so sehr verletzt wurde. Dass er sich schützen wollte, ist nur nachvollziehbar. Natürlich ist der Schmerz, den er mir zugefügt hat, noch immer da und wird wohl auch noch eine Weile in meinen Gedanken präsent sein. Aber er wird weniger, das spüre ich.

Ich bin nicht so naiv, um zu glauben, dass wir ab sofort auf Wolke sieben schweben werden. Es wird schwer werden, denn Ethan wird sein Trauma nicht von heute auf morgen überwinden und sich mir sofort zu hundert Prozent öffnen können. Und ich werde ihm nicht sofort komplett vertrauen können. Es ist ein langer Weg, den wir da vor uns haben, und ich kann es kaum erwarten, ihn gemeinsam mit Ethan zu gehen.

Gemeinsam.

Bei dem Wort wird mir warm ums Herz und ein Lächeln stiehlt sich auf meine Lippen. Ich kuschele mich etwas enger an Ethan, was eigentlich kaum noch möglich ist, und schließe wieder die Augen, genieße den Moment, einfach nur neben ihm zu liegen und ihn zu spüren.

Es hat sich alles gelohnt. All die Zeit, in der ich für ihn – für uns – gekämpft habe und es mich beinahe umgebracht hat. Es hat sich am Ende gelohnt und ich bin so unfassbar froh, dass ich nicht aufgegeben habe.

Ethan bewegt sich leicht hinter mir und drückt mich fest an sich. Da erst spüre ich noch etwas anderes an meinem unteren Rücken.

Wir haben tatsächlich nicht miteinander geschlafen in dieser Nacht, und auch, wenn das absolut richtig war, spüre ich in mir dieses sehnsüchtige Verlangen, das mir den Kopf vernebelt.

Langsam drehe ich mich in seinen Armen um und sehe ihn an. Er hat die Augen geschlossen, atmet gleichmäßig und ruhig und sieht so entspannt aus, wie ich ihn lange nicht gesehen habe. Vorsichtig hauche ihn ihm einen Kuss auf die Wange. Auf die Stirn. Den rechten Mundwinkel und den linken.

»Ich könnte mich daran gewöhnen, so geweckt zu werden«, raunt Ethan plötzlich und grinst mich an.

»Das würde dir so passen«, flüstere ich an seinen Lippen und einen Herzschlag später presst er seinen Mund auf meinen.

Ich erwidere den Kuss, drücke mich fester an ihn und bewege meine Hüfte ein kleines Stück nach oben, sodass ich seine Erektion spüre. Ethan keucht bei der Berührung in meinen Mund, ehe er sich auf mich dreht und mich aus seinen blauen Augen ansieht. Verlangen steht in ihnen, genauso wie in meinen.

»Bist du sicher?« Seine Stimme klingt rau und dunkel, ein angenehmer Schauer überkommt mich und ich ziehe ihn zu mir. Kurz vor seinen Lippen stoppe ich.

»Ganz sicher.«

Er küsst mich wieder, drängend und ausgehungert und ich erwidere ihn mit gleicher Intensität. Unsere Zungen umschlingen sich, als würden sie miteinander tanzen. Meine Hände gleiten an Ethans Rücken hinab, immer weiter, bis sie schließlich auf seinem festen Hintern liegen. Er knurrt leise und ich wölbe mich ihm entgegen, eine stumme Aufforderung, beinahe schon ein Flehen.

Ethan lässt von mir ab, richtet sich auf. Seine Hände wandern zu dem Saum seines Shirts, während sein Blick mich weiterhin gefangen hält. Quälend langsam zieht er es nach oben, bis er es sich schließlich über den Kopf zieht und achtlos neben das Bett wirft. Ich schlucke und lasse meine Augen über seinen durchtrainierten Oberkörper wandern. Dann sehe ich ihm wieder in die Augen und beiße mir auf die Unterlippe, weil ich weiß, dass ihn das wahnsinnig macht. Sein Blick wird dunkler und im nächsten Moment liegen seine Lippen wieder auf meinen.

Meine Hände gleiten an seinem Rücken auf und ab, dann wandern sie wie von selbst zu seiner Brust. Ich will alles an ihm spüren, jeder Zentimeter zwischen uns ist einer zu viel.

Ethan schiebt eine Hand unter mein Shirt, während er mich weiterhin küsst. Ich stöhne leise in seinen Mund, als seine Hand auf meine nackte Haut trifft und zärtlich über meinen Bauch nach oben streicht. Kurz bevor er meine Brüste erreicht, stoppt er allerdings und ich gebe ein unwilliges Geräusch von mir.

Er lacht leise. »Nicht so ungeduldig, Isla-Mäuschen. Ich will das hier voll und ganz genießen.«

Er entfernt sich etwas von mir und schiebt mein Shirt nach

oben. Ich greife danach und ziehe es mit einer schnellen Bewegung aus. Fast ehrfürchtig gleitet Ethans Blick über meinen Bauch, meine Brüste, bis er mir wieder in die Augen sieht.

Mein Atem geht schnell, jede Faser meines Körpers ist auf ihn fokussiert und ich habe das Gefühl, ich platze gleich. Vor Glück. Vor Vorfreude.

Ethan hinterlässt eine Spur zarter Küsse von meinem Hals über mein Schlüsselbein bis zu meiner rechten Brust, deren Spitze er sanft in seinen Mund nimmt. Ich wölbe den Rücken und stöhne, während ich eine Hand in sein dunkles Haar gleiten lasse. Die andere habe ich neben mir in das Laken gekrallt. Ich spüre, wie Ethan grinst, dann küsst er sich einen Weg nach unten, über meinen Bauch, bis er schließlich an meinem Slip angelangt ist. Das Echo seiner Küsse hinterlässt prickelnde Funken, die durch meinen ganzen Körper strömen und sich in meiner Mitte sammeln.

Langsam – wieso so langsam? – hakt Ethan auf beiden Seiten einen Finger unter und zieht es nach unten.

Mein Atem stockt, als ich den seinen auf meiner entblößten Mitte spüre. Doch er verharrt nicht, sondern zieht mir das Höschen ganz aus und wirft es dann achtlos beiseite. Er bleibt vor mir stehen und betrachtet mich, wie ich nackt vor ihm in seinem Bett liege. Sein Blick ist dunkel vor Verlangen. Dann erwacht er plötzlich aus seiner Starre und schlüpft aus seinen engen Boxern. Als er nackt vor mir steht, bleibt mir kurz das Herz stehen. Meine Augen wandern an ihm auf und ab, verweilen auf seiner Erektion, die mir in voller Größe entgegenspringt.

Mit einer gekonnten Bewegung gleitet Ethan zwischen meine Beine, küsst die Innenseiten meiner Oberschenkel und ich zerfließe unter seinen Berührungen. Da ist nichts mehr, nur noch er und ich und dieses Bett und diese Berührungen, die mich immer mehr um den Verstand bringen.

Ich keuche auf, als sein Mund auf meine pulsierende Mitte trifft und er einen sanften Kuss darauf haucht.

»Ethan«, stöhne ich und hebe mein Becken an, um ihm entgegenzukommen.

Er versteht meine Bitte und leckt langsam und genüsslich durch meine feuchte Spalte, ehe er zwei Finger in mich schiebt und gleichzeitig an meiner Perle saugt. Ich werfe den Kopf nach hinten und stöhne laut. Meine Lippen formen ein stummes O, als Ethan mit seiner süßen Folter fortfährt. Ich habe beinahe vergessen, wie gut er das kann. Lange würde ich das nicht aushalten.

Das Bedürfnis, ihn in mir zu spüren, wenn ich komme, ist übermächtig, also unterbreche ich ihn, indem ich ein Stückchen nach oben rutsche.

»Schlaf mit mir, Ethan«, hauche ich.

Seine Lippen liegen nur den Bruchteil einer Sekunde später wieder auf meinen. Dieser Kuss ist anders als die zuvor. Sanfter, langsamer, intensiver, weniger hungrig. Ich spüre seine Härte an meiner Mitte und reibe mich an ihr. Ein tiefer Laut entweicht seiner Kehle.

»Ich nehme die Pille und bin gesund«, wispere ich atemlos, als wäre ich einen Marathon gelaufen.

»Ich bin auch gesund«, lautet seine Antwort.

Er setzt den Kuss nicht fort, während er gemächlich in mich eindringt, sondern sieht mich unablässig an.

Ich keuche, als ich ihn komplett in mich aufgenommen habe, dann lasse ich eine Hand in seinen Nacken wandern und ziehe ich zu mir, um ihm zu küssen.

Ethan beginnt, sich langsam in mir zu bewegen. Dann beugt er sich wieder zu mir und erobert meinen Mund. Ich schlinge ein Bein um ihn, um ihn noch intensiver zu spüren. Schnell finden wir einen gemeinsamen Rhythmus.

Ich habe es so vermisst, ihn in mir zu spüren, dieses Gefühl der Verbundenheit, das ich von Anfang an bei ihm hatte. Er füllt mich aus und mit jedem Stoß berührt er diesen einen Punkt in mir, der mich erzittern lässt.

Mit einer geschmeidigen Bewegung dreht Ethan uns um,

sodass ich nun auf ihm sitze. Ich blicke auf ihn hinab, während ich meine Hüfte vor und zurück bewege. Eine Hand hat er auf mein Becken gelegt und unterstützt mich in meinen Bewegungen.

Unsere Blicke sind ineinander verwoben. Mein Mund ist leicht geöffnet, mein Atem geht stoßweise und ich bin nicht mehr weit vom Höhepunkt entfernt.

Ethan richtet sich auf, bis sein Oberkörper meinen berührt. Er schlingt seine Arme um mich und ich senke den Kopf, um ihn zu küssen. Unsere Bewegungen bleiben synchron, als wären unsere Körper nach all der Zeit trotzdem perfekt aufeinander abgestimmt.

»Ethan«, hauche ich und er versteht, was ich damit sagen will.

Kurz darauf überrollt mich der Orgasmus wie ein Tornado, reißt mich mit sich und ich stöhne laut seinen Namen, während er mich weiterhin fest an sich drückt. Ich spüre, wie seine Härte in mir zuckt. Ein tiefes Knurren dringt aus seiner Kehle, als auch er den Höhepunkt erreicht.

Unser beider Atem geht stoßweise und unregelmäßig. Ich umfasse sein Gesicht mit beiden Händen und küsse ihn leidenschaftlich. Ethan lässt sich mit mir zurück ins Bett sinken, ohne den Kuss zu unterbrechen.

Eine Weile liegen wir nur so da, ich auf ihm, erschöpft und unsagbar glücklich. Als mein Atem wieder regelmäßiger geht, rutsche ich neben ihn und er legt den Arm um mich. Ich kuschele mich eng an ihn und er drückt mir einen Kuss aufs Haar.

»Das war ...«

»Großartig«, beende ich seinen Satz und lächele.

Schweigend liegen wir nebeneinander, genießen die Berührungen des anderen. Ethans Hand fährt sanft meinen Rücken auf und ab, während ich ihm zärtlich über die Bauchmuskeln streichele.

»Wir haben gestern nur über mich geredet«, beginnt Ethan

dann und räuspert sich leicht verlegen. »Was ist bei dir momentan so los?«

Ich schmunzele. »Nichts Besonderes. Ich habe nur meinen Job gekündigt, sonst nichts.«

Ein Ruck geht durch seinen Körper. »Du hast was?«

Ich lache und nicke. »Meinen Job gekündigt. Silvia hat mich in den Wahnsinn getrieben – auf sehr negative Art und Weise –, da hat es mir einfach gereicht.« Ich zucke die Schultern und sehe zu ihm nach oben. »Es war eine eher spontane Aktion.«

Er streicht mir sanft über die Wange. »Da hast du alles richtig gemacht.« Er küsst mich flüchtig. »Auch, wenn ich es vermissen werde, mit dir zusammenzuarbeiten.«

Daran habe ich noch gar nicht gedacht. Ethan scheint mir das anzusehen, denn er legt eine Hand unter mein Kinn und hebt es an, sodass ich ihn direkt ansehe.

»Hey«, sagt er leise und lächelt mich an. »Wir werden uns oft genug außerhalb der Arbeit sehen, das verspreche ich dir.«

»Wirklich?«

Er nickt leicht. »Ja, so schnell wirst du mich ab jetzt nicht mehr los, Isla-Mäuschen.«

Ich drücke ihm einen Kuss auf den Mund und erwidere sein Lächeln. »Da bin ich aber froh. Denn du wirst mich auch nicht mehr so schnell los.«

»Was bin ich doch für ein Glückspilz«, flüstert er an meinen Lippen, ehe er mich lang und leidenschaftlich küsst.

Kapitel 60

Isla

Die folgenden Tage verschwimmen ineinander und ich weiß irgendwann nicht mehr, welcher Wochentag gerade ist. Ich verbringe die meiste Zeit bei Ethan in seiner Wohnung, lediglich zweimal bin ich schnell nach Hause gegangen, um ein paar Sachen zu holen.

Wir haben viel geredet, hauptsächlich über uns und ich würde lügen, wenn ich sage, das hätte mich nicht aufgearbeitet. Nicht körperlich, sondern eher auf emotionaler Ebene. Denn phasenweise haben Ethan Zweifel übermannt und es kostete mich viel Kraft, ihm dabei zu helfen, diese zu zerstören. Aber es lohnt sich, das rufe ich mir immer wieder in Erinnerung und ich genieße die Zeit mit ihm sehr.

Wenn wir nicht geredet haben, sind wir meistens im Bett gelegen, haben uns geküsst, miteinander geschlafen, als hätten wir so viel aufzuholen. Es ist anders als früher, der Sex, meine ich. Weniger wild, dafür intensiver, langsamer, leidenschaftlicher. Die Art und Weise, wie Ethan mich berührt, wie er mich ansieht – als wäre ich das Kostbarste, das er hat –, rührt mich beinahe zu Tränen.

Trotz allem ist in den vergangenen Tagen wieder die alte Vertrautheit zwischen uns entstanden und noch um so viel tiefer geworden. Wir verstehen uns teilweise blind, wissen anhand der Mimik, was der andere gerade denkt. Es ist fast schon gruselig.

In diesen vergangenen vier Tagen existierten wir wie in einer Blase – es gab nur uns beide in dieser Wohnung, alles andere blendeten wir weitestgehend aus. Ich habe den Mädels nur knapp auf ihre Nachrichten geantwortet, in denen sie sich teils besorgt, teils neugierig nach meinem Befinden und dem aktuellen Stand der Dinge erkundigten. Ich schulde den beiden eine ausführliche Beschreibung, aber jetzt noch nicht. Sarah reagierte verständnisvoll und antwortete nur, dass ich mir alle Zeit der Welt nehmen solle und sie sich sehr für mich freut. Summer hingegen war eher skeptisch, akzeptierte aber meine Bitte um etwas Zeit. Bevor ich irgendetwas erzählen kann, haben Ethan und ich noch einiges zu besprechen und das hat definitiv Vorrang.

Am Mittwoch verlassen Ethan und ich das erste Mal seit Samstag die Wohnung. Er hat heute seinen ersten Tag im Wilson Wates, nach dem Tod seines Vaters und ich begleite ihn, da ich unbedingt mit Tom sprechen möchte. Sicherlich weiß er bereits von meiner Kündigung, dennoch möchte ich persönlich mit ihm sprechen, da er mich immer unterstützt hat.

Es ist erst sieben Uhr dreißig, als wir die neurologische Station betreten. Angenehme Stille umgibt uns, die nur von Stimmen aus den Patientenzimmern unterbrochen wird. Am Stationsstützpunkt sitzt Summer und sieht uns mit hochgezogenen Augenbrauen und einem leichten Schmunzeln auf den Lippen entgegen.

»Wer ist denn da aus der Versenkung aufgetaucht?«, scherzt sie und zieht mich in eine Umarmung. Ehe ich zu einer Entschuldigung ansetzen kann, spricht sie weiter: »War nur ein Scherz, alles gut.«

Ethan räuspert sich leise. »Ich muss dann mal weiter.« Unsicher sieht er mich an, dann wandert sein Blick zu Summer, die ihn mit einem Hauch Argwohn mustert.

Ich lege meine Hand kurz auf Ethans Brust. »Ich komme nach dem Gespräch mit Tom noch mal vorbei, ja?« Ethan nickt und haucht mir einen vorsichtigen Kuss auf die Wange, ehe er in seinem Büro verschwindet.

Summer sieht ihm für einen Moment nachdenklich hinterher,

dann blickt sie zu mir. Ihre Skepsis ist fast greifbar und ich sehe ihr an, dass sie einiges zu sagen hat, aber versucht, es möglichst nett zu formulieren.

»Gib ihm eine Chance, okay?«, komme ich ihr zuvor.

Sie seufzt und schüttelt langsam den Kopf. »Es ist nur … seltsam. Als wäre ich auf einmal in einem Paralleluniversum, in dem Ethan der nette, liebevolle Mann von nebenan ist.«

Ich kann mir ein Lachen nicht verkneifen.

Summer grinst und hebt die Schultern. »Ich muss mich einfach noch daran gewöhnen.« Dann sieht sie mich eindringlich an. »Wenn du glücklich bist, dann bin ich es auch.«

»Danke, Sum. Das bin ich«, nicke ich. »Sehr sogar.« Ein verträumtes Lächeln schleicht sich auf meine Lippen und Summer kräuselt gespielt angeekelt die Nase.

»Ihh, jetzt weiß ich, wie du dich in Nates und meiner Anfangszeit gefühlt haben musst.«

»Ihr zwei wart viel schlimmer«, erwidere ich grinsend, ehe mein Blick auf die Uhr fällt. »Ich muss los, Tom wartet auf mich.«

»Wegen deiner Kündigung?«, hakt Summer nach und schnaubt. »Ich kann immer noch nicht glauben, dass du hier nicht mehr arbeitest.«

Ich presse die Lippen aufeinander. »Ich auch nicht. Auf der anderen Seite bin ich aber auch froh darüber.« Ich umarme sie kurz, dann wende ich mich zum Gehen. »Wir reden später, ja?«

Summer nickt und ich setze meinen Weg zu Toms Büro fort. Er erwartet mich bereits, als ich klopfe und dann eintrete.

»Guten Morgen«, begrüßt er mich freundlich und bedeutet mir mit einer Geste, Platz zu nehmen.

Anspannung keimt in mir auf. Also falle ich einfach mit der Tür ins Haus, anstatt zuerst höflichen Small Talk zu machen.

»Ich weiß nicht, ob du es schon gehört hast, aber ich …«

»Ich weiß bereits von deiner Kündigung«, unterbricht er mich mit einem Schmunzeln auf den Lippen. Sein Blick ruht auf mir, während er die Hände im Schoß faltet. »Und ich finde es natürlich sehr schade, aber ich kann dich gut verstehen und finde, dass du alles richtig gemacht hast.«

Für einige Sekunden sehe ich ihn erstaunt an, denn ich hätte mit allem gerechnet, nur nicht mit Verständnis.

Tom lacht leise. »Ich habe schon viel früher damit gerechnet, dass du gehst. Dass Silvia dich auf eine andere Station versetzt hat, war sozusagen der Tropfen, der das Fass zum Überlaufen gebracht hat. Das habe ich ihr auch so gesagt, als sie mir von deiner Kündigung erzählt hat.«

Ich nicke nur, weil ich nicht weiß, was ich darauf sagen soll.

»Hast du schon eine neue Stelle in Aussicht?«

»Nein«, antworte ich und mache mir im Geiste eine Notiz, dass ich dringend Bewerbungen verschicken sollte. »Ich werde mich die nächsten Tage damit beschäftigen und Bewerbungen schreiben.«

»Vielleicht kannst du dir das sparen, denn ich habe ein Angebot für dich.« Tom macht eine kurze Pause, bevor er fortfährt. »Einige Kollegen in anderen Häusern haben Interesse daran bekundet, die Leitlinien und Standards, die du gemeinsam mit Dr. Bailey erarbeitet hast, zu übernehmen und ihre Mitarbeiter entsprechend zu schulen.« Ich nicke anerkennend. Damit hätte ich nicht gerechnet. »Dafür benötigen wir jemanden, der diese Schulungen durchführt und ich habe dabei sofort an dich gedacht.«

Ich stutze. »An mich? Wieso nicht an einen der Ärzte?«

Tom seufzt und lehnt sich nach vorne auf seinen Schreibtisch. »Ich habe natürlich auch an Ethan gedacht, denke aber, dass er momentan ... anderen Dinge seine Aufmerksamkeit schenken sollte und dafür aktuell nicht den Kopf hat. Da du das alles erarbeitet hast und bestens mit der Materie vertraut bist, hoffe ich, dass du mein Angebot annimmst. Du wirst selbstverständlich dafür bezahlt«, fügt er lächelnd hinzu. »Das Ganze läuft auch nicht über die Klinik, sondern über eine

Arbeitsgruppe, in deren Vorstand ich bin. Silvia hat damit also nichts zu tun.«

Meine Mundwinkel zucken kurz nach oben bei seinem letzten Satz.

»Lass es dir in Ruhe durch den Kopf gehen, Isla, und sag mir doch einfach bis … sagen wir Freitag Bescheid, ob du Interesse hast oder nicht. Wäre das in Ordnung?«

Ich nicke schnell. »Ja, natürlich, das ist okay. Vielen Dank.«

Tom schenkt mir ein warmes Lächeln. »Jederzeit. Leider muss ich gleich los, ein wichtiger Termin wartet. Aber wir hören voneinander.«

Ich bedanke mich nochmals, dann verabschiede mich und verlasse sein Büro. Vor der Tür bleibe ich einen Moment stehen und atme tief durch. Das kam unerwartet und ich bin mir noch unsicher, ob ich das Angebot annehmen soll. Andererseits, wieso nicht? Ich hätte einen Job, mit dem ich ein wenig Geld verdienen konnte, während ich ganz in Ruhe nach einer Vollzeitstelle suchen kann.

Summer erwartet mich bereits im Aufenthaltsraum und schenkt uns zwei Tassen Kaffee ein. Ich erzähle ihr von Toms Angebot, Schulungen in anderen Kliniken zu geben, und sie bestärkt mich darin, es anzunehmen. Eine Weile reden wir noch über die Arbeit, bis Summer endlich mit der Frage rausrückt, die sie schon seit Tagen beschäftigt.

»Was ist das mit dir und Ethan?«

Ich atme tief durch und erzähle ihr von den vergangenen Tagen. Summers Skepsis weicht Mitgefühl, als ihr von Ethans Trauma und den Problemen in seiner Familie erzähle, aber sie unterbricht mich nicht und wartet, bis ich zu Ende erzählt habe.

»Das ist eine Menge«, sagt sie dann, das Gesicht in die rechte Hand gestützt, während sie mit ihrer linken gedankenverloren ihren Kaffee umrührt. Schließlich seufzt sie. »Ich freue mich wirklich für dich oder besser gesagt euch. Pass trotzdem auf dich auf, ja?«

Ich schmunzele. »Das tue ich, keine Sorge.«

In diesem Moment geht die Tür auf und eine Pflegerin, die ich nicht kenne, bittet Summer um Hilfe.

Sie erhebt sich seufzend, umarmt mich und ich verspreche mich, mich bald bei ihr zu melden, damit wir noch mal ausführlich reden können.

Ich klopfe an Ethans Bürotür und trete ein. Er sitzt hinter seinem Schreibtisch und brütet über einer Akte. Den weißen Kittel hat er, wie immer, ausgezogen, die Ärmel seines weißen Hemdes sind bis zum Ellbogen hochgekrempelt, sodass ich seine starken Unterarme bestaunen kann. Er hat mich scheinbar nicht bemerkt, als räuspere ich mich leise, woraufhin er zusammenzuckt und aufsieht. Dann verziehen sich seine Lippen zu einem Lächeln und er steht auf.

»Störe ich, Herr Doktor?«, frage ich mit einem verschmitzten Grinsen. Ethan kommt mit schnellen Schritten auf mich zu und zieht mich in eine feste Umarmung. Dann liegen seine Lippen auf meinen und er küsst mich ungestüm.

»Im Gegenteil«, raunt er an meinem Mund. »Ich habe dich schon vermisst.«

Ich lächele und ziehe ihn wieder zu mir. Seine Lippen sind warum und weich und er schmeckt nach Kaffee.

»Wie war es bei Tom?«, fragt er, als wir uns endlich voneinander lösen.

»Sehr gut. Er wusste bereits, dass ich gekündigt habe und hat mir angeboten, Schulungen zu den Standards zu geben, die wir gemeinsam erarbeitet haben«, erzähle ich aufgeregt.

»Das ist großartig«, erwidert Ethan mit einem anerkennenden Lächeln. »Wirst du es annehmen?«

Ich überlege kurz, dann nicke ich. »Ja. Ja, ich denke, das werde ich. Dann kann ich parallel dazu ganz entspannt nach einem neuen Job suchen.«

Ein verwegenes Grinsen breitet sich auf Ethans Mund aus.

»Und ich dachte, ich wäre dein neuer Vollzeitjob. Das enttäuscht mich jetzt ein wenig.«

Ich gebe ihm einen sanften Klaps auf die Brust. »Keine Sorge, ich werde schon genug Zeit für dich haben. Pass lieber auf, dass du genug Zeit für *mich* hast.«

Er streicht mir eine Strähne hinters Ohr und sieht mich gedankenversunken an. »Die werde ich haben, immer. Du hast von nun an oberste Priorität.«

Kapitel 61

Ethan

Obwohl ich erst seit zwei Tagen wieder wie gewohnt zur Arbeit gehe, hat sich schon eine gewisse Routine eingestellt. Während ich Tagdienst in der Klinik habe, bereitet Isla sich auf ihre kommenden Schulungen vor. Toms Angebot hat sie noch am Mittwoch angenommen und ist seitdem Feuer und Flamme.

Alles ist perfekt, wäre da nicht Mums Geburtstagsfeier heute Nachmittag, die mir seit Tagen Bauchschmerzen bereitet. Es wird das erste Mal sein, dass wir uns sehen, seit ich die ganze Wahrheit kenne, und offen gestanden bin ich wahnsinnig nervös, auch wenn ich das zu verbergen versuche.

Isla greift nach meiner Hand und drückt sie leicht. »Du schaffst das«, sagt sie leise und drückt dann auf die Klingel meines Elternhauses.

Ich versuche ihr aufmunterndes Lächeln zu erwidern, bin mir aber sicher, dass ich kläglich daran scheitere. Ich bin froh, dass Isla dabei ist. Ihre Anwesenheit beruhigt meine aufgewühlten Nerven. Dabei habe ich sie nicht einmal gefragt, da ich sie nicht damit überfallen wollte. Sie hat es von sich aus angeboten, weil sie gemerkt hat, wie sehr mich das belastet.

Kurz darauf öffnet sich die Tür und Caroline steht vor uns, in einem pinken Kleid und elegantem Zopf. Sie lächelt uns breit an und umarmt erst mich, dann Isla.

»Schön, dass wir uns endlich persönlich kennenlernen«, sagt sie an Isla gewandt, während sie vor uns durch den Flur, das Wohnzimmer bis ins Esszimmer geht. Dort angekommen begrüße ich Joshua und stelle ihm Isla vor.

Er schmunzelt, als er ihr die Hand schüttelt. »Ich habe schon viel von dir gehört«, sagt er mit einem Lächeln. Mein Blick geht automatisch zu Caroline, die entschuldigend die Schultern hebt. Sie kann einfach nicht den Mund halten.

»Wo ist Mum?«, frage ich sie.

»In der Küche«, erwidert sie. Ich greife nach Islas Hand und ziehe sie sanft hinter mir her. Mein Herz klopft fest gegen meine Brust und ich kann meinen Puls in den Ohren rauschen hören. Isla hält mich kurz zurück und sieht mich an.

»Entspann dich«, sagt sie leise. »Bisher läuft es doch gut.« Ich nicke, erwidere aber nichts, da in diesem Moment Mum aus der Küche in den Flur tritt. Ein strahlendes Lächeln breitet sich auf ihren geschminkten Lippen aus, als sie uns entdeckt.

»Ethan, schön, dass ihr da seid. Ich habe die Klingel gar nicht gehört.« Wir umarmen uns vorsichtig, beinahe schon verkrampft, dann macht Isla einen Schritt nach vorne und streckt meiner Mum die Hand hin.

»Freut mich sehr, Sie kennenzulernen, Mrs Bailey. Ich bin Isla.«

Mum mustert sie einen Moment, dann zieht sie sie in die Arme. »Endlich lernen wir uns kennen. Du bist noch schöner, als Caroline erzählt hat.«

»Mum, bitte«, zische ich verlegen und überlege kurz, ob unser kühles, distanziertes Verhältnis die letzten Jahre nicht doch ganz gut war. Den Gedanken verwerfe ich aber in dem Moment, als ich Isla ansehe, die meine Mum herzlich anlächelt. Und ich kann meiner Mum nur zustimmen. Isla ist wunderschön, besonders in dem dunkelblauen Jumpsuit, den sie heute trägt. Wieder einmal frage ich mich, wie zum Teufel ich sie verdient habe.

»Das ist für Sie. Herzlichen Glückwunsch«, sagt Isla und überreicht meiner Mutter einen Strauß Blumen.

»Oh, vielen Dank euch beiden. Das wäre doch nicht nötig gewesen!«

Zurück im Esszimmer steht bereits die Torte in der Mitte des

Tisches und wir nehmen alle Platz. Joshua schneidet die Torte an und verteilt die Stücke auf den Tellern. Währenddessen hat sich Schweigen ausgebreitet, bis Isla das Wort ergreift. »Die Torte sieht fantastisch aus. Haben Sie die selbst gebacken, Mrs Bailey?«

Mum verneint lachend und erzählt von einer kleinen Bäckerei, die neu eröffnet hat und ihr zufolge die besten Kuchen und Torten macht. Mein Blick wandert zu Caroline, die mich nachdenklich ansieht. Als sie meinen Blick bemerkt, zwinkert sie mir zu und ich kann ihre Erleichterung spüren.

Es ist so ungewohnt, hier zu sitzen, aus mehreren Gründen. Mein Vater fehlt sehr, das wird mir erst heute schmerzlich bewusst. Er hätte es geliebt, uns alle hier zu haben. Mein Herz krampft sich etwas zusammen, als ich an all die Familientreffen denke, die ich verpasst oder ruiniert habe.

Schweigen breitet sich aus, als wir die Torte, die wirklich köstlich schmeckt, verspeisen.

»Ich bin so froh, dass ihr hier seid, Ethan«, ergreift Caroline schließlich das Wort.

Ich nicke langsam. »Ich auch.« Die Worte kommen zögerlich aus meinem Mund und doch entsprechen sie der Wahrheit. Ich spüre Islas Hand auf meinem Oberschenkel und sehe sie an.

Der Nachmittag und auch der Abend vergehen wie im Flug und abgesehen von einigen Momenten, in denen peinliches Schweigen herrschte, verlief alles sehr gut. Das habe ich hauptsächlich Isla zu verdanken, die stets ein Gespräch begann, sobald Spannungen zwischen meiner Familie und mir aufzukommen drohten. Ich kann ihr nicht genug dafür danken. Sie versteht sich prächtig mit meiner Schwester und die beiden haben viel gelacht und am Ende sogar Nummern ausgetauscht.

Mum und ich haben in einer ruhigen Minute ein paar Worte allein miteinander gewechselt. Es fühlt sich immer noch merkwürdig an und allem Anschein nach habe ich verlernt, mit meiner Mum normal umzugehen, so lange war ich so wütend auf sie. Wir wissen beide, dass es einige Zeit dauern wird, bis sich unser Verhältnis gebessert hat, aber nach diesem Tag bin ich vorsichtig optimistisch, dass es vielleicht nicht ewig dauern wird.

Als Isla und ich kurz vor Mitternacht meine Wohnung betreten, ziehe ich sie mit einer schnellen Bewegung an mich. Sie keucht erstaunt auf, als sie an meine Brust prallt. Ehe sie etwas sagen kann, küsse ich sie stürmisch und sie erwidert ihn mit der gleichen Intensität.

»Danke«, raune ich atemlos zwischen zwei Küssen.

»Für was?«

Ich lächle an ihren Lippen und unterbreche den Kuss. »Dass du heute dabei warst. Ohne dich hätte ich es nicht geschafft.«

Sie lächelt und legt mir eine Hand an die Wange. »Das hättest du. Aber ich bin froh, wenn ich helfen konnte. Und ich mag deine Familie. Besonders deine Schwester.«

Ich verziehe das Gesicht. »Habe ich gemerkt. Ich wappne mich schon mal für die ganzen Verschwörungen gegen mich.«

Isla lacht und mein Herz geht auf dem Klang. »Zwei gegen einen würde ich sagen. Du wirst keine Chance haben.«

Sie lässt eine Hand in meinen Nacken gleiten und zieht mich zu sich. Ihre Lippen legen sich warm und weich auf meine und ich lasse meine Zunge in ihren Mund gleiten, was sie zum Stöhnen bringt. Als ich sie hochhebe, schlingt sie die Beine um meine Hüfte und sieht mich an.

»Was hast du vor?«, haucht sie und fährt mit einer Hand durch mein Haar.

Ich laufe mit ihr durch die dunkle Wohnung, die lediglich von den Lichtern der Stadt, die von außen hereinstrahlen, erhellt wird. »Ich wollte dir zeigen, wie dankbar ich dir bin.« Ein süffisantes Grinsen breitet sich auf meinen Lippen aus und im Halbdunkeln erkenne ich, wie sie sich verführerisch auf die Unterlippe beißt. Mein Blick huscht zwischen ihren Lippen und ihren Augen hin und her.

»Dann hoffe ich, dass du mir sehr, sehr dankbar bist«, wispert sie an meinen Lippen.

Im Schlafzimmer lasse ich sie auf das Bett fallen und werfe die Tür hinter mir ins Schloss. Islas wunderschöne Lippen verziehen sich zu einem verwegenen Grinsen an, und ich weiß, dass ich für den Rest meines Lebens nichts anderes mehr tun möchte, als diese Lippen zu küssen.

Epilog

Isla – 6 Monate später

Es ist nach sechs Uhr abends, als ich Ethans Wohnung betrete, die – entgegen meiner Erwartung – in völliger Dunkelheit liegt.

»Hallo?«, rufe ich trotzdem, auch wenn ich weiß, dass ich keine Antwort erhalten werden. Seltsam. Hat Ethan nicht gesagt, dass er heute zurückkommen würde?

Die letzten drei Tage war er in Liverpool auf einer Konferenz, gemeinsam mit Tom. Sie sollten dort unser Parkinsonprojekt vorstellen.

Nachdem ich Jacke und Schuhe ausgezogen habe, schalte ich das Licht im Wohnzimmer an und ziehe mein Handy hervor.

Auf dem Bildschirm sehe ich einige Nachrichten in unserer Mädelsgruppe.

Summer:
Lust auf einen Mädelsabend morgen?

Sarah:
An sich gerne, muss aber wahrscheinlich länger arbeiten.

Summer:
Immerhin leistet der heiße Physio dir Gesellschaft.

Ich lache, als ich die letzten Worte lese. Seit Sarah wieder in der Viszeralchirurgie begonnen hat, erzählt sie uns beinahe täglich, wie sehr Ryan ihr auf die Nerven geht. Ryan sagt umgekehrt genau das Gleiche. Jedes Mal, wenn wir uns treffen, berichtet er davon, wie anstrengend es auf Station ist, seit Sarah da ist und dass sie ihm gehörig auf die Nerven geht. Ich quittiere diese Erzählungen stets mit einem Grinsen, das ich mir einfach nicht verkneifen kann. Summer und ich haben bereits eine Wette abgeschlossen, ob die beiden sich irgendwann umbringen – darauf tippt Summer – oder früher oder später miteinander im Bett landen – mein Tipp.

Schnell tippe ich eine Antwort in die Gruppe.

Ich kann auch nicht versprechen, ob ich es schaffe. Ethan kommt heute nach drei Tagen endlich wieder ...

Summer:
Pfui, bitte keine weiteren Details! Den Rest können wir uns denken. :)

Sowohl Summer als auch Sarah haben ihr anfängliche Skepsis Ethan und unserer Beziehung gegenüber endlich überwunden, nachdem wir uns mehrmals in der Gruppe getroffen haben und sie sich davon überzeugen konnten, dass Ethan mich gut behandelt. Ich bin froh, dass die beiden ihn nun endlich an meiner Seite akzeptieren.

Die vergangenen Wochen und Monate waren alles andere als leicht. Es gab Rückschläge, Tränen, Streit, aber es wird von Tag zu Tag besser. Ethan hat sich professionelle Unterstützung geholt und geht seit zwei Monaten regelmäßig zu einem Therapeuten. Es hilft ihm sehr, das sehe ich, auch wenn er nicht alles erzählt, was dort gesprochen wird. Aber das ist okay für mich, solange es ihm dabei gut geht.

In der Küche hole ich mir eine Limo aus dem Kühlschrank und nehme auf einem der Barhocker Platz. Dann öffne ich mein Mailprogramm, das mir eine neue Nachricht anzeigt. Die Mail kommt von der Personalabteilung einer der Kliniken, bei denen ich mich beworben habe. Obwohl ich seit nun einem halben Jahr als Referentin und Dozentin unterwegs bin – hauptsächlich für das Parkinsonprojekt, an dem ich am Wilson Wates gearbeitet habe –, fehlt mir die Arbeit am Patienten, weshalb ich seit einiger Zeit wieder auf sämtlichen Online-Jobbörsen unterwegs bin.

Ich bestätige den Termin zu einem Vorstellungsgespräch und sende die Mail ab, dann wähle ich Ethans Nummer. Eigentlich meinte er, dass er am frühen Nachmittag wiederkommen würde. Es wählt einige Male, dann ertönt die Mailbox. Ich runzele die Stirn, ehe ich den Anruf beende. Vielleicht wurde er aufgehalten.

Nach einem ausgiebigen Bad und chinesischem Essen vor dem Fernseher, ist er allerdings noch immer nicht da und ich habe auch keine Nachricht erhalten. Langsam breitet sich Unruhe in mir aus und ich versuche erneut, ihn anzurufen. Wieder nur die Mailbox.

Mein Puls beschleunigt sich und mir wird warm, während ich versuche, ruhig zu bleiben. Ob etwas passiert ist? Aber dann hätte ich doch sicherlich eine Nachricht erhalten, entweder von Tom, dessen Frau Edith, oder – im schlimmsten Fall – der Polizei. Ich atme tief durch und sage mir immer wieder, dass alles okay ist.

Es ist kurz vor Mitternacht, als ich zuletzt auf mein Handy sehe – noch nichts Neues – und dann in einen unruhigen Schlaf falle.

Am nächsten Morgen ist die rechte Seite des Bettes leer, Ethan ist also nach wie vor noch nicht zu Hause. Mir wird übel und ich greife fast panisch zu meinem Handy. Aber außer einer Nachricht von Ryan ist da nichts.

Okay, jetzt bin ich offiziell beunruhigt. Ich wähle Ethans Nummer. Mailbox.

»Das gibt es doch nicht«, flüstere ich angespannt, ehe ich Toms Nummer wähle.

»Hallo, Isla«, begrüßt er mich fröhlich.

»Hallo, Tom, gut, dass du wenigstens abhebst«, stoße ich hervor.

»Wenigstens ich?«, wiederholt er meine Worte und seine Verwirrung irritiert mich.

»Ist Ethan bei dir?«

»Nein«, entgegnet Tom. »Er hat ein paar Tage freigenommen.«

Mein Herz setzt einen Schlag aus bei Toms Worten. Ethan hat freigenommen? Mir hat er gesagt, er sei auf einer Konferenz. Als ich Tom das sage, seufzt dieser nur.

»Davon weiß ich nichts. Wenn er auf einer Konferenz ist, dann auf jeden Fall ohne mich.«

Ich bedanke mich und lege auf. Ein Knoten bildet sich in meinem Magen und in meinem Kopf drehen sich meine Gedanken so schnell, dass mir schwindelig wird.

Wo ist Ethan?

Und warum hat er mich angelogen?

Eine eisige Kälte fährt durch meinen Körper, als ein Gedanke in meinem Kopf immer lauter wird: Ob er abgehauen ist? Einfach verschwunden, so wie damals? Er hat sich die vergangenen Tage tatsächlich komisch verhalten, als würde er mir etwas verheimlichen.

»Nein«, wispere ich und schüttele den Kopf, während ich mit aller Macht versuche, diesen Gedanken in die hinterste Ecke meines Bewusstseins zu sperren.

Das kann ich mir nicht vorstellen. Nicht nach allem, was wir in den letzten Wochen und Monaten miteinander durchgestanden haben. Ich wähle erneut Ethans Nummer. Dieses Mal wählt es nicht einmal, es springt direkt die Mailbox an.

Ein Kloß bildet sich in meinem Hals und ich schlucke. In diesem Moment höre ich das vertraute *Pling* des Fahrstuhls und ich springe so schnell auf, dass sich meine Beine in der Bettdecke verknoten und ich mehr aus dem Bett falle als steige.

Im Wohnbereich entdecke ich Ethan, der gerade seinen

Koffer abstellt und die Jacke auszieht. Ich falle ihm um den Hals und wir stolpern ein paar Schritte rückwärts.

»Okay, okay, da hat mich aber jemand vermisst«, lacht er.

Ich schlage ihm mit der flachen Hand auf die Brust, als er mich loslässt. »Wo warst du?!«, fahre ich ihn wütend an. »Und fang bloß nicht von der Konferenz an! Ich weiß, dass du nicht mit Tom auf einer Konferenz warst.«

Ethan sieht mich erst entgeistert, dann ertappt an, schließlich verzieht er die Lippen zu einem entschuldigenden Lächeln.

»Okay, ich gebe es zu, das war gelogen«, sagt er und streicht sich mit einer Hand eine Strähne seines dunklen Haares aus dem Gesicht. Erst jetzt sehe ich, wie erschöpft er aussieht, und für einen Augenblick überlege ich, es einfach gut sein zu lassen.

»Setz dich, Isla-Mäuschen«, bittet er mich. »Ich erzähle dir alles.«

Mit einem unguten Gefühl nehme ich auf einem der Hocker Platz und sehe ihn mit hochgezogenen Augenbrauen und vor der Brust verschränkten Armen an.

»Ich war auf keiner Konferenz«, beginnt er ruhig.

»Was du nicht sagst, erzähl mir was Neues«, brumme ich leise.

»Ich war in Miami.«

Mir klappt der Mund auf, als er das sagt, und ich sehe ihn entgeistert an. Miami? »Was … Aber … Wieso …?«

»Für eine Sprachtherapeutin tust du dich aber gerade sehr schwer mit dem Sprechen«, zieht er mich auf und grinst mich schelmisch an.

»Ethan!«, herrsche ich ihn vorwurfsvoll an. Wie kann er jetzt Scherze machen?

»Okay, okay, beruhig dich.« Er macht eine kurze Pause. »Ich war in der Klinik in Miami, in der ich ein Jahr lang gearbeitet habe. Sie haben mir einen Job angeboten und …«

Ich springe auf. »Was?! Du gehst wieder nach Miami? Das kann doch nicht dein Ernst sein!«

Er packt mich an den Oberarmen und sieht mich eindringlich

an. Belustigung steht nach wie vor in seinen Augen, während sich in meinen die ersten Tränen ankündigen. »Lass mich ausreden, bevor du dich aufregst!«

Ich setze mich wieder und versuche zu verstehen, was zum Teufel hier gerade passiert.

»Sie haben mir einen Job angeboten«, fährt Ethan fort. »Genauso wie dir, meine Schöne.«

»Hä?«, kommt es nur aus meinem Mund und bin ich total verwirrt.

»Ich habe ihnen gesagt, dass es mich nur in Kombination mit dir gibt«, erklärt er. »Wenn sie also mich wollen, dann auch dich. Und da sie gerade eine leitende Logopädin in der Parkinsonabteilung suchen – so ein glücklicher Zufall aber auch –, haben sie dir diesen Job angeboten.« Er unterbricht kurz, wartet auf eine Reaktion von mir, aber ich bin zu überrumpelt. »Wir könnten wieder zusammenarbeiten, Fields. Was hältst du davon?«

Mein Hirn arbeitet auf Hochtouren, um zu begreifen, was Ethan da gerade sagt. »Du willst mir also sagen … dass wir nach Miami gehen sollen? Für … ein Jahr oder … immer?«

Ethan lächelt, dieses umwerfende Lächeln, mit dem er mich immer um den Verstand bringen wird. »Die Jobs sind unbefristet. Das Gehalt ist vergleichsweise hoch und sie stellen uns wieder die Wohnung, in der ich damals auch gewohnt habe. Mit Blick auf das Meer.« Er zwinkert.

Erwartungsvoll sieht er mich an. Ich erwidere seinen Blick, suche in seinen Augen nach einem Anzeichen dafür, dass es nur ein Scherz ist, aber ich finde keines.

»Isla-Mäuschen, möchtest du mit mir nach Miami ziehen?«

Es klingt so unwirklich, so verdammt surreal, dass ich es nicht glauben kann. Ein Teil von mir glaubt, dass Ethan einfach verrückt geworden ist. Aber der weitaus größere Teil in mir macht gerade Luftsprünge.

»Ja«, kommt es aus meinem Mund, bevor ich es verhindern kann. »Ja, lass uns nach Miami ziehen.«

Ethan umarmt mich, hebt mich hoch und küsst mich stürmisch. Ich schlinge meine Arme um seinen Nacken und erwidere den Kuss. Als er mich absetzt, sieht er mir tief in die Augen und ich versinke in stechendem Blau.

»Ich würde überall mit dir hingehen«, flüstere ich und schenke ihm ein Lächeln.

»Und ich würde nirgendwo ohne dich hingehen«, erwidert er genauso leise und presst im nächsten Moment seine Lippen wieder auf meine. Dieser Kuss schmeckt nach Vorfreude, ein stummes Versprechen, dass alles perfekt sein wird, solange wir nur zusammen sind.

Denn er ist mein *Alles*.

ENDE

Danksagung

So viele Danksagungen, die ich schon gelesen habe, und jetzt sitze ich hier und schreibe tatsächlich meine eigene. Es fühlt sich immer noch so unwirklich an und ich bin unendlich dankbar dafür.

Viele Menschen haben mich unterstützt und ohne sie würde es dieses Buch sicher nicht geben.

Ein großes Danke an meine Familie: Mama, Papa, Philip, einfach weil ihr die beste Familie seid.

Danke an den weltbesten Ehemann, der mich immer unterstützt und für mich da ist.

Danke an Dani, die dieses Buch als Erste gelesen hat. Dein Feedback und unsere Gespräche über Isla und Ethan haben mir sehr geholfen.

Danke an alle Freundinnen und Freunde, die ich jetzt hier nicht namentlich erwähne, weil es sonst einfach den Rahmen sprengen würde. Danke, dass ihr mir zugehört habt, wenn ich von meinem Buch gesprochen habe und mir aus der ein oder anderen Schreibflaute geholfen habt.

Und natürlich Danke an das großartige Team des VAJONA Verlages. Danke, dass ihr Isla und Ethan ein Zuhause gegeben habt, dass ihr an diese Geschichte geglaubt und sie in die Welt getragen habt. Das bedeutet mir so viel.

Danke an alle Leserinnen und Leser. Danke, dass ihr eure Zeit mit dieser Geschichte verbracht habt. Ich hoffe, sie hat euch gefallen.